权威·前沿·原创

皮书系列为
"十二五""十三五""十四五"时期国家重点出版物出版专项规划项目

BLUE BOOK

智库成果出版与传播平台

广州市新型智库广州大学广州发展研究院研究成果
广东省决策咨询研究基地广州大学粤港澳大湾区改革创新研究院研究成果

广州蓝皮书
BLUE BOOK OF GUANGZHOU

丛书主持　涂成林

2024年中国广州经济形势分析与预测

ANALYSIS AND FORECAST ON ECONOMY OF
GUANGZHOU IN CHINA (2024)

主　编／涂成林　陈小华　薛小龙
副主编／谭苑芳　李文新　陈泽鹏

社会科学文献出版社
SOCIAL SCIENCES ACADEMIC PRESS (CHINA)

图书在版编目(CIP)数据

2024年中国广州经济形势分析与预测/涂成林,陈小华,薛小龙主编.--北京:社会科学文献出版社,2024.7.--(广州蓝皮书).--ISBN 978-7-5228-3798-7

Ⅰ.F127.651
中国国家版本馆CIP数据核字第2024SG3936号

广州蓝皮书
2024年中国广州经济形势分析与预测

主　　编 / 涂成林　陈小华　薛小龙
副 主 编 / 谭苑芳　李文新　陈泽鹏

出 版 人 / 冀祥德
组稿编辑 / 任文武
责任编辑 / 郭　峰
文稿编辑 / 李惠惠
责任印制 / 王京美

出　　版 / 社会科学文献出版社·生态文明分社（010）59367143
　　　　　　地址：北京市北三环中路甲29号院华龙大厦　邮编：100029
　　　　　　网址：www.ssap.com.cn
发　　行 / 社会科学文献出版社（010）59367028
印　　装 / 天津千鹤文化传播有限公司

规　　格 / 开　本：787mm×1092mm　1/16
　　　　　　印　张：25.5　字　数：382千字
版　　次 / 2024年7月第1版　2024年7月第1次印刷
书　　号 / ISBN 978-7-5228-3798-7
定　　价 / 128.00元

读者服务电话：4008918866

▲ 版权所有 翻印必究

广州蓝皮书系列编辑委员会

丛书执行编委 （以姓氏笔画为序）

丁旭光　王宏伟　王桂林　王福军　邓成明
邓佑满　邓建富　冯　俊　刘　梅　刘瑜梅
孙　玥　孙延明　李文新　李海洲　吴开俊
何镜清　沈　奎　张　强　张其学　陆志强
陈　爽　陈小华　陈泽鹏　陈雄桥　欧阳知
孟源北　贺　忠　顾涧清　徐　柳　涂成林
陶镇广　谭苑芳　薛小龙　魏明海

《2024年中国广州经济形势分析与预测》
编 辑 部

主　　　编	涂成林　陈小华　薛小龙
副 主 编	谭苑芳　李文新　陈泽鹏
本书编委	（以姓氏笔画为序）

王国栋　王学通　王玲宁　叶思海　叶祥松
刘　研　刘　钰　李　进　李　俊　李长平
杨智勇　汪东萍　张延平　张秀玲　张贻兵
张健一　陆财深　陈　骥　陈晓霞　陈婉清
罗　欢　金永亮　周冠峰　聂衍刚　高跃生
郭　黎　黄子晏　黄琼宇　黄燕玲　傅元海
曾丽红　缪晓苏

编辑部成员　周　雨　曾恒皋　粟华英　臧传香　王　岩
　　　　　　于晨阳　魏德阳　李冠男　张　薇　凌　洁

主要编撰者简介

涂成林 博士，广州大学二级教授、博士生导师、博士后合作导师，广州市新型智库广州大学广州发展研究院智库负责人兼首席专家，广州市粤港澳大湾区（南沙）改革创新研究院执行院长；兼任广东省区域发展蓝皮书研究会会长，广东省体制改革研究会副会长，广东综合改革发展研究院副院长；广东省政府重大行政决策论证专家，广州市政府第三、第四、第五届决策咨询专家；获广东省"特支计划"领军人才、广州市杰出专家等称号；享受国务院政府特殊津贴。主要从事城市综合发展、文化科技政策、国家文化安全及马克思主义哲学等方面的研究。在《中国社会科学》、《哲学研究》、《教育研究》、《光明日报》（理论版）等刊物发表论文100余篇，出版专著10余部；主持和承担国家社科基金重大项目2项，国家社科基金一般项目、省市社科规划项目、省市政府委托项目60余项。获得教育部及广东省、广州市哲学社会科学奖项和人才奖项20余项；获得多项全国"皮书奖"和"皮书报告奖"；2017年获评中国"皮书专业化20年致敬人物"，2019年获评"皮书年会20年致敬人物"。

陈小华 中共广州市委委员，广州市统计局党组书记、局长，管理学硕士。曾在广州市荔湾区、花都区、萝岗区、黄埔区、增城区和广州经济技术开发区、增城经济技术开发区等经济功能区工作。主要研究方向为城市经济发展，组织并指导多项经济发展、产业规划、区域功能定位、统计改革创新等领域的专项调查研究。

薛小龙 博士,广州大学管理学院院长、数字化管理创新研究院院长,教授,博士生导师。教育部新世纪优秀人才,广州市杰出专家。2011~2017年,担任哈尔滨工业大学管理学院副院长,兼任住房与城乡建设部高等教育工程管理专业评估委员会委员、中国发展战略学研究会社会战略专业委员会副主任委员、广东省本科高校管理科学与工程类专业教学指导委员会副主任委员、中国管理科学与工程学会工程管理委员会副主任委员、中国建筑业协会建筑管理现代化专业委员会副会长、广东省经济学家企业家联谊会会长、《工程管理学报》副主编。主持国家社会科学基金重大项目、国家自然科学基金重大项目课题(合作负责)、国家重点研发计划等国家级课题8项,发表论文100余篇,获教育部科技进步一等奖等省部级奖项5项。工程管理"国家一流本科专业建设点"负责人。主要研究方向为重大工程建设与运营管理、技术创新管理、数字经济、数字化转型与创新。

谭苑芳 博士,广州大学广州发展研究院院长、教授,硕士研究生导师;兼任广东省区域发展蓝皮书研究会副会长、广州市粤港澳大湾区(南沙)改革创新研究院理事长、广州市政府重大行政决策论证专家等。主持国家社科基金项目,教育部人文社科规划项目,其他省市重大、一般社科规划项目10余项,在《宗教学研究》、《光明日报》(理论版)等刊物发表学术论文30多篇。获广东省哲学社科优秀成果奖二等奖及"全国优秀皮书报告成果奖"一等奖等多个奖项。主要研究方向为宗教学、社会学以及城市文化、城市发展战略等。

李文新 广州市政府研究室副巡视员。中山大学行政管理专业毕业,硕士学位。主要研究方向为城市发展规划、城市管理、社区治理等。参与政府工作报告、街道和社区建设意见、简政强区事权改革方案、投资管理实施细则等多个政府政策文件起草工作,参与广州新型城市化发展系列丛书的编写。

陈泽鹏 博士，中共广州市委政研室副主任兼市委财经办副主任，曾任广州市发展和改革委员会党组成员、副主任。长期在广州市委、市政府从事产业规划和政策研究工作，组织或参与了广州城市发展规划、财政税收体制创新、党建和基层社区治理创新等领域的专题调查研究。

摘　要

2023年，面对内外环境复杂多变的挑战和新旧动能结构性调整压力，广州始终保持一以贯之的战略定力，以高质量发展为核心，全力稳定宏观经济大盘、激活新质生产力、提升城市能级。在流量活力释放、结构优化见效、新兴动能蓄力等积极因素持续累积下，广州市经济运行在承压中稳步恢复，全年地区生产总值突破3万亿元，经济总量和发展质量同步提升。

2024年，广州经济稳的基础继续夯实，进的力量不断积聚，预计全年地区生产总值增速不低于5%。同时，广州面临工业增长疲乏、有效需求偏弱、工业大项目接续不足等困难挑战，建议继续优化区域经济结构，聚力推进制造业强链补链延链，加大投资项目储备和城市更新力度；努力把城市规划引领、枢纽能级支撑、市场空间赋能的有利条件转化为增长动能；形成政策措施合力，发挥科技创新引力，挖掘扩大内需潜力，树立标杆示范加速"两业融合"，采取综合策略应对房地产业复苏挑战，在攻坚克难中不断筑牢经济高质量发展根基，巩固经济回升向好基础。

关键词： 高质量发展　新质生产力　两业融合　广州

目　录

Ⅰ　总报告

B.1 2023年广州经济形势分析与2024年展望
　　………… 广州大学广州发展研究院　广州市统计局联合课题组 / 001
　　一　2023年广州经济运行基本情况分析……………………… / 002
　　二　经济运行需关注的问题………………………………………… / 020
　　三　2024年广州经济发展展望与建议…………………………… / 024

Ⅱ　行业发展篇

B.2 2023年广州市规模以上服务业运行分析报告
　　…………………………… 广州市统计局服务业统计处课题组 / 033

B.3 2023年广州市外贸运行分析报告
　　………………………… 广州市统计局贸易外经统计处课题组 / 047

B.4 2023年广州市规模以上工业能源供需运行分析报告
　　………………………………… 广州市统计局能源处课题组 / 061

001

B.5 2023年广州房地产市场发展动向分析报告
………………………… 广州大学广州发展研究院课题组 / 072

B.6 广州生产性服务业发展调研报告…………………… 潘　旭 / 084

B.7 广州行业协会商会服务能力提升策略研究…… 杨姝琴　李际卫 / 094

Ⅲ 现代产业篇

B.8 广州打造全球生物医药产业发展高地的路径研究
……………………………………… 中共广州市委党校课题组 / 107

B.9 关于广州加快发展绿色石化和新材料产业的建议
…………………………………… 严　帅　贺艳林　张霄鹤 / 120

B.10 基于税收数据分析的广州汽车产业发展策略研究
…………………………… 广州市税务局第三税务分局课题组 / 134

B.11 2023年广州跨境电商产业发展分析报告
………………………… 广州大学广州发展研究院课题组 / 147

Ⅳ 高质量发展篇

B.12 新旧动能接续阶段广州经济高质量发展的运行特征分析
…………………………… 广州市统计局综合统计处课题组 / 157

B.13 南沙打造澳门—葡语国家经济合作前沿地的策略研究
………………………………………… 广州市南沙区工商业联合会
广州南沙粤澳发展促进会课题组 / 173

B.14 关于推动广州专精特新中小企业加快发展的建议
………………………………………… 广州市工商联课题组 / 191

B.15 赓续千年商脉打造广州对外开放新高地对策研究
………………………………………… 广州大学广州发展研究院课题组 / 202

Ⅴ 数字经济篇

B.16 基于数字健康发展的"新广式养生"数智矩阵开发研究
……………………………………… 陈可唯 黄颖纬 柯倩婷 / 212

B.17 广州数字农业发展调研报告
……………………………………… 广州市农业农村科学院课题组 / 227

B.18 推进广州智能网联汽车产业加快发展的对策研究 …… 邓思敏 / 240

B.19 AIGC 技术在广州税收宣传领域的应用前景探索
……………………………… 国家税务总局广州市番禺区税务局课题组 / 254

Ⅵ 科技创新篇

B.20 2023年广州企业创新 TOP100 评价报告
………… 广州日报数据和数字化研究院（GDI 智库）课题组 / 266

B.21 广州打造海洋创新发展之都的对策建议
………………………………………… 广州大学广州发展研究院课题组 / 292

B.22 2023年广州高新技术企业经营发展调研报告………… 胡苇杭 / 301

B.23 推动广州大学大院大所大企大平台科技成果高效转化的对策
建议 …………………………………………………… 信鸽 / 310

Ⅶ 乡村经济专题篇

B.24 广州乡村特色产业发展的现状分析与案例研究
…………………………………………………… 易卫华 李思阳 / 323

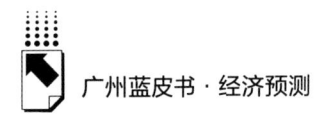

B.25 基于农村固定观察点的广州农村居民增收调查报告
　　……………………………… 广州市农业农村科学院课题组 / 340

附录一
2023年广州市主要经济指标 …………………………………… / 360

附录二
2023年国内十大城市主要经济指标对比 ………………………… / 361

附录三
2023年珠江三角洲主要城市主要经济指标对比 ………………… / 363

Abstract ………………………………………………………………… / 365
Contents ………………………………………………………………… / 367

皮书数据库阅读使用指南

总报告

B.1
2023年广州经济形势分析与2024年展望[*]

广州大学广州发展研究院　广州市统计局联合课题组[**]

摘　要： 2023年，广州市经济运行在承压中稳步恢复，全年地区生产总值突破3万亿元，经济总量和发展质量同步提升。稳的基础继续夯实，进的力量不断积聚，但也面临工业增长疲乏、有效需求偏弱、工业大项目接续不

---

[*] 本报告系广州市新型智库广州大学广州发展研究院、广东省决策咨询研究基地广州大学粤港澳大湾区改革创新研究院研究成果。

[**] 课题组组长：涂成林，博士，广州大学二级教授，博士生导师，广州市粤港澳大湾区（南沙）改革创新研究院执行院长，广东省区域发展蓝皮书研究会会长，研究方向为城市综合发展、文化科技政策、国家文化安全及马克思主义哲学等；冯俊，广州市统计局副局长，研究方向为城市经济统计。课题组成员：谭苑芳，博士，广州大学广州发展研究院院长、教授，广州市粤港澳大湾区（南沙）改革创新研究院理事长；黄燕玲，广州市统计局综合统计处处长；周雨，博士，广州大学广州发展研究院副院长、讲师，广州市粤港澳大湾区（南沙）改革创新研究院副院长；李俊，广州市统计局综合统计处副处长；于晨阳，博士，广州大学广州发展研究院副教授，广州市粤港澳大湾区（南沙）改革创新研究院研究员；曾恒皋，广州大学广州发展研究院软科学所所长，广州市粤港澳大湾区（南沙）改革创新研究院研究总监；吴迪军，广州市统计局综合统计处一级主任科员；林婵玉，广州市统计局综合统计处二级主任科员；臧传香，博士，广州市粤港澳大湾区（南沙）改革创新研究院特约研究员。执笔人：臧传香。

足等困难挑战。2024年，广州要继续优化区域经济结构，聚力推进制造业强链补链延链，加大投资项目储备和城市更新力度；努力把城市规划引领、枢纽能级支撑、市场空间赋能的有利条件转化为增长动能；形成政策措施合力，发挥科技创新引力，挖掘扩大内需潜力，在攻坚克难中不断筑牢经济高质量发展根基，巩固经济回升向好基础。

关键词： 经济形势　新质生产力　两业融合　广州

一　2023年广州经济运行基本情况分析

2023年，广州秉持"稳中求进"的工作总基调，全力以赴推动稳增长政策发力见效，形成共促高质量发展合力。一年来，广州市经济大盘运行平稳向好，经济发展全面振兴，生产形势稳步改善，区域协同效应较为显著；"消费、投资、出口"三轮驱动，重点领域需求有效恢复，城市活力持续释放；宏观调控创新完善，民生保障扎实有力，护航经济健康发展；新质生产力深度激活，产业与市场动态共振，全年经济在动能转换、活力释放中推动高质量发展迈出新步伐。本报告通过空间自相关分析，进一步研究经济活动在不同区域的集聚特性，结果显示广州核心区域经济活动强劲，规模优势和溢出效应明显；而新兴区域发展潜力充沛，受益于政策优势和广阔的开发空间，成为新兴产业发展的热土。

（一）经济运行平稳向好，区域协同效应显著

1. 经济总量逐季攀升，多产业协同促进高质量发展

2023年广州市地区生产总值（GDP）达30355.73亿元，同比增长4.6%。分季度看，广州市GDP增长低开稳走，第一季度、上半年、前三季度、全年GDP同比分别增长1.8%、4.7%、4.2%和4.6%，城市经济展现出较强的韧性。分产业来看，2023年广州第一产业增加值为317.78亿元，

同比增长3.5%，表明广州在持续推动农业现代化、落实乡村振兴战略和推进"百千万"工作中取得了显著成效；第二产业增加值为7775.71亿元，同比增长2.6%；第三产业增加值为22262.24亿元（见图1），同比增长5.3%，增长速度高于第一、第二产业，再次验证了服务业在广州经济中的主导地位以及消费驱动型经济模式。

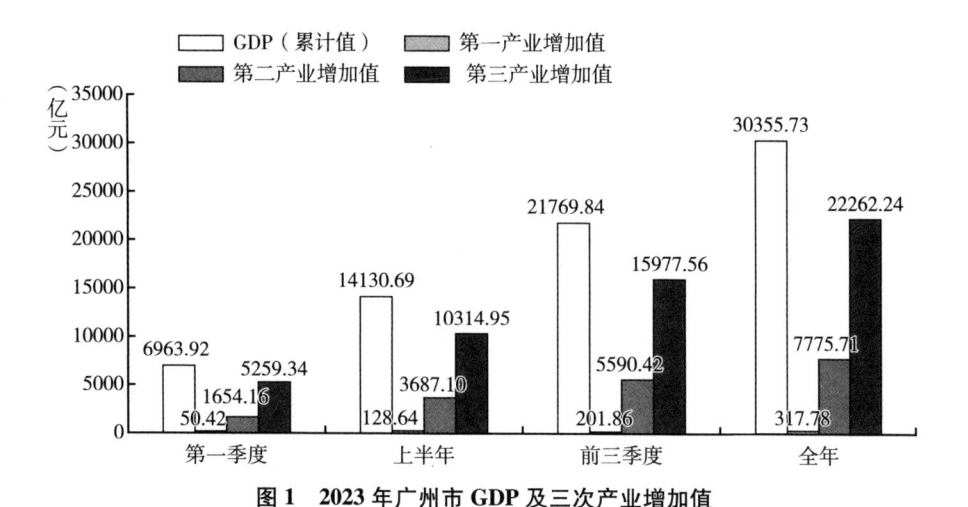

图1 2023年广州市GDP及三次产业增加值

数据来源：广州市统计局。

分地区来看，运用局部空间自相关方法（Moran's I）进一步分析广州各区GDP增长的空间关联程度和集聚特性发现，2023年广州GDP局部莫兰指数（Local Moran' I）为0.163，表明广州市经济活动在空间上整体呈正自相关性，即经济发展水平相似的地区在地理位置上呈现集聚趋势。图2分析结果显示，越秀区和天河区的经济活动表现强劲，区域投资活跃，商业环境成熟，创新能力出众，经济基础坚实，具有显著的GDP溢出效应；相对而言，荔湾区和南沙区被识别为低产值但高集聚区，表明这些区域具有较高水平的发展潜力，尤其是南沙区拥有广阔的开发空间和政策优势，是未来重点开发区和新兴产业的发展热土；从化区、增城区和花都区的经济活动相对较弱，被归类为低产值且低集聚区，表明在经济活动和基础设施支持方面存在一定短板。海珠区、白云区、番禺区、黄埔区观测值不显

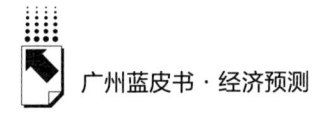

著，由于其区域经济活动的多样性以及产业分布相对均衡，未形成明显的高或低集聚特征。

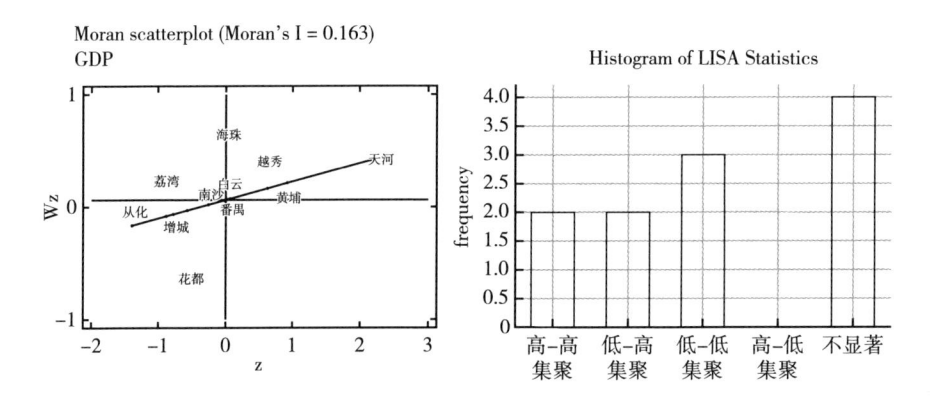

图2 2023年广州市GDP Moran's I散点图（左）和LISA统计量直方图（右）

说明：本报告Moran's I散点图和LISA统计量直方图均通过专业统计分析软件和地理信息系统绘制生成，包括使用Stata 15.1进行Moran's I分析和ArcGIS 10.8进行地理空间集聚分析。相关结果均通过5%显著性水平检验。余同，此后不赘。

数据来源：广州市各市辖区政府网站。

2.农业生产稳健增长，现代化转型成效显著

2023年，广州市实现农林牧渔业总产值582.79亿元（见图3），同比增长4.2%。在各主导行业中，种植业和渔业分别实现3.1%和1.3%的增长，农业生产服务领域尤为突出，其农林牧渔专业及辅助性活动的产值同比增长10.2%。在重点农产品方面，生猪产能的持续优化使其出栏量和产值分别增长9.4%和13.1%；水果和淡水产品生产稳健扩张，产值分别增长3.4%和5.9%。在特色农产品方面，观赏鱼和花卉类产品表现尤为亮眼，产值分别增长25.7%和9.4%。这些数据不仅反映了广州农业生产的整体增长和多元化，也凸显了部分领域在技术应用和市场适应性方面的成功。特别是农业生产服务领域的显著增长，揭示了传统农业正朝着更加专业化和技术驱动的方向转型，标志着农业经济的进一步现代化。

分地区看（见图4），2023年广州市第一产业增加值的局部莫兰指数为0.237，表明广州第一产业的空间分布具有显著的正自相关性。其中，南沙

2023年广州经济形势分析与2024年展望

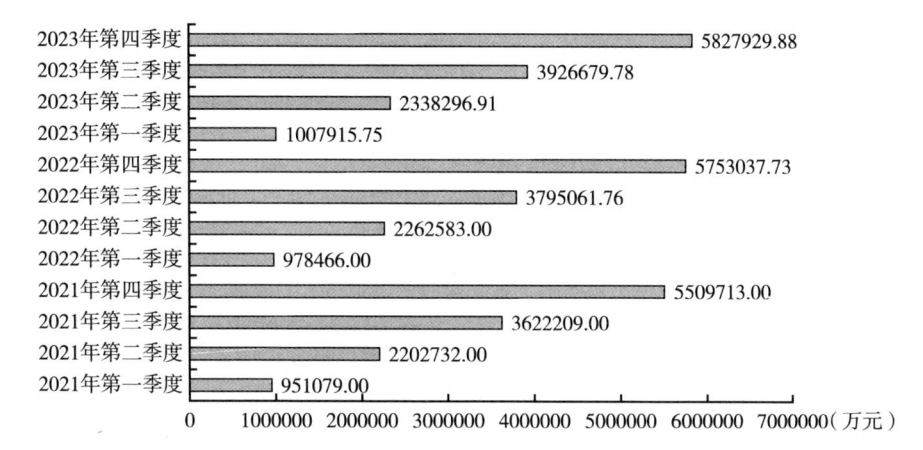

```
2023年第四季度                              5827929.88
2023年第三季度                    3926679.78
2023年第二季度          2338296.91
2023年第一季度   1007915.75
2022年第四季度                             5753037.73
2022年第三季度                   3795061.76
2022年第二季度          2262583.00
2022年第一季度   978466.00
2021年第四季度                            5509713.00
2021年第三季度                  3622209.00
2021年第二季度         2202732.00
2021年第一季度   951079.00
           0  1000000 2000000 3000000 4000000 5000000 6000000 7000000（万元）
```

图3　2021~2023年各季度广州市农林牧渔业累计总产值

数据来源：广州市统计局。

区、花都区、从化区已成为农业生产的重要基地，展示出强大的生产能力和农业经济活力，对周边地区的农业发展产生了正面影响；黄埔区虽然第一产业增加值不高，但与高产值区域相邻使其在经济转型过程中仍保留了一定规模的农业生产，这一部分农业正在向更加多元化的工业和服务业过渡；荔湾区、越秀区、海珠区、天河区作为广州的中心城区，其经济侧重于服务业和高科技产业，农业活动相对有限，这一现象符合城市化进程中中心地带工商业活动集中与农业活动逐渐减少的普遍规律。白云区、番禺区、增城区等地第一产业增加值较高，但尚未在农业生产上形成明显的规模优势，农业产能和效率提升的潜力巨大。

3. 工业增长企稳，新质生产力引领高质量发展

2023年，广州市规模以上工业增加值明显回升（见图5），同比增长1.4%，增速较前三季度上升了2.4个百分点。其中，汽车和电子产品制造业成为稳定工业增长的主要驱动力，两者增速在年度内首次实现正增长，增加值同比分别增长1.5%和0.4%；生物医药产业的快速集聚为行业增长注入了新动力，在排除新冠病毒检测试剂制造的影响之后，医药制造业增加值实现了20.9%的显著同比增长，表现出强劲扩张势头；新兴产业表现尤为

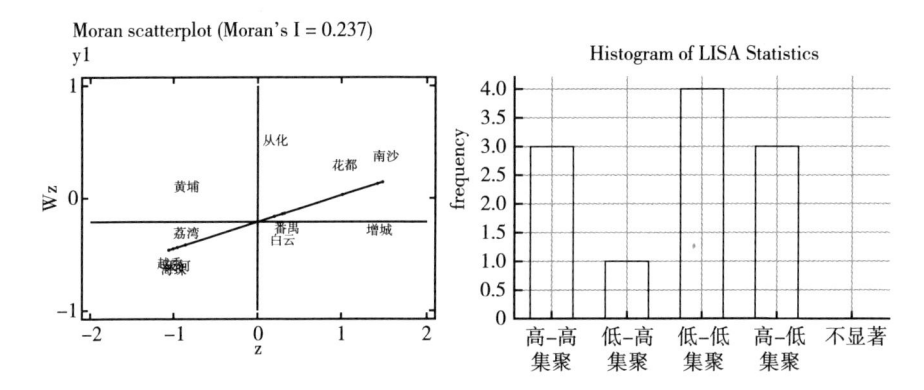

图 4　2023 年广州市第一产业增加值 Moran's I 散点图（左）和 LISA 统计量直方图（右）

注：Moran's I 散点图中重叠部分表明该观测值的区域发展程度接近，余同。
数据来源：广州市各市辖区政府网站。

突出，尤其是在代表新质生产力的高技术产品方面，新能源汽车、太阳能电池（光伏电池）、风力发电机组的产量分别实现了1.1倍、80.0%和38.2%的同比大幅增长，工业机器人、服务机器人、显示器和集成电路等新一代信息技术产品产量分别增长了47.1%、43.8%、29.3%和21.6%，凸显了广州在高科技领域的产能扩张和技术进步。在消费升级的推动下，与智能化、绿色化及健康休闲相关的都市消费品制造也保持了快速增长。例如，智能电视和影像投影仪等视听设备的产量同比分别增长了29.5%和15.1%，家用房间空气清洁装置、湿度调节器及电冰箱等家电产品的产量均实现了超过20%的增长，营养保健食品和精制茶的产量分别增长了16.6%和39.2%。这些发展趋势不仅表明广州工业基础的稳固和多元化，同时反映出广州的工业结构正在朝高技术和高附加值方向转型，新质生产力正引领经济高质量发展。

分地区看（见图6），2023年广州市规模以上工业总产值的局部莫兰指数录得-0.042。该指数的负值表明，广州市规模以上工业产值在空间分布上呈现负自相关性，反映出产业分布的明显异质性。一方面，产值较高的区域对其周边产值较低的区域在工业提升上的带动效应较弱。例如，黄埔区工业产值居广州各市辖区首位，2023年规模以上工业产值达到8631.91亿元，

2023年广州经济形势分析与2024年展望

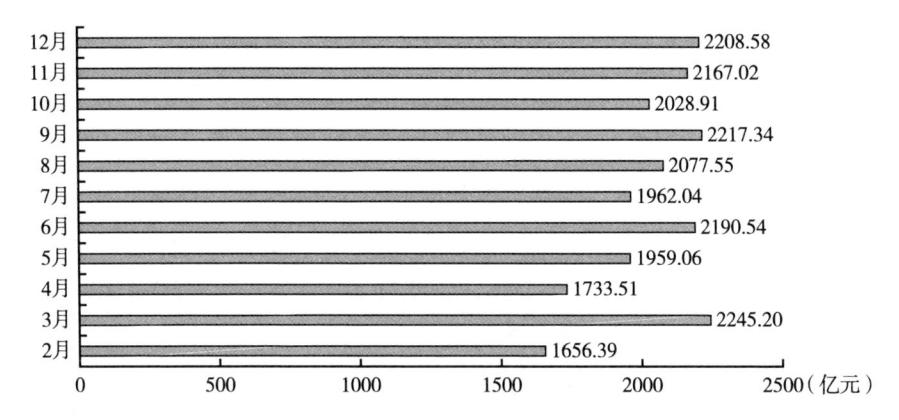

月份	产值（亿元）
12月	2208.58
11月	2167.02
10月	2028.91
9月	2217.34
8月	2077.55
7月	1962.04
6月	2190.54
5月	1959.06
4月	1733.51
3月	2245.20
2月	1656.39

图5　2023年2~12月广州市规模以上工业产值

数据来源：广州市统计局。

占广州市规上工业总产值的36%，但其落在高产值低集聚区，工业强度未能在空间上扩散并带动邻近区域的工业发展。另一方面，各区的经济活动显示出较高的独立性，工业资源与产能在空间上的配置呈现出竞争或互补的格局，形成了明显的"核心—边缘"模式。在此模式中，黄埔区、番禺区等核心工业区域的工业发展水平显著超越增城区、从化区、白云区等边缘区，后者尚未充分融入城市的工业发展主流。

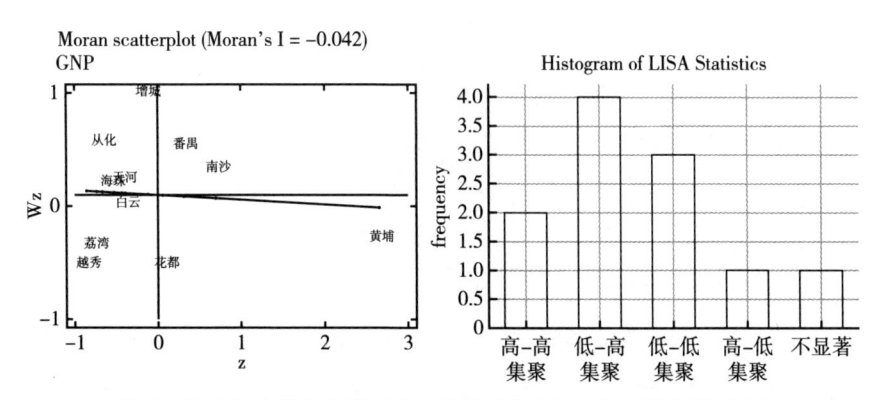

图6　2023年广州市规模以上工业总产值Moran's I散点图（左）和LISA统计量直方图（右）

数据来源：广州市各市辖区政府网站。

4. 规上服务业显著增长，高端专业与文化产业成增长引擎

2023年，广州市规模以上服务业实现营业收入显著增长（见图7），同比增长10.3%。主要行业中，互联网、软件和信息技术服务业显示出稳定改善，同比增长达5.8%，反映了技术服务需求的持续增长以及数字化转型的不断深入。此外，商务活动的活跃对相关服务需求拉动作用表现强劲。租赁和商务服务业继续保持增长势头，营业收入同比增长13.2%，特别是会议展览及相关服务业，在多个大型展会的连续举办和持续推动下，营业收入飙升，同比增长1.1倍。文化体育和娱乐业在报告期内表现尤为突出，营业收入同比增长31.9%。其中，演艺经济和相关的文化艺术业、娱乐业分别实现了1.3倍和58%的增长，表明文化产品和娱乐服务在市场中备受欢迎，潜力巨大。旅游业同样呈现出快速复苏的迹象，旅行社及相关服务同比增长1.3倍，旅游需求强劲回升。"两业融合"加速推进，广告服务、专业设计服务、电子商务服务等生产性服务业关键领域释放潜力，同比分别增长22.4%、10.2%和16.0%。

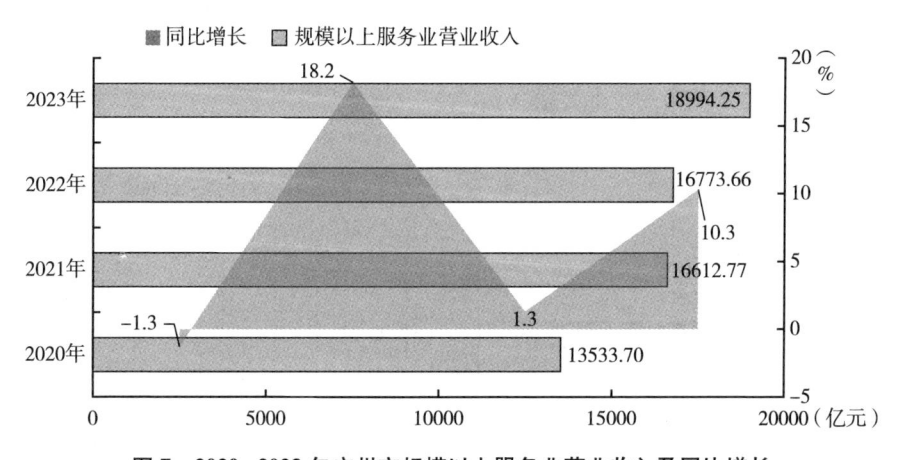

图7 2020~2023年广州市规模以上服务业营业收入及同比增长

数据来源：广州市统计局。

分地区看（见图8），2023年广州市第三产业增加值的局部莫兰指数为0.232，表明广州各区在第三产业的空间分布上存在正自相关性，地区间由于资源共享、市场接近、信息流通和劳动力移动等原因形成经济集聚。天河区、越秀区、海珠区、白云区等核心城区的交通和商业基础设施较为完善，有利于吸引和保持高增值服务业，如金融、信息技术和国际贸易等，第三产业发展强劲。番禺区、南沙区、花都区、增城区、从化区等地第三产业增加值相对较低，在服务业和其他第三产业的基础设施和企业集聚度方面仍然较弱，尚未形成强大的服务业集聚效应。

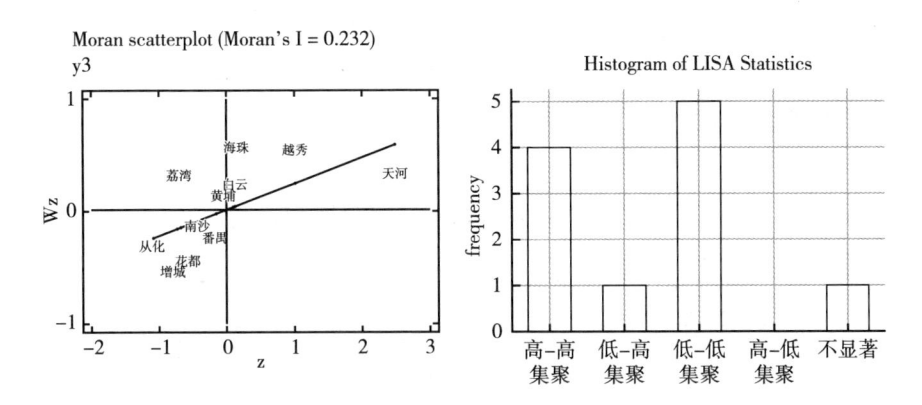

图8 2023年广州市第三产业增加值Moran's I散点图（左）和LISA统计量直方图（右）
数据来源：广州市各市辖区政府网站。

（二）"消费、投资、出口"三轮驱动，经济发展稳步前行

1. 消费经济多元增长，新兴领域和数字化消费推动市场活力

2023年，广州市居民消费价格指数同比上涨1.0%（见表1）。广州市社会消费品零售总额达到11012.62亿元，同比增长6.7%，较前三季度增速提高了0.3个百分点，消费市场呈现稳定扩张和恢复态势。在消费品类中，新能源汽车类商品持续领跑市场，零售额增长35.1%。此外，时尚消费品类如限额以上化妆品类、服装鞋帽针纺织品类也表现出强劲活力，同比分别增长15.8%和15.3%。在家居家电领域，绿色智能类产品表现出显著的市场潜力。限额以上家用电器和音像器材类的零售额同比增长了8.6%，增速较前三季度提高了6.1个百分点。其中，可穿戴设备、智能家用电器和音像

009

器材、智能手机的销售额分别实现了73.8%、11.0%和9.9%的显著增长，消费者对智能化和技术集成产品的兴趣逐渐增加。传统的住宿和餐饮业也展现出持续的增长动力，同比增长23.3%，较前三季度增速上升5.5个百分点，"人间烟火"的消费需求持续旺盛。在线消费渠道继续发挥关键作用，实物商品网上零售额同比增长8.9%，住宿和餐饮企业通过公共网络实现的餐费收入同比大幅增长27.3%，显示出数字化转型在促进消费方面的关键成效。综上分析，广州消费市场在加快恢复中表现出多元化增长路径，正通过技术创新和数字化转型推动消费模式的变革。市场的多元化和创新性增长趋势，为广州经济发展提供了稳定的内需支撑和新增长点。

表1 2023年广州市居民消费价格指数

单位：%

类别及名称	指数（上年=100）	同比涨跌幅度
居民消费价格总指数	101.0	1.0
消费品价格指数	100.8	0.8
服务项目价格指数	101.2	1.2
按类别分：		
一、食品烟酒	102.0	2.0
其中：粮食	98.1	-1.9
畜肉类	95.5	-4.5
禽肉类	102.3	2.3
水产品	101.6	1.6
鲜菜	97.8	-2.2
在外餐饮	104.1	4.1
二、衣着	102.2	2.2
三、居住	99.6	-0.4
四、生活用品及服务	99.6	-0.4
其中：家用器具	99.8	-0.2
五、交通和通信	98.5	-1.5
六、教育文化和娱乐	104.2	4.2
七、医疗保健	100.5	0.5
八、其他用品和服务	103.4	3.4

数据来源：广州市统计局。

分地区看（见图9），2023年，广州市社会消费品零售总额的局部莫兰指数为0.073，这一指数虽然相对较低，但仍表明广州市消费零售活动在空间分布上呈现出一定程度的正自相关性。天河区（2152.79亿元）、越秀区（1329.57亿元）、白云区（1163.99亿元）拥有发达的商业基础设施、高人流密度以及较高的居民消费能力，消费溢出效应明显；黄埔区（1552.46亿元）、番禺区（1317.91亿元）消费零售活动较强，但这种优势未能显著影响到邻近地区。位于低-高集聚区的荔湾区（711.15亿元）、南沙区（332.45亿元）尽管零售总额不高，但在吸引消费者和商业投资方面存在潜力，尤其是南沙区作为广州未来发展核心，正在逐步增强商业基础设施和居民服务设施，预计未来消费水平将有显著发展和提升。

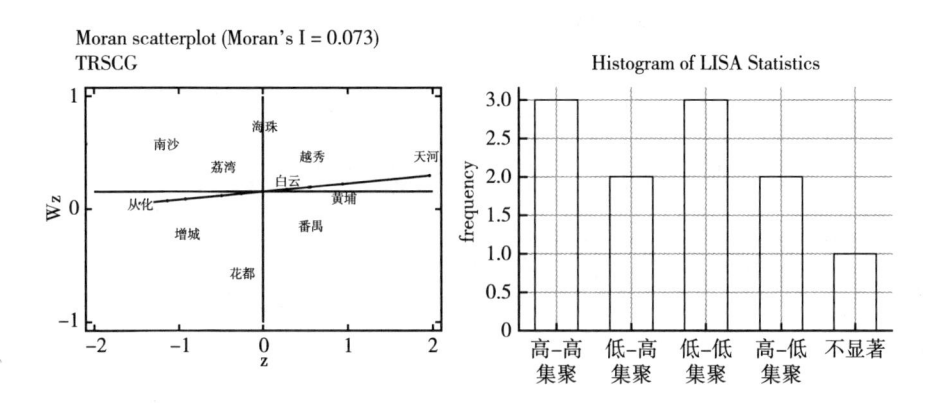

图9　2023年广州市社会消费品零售总额Moran's I散点图（左）和LISA统计量直方图（右）

数据来源：广州市各市辖区政府网站。

2.工业投资强劲复苏，技术改造与基础设施建设驱动增长

2023年，广州市完成固定资产投资3.6%的同比增长，相较于前三季度增长率提高了0.3个百分点。这一增长主要得益于工业投资的显著加速（同比增长21.4%），尤其是工业技术改造投资的规模化扩大，同比增长25.9%，体现了广州在推动实现工业现代化和技术升级方面的步伐加快。特别是在高技术制造业领域，投资增长率为19.2%，较前三季度提高5.7

个百分点。其中，电子及通信设备制造业和医药制造业表现出持续的投资增长，同比分别增长15.5%和26.6%，在广州经济结构中的战略地位逐渐提升。基础设施投资的增长表现稳健，同比增长12.2%，较前三季度提升0.7个百分点，在持续推动公共设施建设和城市功能优化方面始终有坚定的政策支持。相对而言，由于市场调控政策的影响以及行业自身周期性调整，房地产业投资表现出萎缩趋势，同比下降8.8%（见表2）。此外，民间资本对实体经济的投入显著增加，特别是民间工业投资，同比增长20.6%，占全部工业投资的比重近半，凸显出私营部门在推动地方经济发展中的重要贡献。从近几年广州市固定资产投资增长速度（见图10）来看，尽管2023年投资增长率仍低于疫情前的水平，但市场信心已经有所恢复。尤其是工业投资的大幅增长和基础设施项目的稳步推进，为广州经济发展注入了新的动力。

表2　2023年广州市分行业固定资产投资增长速度

单位：%

行业	同比增长	行业	同比增长
固定资产投资	3.6	信息传输、软件和信息技术服务业	29.3
分产业		金融业	-3.6
第一产业	0.7	房地产业	-8.8
第二产业	20.9	租赁和商务服务业	62.3
第三产业	0.6	科学研究和技术服务业	-36.2
分行业		水利、环境和公共设施管理业	15.2
农、林、牧、渔业	-1.0	居民服务、修理和其他服务业	-46.9
工业	21.4	教育	-14.5
建筑业	-36.0	卫生和社会工作	14.9
批发和零售业	1.2倍	文化、体育和娱乐业	34.1
交通运输、仓储和邮政业	9.3	公共管理、社会保障和社会组织	53.3
住宿和餐饮业	-65.6		

数据来源：广州市统计局。

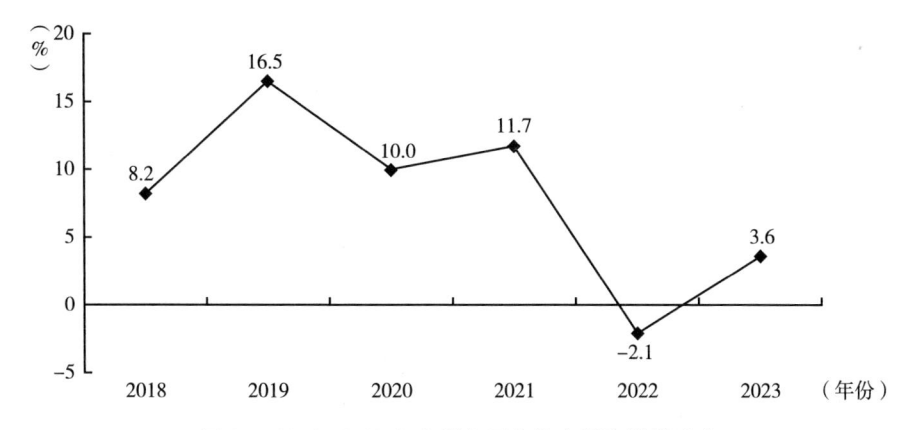

图10 2018~2023年广州市固定资产投资增长速度

数据来源：广州市统计局。

3. 贸易结构持续优化，一般贸易出口显著增长

2023年，广州市的外贸进出口总体维持稳定，全年商品进出口总值10914.28亿元，微增0.1%，显示出在全球贸易环境动荡下的韧性。特别是出口部门依然保持了较强的增长势头，出口总值达6502.64亿元，同比增长5.8%。其中一般贸易进出口增长7.1%，占进出口总值的69.1%，显著高于上年的比重，表明广州外贸的核心竞争力得到了进一步加强。尤其是汽车（含底盘）作为关键出口商品之一，出口同比大增1.9倍。与此同时，进口总值呈现下降趋势，为4411.64亿元，同比下降7.2%。这反映了国内市场需求的调整，特别是在机电产品和高新技术产品的进口方面，这两类产品的进口值分别下降了14.0%和13.5%（见表3）。

表3 2023年广州市商品进出口总值及其增长速度

单位：亿元，%

指标	绝对数	同比增长
商品进出口总值	10914.28	0.1
出口值	6502.64	5.8
其中：一般贸易	4636.97	15.7
加工贸易	1340.53	2.6

续表

指标	绝对数	同比增长
其中：机电产品	3007.61	1.0
高新技术产品	724.96	-17.4
进口值	4411.64	-7.2
其中：一般贸易	2902.93	-4.3
加工贸易	798.61	-12.8
其中：机电产品	1445.87	-14.0
高新技术产品	934.65	-13.5
进出口差额（出口减进口）	2091.00	—

数据来源：广州市统计局。

从月度数据看，2023年1~12月广州商品进出口总值保持增长趋势（见图11），结合外贸结构分析，可以看到广州正经历从以加工贸易为主向以一般贸易为主的转型，一般贸易的增长不仅体现了广州外贸质量的提升，同时反映了贸易方式的优化和产品结构的高端化。此外，进出口差额的扩大进一步凸显了广州对外经济交往的活跃度，以及广州在全球价值链中地位的上升趋势。综上来看，尽管全球贸易面临诸多挑战，2023年广州通过优化贸易结构、加强关键产业的国际竞争力，以及积极适应全球经济形势的变

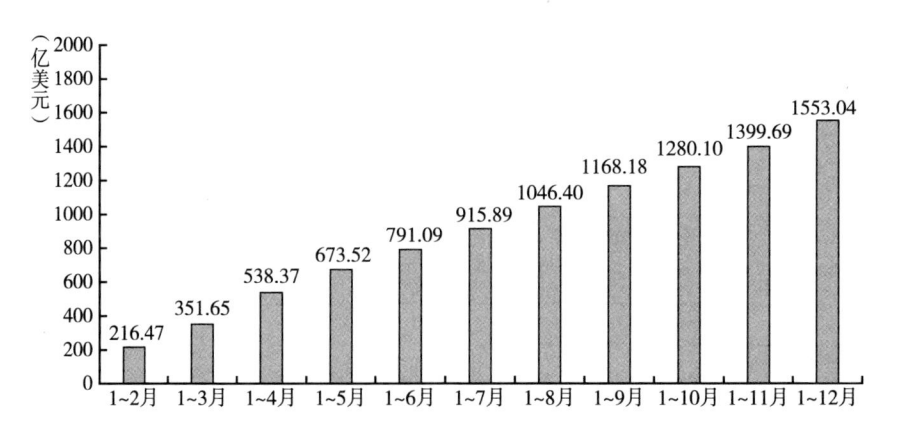

图11　2023年1~12月广州商品进出口总值

数据来源：广州市统计局。

化，有效应对了外部压力，保持了外贸体系的稳定。未来，广州应继续推动贸易结构的优化和产品结构的升级，特别是加强关键高技术产业的国际合作，促进外贸持续健康发展。

（三）宏观调控持续完善，护航经济健康发展

1. 金融支持增强市场动力，信贷结构优化推动产业升级

截至2023年末，广州市金融机构的本外币存贷款余额达到16.33万亿元，比年初增长8.9%，反映了健康的市场流动性和信贷增长。其中，存款余额为8.66万亿元、比年初增长7.6%，贷款余额7.67万亿元、比年初增长10.5%（见表4），贷款增速超过存款增速，预示着信贷市场对经济增长的积极贡献。中长期贷款余额快速增长，特别是住户部门和企（事）业单位的中长期贷款同比分别增长10.1%和13.6%，反映了广州市场主体的持续投资需求。制造业作为广州的传统优势行业，贷款余额同比大幅增长16.3%，表明金融资源有效地流向经济发展的关键领域。同时，租赁和商务服务业、科学研究和技术服务业等现代服务业也获得了较大规模的信贷支持，同比分别增长14.0%、34.6%和22.9%。金融科技产业"三融合"加速推进，11月，广州市科技型中小企业、高新技术企业贷款余额分别为604.1亿元、3680.5亿元，同比分别增长28.7%、15.0%。截至2023年，广州市境内外上市公司达231家，超过一半为高新技术企业，为形成支撑现代化产业体系建设的金融生态奠定了基础。以上数据整体上表明，广州市金融部门在支持经济转型和产业升级尤其是信贷结构的优化方面起到了积极作用，这与政府深化金融改革以及推动金融市场和实体经济更深层次融合的政策方向一致。

表4　2023年广州市金融机构本外币存贷款余额及其比年初增长情况

单位：亿元，%

指标	年末数	比年初增长
各项存款余额	86638.33	7.6
其中：非金融企业存款	27184.51	4.9
住户存款	30117.66	12.1

续表

指标	年末数	比年初增长
各项贷款余额	76674.23	10.5
其中：境内住户贷款	26084.00	5.1
境内企(事)业单位贷款	49427.43	13.9

数据来源：广州市统计局。

2. 交通运输业快速恢复，客运量回升明显

2023年，广州市交通运输业显著复苏，客运量达3.05亿人次，同比大幅增长76.3%，这一显著增长主要受到经济活动恢复和出行需求持续释放的推动，特别是在航空运输领域，白云国际机场的旅客吞吐量实现6000万人次的突破，达6317.35万人次，同比增长142%，广州作为国际航空枢纽的战略定位再次加强。公路客运量也有稳健增长，达到7838.00万人次，同比增长17.9%。铁路客运量基于2022年低基数的反弹，同比增长95.2%，表明铁路运输在支持城市经济和提供高效客运服务方面仍然扮演关键角色（见表5）。

表5 2023年广州市各种运输方式完成旅客运输量及同比增长

指标	绝对数	同比增长(%)
客运量(万人次)	30471.19	76.3
铁路	13092.96	95.2
公路	7838.00	17.9
水运	432.14	255.3
民航	9108.09	139.7
旅客运输周转量(亿人公里)	1860.37	142.6
铁路	140.98	105.1
公路	59.63	5.0
水运	0.79	329.3
民航	1658.96	158.8

数据来源：广州市统计局。

在货运领域，2023年广州货运量稳定增长至9.29亿吨，同比增长2.6%，增速较前三季度提升1.1个百分点。其中，铁路和民航货运量增势

较突出，同比分别增长7.0%和21.1%（见表6），体现了广州在优化货运结构和提升物流效率方面的努力。港口货物吞吐量和集装箱吞吐量同比分别增长2.9%和2.2%，说明广州港作为国际贸易重要节点的功能正在逐步恢复和加强。

表6　2023年广州市各种运输方式完成货物运输量及同比增长

指标	绝对数	同比增长（%）
货物运输总量（万吨）	92861.92	2.6
铁路	2524.63	7.0
公路	50516.43	3.4
水运	37316.84	0.9
民航	133.08	21.1
管道	2370.94	6.8
货物运输周转量（亿吨公里）	22908.32	3.3
铁路	35.06	5.1
公路	724.75	6.0
水运	22045.47	3.2
民航	75.62	10.2
管道	27.42	6.2

数据来源：广州市统计局。

3. 城乡居民收入增长均衡，经济发展与民生政策有效同步

2023年，广州市城乡居民收入差距持续收窄，展现出民生投资的正面效应和区域经济的均衡发展趋势。统计数据显示，城镇居民的人均可支配收入达80501元，同比增长4.8%；农村居民的人均可支配收入达38607元，同比增长6.4%，增速超过城镇居民；城乡居民人均收入比下降至2.09，比2022年减少0.03。政府对民生保障的持续重视在财政支出中体现得尤为明显。广州市民生领域的支出占一般公共预算支出的比重接近七成，公共服务和基础设施建设投资继续增加，尤其是在卫生和社会工作、水利环境和公共设施管理业的投资增长显著，同比分别增长14.9%和15.2%。从广州市城镇居民的消费结构来看（见图12），食品烟酒依然占据最大消费支出比例，紧随其后的是居住。教育文化娱乐类消费支出有所增加，占比达 12.2%，较上年提升 0.3 个百分点。这一消费结构与政府在民生保障和公共服务领域的投资相呼应。政府对教育、医疗保健和基础设施的持续投资不仅提升了城镇居民的生活标准，也有助于支持和促进消费增长。综上，农村居民人均可支配收入增长率高于城镇居民，城镇居民的消费结构更为多元化，这表明城镇和农村地区在生活质量和可达性方面逐渐趋于均衡。

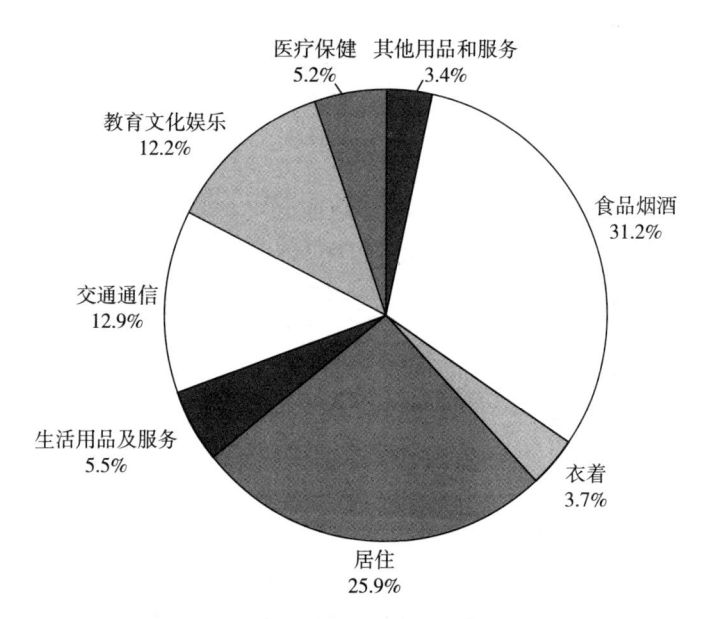

图 12　2023 年广州市城镇居民人均生活消费支出构成

数据来源：广州市统计局。

（四）新质生产力深度激活，产业与市场动态共振

1. 技术创新引领的"新产业"厚积薄发

科技创新是孕育新质生产力的关键变量，近几年，广州始终坚持以科技创新之进，拓产业创新之路。广州市 R&D 经费连续 15 年保持两位数增长，2022 年 R&D 经费规模达近千亿元，R&D 经费投入强度提升至 3.43%。其中，汽车制造业 R&D 经费突破 120 亿元，规模稳居各行业之首；医药制造

业研发强度达6.82%，比2021年提升0.99个百分点。在多年的研发投入积淀下，汽车产业、生物医药产业不断向新迭代，2023年广州市新能源汽车产量超65万辆，占整车产量的比重突破20%，较2022年大幅提升10.5个百分点；自主新能源车品牌广汽埃安累计产量破百万辆，成为全球产量最快破百万辆的汽车品牌，在新赛道上跑出加速度。医药制造业在传统优势领域和生物制品领域同步快跑，全年中成药产量增长30.8%，百济神州、康方药业等生物药企跻身广州市工业百强企业，成为工业增长的新亮点。新技术在工业领域的应用步伐加快，广州市工业投资连续22个月保持两位数增长，其中工业技术改造投资全年同比增长25.9%，占工业投资的比重较2022年提升1.3个百分点，为孕育更多新质生产力蓄势赋能。

2. 高附加值导向的"新服务"崭露头角

广州服务业占GDP比重超过70%，推动生产性服务业与先进制造业在融合发展中塑造竞争优势，是孕育新质生产力的重要途径之一。2023年，广州市生产性服务业实现增加值1.26万亿元，占第三产业的比重为56.6%，较2022年提升2个百分点。高端专业服务业展现活力，1~11月（错月数据）实现营业收入同比增长10.8%，其中，会展等商务活动接连不断，带动会展服务营业收入同比增长1.2倍。"微笑曲线"两端发力，在市场环境改善下，商务营销需求增加，广告服务营业收入同比增长26.5%；穗式孵化释放潜能，研发与设计服务、专业设计服务、质检技术服务营业收入同比分别增长24.4%、23.9%和8.1%，助推广州产业不断向高价值链攀升。

3. 数字融合催生的"新业态"欣欣向荣

随着信息技术革命深入推进，生产力数字化成为新质生产力的主要特征。近几年，广州新一代信息技术相关产品保持较快产出。以网络购物、直播带货、数字文化为代表的数字消费新业态、新模式表现活跃，2023年，广州市限上批发零售业网上零售额占广州市社会消费品零售总额的比重提升至25.7%，限上住宿餐饮业网络餐费收入增速稳定在20%以上。其中，融合了实体门店与线上购物优势的即时零售渐成潮流，具有即时零售特征的朴朴超市、美团象鲜科技持续释放潜力。游戏动漫、新媒体娱乐、娱乐智能设

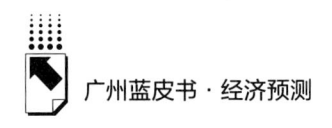

备制造等16个数字文化新业态特征较为明显的行业延续两位数增势，有力带动广州市文化产业稳步复苏。

4. 市场活力充沛，加速新质生产力集聚

2023年12月末，广州市场主体总量达340万户，同比增长7.7%，全年新增市场主体54万户。世界500强企业由4家增加到6家。作为经济运行重要支撑的"四上"企业培育成效持续显现，全年新增"四上"企业1704家，同比增长13.1%，12月末在库"四上"企业近4.42万家，相当于一个中等省份规模。其中，最能显现市场活力的民营经济韧性增强，规上民营工业企业先于规上工业释放企稳信号，其产值同比增速自6月转正后一路上扬，全年增长7.1%，成为广州工业增长的主要支撑，市场主体生力军的活力可见一斑。

二 经济运行需关注的问题

2023年，广州市经济发展面临从传统制造向智能制造转型的结构性挑战，这一过程受到了产业升级缓慢和区域发展不平衡的制约。尽管市场有所恢复，但关键行业如汽车、电子和化工产业的增长仍未达到预期，显示出产业升级的滞后效应。此外，消费市场虽整体向好，但高端消费及房地产市场持续疲软，市场有效需求仍然不足。企业盈利面临压力，尤其是小微企业和服务行业，盈利能力并未表现出明显改善趋势。同时，缺乏大型工业项目的接续投资减弱了产业集群的发展动力，影响地区经济的可持续增长潜力。

（一）经济转型仍然面临结构性挑战与行业动态调整的持续压力

在当前的全球经济格局中，广州市面临的经济转型不是一次简单的产业升级，而是一场更深层次的结构性调整和变革。这一调整的核心在于如何从传统的"制造大市"转型为一个以创新和高新技术产业为支柱的"智造强市"。2023年，尽管部分新兴产业发展迅速，广州经济仍然面临传统制造业与服务业及高新技术产业之间的结构性不平衡问题。一方面，传统制造业的转型压力显著。制造业始终是广州经济的重要支柱，广州工业经济总量稳居全国城市第一方阵，拥有41个工业大类中的35个，工业总体规模、综合实力、质量效益等指标均领跑全国。但随着全球产业链的调整以及国内外市场环境的变化，传统制造业面临着劳动力成本上升、资源和环境约束加强、创新能力不足等问题。广州以电子、汽车、石化为传统支柱产业，在传统燃油车市场遇冷、消费电子周期性下行，以及生物医药受新冠检测试剂生产影响的压力下，2023年广州工业备受冲击，在10月之前，规模以上工业增加值仍是负增长，第一季度汽车制造业增加值一度同比下降10%以上，拖累了整体工业表现。这些因素迫使企业必须向自动化、数字化、智能化升级，以提高效率和竞争力。然而转型升级的过程往往进展缓慢甚至频频受阻，企业普遍存在"不想转不敢转"、资金筹集困难、用地瓶颈、研发周期长和市场接受度不高等障碍。另一方面，产业结构空间分布不均衡。局部莫兰指数分析结果显示，广州的中心区域如天河区、越秀区、海珠区等经济结构以高新技术和服务业为主导，呈现出较为成熟的经济模式与发展态势，经济结构较为先进。边缘区域则多依赖传统制造业和农业经济，高附加值产业较少，经济增长潜力未得到充分挖掘。即使新兴产业的快速发展为区域城市经济注入了新的活力，但边缘区域受制于人才短缺、政策支持不足、产业链协同不够等问题，新兴产业与传统产业的融合相对于中心区域仍旧艰难。

（二）工业增长疲乏与库存走高压力并存

2023年，广州工业部门面临多重挑战，其中最为显著的是三大支柱产业——汽车、电子和石油化工产业的增长压力。在全年经济复苏大背景下，汽车和电子产业虽然自第四季度起呈现复苏迹象，全年增加值增速转正，但增长幅度有限，对整个规模以上工业的拉动效应不足。特别是石油化工行业，受到原材料价格波动和全球需求减缓的影响，全年持续负增长，降幅达2.4%，凸显了制造业中部分传统行业的下行风险。据统计，35个工业大类中，有23个行业的增速低于3%，这些行业的工业增加值占比高达71.8%，低增长行业对整体工业经济的拖累影响较大。此外，工业库存的压力不容忽视。2023年前11个月中（错月数据），有8个月的月末规上工业产成品库存均超过950亿元，远高于2022年同期。高库存水平的持续可能会进一步压缩企业的利润空间，降低生产意愿，若短期内市场订单未能有效回升，这将对广州工业的稳定增长构成长期威胁。

（三）消费市场有效需求仍然偏弱

2023年，广州消费市场总体表现向好，但相较于全国平均水平，其增长速度略显缓慢。社会消费品零售总额年增长率为6.7%，低于全国平均水平的7.2%，在主要城市中的竞争力位于中等。市场增长的结构化差异显著，基本生活消费品如粮油、食品、服装鞋帽等必需品类别表现良好，这部分增长得益于居民的基本消费需求持续稳定。此外，随着社会活动的逐步恢复，与休闲、旅游相关的吃住游玩等接触型服务消费强劲反弹。然而，广州在大宗消费和高端消费领域的复苏动力相对不足，特别是在汽车、珠宝首饰、通信器材等高端消费品类，零售增速不仅低于基本消费品类，还低于广州市社会消费品零售总额的平均增长水平。这一现象反映出高端消费者的消费信心尚未完全恢复，市场对于高价值商品的需求仍较为疲软。与此同时，受到当前经济环境不确定性增加、居民收入增速放缓的影响，改善型消费需求呈现收缩趋势，广州居民的预防性储蓄倾向增强，这从住户短期消费贷款余额同比持续负增长以及住户存款余额同比高企、持续保持10%以上增长的情况可见一斑，居民更倾向于增加储蓄以应对潜在的经济风险。

（四）房地产业并未进入稳固的复苏通道

2023年，广州的房地产调控政策进行了一系列旨在稳定市场预期并促进房地产市场健康发展的优化与调整，但房地产市场的复苏进程依然脆弱，供需两端的疲软态势未见明显改善。具体来看，房地产投资持续下降，广州市房地产投资同比下降8.8%，房屋新开工面积同比减少16.6%，房地产开发商对市场前景持谨慎态度，开工和拿地活动显著减少。需求端同样疲软，居民由于对未来房价走势持保守预期，加之对房地产企业财务稳定性的担忧，购房意愿降低。全年的网签面积呈现负增长，进一步反映出市场需求不足。此外，房地产市场的调整深度和持续时间超出预期，市场调整不仅影响到建筑业、材料业等相关行业的发展，也影响到广大消费者的资产配置和消费行为。在高库存水平、房贷利率变动以及居民债务水平上升等因素共同作用下，房地产市场的复苏之路更加复杂和漫长。值得注意的是，广州的房地产业在整个经济结构中占据较大比重，达到了9.8%，这一比例远高于全国平均水平（6%左右）和全省平均水平（7.5%左右），因此其波动对于广州市整体经济的影响较为显著。

（五）企业盈利"难"的问题仍较突出

2023年，广州市工业企业和服务业的盈利困境依旧显著，尤其是小微企业和某些服务行业。在广州市规模以上工业企业中，整体营业收入利润率略有下降，其中小微企业的情况更为严峻，其营业收入利润率只有3.6%，远低于平均水平。此外，企业的亏损面高达30.1%，反映出广泛的盈利难题，这直接影响了企业的生产扩张和投资意愿，制约了工业增长的潜力。在服务业方面，尽管整体表现较工业企业略好，但盈利增长缓慢，且某些行业如居民服务、修理和其他服务业不仅盈利增长缓慢，甚至处于亏损状态。租赁和商务服务业虽然整体盈利，但营业利润同比呈下降趋势。这些问题的根源在于市场需求的不稳定、原材料和劳动力成本的上升，以及宏观经济环境的不确定性。此外，政策支持力度、创新能力不足、市场竞争激烈等因素也在一定程度上影响了企业的盈利能力。

（六）工业大项目接续不足

2023年，广州市工业发展面临明显的项目接续不足的问题，特别是在大规模工业投资项目方面。广州市新开工纳统的计划总投资超过10亿元的工业项目数量有所增加，达到50个，看似工业投资活跃，但进一步分析发现，超过50亿元的大项目数量减少，而100亿元以上的超大型项目仅有1

个。反映出高价值工业投资的动能减弱。这些项目在规模和潜在经济影响力方面并不足以填补即将完成的大型项目留下的空缺，甚至削弱了广州在吸引和培育大型工业投资方面的竞争力。此外，既有的大项目如超视界、乐金光电等规模虽大，但因其进入收尾阶段，新的接续项目缺乏，无法有效衔接产业链的需求。大项目接续不足不仅限制了广州市在高端制造和技术创新领域的发展潜力，还可能影响就业和地区经济结构的稳定。大项目通常具有显著的集聚效应，能够带动周边产业链的发展和技术创新，对地区经济的推动作用不可小觑。

三 2024年广州经济发展展望与建议

（一）2024年广州经济发展展望

2024年，广州经济发展依然面临战略机遇和风险挑战并存的复杂环境。2023年12月8日，中共中央政治局会议将2024年经济工作的总基调概括为坚持稳中求进、以进促稳、先立后破，[1] 宏观经济政策的主基调是适度扩张。[2] 2023年12月12日，中央经济工作会议提出，"进一步推动经济回升向好需要克服一些困难和挑战，主要是有效需求不足、部分行业产能过剩、社会预期偏弱、风险隐患仍然较多，国内大循环存在堵点，外部环境的复杂性、严峻性、不确定性上升"，但是"经济回升向好、长期向好的基本趋势没有改变"，必须"聚焦经济建设这一中心工作和高质量发展这一首要任务"，"必须把坚持高质量发展作为新时代的硬道理"。[3] 广东省作为中国经

---

[1]《从中央政治局会议看2024年中国经济工作新动向》，中国政府网，2023年12月9日，https://www.gov.cn/yaowen/liebiao/202312/content_6919264.htm。
[2] 付敏杰：《2024年中国经济主基调和新趋势》，中国社会科学网，2024年1月22日，https://www.cssn.cn/jjx/jjx_jjxp/202401/t20240122_5730109.shtml。
[3]《中央经济工作会议在北京举行 习近平发表重要讲话》，中国政府网，2023年12月12日，https://www.gov.cn/yaowen/liebiao/202312/content_6919834.htm。

济的重要引擎之一，发展的"韧性强、活力足、潜力大"，① 2024 年，广东将聚焦经济建设这一中心工作和高质量发展这一首要任务，重点做好大湾区建设、新型工业化、科技创新、扩大内需、"五外联动"、深化改革、"百千万工程"、海洋经济、绿美广东生态建设、文化建设、改善民生、安全发展等 12 个方面工作，力争实现地区生产总值增长 5%，固定资产投资增长 4%，社会消费品零售总额增长 6%，进出口总额增长 1%，规模以上工业增加值增长 3%以上，居民消费价格指数上涨 3%左右。

在国家大战略引领、城市大谋划布局、市场大空间支撑、投资大项目带动的有力推动下，广州正迎来发展的黄金期、机遇期，有利条件强于不利因素。② 长期以来，广州始终把各项工作置于全国大背景、时代大背景下谋划推进，始终以自身的高质量发展为引领，积极对冲外部环境的不确定性，奋力谱写广州现代化建设新篇章。2024 年，广州市将继续以"排头兵、领头羊、火车头"角色为标杆追求，深化粤港澳大湾区的纵深发展，助力形成区域经济的增长极和动力源。根据 2024 年广州市政府工作报告，广州市将继续推动产业发展，坚持"制造业立市"的战略方针，在新型工业化的推动下努力巩固其在高端制造和创新技术领域的发展基础，通过扩大内需和稳定外需的双轨策略，优化消费环境，提升出口贸易效率，促进产业升级及市场扩容。在科技创新和人才支持方面，广州将加强与高校和研究机构的合作，持续引进和培养高端人才，推动科技成果转化和创新驱动发展，以建设知识化、技术化、创新型城市为目标，致力于塑造新动能和势能。关于城乡发展和环境治理，广州将全面推进"百千万工程"，以促进城乡区域协调发展，包括但不限于提升城乡基础设施的互联互通、改善农村生活环境、努力缩小城乡发展差异等具体举措。在文化和社会事业领域，广州市将加强对文化设施建设和本土文化产业的支持，持续投资教育、医疗、养老等公共服务

---

① 《2024 年广东省政府工作报告》，广东省人民政府网站，2024 年 1 月 27 日，https://www.gd.gov.cn/gkmlpt/content/4/4341/post_4341257.html#45。
② 《2024 年广州市政府工作报告》，广州市人民政府网站，2024 年 1 月 26 日，https://www.gz.gov.cn/zwgk/zjgb/zfgzbg/content/post_9462719.html。

领域，以提升市民生活质量和城市吸引力，进一步推动文化强市建设和社会事业发展。

总体而言，2024年国内外环境依然复杂严峻、不确定性上升，战略机遇和风险挑战并存。广州市制定了全面且多元化的经济发展战略，覆盖了产业优化、科技创新、社会事业和城市治理等多个关键领域。这些战略举措展示了广州在全球化背景下推动高质量发展的决心和能力，同时将持续助力广州在推进中国式现代化进程中处于领先地位。

（二）发展建议

1. 优化区域经济结构，改善企业转型升级的整体环境

第一，制定精准的区域协同发展与产业布局优化策略。一方面，加强区域发展战略的对接，顺应湾区自然和经济地理的发展趋势，全面构筑多向区域链接和多层次协同的区域合作体系，增强中心区的辐射和带动作用。2024年，广州市规划和自然资源局发布《广州面向2049的城市发展战略》（以下简称《广州2049》），为广州城市空间战略思维带来了创新突破。广州城市发展战略经历了从"南拓、东进、北优、西联"的"八字方针"（2000年），到增加"中调"的"十字方针"（2009年），《广州2049》进一步提出"两洋南拓、两江东进、老城提质、极点示范"的16字城市空间发展方针，[①] 从区域经济发展的角度看，这一战略不仅强调了对外开放和区域协同，也突出了内部发展的均衡。接下来广州要聚焦老城区"历史文化核"品质提升、东部中心"现代活力核"功能提升、南沙"未来发展核"能级提升，提前部署三大区域发展重点，逐步推动区域经济均衡可持续发展。另一方面，优化产业布局，将高附加值产业如高新技术、生物科技、信息技术和绿色能源等战略性新兴产业引入城市的边缘区域，同时加强区域合作与基础设施互联互通，建设高效的区域交通网络和信息平台，包括高速公路、轨

---

① 《广州2049：一个中心型世界城市的发展战略构想》，广州市规划和自然资源局网站，2024年2月6日，https://ghzyj.gz.gov.cn/xwzx/xwbd/content/post_9486207.html。

道交通和信息高速通道等关键基础设施，以提高物流效率和信息流通速度，确保核心区与边缘区域的资源能够得到有效共享和市场互联。

第二，支持专业化产业园区向城市边缘延伸，大力发展"隐形冠军"企业。加快传统制造业转型升级的关键在于培育和发展能够在关键领域掌握核心技术的企业。例如，汽车制造业是推动广州制造业高质量发展的关键力量，整车产量连续六年居全国第一，但变速箱、高强度轴承等关键部件仍依赖国外企业供应。这类为最终产品提供关键零部件的企业攫取了产业链中绝大部分附加值，甚至决定了该产业的整体竞争力。德国著名管理学思想家赫尔曼·西蒙（Hermann Simon）将这类企业称为"隐形冠军"，指在全球或特定地区细分市场中占据领导地位的小型或中等规模企业。这类企业通常专注于复杂产品或系统的制造和研发，拥有在其领域内的绝对市场领先地位，并且相对于全球竞争对手具有明显的技术优势。据西蒙团队的研究结果，德国"隐形冠军"企业的数量占全球总量的一半左右（约为中国的19倍），其中将近2/3的"隐形冠军"企业总部位于乡镇，这些中小企业是德国保持强劲出口实力的根源。[①] 广州已初步形成相对完善的产业链结构，具备强大的工业基础和技术创新能力，拥有发展"隐形冠军"企业的优势。特别是在汽车、电子信息、生物医药等领域，这些产业集群不仅拥有丰富的上下游产业资源，而且具备完善的供应链和销售网络，能够为"隐形冠军"企业的成长提供良好的外部环境。一方面，支持新设或现有专业化产业园区向城市边缘延伸，制定针对特定高技术领域中小企业的研发和商业化支持政策，鼓励企业在专业市场中寻找并占领细分领域，支持本土企业通过建立海外销售和服务网络拓展全球市场。另一方面，学习德国双轨职业教育系统，加强企业与高等院校和职业学校的合作，促进知识和技术的转移及商业化，提高专业技术工人的福利待遇和社会地位。

第三，改善企业转型升级的整体环境，大力推动民营企业发展。一是破

[①] 赫尔曼·西蒙、杨一安：《隐形冠军：未来全球化的先锋》，张帆等译，机械工业出版社，2020。

除各种隐性壁垒，通过设计并实施公正、透明的投资回报评价体系，建立有效的投资回报机制，引导民间资本投向实体经济、科技创新，以及广泛参与社会公共产品、公共服务基础设施领域的建设运营。二是拓展信贷及金融支持。鼓励金融机构开发适合民营小微企业的多样化信贷产品，加大对民营小微企业的信贷投放力度，加强信用融资产品创新，例如增加无担保贷款产品，实施差异化的信贷政策，降低融资成本等。同时鼓励银行和非银行金融机构为民营科技企业提供专业化、个性化的金融服务方案，如设立科技创新贷款专项资金等。三是加强企业数字化转型支持。在引导和推动民营企业的数字化和智能化转型方面提供专项补贴支持，加大民营企业"四化"改造实施补贴力度，降低企业转型的初始成本，支持民营企业通过智能化技术改造、企业上云、工业互联网等行动转型升级。四是建立企业成长的支撑系统，搭建政府、高校、研究机构与企业的合作平台，促进科技成果转化和技术创新。

2. 聚力推进制造业强链补链延链，调整产能和优化库存管理

第一，精准定位新兴产业发展方向。针对汽车产业，全面谋划新能源汽车领域的关键技术如电池、芯片和智能驾驶系统的发展，加快这些领域的技术突破和产业应用。针对生物医药产业，推动制药公司与高等院校及科研机构深化合作，扩大科研成果的项目产业化规模，缩短从实验室到市场的时间跨度，促进医药产业向医药研发、生物制药、高端制剂及高端医疗器械的高值化转型，致力于建设生物医药高端产品研发和制造中心。针对新一代信息技术产业，在消费电子市场渐趋回暖的背景下，鼓励电子行业龙头企业加强产销对接，扩展销售渠道，持续推动整个产业链的恢复增长。同时，系统性地推进新型显示产业链的补链强链工作，积极整合上下游资源，加速项目实施，快速发展虚拟现实（VR）和增强现实（AR）、可穿戴设备、车载显示屏和激光显示技术等新兴应用领域，壮大高清显示产业的新动能。

第二，提高国内市场渗透率，开拓国际市场。一方面，提高国内大市场的渗透率。深入实施都市消费工业转型升级战略，重点巩固纺织服装、美妆日化、食品饮料、文化制造、智能家居等消费型工业的转型升级成果，推动这些行业向定制化、时尚化、智能化方向转型，致力于打造具有国际视野的、国内领先的规模化个性定制产业创新策源地、应用示范地和产业集聚地。通过创新驱动，提高产品的附加值和市场竞争力，迎合日益多样化和高端化的市场需求，同时借助粤港澳大湾区的区域优势，加强与国内其他主要经济体的联结，形成强大的内部市场网络。另一方面，大力开拓国际市场，尤其是东南亚和非洲等新兴市场。鼓励企业研究不同国家的文化和消费习惯，调整其产品设计和商业模式以适应各地市场，提升和增强国际市场的占有率和品牌影响力。

第三，提升整体工业效率和市场反应速度。一是适度减少低效和过剩的产能，解决长期存在的产能过剩和行业需求下降问题。关闭不符合环保和技术标准的落后生产线，同时对现有生产线进行技术升级，提高和改善生产效率和环境表现。二是引入先进的智能库存管理系统。整合大数据技术和物联网，实时监测和分析库存状态，预测市场需求变化，着力优化库存和配置，提高物料利用率和库存周转速度。三是积极推广智能工厂和数字孪生（Digital Twin）[①]的应用。智能工厂通过集成自动化设备、信息技术和网络系统，实现生产过程的全面数字化，优化生产流程，提高生产柔性和效率。数字孪生则通过创建实体设备的虚拟副本，实现实时监测、模拟和优化生产流程，提高制造企业产品研发、制造的生产效率和响应市场变化的能力，实现库存的动态优化。

3. 提振消费信心，促进消费扩容提质

第一，稳定居民收入预期，增强居民消费信心。一是加大稳岗就业保障力度，缓解预防性储蓄动机挤压消费支出的现象，更大限度释放居民消费需求。实施更有力的就业政策，提供就业补贴、税收减免等措施，支持企业不裁员或少裁员，鼓励企业保持或扩大现有的就业规模。二是扩大和增加职业培训和再教育的范围与深度，提高劳动力市场的灵活性和职业技能的适应

---

① 数字孪生是充分利用物理模型、传感器更新、运行历史等数据，集成多学科、多物理量、多尺度、多概率的仿真过程，在虚拟空间中完成映射，从而反映相对应的实体装备的全生命周期过程。

性，增加就业机会，同时提升职工的稳定性和收入预期。三是完善社会保障体系，如扩大和提高医疗、养老、失业等社会保险的覆盖范围和赔付比例，减轻未来不确定性给居民带来的预防性储蓄压力，减少因风险规避导致的高额储蓄行为，激发消费潜力。

第二，优化促消费政策措施，加强消费环境建设。一方面，扩大节庆经济、会展经济、演艺经济及文旅活动对消费的带动刺激作用，吸引更多国内外知名展览和演出落地广州，提高此类活动的市场化、国际化水平，提升整体吸引力和影响力。大力推广夜间经济，如夜市、夜间文化演出等，丰富城市夜生活，促进实体消费加快回暖。另一方面，继续推广消费券和税收优惠，特别是汽车、珠宝首饰、高端电子产品等，开展多层次、多频道的市场营销活动，增加消费信贷产品，降低消费者的初期支付压力，鼓励大宗购买。

第三，做强"品质消费"，激活经济增长的内生动力。一是优化和提升国际化消费环境和服务水平，加快推进国际消费中心城市培育建设，更大力度汇聚全球消费资源，强化跨境电商平台建设，促进全球商品与服务的便捷流通。二是优化整合产业链，引领消费升级，利用好粤港澳大湾区消费品制造业发达、产业链条完整和配套能力强的优势，基于产业链、消费链对接的角度，从更深层次继续扶持壮大独具特色、具有国际影响力的品牌，支持制造业向设计、品牌和营销等高附加值环节转型。三是着力加速品牌培育及其国际化推广。积极培育智能家居、文娱旅游、体育赛事、国货"潮品"等新兴消费增长领域，构建需求升级与供给升级相协调的高效经济循环系统。四是消费需求与供给同步升级，结合市场调研和数据分析，及时调整供给侧结构，支持企业开发新产品、新服务，以适应市场变化和消费者偏好演进。

4. 采取综合策略应对房地产业复苏挑战

首先，通过调整房贷政策刺激需求和支持市场回暖，特别是针对首次购房者降低首付比例和贷款利率。通过引入长期固定利率房贷产品增强购房者信心，稳定市场预期。其次，扩大公租房和共有产权房等政策性住房的供应，完善多主体供应和多渠道住房保障体系，满足中低收入群体的住房需求，同时激励私人开发商参与保障性住房项目，出台税收优惠和土地供应优先等激励措施。简化二手房交易流程并减免相关税费，激活存量房市场，考虑逐步推行房地产税，合理引导居民购房行为。鼓励和支持房地产项目多元化发展，增加融合商业、办公、住宅等多功能复合型项目，提升项目的综合价值和市场吸引力。此外，加大公私合作伙伴关系（PPP），推广不动产投资信托基金（REITs），增加市场的流动性和投资连续性。推动房地产与旅游业、文化产业的融合发展，开发度假型社区等主题地产项目，吸引更广泛的消费群体。

5. 加快发展生产性服务业，树立标杆示范加速"两业融合"

第一，推动产业服务化集成发展。积极利用广州产业体系完备、连接充分、高校科研院所密集等有利条件，着力在与制造业发展强相关的金融服务、研发设计、知识产权、物流配送、检验检测、环保服务、数字赋能、电子商务、营销咨询、售后服务等十大领域，集中资源引进、培育、壮大一批制造业服务化示范企业和标杆项目，加大对制造业转型升级中关键技术和服务的研发投入，推动产业向高值链环节迈进。发挥龙头企业示范带动作用，优化供应链管理和增强后端服务能力，在高端专业服务业领域大幅提高产业综合配套和集聚发展能力。

第二，构建协同创新与服务化生态系统。一方面，制定具有前瞻性的政策框架，鼓励互联网平台与传统制造企业在关键领域如数据挖掘、消费者行为分析以及消费品设计等进行深度合作，加快产品创新和市场应用的速度。构建连接、匹配和协同生产制造资源与消费端需求的平台，促进互联网产业向高附加值服务转型，提高产业链的响应速度和市场敏感度。另一方面，鼓励企业与供应商、服务提供者、科技公司和研究机构建立协同合作关系，共同开发和提供产品服务系统（Product-Service System，PSS），在延长产品生命周期的同时提高产品生态效率。鼓励互联网企业与衣食住行等生活性服务业和先进制造业加强融合，为生产、生活型企业提供智能化、信息化服务，不断提高信息技术服务要素支撑能力。此外，应加强对以上合作模式和技术应用的监管，确保数据安全和消费者权益，维护公平竞争的市场环境。

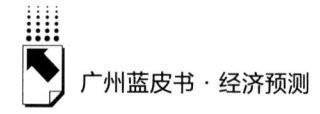

6.加大投资项目储备和城市更新力度

第一,完善项目储备和续接机制。一方面,出台专项政策措施和行动计划,进一步加大招商引资力度,完善"储备一批、开工一批、建设一批、竣工一批、投产一批"动态管理系统,确保各阶段无缝对接。加大对代表新质生产力投资项目的关注力度,如新技术、新业态、新服务等。另一方面,加强与国际市场的联系,尤其是在新兴技术和业态方面的国际合作。将《广州南沙深化面向世界的粤港澳全面合作总体方案》政策红利转化为项目吸引力,加快完善基础设施,提升区域互联互通,加快营造国际化、法治化的商业环境,充分发挥税收优惠和财政补助、土地政策支持等优势,推动粤港澳三地半导体、生物医药、新能源等关键领域和先进制造业深度合作,提供定制化政策支持和服务。规划和建设一批特色明显、定位高端的国际产业园区,吸引大型企业集聚和大型工业项目落地。

第二,前置产业规划,加快城市更新。加快城中村改造进度,通过盘活低效存量土地,释放更多的土地资源用于工业和商业开发。城市更新项目不仅要注重改善市民居住环境,更要前置产业发展规划,充分考虑产业发展所需的空间和环境需求。在城市更新过程中系统规划新兴产业的发展,尤其是上下游联动的产业集群,以此为契机创造新的经济增长点和就业机会。推动城市规划与产业发展深度融合,通过精准产业定位和科学空间布局优化产业结构,增强城市的产业支撑力和竞争力。

行业发展篇

B.2

2023年广州市规模以上服务业运行分析报告

广州市统计局服务业统计处课题组*

摘　要： 2023年，广州市聚焦高质量发展首要任务，持续提升产业能级、提振市场信心、扩大有效需求，规模以上服务业韧性恢复稳中向好，企业经营效益有所改善，吸纳就业人数保持稳定，行业职工薪酬总体有所增长，对广州市经济发挥重要支撑作用。但仍需关注互联网软件业增长动能不足、科学研究和技术服务业受龙头企业影响大和货运相关行业持续低位运行等问题，亟须加大高新技术企业培育力度，大力发展数字经济，持续优化营商环境。

关键词： 规模以上服务业　数产融合　数字经济　广州市

---

* 课题组组长：刘钰，广州市统计局服务业统计处处长。课题组成员：莫广礼，广州市统计局服务业统计处副处长；陈善盈，广州市统计局统计师，研究方向为服务业统计。执笔人：陈善盈。

一 2023年广州市规模以上服务业总体运行情况

（一）营业收入实现两位数增长

2023年（快报数，下同），广州市规模以上服务业（以下简称"规上服务业"）实现营业收入18994.25亿元，同比增长10.3%，比前三季度提高1.9个百分点。受上年基数的影响，规上服务业营业收入累计增速在11月时达到峰值。

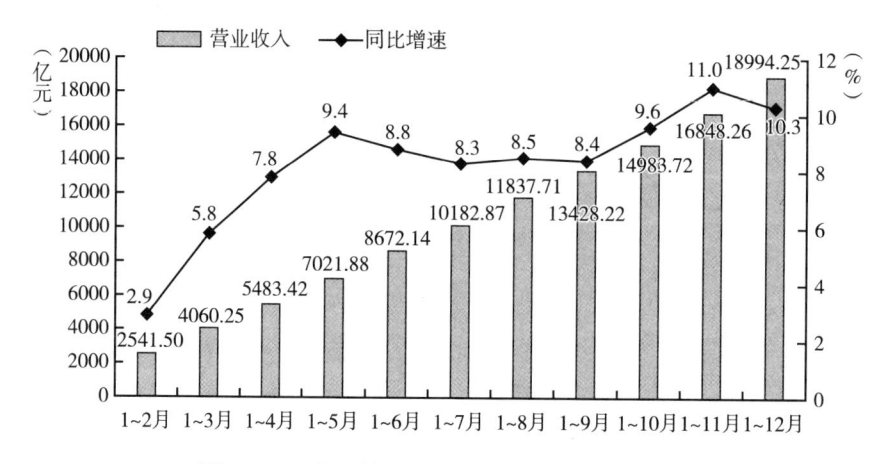

图1　2023年规模以上服务业营业收入增长情况

数据来源：广州市统计局。

（二）企业经营效益改善

2023年，广州市规上服务业企业实现营业利润1699.50亿元，同比增长34.9%。其中，除居民服务、修理和其他服务业，卫生和社会工作外，其余八个行业门类均实现盈利。信息传输、软件和信息技术服务业，租赁和商务服务业对规上服务业营业利润规模贡献最大，合计占规上服务业超七成（72.5%）。交通运输、仓储和邮政业回暖明显，全年实现营业利润160.08亿元，较上年扭亏为盈。从盈利企业的数量占比看，2023年广州市1.34万家规上服务业企业中，实现盈利的企业数量占广州市规上服务业企业数量的比例为 60.8%。十大行业门类实现盈利的企业占比较 1~2 月均有不同程度提高，其中，科学研究和技术服务业实现盈利的企业占比为 65.7%，比 1~2 月（46.4%）提高 19.3 个百分点。

（三）社会用工和职工薪酬保持稳定

2023 年，广州市规上服务业企业期末用工人数合计 243.33 万人，与上年末基本持平。其中，租赁和商务服务业吸纳用工人数最多，行业用工增长速度最快，期末从业人数达 84.47 万人，同比增长 8.6%。2023 年，全球宏观经济增长放缓，企业多采取降本增效的稳健经营策略，通过业务外包、灵活用工等方式降低用工成本，带动人力资源服务行业期末用工人数增长 17.6%。应付职工薪酬方面，2023 年广州市规上服务业月人均薪酬达 1.33 万元，同比增长 4.5%。其中，信息传输、软件和信息技术服务业月人均薪酬居十个行业门类首位，达 2.21 万元，同比增长 8.8%。可见随着数字经济的蓬勃发展，企业对信息科技人才越来越重视，用工薪酬亦有所反映。

（四）企业税收增长较快

2023 年，广州市规上服务业企业两税（应交增值税、税金及附加）合计 516.96 亿元，同比增长 10.6%，表明企业生产经营活动活跃，税收贡献增大。从规模看，交通运输、仓储和邮政业，信息传输、软件和信息技术服务业，租赁和商务服务业两税合计均超过百亿元，分别为 125.63 亿元、134.78 亿元和 103.84 亿元，三个行业税收合计占规上服务业超七成（70.5%）。从增速看，全年医疗业务恢复正常，卫生和社会工作行业两税合计增长较快，同比增长 1.1 倍。

（五）百强企业支撑作用显著

2023 年，广州市规上服务业百强企业实现营业收入 7873.77 亿元，同比增长 22.4%，拉动规上服务业营业收入增长 8.4 个百分点。[①] 其中，营业收入超百亿

---

① 拉动增长：用于分析某部分的增长量拉动整体增长程度的指标，指整体中某部分的增长量与整体基期值的比值。

元的企业有 16 家，比 2022 年（快报数）增加 2 家。分行业看，属于交通运输、仓储和邮政业，信息传输、软件和信息技术服务业的百强企业较多，分别为 36 家和 32 家，分别拉动规上服务业营业收入增长 5.4 个和 1.4 个百分点。

二 2023年广州市规模以上服务业各行业运行情况

2023 年，广州市各行业逐步恢复常态化运转，文旅商务需求得到进一步释放。交通运输、仓储和邮政业，租赁和商务服务业，文化、体育和娱乐业，居民服务、修理和其他服务业等接触型服务业回暖明显；教育行业营业收入增速逐步回升；信息传输、软件和信息技术服务业平稳增长；水利、环境和公共设施管理业，卫生和社会工作低位运行（见表1）。

表 1　2023 年广州市规模以上服务业各行业营业收入增长情况

行业	营业收入（亿元）	增速（%）	比前三季度增长（个百分点）	比1~2月增长（个百分点）	拉动规上服务业增长（个百分点）
规上服务业	18994.25	10.3	1.9	7.4	10.3
交通运输、仓储和邮政业	5893.46	15.6	4.3	13.7	4.6
信息传输、软件和信息技术服务业	5379.27	5.6	1.6	0.9	1.6
房地产业（不含房地产开发经营）	1441.81	9.6	-1.3	-2.3	0.7
租赁和商务服务业	3555.35	13.2	2.2	12.5	2.4
科学研究和技术服务业	1729.21	5.0	-2.6	5.8	0.5
水利、环境和公共设施管理业	111.41	-3.9	2.8	-16.4	0.0
居民服务、修理和其他服务业	163.15	9.7	3.1	3.9	0.1
教育	113.12	9.1	3.9	11.6	0.1
卫生和社会工作	275.15	-12.6	-0.4	3.4	-0.2
文化、体育和娱乐业	332.32	32.9	3.6	21.3	0.5

数据来源：广州市统计局。

（一）交通运输、仓储和邮政业支撑作用明显

全年各行业逐步恢复，商务流、文旅流、探亲流等给广州交通行业注入

活力。2023年，广州市交通运输、仓储和邮政业实现营业收入5893.46亿元，同比增长15.6%，分别比前三季度和1~2月提高4.3个和13.7个百分点，拉动规上服务业增长4.6个百分点。客运方面，在"五一"、"国庆"、暑期等假日经济加持下，全年广州完成客运量30471.19万人次，带动水路、航空、铁路和公路旅客运输业营业收入同比增长1.5倍、98.6%、49.5%和3.5%。货运方面，铁路货物运输业恢复较为明显，全年广州完成铁路货运量2524.63万吨，带动铁路货物运输营业收入同比增长28.6%；水路货物运输营业收入同比增长4.8%；公路货物运输营业收入与上年同期基本持平；航空货物运输由于国际航空运输的供需矛盾缓解，运价大幅下调，叠加高基数效应，营业收入同比下降16.7%。

（二）租赁和商务服务业恢复较快

接触型服务业恢复势头强劲，2023年广州市租赁和商务服务业实现营业收入3555.35亿元，同比增长13.2%，分别比前三季度和1~2月提高2.2个和12.5个百分点，拉动规上服务业增长2.4个百分点。从细分行业看，2023年旅游需求得到释放，境内外旅游逐步恢复，"会展+旅游""演艺+旅游""特种兵式旅游"等新业态涌现，助推旅行社及相关服务营业收入同比增长1.3倍；广交会（中国进出口商品交易会）、建博会［中国（广州）国际建筑装饰博览会］、家博会［中国（广州）国际家具博览会］等会展如火如荼地举行，带动会议、展览及相关服务营业收入同比增长1.1倍；随着直播带货、短视频、自媒体等媒介兴起，互联网广告发展迅猛，全年广告业营业收入同比增长22.4%。此外，综合管理服务、人力资源服务、组织管理服务和法律服务均有不同程度增长，同比分别增长16.7%、7.7%、6.2%和2.3%。

（三）文化、体育和娱乐业保持两位数增长

2023年，广州市政府部门派发文旅消费券激发市民文旅需求，文娱需求得到进一步释放，带动文化、体育和娱乐业营业收入增速保持两位数增长，全年实现营业收入332.32亿元，同比增长32.9%，比前三季度提高

3.6个百分点。从细分行业看，文化艺术业营业收入增长最快，同比增长1.3倍。一方面，全年演唱会火爆，剧院剧目档期排满；另一方面，网络微短剧市场火热，为行业添加新活力。电影方面，影院全面恢复运营，多部优质影片陆续定档上映，广州市广播、电视、电影和影视录音制作业营业收入同比增长31.0%。此外，广州长隆、广州塔、融创乐园等观光游乐园客流增大，带动娱乐业营业收入同比增长58.0%。

（四）科学研究和技术服务业增速放缓

2023年，广州市科学研究和技术服务业实现营业收入1729.21亿元，同比增长5.0%，增速比前三季度回落2.6个百分点。其中，研究和试验发展增长较快，同比增长22.4%，增速比1~2月提高3.6个百分点。科技推广和应用服务业实现营业收入223.27亿元，同比增长10.7%，增速比前三季度提高14.1个百分点，主要是由于广州小鹏汽车科技有限公司营业收入增长较快。另外，受个别企业大型项目渐近尾声导致营业收入减少的影响，专业技术服务业营业收入同比仅增长1.1%，增速比前三季度回落5.8个百分点。

（五）信息传输、软件和信息技术服务业平稳增长

2023年，广州市信息传输、软件和信息技术服务业实现营业收入5379.27亿元，同比增长5.6%，增速比前三季度提高1.6个百分点。从细分行业看，以三大通信运营商（中国移动广州分公司、中国电信广州分公司和中国联通广州分公司）为代表的电信、广播电视和卫星传输服务营业收入同比增长3.7%，增势保持平稳。互联网软件业实现营收入4764.38亿元，同比增长5.8%。其中，互联网和相关服务营业收入同比增长13.5%，全年保持两位数快速增长。广东今日头条网络技术有限公司和广州腾讯科技有限公司对行业增长贡献较大。软件和信息技术服务业累计营业收入增速于11月由负转正，全年增速为1.5%。

（六）居民服务、修理和其他服务业增速有所回升

2023年，广州市居民服务、修理和其他服务业实现营业收入163.15亿

元，同比增长 9.7%，比前三季度提高 3.1 个百分点。其中，居民服务业恢复较快，营业收入同比增长 24.5%。洗染服务（1.2 倍）、洗浴和保健养生服务（48.4%）、殡葬服务（42.1%）行业企业经营活动正常开展，营业收入均保持 40% 以上的快速增长。机动车、电子产品和日用产品修理业，其他服务业营业收入增长相对平稳，同比分别增长 4.4% 和 5.0%。

（七）房地产业营业收入增速小幅回落

2023 年，广州市房地产业（不含房地产开发经营）实现营业收入 1441.81 亿元，同比增长 9.6%，增速分别比前三季度和 1~2 月回落 1.3 个和 2.3 个百分点。其中，物业管理和房地产租赁经营恢复较快，营业收入同比分别增长 12.8% 和 10.7%。房地产中介服务营业收入同比下降 9.9%，处于低位运行状态。

（八）卫生和社会工作低位运行

2023 年，广州市卫生和社会工作实现营业收入 275.15 亿元，同比下降 12.6%。在卫生行业方面，由于 2023 年疫情转段，核酸检测需求下降，相关医学检验企业营业收入减少，卫生行业营业收入同比下降 12.7%。此外，医院医疗服务正常开展，医疗行业营业收入同比增长 17.0%。在社会工作方面，社会工作行业营业收入同比下降 12.2%。其中，护理机构服务，老年人、残疾人养护服务营业收入同比分别下降 27.3% 和 9.5%。

（九）教育行业逐步回升

由于 2021 年开始实施的双减政策影响逐步消退，2023 年广州市教育行业营业收入增速逐步回升，营业收入实现 113.12 亿元，同比增长 9.1%，分别比前三季度和 1~2 月提高 3.9 个和 11.6 个百分点。技能培训、素质教育、艺术培训等辅导服务正常开展，带动技能培训、教育辅助及其他教育行业同比增长 10.8%。

（十）水利、环境和公共设施管理业

2023 年，广州市水利、环境和公共设施管理业实现营业收入 111.41 亿

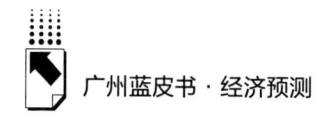

元,同比下降3.9%。其中,水利管理业、生态保护和环境治理业、公共设施管理业营业收入同比分别下降28.2%、6.8%和2.1%。

三 2023年广州市规模以上服务业新业态新经济运行情况

(一)高端专业服务业回暖明显

2023年,广州市高端专业服务业实现营业收入3569.34亿元,同比增长8.1%,增速比1~2月提高9.0个百分点。其中,企业商务宣传和劳务需求的增加,助推广告服务和人力资源服务业成为高端专业服务业贡献最大的行业,分别拉动高端专业服务业增长4.2个和2.2个百分点。会展服务、专业设计服务、质检技术、财税服务和法律服务营业收入均有不同程度的增长,同比分别增长1.1倍、10.2%、8.4%、6.1%和2.3%。知识产权服务(-3.6%)、咨询服务(-3.0%)和工程技术服务(-2.0%)虽然均处于低位运行,但呈缓慢恢复态势,降幅均比1~2月有所收窄,分别收窄8.7个、6.8个和5.9个百分点。

(二)高技术服务业平稳增长

2023年,广州市高技术服务业实现营业收入7245.39亿元,同比增长5.3%,增速比前三季度提高0.7个百分点。其中,研发与设计服务、电子商务服务和科技成果转化服务营业收入增长较快,同比分别增长16.3%、16.0%和13.3%。信息服务营业收入同比增长4.7%,拉动高技术服务业增长3.3个百分点,对高技术服务业增长贡献最大。

(三)现代物流业低位运行

2023年,广州市现代物流业实现营业收入3126.90亿元,同比下降4.4%,降幅比前三季度收窄4.8个百分点。自2022年下半年起国际运价暴跌，航运运力供大于求，导致2023年1~2月货物运输代理开局低位运行。随着基数效应逐步消退，货物运输代理增速从1~2月的-25.9%收窄至-15.9%。此外，在高基数效应下，航空货物运输营业收入同比下降16.7%。

四 2023年广州市各区规模以上服务业运行情况

从规上服务业看，广州市除从化区和荔湾区，其余9个区的规上服务业营业收入均实现增长。其中，由于航空旅客运输业复苏较快，白云区规上服务业营业收入同比增长33.4%，增速居各区之首，拉动广州市规上服务业增长3.6个百分点。此外，越秀区、海珠区和天河区等中心城区对广州市营业收入增长拉动作用明显，营业收入同比分别增长12.5%，14.4%和4.8%，分别拉动广州市规上服务业增长1.9个、1.5个和1.5个百分点。

表2 2023年广州市各区规模以上服务业营业收入增长情况

地区	营业收入（亿元）	增速（%）	比前三季度增长（个百分点）	拉动广州市规上服务业增长（个百分点）
广州市	18994.25	10.3	1.9	10.3
荔湾区	313.33	-2.2	1.2	0.0
越秀区	2975.29	12.5	1.7	1.9
海珠区	2069.97	14.4	2.7	1.5
天河区	5578.56	4.8	2.7	1.5
白云区	2463.11	33.4	4.8	3.6
黄埔区	2436.60	6.3	-3.1	0.8
番禺区	1065.96	1.5	2.1	0.1
花都区	426.75	16.7	7.7	0.4
南沙区	1385.77	4.7	1.9	0.4
从化区	69.32	-5.3	-3.5	0.0
增城区	209.60	17.1	-1.6	0.2

资料来源：广州市统计局。

五 广州市规模以上服务业与国内主要城市对比情况

与全省对比,广州规上服务业营业收入同比增长10.3%,高于全省增速(8.1%)。从细分行业看,广州市交通运输、仓储和邮政业,房地产业(不含房地产开发经营),租赁和商务服务业,科学研究和技术服务业,居民服务、修理和其他服务业及教育营业收入增速均高于全省。文化、体育和娱乐业增速与全省相近,均超过30%。由于软件和信息技术服务业增长动能不足,广州市信息传输、软件和信息技术服务业增速低于全省。

与北京、上海、杭州和深圳等国内主要城市比较,在规模上,北京和上海属于第一梯队,规上服务业营业收入分别达到62526.3亿元和50728.86亿元。广州、深圳和杭州同属于第二梯队,分别达到18994.25亿元、22701.79亿元和19138.14亿元。广州、上海、北京和深圳的支柱行业均为交通运输、仓储和邮政业,信息传输、软件和信息技术服务业,但是具体占比结构上有所不同。深圳和北京以信息传输、软件和信息技术服务业为主,占比分别达到47.1%和46.7%;广州和上海则是交通运输、仓储和邮政业,信息传输、软件和信息技术服务业,这两个行业合计占规上服务业的比重相仿。而杭州的支柱行业较为单一,信息传输、软件和信息技术服务业"一家独大",单个行业门类规模占规上服务业总体的62.9%。

从增速看,北京(12.3%)和广州(10.3%)规上服务业恢复最快,营业收入增速均超10%,上海(2.6)处于低位运行。分行业看,广州的文化、体育和娱乐业恢复较快,增速领跑其他4个城市;在交通运输、仓储和邮政业,租赁和商务服务业,科学研究和技术服务业领域,广州增速均居第2位;北京、上海、深圳的信息传输、软件和信息技术服务业均保持两位数较快增长,杭州行业增速也接近两位数(9.3%),广州行业增速以5.6%居于末位,对规上服务业增长拉动作用相对不足。上海受营业收入规模最大的交通运输、仓储和邮政业负增长影响(-14.9%),全年规上服务业低位运行(见表3)。

表3　2023年广东省及主要城市规模以上服务业分行业营业收入情况

单位：亿元，%

行业	广东省 营业收入	广东省 增速	广州市 营业收入	广州市 增速	深圳市 营业收入	深圳市 增速	北京市 营业收入	北京市 增速	上海市 营业收入	上海市 增速	杭州市 营业收入	杭州市 增速
规上服务业合计	50205.08	8.1	18994.25	10.3	22701.79	6.7	62526.3	12.3	50728.86	2.6	19138.14	9.7
1. 交通运输、仓储和邮政业	12447.84	6.3	5893.46	15.6	4631.59	-3.8	9461.6	16.5	14923.05	-14.9	2065.81	10.0
2. 信息传输、软件和信息技术服务业	18398.54	11.4	5379.27	5.6	10687.17	14.4	29205.5	16.6	14832.71	16.2	12033.82	9.3
互联网和相关服务	6016.99	9.7	1826.85	13.5	4071.65	8.3	8410.7	6.6	7138.28	23.9	5738.67	16.4
软件和信息技术服务业	9906.01	14.4	2937.53	1.5	5980.56	20.2	19186.0	22.7	6613.19	10.7	5794.03	3.2
3. 房地产业(不含房地产开发经营)	3939.40	6.7	1441.81	9.6	1753.41	4.8	2961.9	5.5	1872.11	9.7	588.71	7.0
4. 租赁和商务服务业	8623.71	8.2	3555.35	13.2	3289.44	6.4	9505.1	8.5	10982.68	11.3	2430.96	15.6
5. 科学研究和技术服务业	3822.82	1.1	1729.21	5.0	1515.05	-2.1	7512.1	3.4	5726.83	6.1	1326.68	4.8
6. 水利、环境和公共设施管理业	641.51	1.3	111.41	-3.9	167.16	3.2	581.7	-5.0	680.88	6.0	135.81	16.4
7. 居民服务、修理和其他服务业	491.27	7.9	163.15	9.7	202.48	3.6	259.7	10.4	414.75	12.6	99.79	18.4
8. 教育	431.20	8.9	113.12	9.1	125.42	7.2	578.1	-7.0	173.61	5.5	54.72	3.4
9. 卫生和社会工作	708.77	-9.2	275.15	-12.6	150.86	-12.7	507.0	9.6	443.39	-2.0	191.71	-2.4
10. 文化、体育和娱乐业	700.02	38.6	332.32	32.9	179.21	18.8	1953.5	10.4	678.86	31.9	210.13	8.6

资料来源：广东省及各城市统计局。

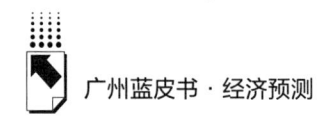

六　广州市规模以上服务业发展需关注的问题

（一）互联网软件业增长动能不足

互联网软件业累计营业收入增速在第一季度达到全年最高点6.8%，逐步回落至全年5.8%，增长幅度不及预期。从龙头企业看，该行业营业收入规模十强企业中7家处于负增长状态。此外，受行业监管趋严影响，部分互娱直播、游戏类企业对行业营业收入增长负向影响持续。

（二）科学研究和技术服务业受龙头企业影响大

科学研究和技术服务业累计营业收入增速在5月达到最高点13.6%后逐步回落至5.0%。行业中，个别龙头企业于2022年底有大型项目收入，导致年底基数逐步抬升，叠加年底项目渐近尾声、收入减少，对行业营业收入增长的拉动作用逐步减小，科学研究和技术服务业增速随之回落。

（三）货运相关行业仍低位运行

受高基数、出口放缓和国际货运价位回落等叠加因素的影响，多式联运和运输代理业2023年以来处于低位运行状态，全年营业收入同比下降12.6%，随着基数降低，降幅比1~2月收窄9.4个百分点。此外，航空货物运输受高基数因素影响，营业收入同比下降16.7%，降幅比1~2月收窄7.7个百分点。

七　广州市规模以上服务业发展建议

（一）加大高新技术企业培育力度，打造新质生产力

2024年广州市政府工作报告提出强化科技教育人才支撑，塑造发展新

动能新势能。广州务必以更大力度加快推进高水平科技自立自强，助力产业经济发展行稳致远。目前，在科技服务业领域，广州拥有省电力设计研究院、中石化广州工程等大型工程项目型企业；在高科技企业方面，广州22家企业入选胡润全球独角兽榜，增量居全国第一，总量居全国第四；广州市高新技术企业、科技型中小企业数量分别增至1.3万家、2.1万家。广州需依托良好的科技服务业基础再攀新高，继续培育壮大"独角兽""小巨人""专精特新"等高新技术企业，不断优化完善产业链上下游，提高科学研究、科技创新转化的经济效益，让科技研发行业成为促进经济发展的中坚力量，让科技型企业加快成为新质生产力的生力军。

（二）持续大力发展数字经济，推动数产融合新升级

依托广州良好的产业资源禀赋、丰富的数据资源基础以及有竞争力的科技创新基因，把打造"数产融合的全球标杆城市"作为高质量发展的战略引擎，加快推进"数字+制造"融合发展，推动"制造大市"向"智造强市"迈进。要深入落实《广州市进一步促进软件和信息技术服务业高质量发展的若干措施》，以广州人工智能与数字经济试验区为牵引，推动人工智能和数字经济不断创新发展，加快前沿和新兴领域软件技术研发，提升核心关键软件供给和数字化转型服务能力，培育壮大软件和信息技术服务市场主体，形成高质量集聚发展的良好产业生态，扩大产业规模。

（三）聚焦产业集群，优化营商环境

良好的营商环境是企业生存的土壤，产业集群则是企业发展壮大的肥料。一是各行业主管部门要持续做好暖企服务，积极跟踪企业经营状态和发展需求，从财税、金融、科技、教育等多方面有针对性地予以扶持；二是发挥各区产业优势，优势互补错位发展，做好招商引资，引入相应产业的大型服务业企业落户，形成更大的规模效应和具有强关联性的有机整体；三是完善产业链，推动产业发展提质增效，让企业享受到完善的产业链所带来的技术创新效应、人才效应、品牌效应、资源优化效应和政策支持效应。

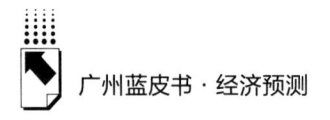

参考文献

邵军：《新发展格局下的产业集群转型升级》，《人民论坛》2024年1月30日。

石庆焱等：《全球经济蹒跚前行复苏前景仍面临多重风险挑战——2023年世界经济形势分析及2024年展望》，国际统计信息中心释经组，2024年2月。

中国网络视听大会：《中国网络视听发展研究报告（2024）》，2024年3月27日。

《探求社保入税下的企业降本增效之道——金柚网〈新政策 新思维 新格局〉论坛圆满落幕》，《人力资源》2019年第21期。

广州市人民政府研究室：《2024年广州市政府工作报告》，2024年1月26日。

广州市人民政府办公厅：《广州市工业和信息化发展"十四五"规划》，2022年5月7日。

广州市人民政府办公厅：《广州市人民政府办公厅关于印发广州市进一步促进软件和信息技术服务业高质量发展若干措施的通知》，2023年9月8日。

《2023广州盘点·回归：久违了！演唱会、广马人气爆棚》，"南方都市报"百家号，2023年12月27日，https：//baijiahao.baidu.com/s？id＝1786397041701798260&wfr＝spider&for＝pc。

B.3
2023年广州市外贸运行分析报告

广州市统计局贸易外经统计处课题组[*]

摘　要： 2023年，广州全力落实稳外贸、优结构等工作部署，积极谋划、主动作为，全市商品进出口总额连续三年实现超万亿元，对外贸易发展质量稳步提升。但进出口增速低于全国和全省平均水平、加工贸易进口运转低迷、外资企业对外贸支撑偏弱等问题依然存在，建议从优化助企服务、拓展市场多元化、培育外贸新动能、提升载体能级等方面入手，进一步推动外贸稳健发展。

关键词： 外贸运行　进出口　新动能　广州市

2023年，广州全力落实稳外贸、优结构等工作部署，积极谋划、主动作为推进高水平对外开放，持续出台系列政策措施，进一步深化跨境贸易便利化和营商环境改革，深度融入粤港澳大湾区建设、推进试验区开发区改革创新，积极培育外贸新动能，持续优化外贸结构、激发市场主体活力，着力为外贸企业减负降本增效，为外贸稳增长提供有力支撑，促进外贸发展质量稳步提升。

一　2023年广州市商品进出口总体情况分析

（一）进出口连续三年实现超万亿元

在一系列保障外贸供应链稳定畅通政策措施的支持下，2023年，广州

---

[*] 课题组组长：黄子晏，广州市统计局贸易外经统计处处长、统计师，研究方向为政府统计与公共管理。课题组成员：黄健芳，广州市统计局贸易外经统计处副处长、三级调研员，统计师，研究方向为政府统计与公共管理；周晓雯，广州市统计局贸易外经统计处商调队员，研究方向为政府统计与公共管理。执笔人：周晓雯。

市商品进出口总额连续三年实现超万亿元，达到10914.28亿元①，同比增长0.1%。其中，进口4411.64亿元，同比下降7.2%；出口6502.64亿元，同比增长5.8%。贸易顺差（出口减进口）2091.00亿元，比上年增加649.82亿元。分季度看，四个季度进出口总额分别为2417.89亿元、3032.23亿元、2703.41亿元、2760.75亿元，第二季度进出口表现相对亮眼，月均规模1011亿元，高于第一季度（月均806亿元）、第三季度（月均901亿元）、第四季度（月均920亿元）（见图1）。

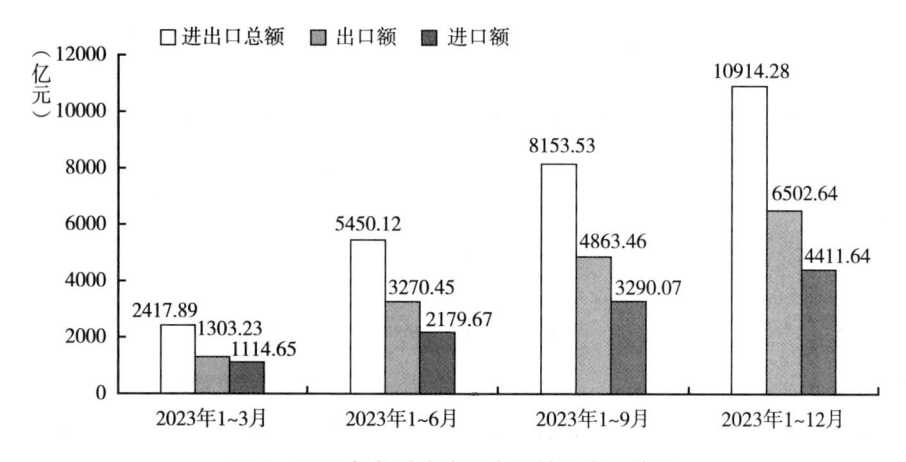

图1　2023年各季度广州市累计进出口情况

数据来源：广州海关网站。

（二）进出口承压前行，增速由负转正

从月度增速看，全年进出口总额增长总体呈"回升、放缓、回落"态势。年初开局表现较弱，1~2月增速（-10.6%）为全年最低，1~3月（-2.3%）降幅收窄但未能扭转负增长局面。随着稳外贸政策措施接续落地见效，增速逐步回升，4月当月同比增长49.4%推动1~4月增速（11.0%）转正，1~5月保持两位数增长（11.0%）。随后受上年基数逐渐提高等影响，进出口

---

① 本文部分数据合计数或相对数由于单位取舍而产生的计算误差，未做机械调整。

增速逐步放缓，1~6月、1~7月、1~8月、1~9月保持7%以上，1~10月同比增长3.2%。1~11月转为负增长，同比下降0.3%。在广州全力促进外贸保稳提质下，全年增速由负转正，同比增长0.1%，连续三年实现正增长。

（三）出口、进口"一增一降"

出口总体呈"两头低中间高"变化。1~2月降幅（-20.6%）为全年最低增速，1~3月降幅收窄但仍同比下降7.6%，在各项稳外贸政策措施持续推进、跨境电商业务加快发展等推动下，1~4月、1~5月出口增速大幅提升，同比分别增长20.5%和21.4%，1~6月至1~9月保持17%以上较快增速，1~10月、1~11月增速回落，同比分别增长10.0%和3.8%，1~12月较1~11月提高2.0个百分点，同比增长5.8%。出口增速最高的1~5月与增速最低的1~2月增速相差42.0个百分点。

进口总体呈"前增后降"走势。全年进口实现正增长的有1~2月（3.6%）、1~3月（4.7%），随后1~4月同比下降1.2%，降幅逐渐扩大，1~9月（-5.7%）降幅超过5%，1~12月降幅最大，同比下降7.2%，为全年最低进口增速，低于全年出口增长水平13.0个百分点（见图2）。

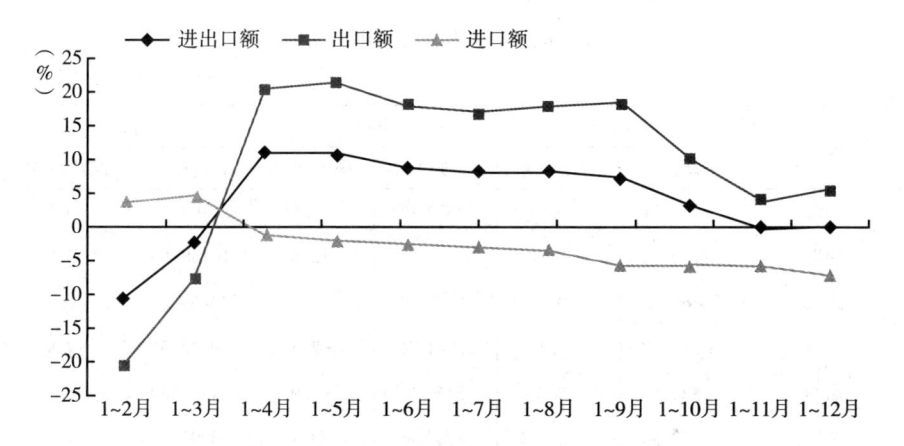

图2　2023年各月广州市进出口累计增速

数据来源：广州海关网站。

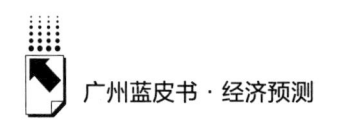

（四）进出口规模水平居中，出口增长表现良好

从规模看，2023年广州市商品进出口规模占全省进出口总额的13.1%，比省内的深圳、东莞分别低33.5个和2.3个百分点。在国内主要外贸城市中广州进出口规模位居第七，上海、深圳、北京、苏州、东莞、宁波分别是广州的3.9倍、3.5倍、3.3倍、2.2倍、1.2倍和1.2倍；广州比厦门、青岛和天津分别多1444亿元、2155亿元和2910亿元。其中，广州出口、进口规模在国内主要外贸城市中分别居第六、第七位，规模分别是出口居第一位深圳的26.5%、进口居第一位北京的14.5%。

从增速看，广州进出口同比增长0.1%，比全国、全省分别低0.1个和0.2个百分点；增速在国内主要外贸城市中位居第七，比东莞、苏州、天津分别高8.3个、4.7个和3.5个百分点，比增速最高的深圳低5.8个百分点，比其余5个城市增速低0.2~4.5个百分点。其中，广州出口增速在国内主要外贸城市中位居第二，同比增长5.8%，低于深圳6.7个百分点，高于其余8个城市3.8~14.7个百分点。国内主要外贸城市中，有半数城市进口同比下降，广州进口降幅小于苏州0.7个百分点，但增速比其余8个城市低0.4~17.3个百分点（见表1）。

表1　2023年国内主要外贸城市进出口情况

单位：亿元，%

城市	进出口 规模	进出口 同比增速	出口 规模	出口 同比增速	进口 规模	进口 同比增速
上海	42121.61	0.7	17377.94	1.6	24743.67	0.1
深圳	38710.70	5.9	24552.10	12.5	14158.60	-4.0
北京	36466.32	0.3	6000.05	2.0	30466.26	0.0
苏州	24514.10	-4.6	15081.59	-2.5	9432.51	-7.9
东莞	12823.56	-8.2	8460.87	-8.9	4362.69	-6.8
宁波	12779.30	0.9	8287.80	0.7	4491.50	1.1
广州	10914.28	0.1	6502.64	5.8	4411.64	-7.2

续表

城市	进出口		出口		进口	
	规模	同比增速	规模	同比增速	规模	同比增速
厦门	9470.44	2.7	4474.49	-3.9	4995.95	9.4
青岛	8759.70	4.6	4713.60	0.3	4046.10	10.1
天津	8004.74	-3.4	3631.70	-2.6	4373.04	-4.1

数据来源：各市统计局网站。

二 2023年广州市外贸运行特点分析

（一）一般贸易比重再提高，加工贸易、保税物流负增长

2023年，广州市一般贸易进出口7539.91亿元，同比增长7.1%，增势良好，占全市外贸进出口比重由上年的64.1%上升至69.1%，外贸升级优化进程不断向前推进。其中，一般贸易出口势头好于进口，出口4636.97亿元、同比增长15.7%，进口2902.93亿元、同比下降4.3%。

占进出口19.6%的加工贸易实现进出口2139.15亿元，同比下降3.7%，降幅较上年（-2.6%）扩大1.1个百分点。其中，来料加工装配贸易进出口653.71亿元，同比下降8.8%；进料加工贸易进出口1485.44亿元，同比下降1.3%。主要贸易方式中，一般贸易进出口比重较加工贸易高49.5个百分点。

保税物流进出口1035.79亿元，占全市进出口的9.5%，占比较上年降低1.1个百分点，增速由上年两位数较快增长变为负增长，同比下降10.4%，增速较上年回落33.6个百分点。其中，保税监管场所进出境货物进出口同比下降0.3%，降幅较海关特殊监管区域物流货物（-17.9%）小17.6个百分点。

（二）民营企业"稳定器"作用持续增强

优化营商环境、降低企业成本、支持新业态发展等一系列政策措施的落地，有效激发了包括民营企业在内的各类市场主体活力，为外贸稳规模、优结构发挥了积极作用，民营企业外贸稳增长主力军作用持续增强。2023年，

广州市民营企业进出口规模进一步扩大，达到6035.53亿元，分别是外资企业、国有企业的1.8倍和4.0倍，占全市进出口的55.3%，占比较上年提高3.0个百分点；同比增长6.2%，增速较上年提高5.6个百分点。其中，民营企业出口表现相对突出，出口4038.95亿元，同比增长11.0%。

占进出口比重第二位的是外资企业，进出口3317.02亿元，占全市进出口的30.4%，占比减少3.2个百分点；进出口未能扭转上年负增长局面，同比下降9.8%，降幅较上年扩大5.1个百分点。其中，外资企业出口、进口同比分别下降5.1%和14.7%。

国有企业进出口1519.90亿元，占全市进出口的13.9%，保持正增速，同比增长2.3%。其中，国有企业出口"增"、进口"降"，出口665.62亿元，同比增长8.8%，进口854.27亿元，同比下降2.3%。

（三）机电产品出口近五成，"新三样"出口分化明显

出口方面，2023年，机电产品、农产品出口均实现正增长，高新技术产品[①]出口下降。机电产品出口3007.61亿元，占全市出口的46.3%，同比增长1.0%；农产品出口91.77亿元，实现两位数增长，同比增长15.8%；高新技术产品出口724.96亿元，同比下降17.4%。劳动密集型产品[②]出口降幅收窄，出口1123.64亿元，占全市出口的17.3%，出口同比下降11.5%，降幅较上年收窄13.6个百分点。广州市外贸出口商品从传统劳动密集型逐步向高端制造业转型，以汽车为代表的车船制造业成为广州出口增长新动能。电动载人汽车、锂离子蓄电池、太阳能电池等"新三样"出口表现差异较大，合计出口128.90亿元，占出口的2.0%，占比较上半年（1.3%）有所提高，出口同比分别增长4.7倍、增长20.3%和下降15.5%。机电产品中表现较好的，电工器材出口288.68亿元，同比增长10.3%；船舶出口193.77亿元，同比增长64.3%；汽车零配件出口168.83亿元，同比增长13.0%；乘

[①] 与机电产品有交叉，下同。
[②] 主要指塑料制品，箱包及类似容器，纺织纱线、织物及其制品，服装及衣着附件，鞋靴，家具及其零件，玩具七类产品。

用车出口 118.83 亿元，同比增长 2.1 倍。机电产品中表现相对较弱的：平板显示模组出口 260.36 亿元，同比下降 20.6%；家用电器出口 215.90 亿元，同比下降 6.2%；电子元件出口 183.67 亿元，同比下降 8.0%；灯具、照明装置及其零件出口 117.63 亿元，同比下降 11.2%。此外，出口贵金属或包贵金属的首饰出口 274.65 亿元，由上年同比增长 20.9%转为同比下降 3.2%。

（四）机电产品、高新技术产品进口"双降"，部分大宗商品进口为主要拉动力

进口方面，2023 年，农产品进口 721.06 亿元，同比增长 4.9%。其中，粮食进口 139.28 亿元，同比增长 11.3%；乳品进口 114.77 亿元，同比下降 0.5%；干鲜瓜果及坚果进口 69.05 亿元，同比增长 0.4%；水产品进口 52.17 亿元，同比增长 4.2%。机电产品、高新技术产品分别进口 1445.87 亿元和 934.65 亿元，同比分别下降 14.0%和 13.5%，增速较上年分别回落 13.4 个和 17.8 个百分点。天然气、煤及褐煤、铁矿砂及其精矿分别进口 377.43 亿元、140.32 亿元和 112.95 亿元，同比分别增长 3.9%、13.9%和 2.1 倍，合计拉动全市进口增长 2.3 个百分点；医药材及药品、纺织纱线分别进口 204.32 亿元和 27.12 亿元，同比分别增长 13.5%和 40.2%，合计拉动全市进口增长 0.7 个百分点。初级形状的塑料、钻石进口表现转弱，分别进口 194.05 亿元和 171.56 亿元，同比分别下降 24.4%和 12.9%；未锻轧铜及铜材、钢材分别进口 52.16 亿元和 48.16 亿元，同比分别下降 43.2%和 50.1%。机电产品中，乘用车、航空器零部件、空载重量超过 2 吨的飞机分别进口 72.35 亿元、61.67 亿元和 54.24 亿元，同比分别增长 6.7%、4.2%和 5.8%，合计拉动全市进口增长 0.3 个百分点；半导体制造设备、平板显示模组、汽车零配件、电工器材进口降幅较大，同比分别下降 72.2%、42.4%、25.8%和 10.4%。

（五）对六大主要贸易伙伴进出口"三升三降"，澳大利亚取代韩国成为第六大贸易伙伴

从规模看，2023 年，广州市主要贸易伙伴依次为欧盟、东盟、美国、

日本、中国香港、澳大利亚，进出口规模分别为1805.71亿元、1654.75亿元、1433.95亿元、817.58亿元、648.63亿元和401.92亿元，合计占全市进出口的62.0%。其中，对澳大利亚进出口规模较韩国（395.71亿元）高6.21亿元，澳大利亚成为广州第六大主要贸易伙伴。分出口、进口看，对美国（1036.43亿元）、东盟（1020.12亿元）出口较多，均超1000亿元；对欧盟（830.39亿元）、东盟（634.63亿元）进口较多。

从增速看，对澳大利亚、欧盟、美国进出口实现增长，同比分别增长7.9%、6.6%和5.1%；对日本、中国香港、东盟进出口表现下降，同比分别下降13.6%、5.2%和4.3%。分出口、进口看，对日本、欧盟、美国出口为正增长，同比分别增长18.8%、13.5%和7.3%；对澳大利亚、中国香港进口为正增长，同比分别增长17.2%和8.8%（见表2）。

表2 2023年广州市对主要贸易伙伴进出口情况

单位：亿元，%

贸易伙伴	进出口规模	进出口增速	出口规模	出口增速	进口规模	进口增速
欧盟（27国）	1805.71	6.6	975.32	13.5	830.39	-0.5
东盟（10国）	1654.75	-4.3	1020.12	-4.0	634.63	-4.7
美国	1433.95	5.1	1036.43	7.3	397.52	-0.2
日本	817.58	-13.6	301.42	18.8	516.16	-25.5
中国香港	648.63	-5.2	604.78	-6.1	43.85	8.8
澳大利亚	401.92	7.9	126.92	-7.8	275.00	17.2
韩国	395.71	-26.2	140.68	-14.6	255.03	-31.3

数据来源：广州海关网站。

广州持续拓展新兴市场、提升对外开放水平，2023年，广州对共建"一带一路"国家进出口4593.91亿元，占全市进出口的42.1%，同比下降0.9%。其中，出口2861.81亿元，同比增长3.8%。分地域看，对亚洲的科威特、卡塔尔、沙特阿拉伯进出口同比分别增长71.2%、40.4%和28.3%；对非洲的利比里亚、阿尔及利亚、南非进出口同比增长2.1倍、1.0倍和

7.5%；对欧洲的俄罗斯、希腊、奥地利进出口同比分别增长23.6%、13.1%和11.5%；对秘鲁、巴拿马、新西兰进出口同比分别增长7.6%、7.2%和5.1%。此外，对拉丁美洲等新兴市场进出口同比增长12.1%，其中对巴西、墨西哥进出口同比分别增长45.3%和12.4%。

（六）以水路运输为主，公路运输增势强劲

从运输方式看，2023年，水路运输进出口6643.63亿元，占全市进出口的60.9%，是主要的运输方式，同比下降9.4%。广州是海上丝绸之路重要发祥地，是越千年而繁盛不衰的港口城市。2023年广州完成港口货物吞吐量6.75亿吨、港口集装箱吞吐量2541.44万标准箱，同比分别增长2.9%、2.2%，规模稳居世界前列。广州港外贸货物、集装箱吞吐量增长好于预期，同比分别增长5.4%、4.3%。其中，完成外贸滚装汽车57.32万辆，同比增长14.7%。

其次，公路运输进出口2113.72亿元，同比增长33.8%，占比19.4%、较水路运输低41.5个百分点。其中，公路运输出口快速增长，同比增长53.1%，进口同比增长13.6%。此外，航空运输、铁路运输进出口保持增长，分别为1642.10亿元和112.86亿元，同比分别增长12.9%和7.6%；邮件运输进出口下降，为29.53亿元，同比下降6.5%。广州东部公铁联运枢纽（增城西站）开行中欧班列408列、同比增长36%，累计运输货物39950标准箱、同比增长47.85%，货值13.84亿美元、同比增长25.79%，全市中欧班列开行1026列，开行量跻身全国前十。

三 广州市外贸发展需要关注的几个问题

（一）国内外环境愈趋复杂不确定

全球经济韧性发展，但不确定性因素依然存在，全球经济增长的动

力明显不足，多国经济增长速度放缓。2024年1月，国际货币基金组织（IMF）发布《世界经济展望报告》，预测2024年全球经济增长3.1%，低于3.8%的历史（2000~2019年）平均水平，预测发达经济体经济增长1.5%。新兴市场和发展中经济体预计将实现稳定增长，但存在地区差异。

（二）进出口、进口增速低于全国、全省平均水平

受外部环境不确定性、外需走弱、高基数压力等因素影响，进口发展不乐观。2023年1~4月以来，广州市进口持续负增长，至全年进口累计增速仍未能转正，全年进口同比下降7.2%，降幅分别比全国、全省大6.9个和3.6个百分点。受进口负增长影响，全市进出口增速同样低于全国、全省，分别低0.1个和0.2个百分点。广东是经济大省、外贸大省，外向型特征显著，稳住外贸外资基本盘，对推动广东经济回升向好至关重要，2023年广东进出口8.3万亿元，继续稳居全国外贸第一大省。与省内兄弟城市比，深圳、东莞占全省进出口比重较广州分别高33.5个和2.3个百分点，与深圳进出口规模相差较大；从对全省进出口增速拉动力看，深圳、惠州拉动力分别为2.6个和0.4个百分点，湛江、揭阳、汕尾均拉动0.1个百分点，拉动力均高于广州，广州进出口内生动力仍需进一步挖掘和加强。其中，广州进口增速在全省21地市排第15位，与位居前三的揭阳（164.5%）、惠州（31.2%）、湛江（20.8%）等相距较远。

（三）加工贸易进口运转持续低迷

在全球经济下行压力加大、外需不振的背景下，叠加贸易"逆全球化"有所增强、产业链供应链深度调整等多重因素影响，广州企业外贸订单流失及产业链转移、产业外迁等风险上升，加工贸易运转动力不足，2023年广州市加工贸易进出口同比下降3.7%，降幅较上年扩大1.1个百分点，拉低全市进出口增速0.8个百分点。在进口最终产品和用于制造内销产品的上游产品的需求不足、用进口原材料零部件生产产品再出口的行业需求不足等供

需端不同程度影响下，全市进口承压，对加工贸易的影响较为突出，2022年1~10月加工贸易进口开始负增长，2023年1~2月以来各月累计降幅持续大于12%，全年同比下降12.8%，降幅较上年扩大9.9个百分点。其中，进料加工贸易、来料加工装配贸易同比分别下降14.3%和10.0%，分别拉低全市进口增速1.8个和0.7个百分点。此外，一般贸易进口同样不理想，2023年1~6月开始负增长，全年同比下降4.3%，拉低全市进口增速2.7个百分点，拉动力比加工贸易进口弱0.2个百分点。

（四）外资企业对外贸支撑偏弱

外资企业进出口业务不理想，外贸竞争优势有待进一步增强，2023年1~2月至1~11月连续10个月降幅超两位数，2023年上半年进出口同比下降13.4%，比私营企业、国有企业平均增长水平分别低38.8个和25.2个百分点；2023年全年进出口同比下降9.8%，比私营企业、国有企业平均增长水平分别低16.0个和12.1个百分点，拉低全市进出口增速3.3个百分点。其中，外资企业出口降幅扩大，同比下降5.1%，降幅比上年扩大3.2个百分点，拉低全市出口增速1.5个百分点。外资企业进口仍未能改变下降形势，自2022年1~2月以来各月累计增速持续负增长，2023年上半年同比下降19.5%，全年同比下降14.7%，降幅分别大于国有企业、私营企业14.4个和12.3个百分点，降幅比2022年全年平均水平扩大7.2个百分点，拉低全市进口增速5.6个百分点。

（五）平板显示模组、太阳能电池等出口不理想，工业用品进口需求不足

出口方面，部分传统出口产品表现疲弱，七大密集型产品中的服装及衣着附件、纺织纱线织物及其制品、塑料制品出口同比分别下降20.9%、12.3%和8.2%，合计拉低出口增速2.0个百分点；平板显示模组出口同比下降20.6%，拉低出口增速1.1个百分点。电动载人汽车、锂离子蓄电池、太阳能电池等"新三样"出口占比较低，占全市出口的2.0%，占比低于传

统劳动密集型产品15.3个百分点,分别低于全国、全省平均水平2.5个和0.6个百分点。其中锂离子蓄电池出口增速(20.3%)低于全国平均水平13.3个百分点,太阳能电池出口增速(-15.5%)分别低于全国、全省、深圳平均水平14.7个、38.1个和39.9个百分点。进口方面,机电产品、高新技术产品进口规模收缩,2023年,机电产品、高新技术产品进口负增长两位数以上,同比分别下降14.0%和13.5%,占全市进口比重较上年分别回落2.5个和1.5个百分点。半导体制造设备、钢材、平板显示模组、成品油、汽车零配件、初级形状塑料、电工器材、电子元件等工业用品进口均明显下降,同比分别下降72.2%、50.1%、42.4%、40.1%、25.8%、24.4%、10.4%和3.5%,合计拉低全市进口增速6.9个百分点。

四 促进广州市外贸稳健运行的对策建议

(一)着力优化助企服务,加强外贸政策集成

持续推动各项稳外贸措施落实落地,不断细化优化、完善配套措施,进一步深化"放管服"改革。落实好《国务院办公厅关于推动外贸稳规模优结构的意见》《关于加快内外贸一体化发展的若干措施》等,加快推进内外贸一体化发展,帮助企业在双循环中赢得竞争主动。做好新政策的研究储备,统筹好进口与出口,进一步促进贸易均衡发展。加快贸易便利化进程,增强政策支持力度,综合性降低外贸企业各种经营成本。聚焦商务人员出入境、拓市场增订单、新业态新模式、出口信保扩面降费、汇率避险等方面,进一步丰富内外贸一体化政策的内涵,加快政策落实落地。优化贸易环境,为"走出去"企业提供目标国家的投资环境、政策要求等全面咨询服务,提升企业和产品国际竞争力。

(二)着力拓展市场多元化,挖掘国际市场潜力

持续巩固和深耕欧盟、东盟、美国、日本等传统贸易市场,开发新兴市

场，积极开拓非传统贸易伙伴，加强与中东、非洲、拉丁美洲等地区的贸易合作。继续投资和改善共建"一带一路"国家的交通、通信和物流基础设施，抓好共建"一带一路"发展机遇。深化与共建"一带一路"国家及欧美等科技发达国家在重点领域的关键技术合作，吸收转化先进技术，夯实产业高质量发展根基，进一步提升产业与市场联动优势。抢抓 RCEP 全面实施等有利契机，深挖外贸潜力和制度红利，进一步拓展与 RCEP 等自由贸易伙伴的贸易空间。畅通国际交流，支持企业多元化布局、出海拓市场，通过参加国际展会、贸易洽谈、商务考察等方式，在海外不断拓展业务，寻求技术合作，不断提升参展办展水平和密度，提升企业参展效果，为企业内外贸一体化发展寻求新路径。

（三）着力培育新动能，加快外贸创新发展

2023 年底召开的中央经济工作会议提出，"发展数字经济，加快推动人工智能发展""拓展中间品贸易、服务贸易、数字贸易、跨境电商出口"。继续深化贸易创新、推动转型升级，巩固提升新业态新模式优势，厚积成势，增强外贸发展新动能，聚焦跨境电商发展中的难点和堵点问题，持续深化跨境电商综合改革，推进跨境电商智慧化监管，不断提升监管和服务效能，保障进出口产品质量安全和通关便利，推动跨境电商、海外仓等新业态新模式健康发展。着力推动优化出口商品结构，抢抓产业增长风口，继续推动"新三样"等高附加值、高技术含量、绿色低碳产品出口，鼓励企业补链强链、合理扩大产能、提能升级。强化外贸主体培育，持续育新求进，推动各类外贸经营主体协调发展，构建创新链、产业链、资金链、人才链，推动外贸产业链上下游深度融合和转型升级，增强外贸内生动力。

（四）着力提升载体能级，强化高端平台建设

积极开展高水平对外开放新探索，充分发挥综合保税区、自贸试验区、经济技术开发区等开放平台在建设更高水平开放型经济新体制中的作用，先行先试，对接国际高标准经贸规则，形成更多引领性、标志性制度创新成

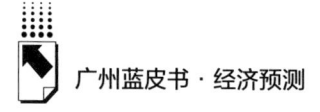

果，加快推动制度型开放。统筹推进全市各类开放平台建设，发挥各级园区引领作用，加强基础设施建设，强化政策支撑，引导优质资源、优质项目集聚，提升开放平台能级。立足区域优势，打造外贸产业链、建设产业集群，充分发挥协同效应和联动效应，持续放大平台的溢出效应和辐射效应。强化政策运行分析，推动粤港澳大湾区利企政策落地生效，深度融入粤港澳大湾区建设，持续推动《广州南沙深化面向世界的粤港澳全面合作总体方案》，在更大范围、更宽领域、更深层次促进贸易便利化，打造"买全球、卖全球"跨境贸易通道。

参考文献

《国务院新闻办就2023年全年进出口情况举行发布会》，中国政府网，2024年1月12日，https://www.gov.cn/zhengce/202401/content_6925703.htm。

《2023年广东继续稳居外贸第一大省 实现正增长 规模创新高》，广东省人民政府网站，2024年1月17日，http://www.gd.gov.cn/gdywdt/ydylygd/content/post_4335510.html。

《广州外贸进出口总值连续3年突破万亿元》，广州海关网站，2024年2月9日，http://guangzhou.customs.gov.cn/guangzhou_customs/381565/381566/5682861/index.html。

《客运高位运行 货运稳步提升 2023年广州市交通运输业交出亮眼成绩单》，广州市统计局网站，2024年1月24日，http://tjj.gz.gov.cn/stats_newtjyw/sjfb/content/post_9459899.html。

《广州搭建多式联运平台 融湾"朋友圈"不断壮大》，广东新闻网，2024年2月27日，http://www.gd.chinanews.com.cn/2024/2024-02-27/433557.shtml。

《IMF为何上调全球经济增长预期》，"经济日报"百家号，2024年2月5日，https://baijiahao.baidu.com/s?id=1790008586297997077&wfr=spider&for=pc。

B.4 2023年广州市规模以上工业能源供需运行分析报告

广州市统计局能源处课题组*

摘　要： 工业是经济发展的命脉和基石，能源安全则是经济循环的基本条件。本文对2023年广州市规模以上工业企业能源供需情况进行了全面分析，指出广州目前发电装机容量大幅增加情况下电量自给率提升幅度有限，以及规模以上工业高耗能行业能耗增速反弹、单位增加值能耗不降反升等需要关注的问题，在碳达峰碳中和大背景下提出强化用电安全保障、深挖节能降碳潜力、加快工业绿色低碳转型等政策建议。

关键词： 规模以上工业　能源生产　能源消费　广州市

2023年，广州市委、市政府深入学习贯彻习近平总书记视察广东重要讲话、重要指示精神，按照省委、省政府部署要求，聚焦高质量发展任务，加快优化能源结构，强化能源节约和能效提升，深入推进工业节能降碳。全市规模以上工业（以下简称"规上工业"）电力生产能力显著提升，电源结构不断优化，为全市经济持续回升向好提供坚强支撑。在电力生产用能需求带动下，规上工业能源消费反弹，但受多重因素影响，单位工业增加值能耗不降反升，节能降碳工作仍需积极作为。

---

* 课题组组长：刘枫，广州市统计局市管一级调研员。课题组成员：杨智勇，广州市统计局能源处副处长；李凯，广州市统计局能源处一级主任科员。执笔人：李凯。

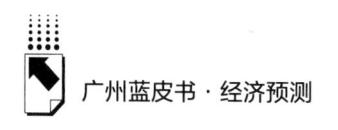

一 2023年广州市规模以上工业能源生产情况分析

（一）电力生产加速，清洁能源发电量占比进一步提升

2023年，全市规上工业发电量437.47亿千瓦时，同比增长14.3%；占全社会用电量的比重为36.3%，比上年提高2.1个百分点。电力生产呈现产量快速增长、结构进一步优化的特点。其中，受新增燃气机组投产、天然气价格回落等因素影响，燃气发电量158.16亿千瓦时，同比大幅增长36.2%，占规上工业发电量的比重较上年提高5.9个百分点；在抽水蓄能进一步发挥电网"蓄电池""稳压器""调节器"作用带动下，水力发电量同比增长19.1%；太阳能发电量则受重点企业部分发电项目划转影响，同比微降0.4%；燃煤发电量201.00亿千瓦时，同比下降2.2%，占规上工业发电量的比重降至45.9%；垃圾焚烧发电量40.93亿千瓦时，同比增长15.4%，占规上工业发电量的比重为9.4%，保持稳定。

（二）大多数成品油产量下降，煤油产量大幅反弹

2023年，受中石化广州分公司四季度大检修等因素影响，全市原油加工量1103.90万吨，同比下降3.0%。主要成品油中，汽油、柴油、液化石油气产量分别为245.86万吨、311.06万吨和46.11万吨，同比分别下降7.9%、4.4%和8.9%。燃料油产量32.01万吨，同比大幅下降46.3%。在航空业复苏带动下，煤油产量173.28万吨，同比增长35.3%，尽管增速较上半年回落11.2个百分点（见表1），但已达到2019年（近年来最高）产量水平的84.4%。

表1　2023年广州市规模以上工业主要能源品种生产情况

品种	产量	同比增速（%）	增速比上半年增减（个百分点）
原油加工量（万吨）	1103.90	-3.0	-3.9
汽油	245.86	-7.9	-2.0
煤油	173.28	35.3	-11.2

续表

品种	产量	同比增速(%)	增速比上半年增减（个百分点）
柴油	311.06	-4.4	-6.4
燃料油	32.01	-46.3	3.1
液化石油气	46.11	-8.9	-3.6
发电量（亿千瓦时）	437.47	14.3	-3.9
火力发电量	411.08	14.1	-4.3
燃煤发电量	201.00	-2.2	-13.6
燃气发电量	158.16	36.2	5.7
垃圾焚烧发电量	40.93	15.4	-4.6
水力发电量	23.20	19.1	2.5
太阳能发电量	3.20	-0.4	-7.7

数据来源：广州市统计局。

（三）氢能供需规模有限，热力市场需求稳步增长

氢能作为未来国家能源体系的重要组成部分，广州市大力推动氢能产业发展，逐步培育氢能产业链条，但受限于目前氢能储运用标准体系不够健全、全市示范应用场景有限、企业生产成本较高等，剔除中石化广州分公司自产自用外，2023年规上工业氢气销售量1887万立方米，同比下降20.6%。受部分工业生产区域集中供热的实施推进，以及近年来热力需求增长等影响，2023年热力销售量4374.84万吉焦，同比增长5.7%。

（四）能源加工转换效率总体下降，火力发电效率有所提升

2023年，全市规上工业能源加工转换投入总量3154.23万吨标准煤，同比增长7.4%；主要受炼油投入产出口径调整影响，全市规上工业加工转换总效率由2022年的76.4%降至2023年的73.4%，下降3.0个百分点。

分加工转换类型看，在近两年粤电花都天然气、恒运东区天然气、广州发展南沙电力等企业发电效率较高的燃气机组新增投产带动下，2023年全市火力发电效率达到42.2%，较上年提高了1.1个百分点。其中，燃气发电、燃煤发电、垃圾焚烧发电效率分别为54.5%、40.6%和25.6%；受炼油

投入产出口径调整及原油加工量下降影响，炼油效率从2022年的97.0%降至2023年的94.7%；供热效率则从2022年的87.2%降至2023年的86.4%。

二 2023年广州市规模以上工业能源消费情况分析

（一）规上工业能耗增速反弹，能源生产用能显著增加

2023年，经济企稳恢复，能源需求增加，带动工业电力、热力等能源生产用能显著增加影响，全市规上工业综合能源消费量1734.30万吨标准煤，同比增长5.0%（见图1），为近年来新高，增速比上年（-3.0%）提高8.0个百分点。

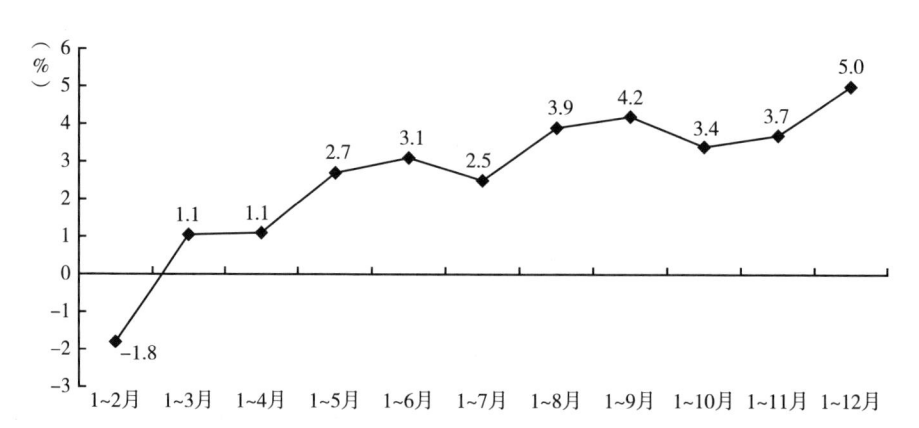

图1 2023年广州市规模以上工业综合能源消费量同比增速情况

数据来源：广州市统计局。

工业三大门类中，采矿业综合能源消费量1.43万吨标准煤，同比增长2.3%；制造业综合能源消费量852.14万吨标准煤，同比增长1.0%；电力、热力、燃气及水生产和供应业综合能源消费量880.73万吨标准煤，同比增长9.2%，拉动全市规上工业综合能源消费量增长4.5个百分点。

（二）制造业用能逐步恢复，增长面达七成

2023年，全市规上制造业综合能源消费量同比增长1.0%，增速比一季

度、上半年和前三季度分别提高9.1个、4.1个和0.4个百分点，呈现逐步恢复趋势。制造业31个行业中，全年综合能源消费量同比增长的有22个，增长面达七成，比一季度、上半年和前三季度分别增加13个、8个和4个。

分行业看，仪器仪表制造业，废弃资源综合利用业，烟草制品业，家具制造业，金属制品、机械和设备修理业等5个行业综合能源消费量增速均达到两位数；石油、煤炭及其他燃料加工业，汽车制造业综合能源消费量则有所下降。高技术制造业和先进制造业综合能源消费量同比分别增长2.9%和1.9%，分别高于规上制造业1.9个和0.9个百分点。其中，航空、航天器及设备制造业增长30.0%，新材料制造业增长8.8%，生物医药及高性能医疗器械增长7.3%。

（三）六大高耗能行业一降五升，增速快于工业平均水平

2023年，全市规上工业六大高耗能行业综合能源消费量1331.50万吨标准煤，同比增长5.8%，比规上工业综合能源消费量增速快0.8个百分点，呈"一降五升"格局。其中，受电力需求增加、新增燃气机组陆续投产影响，电力、热力生产和供应业综合能源消费量858.77万吨标准煤，同比增长9.4%，拉动全市规上工业综合能源消费量增长4.4个百分点，是全市规上工业能耗增长的"主力"；石油、煤炭及其他燃料加工业综合能源消费量290.50万吨标准煤，同比下降1.9%；化学原料和化学制品制造业、非金属矿物制品业、黑色金属冶炼和压延加工业、有色金属冶炼和压延加工业综合能源消费量同比分别增长4.7%、2.5%、1.3%和4.3%（见表2）。

表2　2023年广州市规模以上工业六大高耗能行业能耗情况

单位：万吨标准煤，%

分类	综合能源消费量	同比增速	占规上工业比重
规上工业六大高耗能行业	1331.50	5.8	76.8
石油、煤炭及其他燃料加工业	290.50	-1.9	16.8
化学原料和化学制品制造业	54.78	4.7	3.2
非金属矿物制品业	76.26	2.5	4.4

续表

分类	综合能源消费量	同比增速	占规上工业比重
黑色金属冶炼和压延加工业	41.60	1.3	2.4
有色金属冶炼和压延加工业	9.59	4.3	0.5
电力、热力生产和供应业	858.77	9.4	49.5

数据来源：广州市统计局。

（四）天然气消费量快速增长，煤炭消费量小幅反弹

2023年，广州市经济恢复带动能源需求增长，规上工业煤炭、天然气（含液化天然气）和电力三大能源品种工业生产消费量均有所增长。分品种来看，受燃气机组装机容量大幅提升、天然气供应整体充足影响，天然气（含液化天然气）消费量达38.53亿立方米，同比大幅增长32.5%。煤炭则受价格下降和电力需求旺盛双重因素影响，消费量1165.55万吨，同比增长2.4%；其中发电供热用煤1106.11万吨，同比增长3.1%。电力消费量313.20亿千瓦时，同比增长2.8%；其中制造业用电量同比增长1.1%。其他能源品种中，汽油、柴油、液化石油气消费量同比分别增长33.7%、5.8%和18.4%（见表3）。

表3 2023年广州市规模以上工业主要能源品种消费情况

品种	消费量	同比增长(%)
煤炭(万吨)	1165.55	2.4
发电供热用	1106.11	3.1
天然气(含液化天然气)(亿立方米)	38.53	32.5
发电供热用	32.23	35.7
汽油(万吨)	2.76	33.7
柴油(万吨)	9.57	5.8
液化石油气(万吨)	13.24	18.4
电力(亿千瓦时)	313.20	2.8

数据来源：广州市统计局。

（五）多数主要能源品种购进单价回落，电力单价微涨

2023年，国际大宗能源商品需求增速放缓、供需矛盾有所缓解，除电力外，规上工业主要能源消费品种平均购进单价均有所下降。其中，原煤受国内产量和进口量增加影响，供需形势改善、价格振荡下行，平均购进单价同比下降16.3%，带动热力平均购进单价同比下降12.1%；天然气（不含液化天然气）平均购进单价同比下降2.4%；受国际原油价格下降影响，汽油、柴油平均购进单价同比分别下降7.8%和2.4%。在企业发电燃料成本下降和电力现货市场建设加快双重因素影响下，电力平均购进单价上涨1.0%。

（六）各区用能呈两极分化趋势，中心城区能耗占比进一步下降

分区域看，全市规上工业综合能源消费量呈现两极分化趋势。中心五区规上工业综合能源消费量均下降，占全市比重进一步萎缩，而外围各区则均有所增长。荔湾、越秀、海珠、天河、白云等中心五区规上工业综合能源消费量呈不同程度下降，占全市的比重合计仅为5.0%，较上年降低了0.9个百分点。外围区域的黄埔、南沙、增城三区仍是全市规上工业能耗的重点区域，占全市规上工业综合能源消费量的比重分别为48.6%、21.5%和11.6%，合计超八成；从化区和花都区受垃圾焚烧发电和燃气发电用能较快增长及个别企业统计口径调整等主要因素影响，规上工业综合能源消费量同比分别增长40.3%和24.7%（见表4）。

表4　2023年广州市各区规模以上工业综合能源消费量

单位：万吨标准煤，%

地区	综合能源消费量	同比增速	占全市比重
荔湾区	3.75	-1.2	0.2
越秀区	7.60	-4.9	0.4
海珠区	5.13	-15.0	0.3
天河区	9.20	-2.6	0.5

续表

地区	综合能源消费量	同比增速	占全市比重
白云区	62.31	-9.3	3.6
黄埔区	842.34	1.4	48.6
番禺区	52.70	3.7	3.0
花都区	119.91	24.7	6.9
南沙区	372.05	4.6	21.5
从化区	58.09	40.3	3.4
增城区	201.22	10.9	11.6
广州市	1734.30	5.0	100.0

数据来源：广州市统计局。

三 广州市规模以上工业能源生产和消费需要关注的问题

（一）发电装机容量大幅增加，电量自给率提升有限

截至2023年，全市发电机组装机容量已超过1400万千瓦，比2021年增长54.5%，其中气电装机735万千瓦，近两年增加了1倍，但发电量近两年增长有限，规上工业发电量占全社会用电量比重未显著提升。2023年广州市规上工业发电量增速（14.3%）远高于全社会用电量增速（7.7%），但由于本地电源发电量占全社会用电量比重不足四成，规上工业发电量占全社会用电量的比重较2021年和2022年仅分别提高了0.6个和2.1个百分点，发电能力的提升尚未有效转化为发电量的大幅增加。另外，随着全市气电机组装机容量的大幅增加，以及白云恒运天然气发电、增城旺隆气电等"十四五"规划的燃气机组的陆续建设投产，天然气需求将大幅增加，需要重点关注燃气供应保障问题。

（二）高耗能行业能耗增速反弹，工业企业耗能更加集中

2023年，全市规上工业六大高耗能行业综合能源消费量占全部规上工

业的76.8%，比上年提高了0.6个百分点，但其增加值仅占全部规上工业的18.6%；高耗能行业企业共有1174家，占全部规上工业的16.9%，比上年净增37家。此外，全市规上工业综合能源消费量前100名企业综合能源消费量合计1466.88万吨标准煤，占规上工业比重高达84.6%，比上年提高了0.2个百分点。高耗能行业企业数量和综合能源消费量占比都在增加，行业能耗也更加集中，总体上不利于工业节能降耗。

（三）规上工业单位增加值能耗不降反升，企业节能空间越来越小

2023年全市规上工业单位增加值能耗同比增长3.6%，近年来首次不降反升，工业节能降耗形势十分严峻。规上工业单位增加值能耗上升，一方面是由于单位增加值能耗绝对值较高的电力、热力生产和供应业等行业能耗和增加值占比均上升，带来结构性单位增加值能耗上升；另一方面是由于市场需求不足，产能利用率下降，导致近半数的行业包括体量较大的计算机、通信和其他电子设备制造业，以及石油、煤炭及其他燃料加工业等单位增加值能耗上升。此外，由于节能降耗边际成本越来越高，工业节能难度也越来越大。

四 对下一阶段工作的政策建议

在碳达峰碳中和大背景下，我国逐步由能耗双控向碳排放双控转变。推动工业高质量发展，加快形成新质生产力，要统筹做好经济发展与能源安全、发展与节能降碳的关系。

（一）强化用电安全保障，加快构建清洁安全可靠的新型电力系统

随着经济发展和电能替代的不断推进，特别是全市芯片制造、新型显示、电池制造等用电大项目的投产扩厂，全市电力需求规模将不断扩大，对电网安全性要求也越来越高。

一要夯实煤炭煤电兜底保障能力。目前，煤电仍是全市电力供应安全的

重要支撑，要做好临近服役期满的煤电机组等容量替代，推动在役煤电机组开展"一机一策"改造升级，采取适当补偿措施支持煤电企业进行深度调峰改造和CCS（碳捕获与封存）示范应用，提升能效、降低排放。

二要做好燃气机组用气保障。多渠道拓展海内外气源，加强天然气管网和应急储备能力建设，提升天然气供应能力，提前规划、合理引导工业用气增长。

三要强化新型电力系统建设。深入推进电力领域先进储能应用，提升新型储能在电源侧和电网侧支撑作用，提升电网可靠性。通过太阳能发电、储能、智能微网等模式结合创新，积极推动在工业园区、数据中心等区域开展微电网建设。

（二）深挖节能降碳潜力，持续推进重点行业和重点耗能企业节能降耗工作

高耗能行业和重点耗能企业一直都是监管的重点，持续深入推进重点行业和重点企业节能降耗工作既是工业节能的着力点，也是《广州市碳达峰实施方案》的重点任务。

一要深挖节能潜力。组织有条件的企业依托节能服务诊断机构开展节能诊断，深挖潜力，通过产品结构调整、产业链优化、设备工艺水平提升、企业生产智能化绿色化改造等方式，提升能源利用效率。

二要激发内生动力。要用好政策手段，进一步完善碳市场交易机制，丰富碳市场参与主体，充分挖掘碳市场碳排放配额（CEA）和国家核证自愿减排量（CCER）两种基础交易产品价值，让企业能够通过节能降碳获得直接经济效益，提高节能降碳的主动性。

三要强化全程监管。在严格准入的基础上，强化"两高一低"项目的事中事后监管；加强对新投产大项目的能耗监测，科学评估其对增加值、能耗的拉动作用，为企业出谋划策，努力实现经济效益和社会效益共赢。

（三）加快工业绿色低碳转型，提升企业参与碳市场能力

一要以新型工业化提升能效。大力发展智能网联与新能源汽车、新一代

电子信息技术、生物医药与健康等低能耗高产出新兴产业，深入开展传统产业数字化转型、网络化协同、智能化改造、绿色化提升，以工业产业结构升级为抓手，降低能源消费强度。

二要做强绿色制造业。绿色发展是高质量发展的底色，新质生产力本身就是绿色生产力。要充分利用全市科研资源优势，加快绿色科技创新和先进绿色技术的推广应用，发挥绿色金融牵引作用，强化政策支持，做大做强绿色制造业，加快工业绿色低碳转型。

三要提升企业参与碳市场能力。积极培育专业化的碳排放核算、认证等市场化机构，加强企业碳排放和碳足迹核算能力建设，通过自产或购买方式增加重点行业企业特别是外向型企业绿电消纳，提升企业参与碳市场能力，增强企业面对国内碳市场和欧美"碳关税"双重压力下的发展韧性。

B.5
2023年广州房地产市场发展动向分析报告*

广州大学广州发展研究院课题组**

摘　要： 2023年广州在房地产市场政策上因城施策，从调整贷款政策、放宽限购政策、优化住房套数认定标准等方面推出差别化购房政策，释放购房需求，同时从供给端发力带头解除土地限价。在这些措施的共同作用下，2023年广州房地产市场的存量住宅供求受政策推动回暖明显，但土地市场依旧低迷，商品住宅整体供求规模仍处低位，房地产市场存在的市场信心依然不足、新房市场回升困难、供需矛盾依旧存在等问题也亟待解决。

关键词： 房地产市场　市场动向　存量住宅　广州

2023年，我国房地产市场供求关系发生重大变化，各地积极因城施策，适时调整优化房地产政策。广州主要通过调整贷款政策支持居民刚性住房需求，放宽限购政策，优化住房套数认定标准，进一步推出人才购房政策，带头解除土地限价，向供给端施力。在这些措施的共同作用下，广州存量住宅供求受政策推动回暖明显，但土地市场依旧低迷，商品住宅整体供求规模仍处低位。2023年广州房地产市场存在市场信心依然不足、新房市场回升困难、供需矛盾依旧存在等问题。

---

* 本报告系广东省决策咨询基地广州大学粤港澳大湾区改革创新研究院、广东省高校特色新型智库及广州市新型智库广州大学广州发展研究院研究成果。
** 执笔人：戴荔珠，博士，广州大学广州发展研究院助理研究员，研究方向为区域经济地理。

一 2023年广州房地产市场的经济环境

（一）各国复苏动能趋弱，但通胀得到有效控制

2023年，全球政治经济摩擦和不确定性增加，各国复苏动能依旧比较弱，全球经济增速由2022年的3.5%放缓至2023年的3.0%，低于2000~2019年的平均增速（3.8%），但是各国的紧缩货币政策使高通货膨胀得到了有效控制，国际大宗商品价格的回落为降低通货膨胀率贡献了主要力量。上游能源价格加速下降，推动下游消费者物价指数（CPI）下降至2%~4%区间，实现了超过一半的主要央行的通胀目标。2023年末，美国、欧元区、英国和日本的CPI分别回落至3.1%、2.4%、3.9%、2.3%，处于一年以来的最低位。

（二）我国经济恢复，GDP增速回升向好

2023年，我国实现国内生产总值126万亿元，同比增长5.2%，经济呈现出回升向好的趋势（见图1）。2023年，我国三次产业增加值增速均较上年明显提升。第一产业同比增长4.1%，增速比2022年下降0.1个百分点；第二产业同比增长4.79%，增速比上年增加2.1个百分点；第三产业同比增长5.8%，增速比上年增加2.8个百分点（见图2）。房地产开发投资累计值同比大幅度减少，但降幅有所收窄。2023年，我国房地产开发投资同比下降9.6%，各类物业开发投资也大幅下降。其中，住宅投资同比下降9.3%，办公投资同比下降9.49%，商业营业用房投资同比下降16.9%。2023年，我国300座城市的土地市场成交建筑面积为12.2亿平方米，比2022年下降21%，处于近十年来的最低水平。相应地，交易金额与上年同期相比也大幅缩水。中国土地交易总额为37504亿元，同比下降18%，同比降幅持续居高位。地方政府在土地供应方面更加谨慎，企业拿地意愿明显收缩，土地大多以最低价成交。

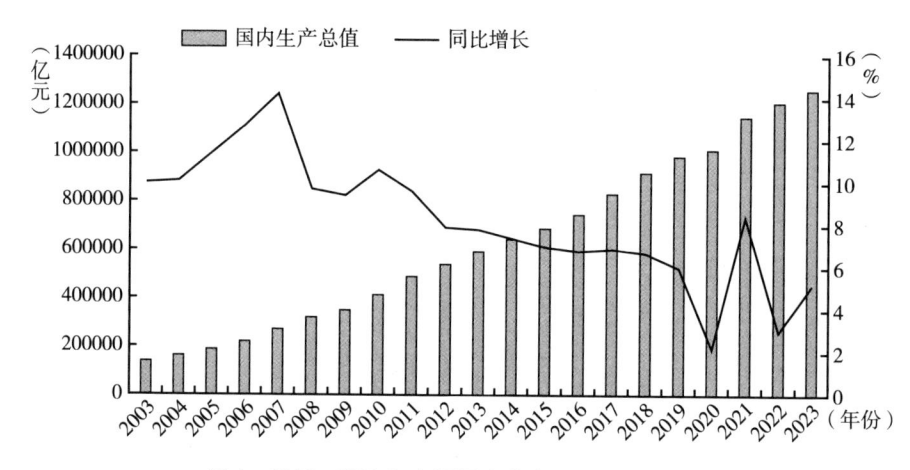

图 1　2003~2023 年中国国内生产总值及同比增长

数据来源：国家统计局网站，http://data.stats.gov.cn/。

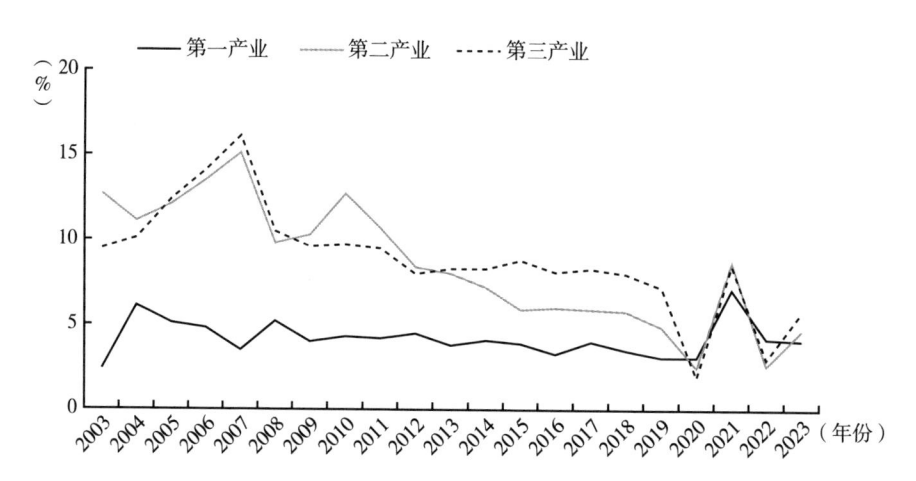

图 2　2003~2023 年中国三次产业增加值同比增长情况

数据来源：国家统计局网站，http://data.stats.gov.cn/。

（三）广州经济回升向好，房地产开发投资有所下降

服务业市场需求的释放带动广州经济回升向好。2023 年，广州地区生产总值首次冲破 3 万亿元，达 30355.73 亿元，同比增长 4.6%（见图 3）。

其中，第一产业增加值为 317.78 亿元，同比增长 3.5%；第二产业增加值为 7775.71 亿元，同比增长 2.6%；第三产业增加值为 22262.24 亿元，同比增长 5.3%。服务业市场需求获得释放，消费品市场恢复良性发展，实现社会消费品零售总额 11012.62 亿元，同比增长 6.7%。固定资产投资比上年增长 3.6%，然而房地产开发投资占比有所下降。2023 年房地产开发投资额完成 3134.40 亿元，比上年下降 8.7%。

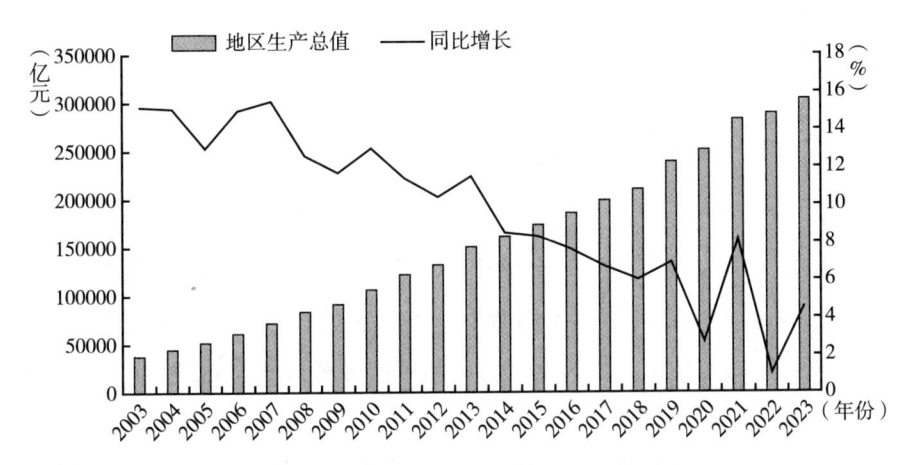

图 3 2003~2023 年广州地区生产总值及同比增长

数据来源：国家统计局网站，http://data.stats.gov.cn/。

二 2023年广州房地产市场的政策变化

国家对房地产政策重新定调，市场环境趋向实质放松。2023 年全国两会重新定调房地产市场，支持刚性和改善性住房需求，有效防范头部房企风险。鼓励各地因城施策，持续提高消费者信心，促使房地产市场稳定健康发展。2023 年第一季度中央全面推进"带押过户"，旨在降低制度上的交易成本，从而维护买方、卖方、抵押人及抵押权人等各方权益；第二季度中央整治不法贷款中介、提高公积金贷款额度、合理降低中介服务费，旨在降低居民买房成本。2023 年 7 月，中共中央政治局会议定调我国房地产市场供求关系发生重大变化，政策逐渐向"托举并用"转变。7月下旬中央继续提出推进超大特大城中村改造，要求适时调整优化房地产政策，因城施策用好政策工具箱。在此之后，各地结合实际情况从不同层面进行政策松绑，陆续出台多组合调控政策，加大财税金融支持，加快恢复和提振消费。广州城市层面的政策紧跟中央，率先在一线城市中落地直接减轻购房者负担的政策。调控政策内容围绕放松限购、降低首付比例和房贷利率、提高公积金贷款额度、支持人才和多孩家庭等群体购房、降低限售年限、降低交易费等展开。

（一）广州调整贷款政策，支持居民刚性住房需求

广州首先调整贷款政策，支持居民刚性和改善性住房需求。2023年2月，广东省人民政府出台《关于印发2023年广东金融支持经济高质量发展行动方案的通知》，提出根据不同城市的实际情况，实施差别化住房信贷政策，合理设定商业性个人住房贷款的最低首付比例和最低贷款利率，以满足居民的基本住房需求和改善性住房需求。2023年6月，广州住房公积金管理中心公布了《广州住房公积金管理中心关于贯彻落实二孩及以上家庭支持政策的通知》，提出生育二孩及以上的家庭（要求至少一个子女还未成年）使用住房公积金贷款购买首套自住住房的，住房公积金贷款最高额度可上浮30%。

（二）放宽限购政策，活跃新房和二手房市场

广州通过优化限购政策，活跃新房和二手房市场。广州市对非户籍家庭购房的个税或社保缴纳年限要求进行了调整，从原本的5年缩短至2年。根据2023年9月广州市人民政府办公厅发布的《关于优化我市房地产市场平稳健康发展政策的通知》，本市户籍居民家庭在越秀、海珠、荔湾、天河、白云（特定镇除外）、南沙等区购买住房时，限购2套；而非本市户籍居民家庭，若能提供购房前2年在本市连续缴纳的个税或社保证明，限购1套住房。此前，非户籍居民家庭需连续缴纳5年个税或社保才可购房。此次政策调整显著

降低了非户籍居民家庭在广州购房的门槛。同时,个人销售住房的增值税征免年限在越秀、海珠、荔湾、天河、白云、黄埔、番禺、南沙、增城等区从5年调整为2年,此举有助于激发广州二手房市场的活力。

(三)优化住房套数认定标准

广州市通过优化住房套数认定标准,降低购房贷款利率。2023年8月,广州市人民政府办公厅发布《关于优化我市个人住房贷款中住房套数认定标准的通知》,明确指出当居民家庭(包括借款人、配偶及未成年子女)申请购买商品住房的贷款时,若家庭成员在当地没有成套住房,不论是否之前使用过贷款购房,银行等金融机构都应按照首套房的信贷政策来执行。2023年11月,广东省人民政府办公厅发布了《关于印发广东省进一步提振和扩大消费若干措施的通知》,进一步指导银行机构实施差别化住房信贷政策,优化住房套数的认定标准,以支持和鼓励居民的合理购房需求。同时,该通知还指导商业银行依法有序地调整存量个人住房贷款的利率。这一系列措施旨在促进房地产市场的平稳健康发展,同时减轻居民购房的经济压力。

(四)进一步推出人才购房政策

广州市在2022年实施的差别化人才落户政策的基础上,进一步为广州绿卡持有者提供了与本地户籍居民同等的住房公积金贷款申请待遇。2023年6月,广州市人民政府办公厅发布了《广州市人才绿卡制度实施办法的通知》,规定符合条件的绿卡持有者可以按照本市住房公积金的相关制度进行缴存或提取,并办理异地转移接续等手续。此外,绿卡持有者在申请住房公积金贷款时,将享受与本地户籍职工相同的待遇。非广州市户籍的内地居民也有资格以同等待遇购买自住房,而外籍人士可以根据国家规定购买一套自住房。绿卡持有者还可以根据本市规定享受人才公寓或共有产权住房等安居保障政策。

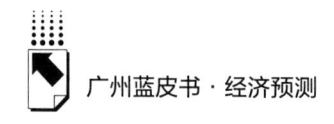

（五）带头解除土地限价

广州城市层面政策向供给端施力，带头解除土地限价。2023年7月，广州市规划和自然资源局发布了《进一步优化审批服务机制惠企利民促进经济社会发展若干措施（第三批）的通知》，提出了三项措施：按用途核算土地出让金，以简化企业的开发成本和税务申报；加强土地出让的"清单式"管理，以增强政府责任并减轻企业负担；在土地出让合同中明确无偿移交配建房产的接收单位和税费缴纳要求，以解决企业在移交和费用方面的难题。2023年11月，广州市新挂牌出让的土地取消了地价上限，采用"价高者得"的原则来确定竞得人，这标志着土地市场进一步向市场化方向发展。

三　2023年广州房地产市场发展状态

（一）土地市场持续低迷

2023年，广州市土地供需情况显示出供应量略有增加而成交量显著减少的特点。具体来看，商品房土地（居住用地）的供应面积同比微增4%，但成交量大幅下降26%。在土地用途方面，商住综合用地供应面积增长了12%，而成交量减少了22%（见表1）。从用地区域分析，中心城区的住宅用地无论是供应量还是成交量都有所增加，这一趋势导致了商品房土地成交均价的结构性上涨，因而整体的土地成交溢价率也有所提高，从2022年的不足2%上升到2023年的6%。对于广州远郊四个区，虽然它们的土地供应面积占全市总供应面积的42%，但这些区域的土地出让总价仅占全市的16%。远郊区域的土地起始楼面价也是全市较低的，仅为市中心热门区域如海珠和天河的15%。这一现象反映出广州市土地市场存在明显的分化，核心区域的土地供应紧缩，远郊区域的土地市场则相对较为宽松。

表1 2023年广州各类土地供应情况

土地类别	居住用地	商服用地	商住综合用地	工矿仓储用地	其他综合用地	公共设施用地	合计
宗地面积(平方米)	3145808	1149573	1802217	9497836	170009	272668	16038110
计容建筑面积（平方米）	6187937	2843081	3584500	34900806	189276	390398	48095998
宗数(宗)	48	49	17	200	6	10	330
计容建筑面积比上年增长(%)	4	17	12	41	6	6	28

数据来源：广州市住房和城乡建设局网站。

（二）商品住宅整体供求规模仍处低位

2023年，广州市商品房住宅市场的供应和需求整体保持在较低水平，但成交量和价格均呈现出轻微的增长。2023年，全市新批准预售的商品房住宅数量为63765套，预售面积达到708万平方米，较上年下降28%。然而，销售总量达到75328套，销售面积为825万平方米，同比增长4%。销售均价为38142元/米^2，同比上涨2.8%（见图4）。从成交区域的分布来看，黄埔区和花都区由于拥有较为成熟且持续供应的住宅

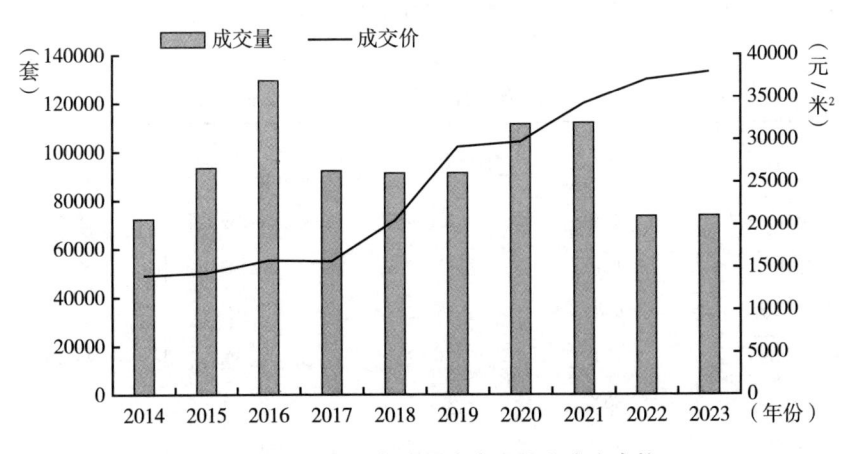

图4 2014~2023年广州市商品住宅成交走势

数据来源：广州市住房和城乡建设局网站。

板块，其成交套数在全市中排名靠前。番禺区则因为国有企业和中央企业的大规模项目持续推进，成交套数有所增加。增城区虽然通过承接黄埔区的部分外溢需求而成交量有所提升，但由于区位优势不足，价格上存在明显的短板。市中心的四个区由于土地供应有限，成交套数相对较少，但它们贡献了全市32%的成交额，显示出这些区域的板块价值得到了较高的市场认可。

（三）存量住宅迅速回温

2023年，广州市二手房市场呈现了显著的复苏，供应量和成交量均实现了显著增长。根据统计数据，广州二手房的供应量超过18万套，与2022年相比增长了30%。同时，二手房的挂牌量也显著上升，涨幅达到了50%。在成交量方面，全年的存量住宅成交量达86947套，同比增长近30%，成交面积为831.05万平方米。各区的存量住宅成交量均呈现出大幅上升的趋势，尤其是黄埔区，其成交量的增长幅度超过了60%。如果按照成交面积来计算，番禺区和花都区位列前茅，其次是增城区、海珠区和天河区，这些区域的成交面积都超过了80万平方米（见表2）。二手房市场的回暖表明，2023年广州市推出的新政策对居民的刚性及改善性住房需求产生了积极的推动作用，有效提升了市场的活力。

表2 2023年广州各区存量住宅成交情况

区域	成交量(套)	同比增速(%)	成交面积（万平方米）	同比增速(%)
越秀区	8450	25.54	61.76	25.25
海珠区	11215	23.32	89.88	25.60
荔湾区	6980	36.22	53.15	34.69
天河区	9395	21.52	87.59	23.19
白云区	8627	23.47	75.00	24.23
黄埔区	4425	63.47	40.86	65.43

续表

区域	成交量(套)	同比增速(%)	成交面积(万平方米)	同比增速(%)
花都区	10025	32.76	110.78	31.94
番禺区	11990	31.83	130.60	32.79
南沙区	2925	44.44	33.96	40.62
从化区	4051	24.38	43.47	20.95
增城区	8864	34.57	104.00	33.06
合计	86947	29.99	831.05	30.45

数据来源：广州市住房和城乡建设局网站。

四 2023年广州房地产市场存在的主要问题

（一）市场信心依然不足

2023年，全球经济面临多重挑战，包括地缘冲突、金融风险及产业链的重构，这些不确定性因素继续对国内经济的恢复造成压力。房地产市场同样受到债务问题的拖累，对市场信心产生了负面影响。经济增长的放缓进一步削弱了购房者的购房意愿和经济实力，同时，由于对未来经济走向和房地产市场前景的担忧，部分潜在购房者选择保留现金，采取观望态度。这些因素综合作用，导致广州房地产市场的需求降低，进而影响了楼市的成交量。

（二）新房市场回升困难

2023年，广州二手房市场显示明显的复苏迹象，成交量呈现上升趋势，然而新房市场尚未出现同样明显的回暖迹象。为了进一步促进房地产市场的健康发展，广州市政府需要继续在需求端进行政策优化，主要措施应包括降低购房者的入市门槛和进一步降低购房成本。此外，政府还需要精准地实施房地产调控措施，以刺激需求，促进房地产市场的平稳过渡和长期稳定。

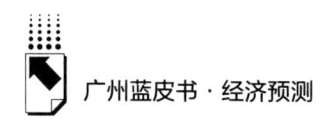

（三）供需矛盾依旧存在

2023年，广州市房地产市场库存总量达1080万平方米，整体去化周期（即库存房产全部售出所需的时间）为17.2个月，这两项指标均处于近年来的较高水平，反映出市场存在较大的库存压力。从不同区域的库存情况来看，增城区、番禺区和南沙区的库存量占据了前三的位置，这可能与这些区域的房地产开发速度、市场吸纳能力及购房者的偏好有关。特别是增城区，其相对较低的房价和较大的土地供应量，可能吸引了较多房地产开发项目，从而导致库存量较高。相比之下，越秀区由于地理位置优越、配套设施完善，通常房价较高，加之土地资源稀缺，新开发项目较少，因而月均成交规模较小。即便如此，越秀区的整体去化周期最长，达85.2个月。这一现象可能与该区域的房产定位、购房者的支付能力及市场对高端房产的需求有关。高端房产的交易周期通常较长，加之越秀区的房产以投资和改善型需求为主，这些因素共同导致了越秀区较长的去化周期。面对这样的市场形势，广州市政府部门和房地产开发商可能需要采取一系列措施来促进库存的去化，如提供购房优惠、优化房地产税收政策、加强市场监管以防止价格虚高，以及通过城市规划和基础设施建设来提升某些区域的吸引力等。同时，也需要密切关注市场动态，灵活调整市场策略，以适应不断变化的市场需求。

参考文献

降蕴彰：《广州限购松绑，释放什么信号？》，《小康》2023年第31期。

李泽阳：《"房地一体"农村不动产数据建库的探索与实践——以广州市南沙区为例》，《房地产世界》2023年第13期。

孙炜、陆俊辉：《广州市房地产市场长效机制构建研究》，《中国集体经济》2022年第20期。

詹缅璇：《双城驱动，擎动未来 广州向东迈进人居发展新时代！》，《房地产导刊》

2021年第4期。

广州大学广州发展研究院：《2022年广州房地产市场发展动向分析报告》，载涂成林、陈小华、薛小龙主编《广州蓝皮书：2023年中国广州经济形势分析与预测》，社会科学文献出版社，2023。

B.6
广州生产性服务业发展调研报告

潘 旭*

摘 要： 生产性服务业是为各类市场主体生产活动提供服务的行业，在支撑经济高质量发展方面作用日益显著。本报告通过对有关部门及73家生产性服务业开展调研，发现广州生产性服务业高质量发展态势已逐渐显现，但生产性服务业企业在生产经营过程中也普遍存在市场需求不足、经营成本较高等问题，需引起高度重视，建议政府从搭建有效沟通平台、优化产业发展生态等方面积极回应生产性服务业企业的政策期盼诉求。

关键词： 生产性服务业 现代服务业 市场需求 高质量发展

生产性服务业[①]是指直接或间接为生产活动提供各种服务的行业，推动生产性服务业向专业化和价值链高端延伸，是加快产业转型升级、促进经济高质量发展的重要途径。"十四五"规划指出推动生产性服务业向专业化和价值链高端延伸，为了解和反映当前广州生产性服务业发展情况、存在的问题，为政府部门制定政策提供参考，2023年4月，国家统计局广州调查队对有关部门进行走访，并抽取73家生产性服务业企业开展调研。调研结果显示，广州生产性服务业受益于行业政策、产业培育、信息技术发展、研发创新，高质量发展态势渐显，在两业融合方面涉及领域广泛、融合模式多

---

* 潘旭，国家统计局广州调查队，中级统计师，研究方向为经济发展和社会调查等。
① 依据《国民经济行业分类》（GB/T 4754-2017），生产性服务业主要包括为生产活动提供的研发设计与其他技术服务，货物运输、通用航空生产、仓储和邮政快递服务，信息服务，金融服务，节能与环保服务，生产性租赁服务，商务服务，人力资源管理与职业教育培训服务，批发与贸易经纪代理服务，生产性支持服务。

样，但当前企业经营仍面临市场需求不足、经营成本较高、转型升级存在困难等问题，推动生产性服务业高质量发展实现有质有效的提升突破仍需多方予以扶持。

一 调研概况

本次调研采取走访调研和问卷调查相结合的方式，于2023年4月走访了广州市发展和改革委员会、广州市工业和信息化局等部门，随机抽取了73家生产性服务业企业开展问卷调查，并对其中部分企业开展了典型案例访谈。接受调研的企业中，从规模看，大型企业19家（占26.0%），中型企业34家（占46.6%），小型企业14家（占19.2%），微型企业6家（占8.2%）。从行业分布看，包括生产性服务业所有门类，具体有研发设计与其他技术服务9家，货物运输、通用航空生产、仓储和邮政快递服务8家，信息服务7家，金融服务5家，节能与环保服务3家，生产性租赁服务5家，商务服务12家，人力资源管理与职业教育培训服务9家，批发与贸易经纪代理服务8家，生产性支持服务7家。

二 广州生产性服务业高质量发展态势渐显

（一）惠企政策为生产性服务业持续发展提供有力保障

近年来，广州坚持把服务型制造作为产业转型升级的重点方向，通过国家战略联动厚植发展服务型制造优势，出台系列规划和行动计划推动生产性服务业高质量发展，陆续出台了总部经济、专业服务、现代物流、软件和信息服务、金融、会展、科技成果转化、知识产权、服务贸易（服务外包）等领域专项扶持政策，如《广州市生产性服务业高端化提升行动计划》《广州市促进科技成果转化实施办法》《关于加快发展高端专业服务业的意见》等，基本涵盖广州生产性服务业发展重点领域，在项目建设、产业布局、深化改革等方面大力支持生产性服务业发展不断取得新突破。有关数据显示，2023年，广州生产性服务业完成增加值12595.49亿元，占全市GDP和服务业增加值比重分别为41.5%、56.6%，同比增长7.2%，高于全市GDP（4.6%）和服务业增速（5.3%）。2019~2023年广州市生产性服务业增加值占服务业增加值比重提升约3个百分点，总体发展水平高于全省平均水平。[1]

（二）重点领域发力推动生产性服务业快速发展

广州高度重视生产性服务业的支撑引领作用，在服务型制造、工业设计、工业互联网等重点领域发力，积极培育示范产业企业，带动两业融合[2]高质量发展。开展服务型制造示范培育，成功创建全国首批、全省唯一国家级工业设计研究院（广东省生态工业设计研究院），累计培育9家国家级、72家省级、82家市级工业设计中心，在广东省第十一届"省长杯"工业设计大赛上，广州共168件作品获奖。打造"定制之都"城市特色，赴联合国工业发展组织总部奥地利维也纳推介"广州定制故事"，实施"定制之都"示范工程，两年评选44家示范（培育）单位，如广汽集团、小鹏汽车、广汽埃安等车企的柔性高效生产线可实现App在线定制，欧派、索菲亚、尚品宅配等3家企业位列全球定制家居五强。推动多层次、多类型的工业互联网平台体系建设，成功打造树根互联国家级双跨平台，培育了致景科技、博依特、广州机械院等10家国家级特色专业型平台。推动产业集群数字化转型升级，聚焦纺织服装、美妆日化、箱包皮具、珠宝首饰、食品饮料等传统行业，组建产业集群平台，如食品饮料集群平台获第三届中国工业互联网大赛消费品行业新锐组二等奖；箱包皮具集群平台荣获全国工业App和信息消费大赛信息消费应用创新奖。

---

[1] 除调研数据外，本报告其余数据及资料均来源于广州市统计局、广州市工业和信息化局等部门。
[2] 两业融合指先进制造业和现代服务业深度融合。

（三）信息技术发展应用为生产性服务业高质量发展赋能

随着互联网、大数据和智能化的高速发展，信息技术在生产性服务业企业中的应用逐渐深化，广州通过持续推动数字化、网络化和智能化升级，布局5G网络、千兆光纤等新一代通信网络，建成全国领先的千兆城市，省市区共投入财政资金7亿元，支持标识解析体系建设，搭建支撑万物互联的"神经枢纽"，不断夯实两业融合发展新基建基础，努力让云计算、大数据、物联网等高科技智能化的信息技术应用为生产性服务业的高质量发展赋能。调研显示，超八成（82.2%）的受访企业应用了信息技术。其中，云计算、大数据和物联网应用率最高，分别占42.3%、38.4%、32.9%；人工智能（19.2%）、工业互联网（12.3%）、电子数据交换（EDI）（9.6%）、区块链（8.2%）、射频识别（RFID）（5.5%）等信息技术也在一定范围内得到应用。某医药物流专业化企业反映，企业近年来顺应医药供应链与互联网、大数据及云服务深度融合的浪潮，通过云计算、物联网、大数据等信息技术为互联网医药供应链上下游企业数字化转型赋能，借助这些信息技术，企业客户可通过微信小程序和网页查询到物流订单的仓储、装卸、配送、验收情况。企业表示，经过多年智能化发展，当前合作平台线上订单量已经占公司总业务量的八成以上。

从受访企业规模看，大、中、小、微型企业信息技术应用率依次为100%、80.6%、68.7%、66.6%，一定程度反映了大中型生产性服务业企业应用数字化技术更普遍。

（四）研发创新提升生产性服务业核心竞争力

研发创新是提升生产性服务业企业核心竞争力的关键要素。调研显示，有21家（28.8%）受访企业拥有1项及以上的技术专利。在拥有技术专利的受访企业中，有13家企业拥有10项及以上的技术专利，5家企业拥有3~5项，3家企业拥有1~2项。技术专利不但是企业自主研发创新能力的重要体现，更是企业在市场上生存和发展的最有利的竞争优势。某环境保护工程设计公司表示，公司是国家高新技术企业，是广东省环保行业的龙头企业之一，自主创新是引领公司业绩增长的第一动力，也是公司在激烈的市场竞争中长期保持龙头地位的关键要素。公司一直非常重视科技研发，自成立以来自主研发了140余项专有技术及实用新型专有技术，其中发明专利93项。近年来环保行业快速发展，从事环保服务的企业也越来越多，市场竞争日趋激烈，公司不断加大对技术研发的投入，不断提升研发创新能力，形成具有自身特色的技术体系，通过增强公司的市场竞争优势实现长期可持续发展。某大型银行广州分行表示，企业在大数据分析、数据库建设、客户数据信息处理等方面拥有多项技术专利，如自主研发的某项资金交易安全保障技术，可以为柜面人员对涉案账户交易进行及时、有效阻断提供高效、智能的数据系统支持，如果有公安登记涉案客户在柜面接受服务，银行智能系统就会自动识别并联动触发警告。

（五）两业融合涉及领域广泛，融合模式多样

近年来，广州积极探索两业融合发展新业态新模式，取得一定成效。2018年以来，广州约100家企业入选工业和信息化部融合发展领域的试点示范，90个项目入选国家、省级智能制造试点示范。本次调研显示，受访企业中有7家企业业务涉及两业融合，两业融合涉及领域广泛，包括消费品工业和服务业融合、原材料工业和服务业融合、装备制造业和服务业融合、汽车制造和服务业全链条融合、制造业服务业和互联网融合、物流和制造业融合、研发设计服务和制造业融合、新能源生产使用和制造业融合、消费服务和制造业融合等。

受访企业在开展两业融合模式上呈多元化发展态势，融合模式涵盖了全生命周期管理、柔性化定制、应用工业互联网、优化供应链管理、提供总集成总承包、建设智能工厂、共享生产平台、服务衍生制造等。某环境保护工程设计公司通过委托第三方定制软件程序（如污染源普查数据动态分析系统）和提供硬件设备（如上位机），公司负责软件设备和硬件设备的安装、调试、日常运营和维护等相关内容，实现由"服务"向"产品+服务"转

变。某制冷设备制造企业通过应用智能化制造、网络化协同、数字化管理等模式，能迅速获取生产制造各环节信息，有效减少沟通和协调成本，提高工作效率，企业订单交付周期从22天下降至9天，企业在2020年还成功入选达沃斯全球"灯塔工厂"。

三 生产性服务业企业经营发展面临的主要问题

（一）市场竞争激烈和市场需求不足是企业当前面临的突出问题

调研结果显示，在73家受访企业中，有44家认为市场竞争激烈是当前企业生产经营面临的突出问题，占60.3%。有37家认为市场需求不足是当前经营面临的突出问题，占50.7%。广州某大型银行反映，当前市场竞争激烈和市场需求不足是企业经营面临的主要问题。近年来，传统银行业之间的竞争早已白热化，同时还面临着支付宝、微信、P2P等互联网金融的严峻挑战，银行业市场竞争激烈。同时，受经济下行压力影响，部分企业和家庭的收入和现金流受到冲击，短期内整体市场融资需求减少，企业有效信贷业务增速下滑，企业经营压力较大。某生物工程公司主营业务为脐带血造血干细胞的制备检测和储存服务、脐带血临床应用出库服务，企业表示，2012年我国脐血库仅7家，目前全国脐血库超200家，市场竞争激烈，与此同时，在近年来生育率不断下降的大背景下，新生儿数量持续减少，脐带血市场总体是在萎缩的，企业生产经营压力较大。

（二）用工、原材料等成本高加重企业经营负担

一是用工成本高，受访企业有三成（22家，30.1%）反映用工成本上升快是当前企业生产经营面临的突出问题之一。部分企业反映求职者薪酬期望较高，企业薪资水平达不到求职者要求，造成企业招工难。有17家（23.3%）企业尤其是旅游、住宿餐饮等劳动密集型企业，普遍反

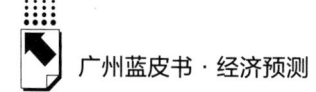

映招工难、留人难、人员流动性高。某小型酒店表示，日常虽然能招到大部分岗位所需员工，但前台岗位由于需要三班制上班，人员流动性高，处于长期招聘状态。目前该企业前台岗位薪酬组成是1900元底薪加绩效和提成，平均月薪约2700元，但大部分求职者要求底薪达3000元，企业本身效益不好，无法满足求职者薪资要求，这也导致酒店部分岗位流动性大。

二是原材料成本高，有8家企业反映存在该方面的压力，占10.9%。某环境保护工程设计公司表示，目前企业的原材料有成品和半成品，成品主要是一些标准设备，如仪表、水泵等污水处理过程中使用到的仪器，设备价格每年都会上调；半成品主要是污水处理耗材如电缆、钢板等，耗材价格一般随着市场价格的波动而波动，近年来大宗商品价格一路走高，企业经营成本也不断上升。

除了以上成本外，还有部分企业反映税费、融资等方面成本较高，挤压企业利润空间。

（三）企业创新不易，转型升级遇多重阻力

受访企业中，有52家（71.2%）没有技术专利，一定程度反映了当前生产性服务业企业在研发创新方面仍面临较大阻力。人才是企业创新的核心要素，对于企业创新或升级换代中遇到的困难，有30家受访企业表示缺乏关键技术人员，占41.1%，是企业反映较为集中的问题。受人才匮乏限制，企业创新动能不足，有17家企业认为缺乏原始创新能力，占23.3%。某物流企业表示，企业在推进数字化转型过程中，企业系统研发技术人员不足，在市场上难以招聘到既熟悉物流企业运行又掌握数字化信息技术的复合型人才。

反映存在缺乏创新服务、新技术的信息渠道和信息技术软件使用不够深入、效率不高等困难企业的有18家，占24.7%。某物流企业表示，近年来企业转型升级完全是摸着石头过河，缺乏专业技术人才，也缺乏专业的技术指导服务，导致企业在数字化转型过程中需要不断试错，曾投入400万元与

某企业进行系统联合研发但最终失败,浪费了不少时间和资金,阻碍了企业的顺利发展。

还有部分受访企业反映存在缺乏研发资金、引进吸收能力不强、先进技术设备不足、技术人员报酬水平不高、政府有关政策不到位等问题,导致企业创新难、创新少,升级换代找不到科学准确的方向、方法。

四 生产性服务业企业的发展需求与政策建议

(一)搭建有效沟通平台,拓展企业高质量发展空间

调研显示,有38.4%的受访企业希望能够在政府层面建立产业交流互动平台,畅通产业链发展,为企业提供更多的市场机会。对此,有关单位要切实发挥好政府桥梁纽带作用,建立灵活有效的沟通平台,为企业加强交流合作牵线搭桥。

一是涉企相关单位及有关职能部门要做好企业常态化沟通服务,畅通政企沟通渠道,通过政企互动了解企业需求,协同解决企业问题和政策诉求,为企业开拓市场、拓展空间提供精准、有效的政务服务。

二是强化产业资源供需对接,加快培育产业集群生态建设,组织更多企业加入产业链产业群,积极举办高质量的产业企业交流合作活动,在供需匹配、资源共享、要素供给、产业赋能等方面充分发挥政府桥梁服务效能,帮助企业解决实际的市场、资金等经营难题。

三是持续完善和推动广州产业链"链长制"模式,鼓励"链主"企业积极落实"链长"工作职能,发挥好"链主"企业创新引领作用,精准遴选一批产业链关键领域、关键环节、关键技术、关键项目、关键产品,通过示范引领更好促进产业链上中下游、大中小企业协同发展。

(二)优化产业发展生态,为企业发展营造良好氛围

良好的产业发展环境是培育企业高质量发展的沃土。有41.1%的受访

企业希望能够营造公平竞争的市场环境；32.9%的受访企业希望政府能进一步优化审批服务，提升政府服务效能，助力企业发展；19.2%的受访企业希望政府能完善产业基础设施，加强载体功能，为企业创造更优良的发展条件。

建议持续深化"放管服"改革，进一步优化企业办事清单及办事指南，切实解决企业"折返跑、多次跑"的痛点，让企业真正享受便捷高效的政务服务。以市场准入、公平竞争、负面清单、公正监管等为重点，强化反垄断、反不正当竞争，不断规范市场竞争秩序，打造公平高效的市场环境，降低企业制度性交易成本，激发市场良性活力。要加快推进重大产业项目、重点产业园区路、水、电、气、环保等硬件配套设施建设，为企业生产经营创造良好条件。依托现有产业基础优势，进一步完善企业尤其是中小型企业信息技术应用配套基础设施，如通信网络、大数据中心、工业互联网、一站式开发平台等新型基础配套设施，扎实推进广州"四化"（数字化、网络化、智能化、绿色化）平台赋能企业提升相关工作，大力鼓励信息技术智能平台等第三方企业为传统企业转型升级提供把脉问诊专业服务，为传统企业高质量发展赋能。

（三）加大对创新主体培育支持力度，激发企业创新活力

企业期盼政府在人才、资金、知识产权等方面加大对企业创新的支持力度，如有31.5%的受访企业希望能支持高端专业人才引进，有15.1%的受访企业表示希望加大研发创新资金投入，12.3%的受访企业希望加强知识产权保护。

在人才方面，建议对当前生产性服务业企业急需紧缺专业人才量身定制引进政策，建立健全高端人才引进激励机制，确保企业创新型人才能够引进来、留得住。鼓励高校结合生产性服务业人才需求设立相关专业课程，与企业联合定向培养一批行业专才，保障企业转型升级有充足人才储备，为加快推动生产性服务业高质量发展助力；引导行业龙头企业搭建专业人才专项培训平台，提升中小型企业现有人员现代化数字化认知和技能，激发企业内部

创新动能。

资金方面，在当前政府财政资金扶持力度有限的客观条件下，要进一步完善针对有发展专精特新、转型升级等需求的企业融资金融政策，鼓励银行紧扣创新型企业特点和需求开展融资创新，为企业提供更低门槛更灵活的融资方案。要营造良好创新氛围，提升社会尊重和保护知识产权意识，以法治保障支持企业全面创新，激发企业创新活力，为生产性服务业转型升级积蓄高质量驱动力。

参考文献

黄漫宇、余祖鹏、赵曜：《生产性服务业集聚对绿色技术创新的影响研究》，《统计与信息论坛》2022年第12期。

于斌斌、孙波约、胡雅静：《生产性服务业资源配置与制造业产能过剩治理：机制与检验》，《现代财经（天津财经大学学报）》2022年第9期。

B.7 广州行业协会商会服务能力提升策略研究

杨姝琴 李际卫*

摘 要： 着力解决广州行业协会商会发展领域的深层次矛盾问题，有效发挥桥梁纽带的优势作用，对服务广州民营经济高质量发展尤为迫切。当前广州行业协会商会发展的主要痛点难点表现在自身造血功能不足、提供企业服务不新、赋能提质增效不够、行业标杆品牌不亮、党建引领作用不强等几个方面。建议广州借鉴深圳、温州等地支持行业协会商会可持续发展的经验做法：整合竞争有序发展，向内挖潜找到安全感；支持提供创新服务，向专发力提升获得感；引导发挥链接优势，向深拓展内化归属感；培育标杆行业品牌，向外延伸增强荣誉感；强化党建政治引领，向党看齐提升组织感。

关键词： 行业协会商会 服务能力 民营经济 广州

协会商会作为连接政府与企业、企业与企业之间的经济性团体，是经济高质量发展的助推器和风向标，是促进民营企业高质量发展的重要力量。2023年8月，《广州市促进民营经济发展壮大的若干措施》（以下简称"民营经济20条"）明确指出支持协会商会服务民营经济发展，充分发挥协会商会桥梁纽带作用。这是广州"民营经济20条"围绕强化协会商会作用区别于国家版本（"民营经济31条"）所出台的具有鲜明广州特色的具体举

---

* 杨姝琴，中共广州市委党校经济学教研部副教授；李际卫，广州市社会主义学院教研室副教授。

措，折射出广州全方位壮大民营经济的决心。在广州"二次创业再出发"的新征程上，需及时破解协会商会发展的痛点难点堵点问题，不断完善相关制度，切实发挥协会商会专业优势和桥梁纽带作用。

一　广州行业协会商会发展的实践与探索

党的十八大以来，随着全面深化改革的不断推进，行业协会商会组织不仅数量呈现爆发性增长，专业服务质量也有显著提升，年均增长突破30家，越来越多异地商会和新型产业行业协会在广州登记注册、落地运营。截至2023年3月，广州已登记行业协会商会361家，异地商会117家，工商联系统所属商会116家。广州市工商联系统团体会员企业已达473家，覆盖领域从刚开始比较单一的制造业，发展到交通运输业、物流业、信息软件业、文化娱乐业、服务业、战略性新兴产业等国民经济各个领域。广州行业协会商会发展的实践，主要归纳为以下几个方面。

（一）全力落实党对商会工作的领导

广州市工商联于2020年底成立了商会党建工作领导小组，在所属商会中开展红联共建行动，深入指导推进所属商会党组织组建工作。2021年，在总结广州市工商联党建工作领导小组运作情况的基础上，顺利成立广州市工商联商会党委，加大对所属商会及团体会员的党建指导力度。此外，明确所属商会轮值会议"第一议题"制度，每季度组织所属商会秘书长进行政治学习，并将秘书长、骨干纳入入党积极分子培训，提高商会队伍素质，确保党建工作扎实开展。目前，广州市工商联团体会员中已有近六成商会成立了党组织，没有成立党组织的商会也基本能认识到成立党组织的重要性，主动实现党的工作覆盖，引导会员企业同心同向同行。

（二）加强赋能推动商会高质量发展

一是打造"促进商会发展十件实事"服务品牌。每年解决商协会最期盼、最实际的问题，增强工商联的凝聚力和向心力。例如，安排资金100万元专项支持商会开展创新项目，发掘推广商会工作的新思路、新举措，为商会可持续发展提供可学可用的借鉴；组织商会专职干部职业能力提升培训班，系统性提升商会秘书处工作人员的专业化水平；开展"湾区连线"系列商会交流活动，指导商协会发挥资源优势，为粤港澳大湾区内民营企业跨区域投资合作提供更为多元化的服务等，通过多管齐下、多措并举，扶优育强商会组织。

二是服务政企沟通。创新打造"一会两员三联四日"工作品牌。"一会"是协助做好市长与民营企业家恳谈会，推动解决行业共性问题。"两员"即营商环境观察员和政企联络员。"三联"即挂点联、重点联、定点联，推动市工商联机关干部联系执常委企业全覆盖和推进1000家民营企业直联点建设、建设完善政企沟通服务中心常态化联系企业。"四日"是"恳谈日""读懂日""伙伴日""惠企日"，常态化开展助企惠企活动。此外，组建了工商联作为业务主管的民非组织广州市促进民营经济发展中心，成立广州市政企沟通服务中心，为政企"面对面"恳谈提供了物理空间，也为广州商会提供了多元活动交流阵地，有效提高了政企沟通效率。积极引导商会从多层面、多维度畅通会员企业与政府职能部门的沟通渠道。

（三）重点培育特色标杆商会

一是创新开展动态创建市级"四好"商会。构建以市"四好"商会培育对象为基础、以市"四好"商会为核心、以市"四好"标杆商会为导向的三级管理体系，目标是用四年的时间对100%团体会员进行创建市"四好"商会培育，争取70%以上的商协会都能达到市"四好"商会的建设标准。以创建"四好"商会为载体，努力开创新时代广州商会改革发展新局面。

二是开展标杆商会培育。根据商会及行业发展情况，在综合类商会、行业性商会、镇街商会、异地商会和园区商会五大领域，分别确立1家标杆商会，通过工商联各方面的赋能，提升商会服务水平，总结特色经验，指导标杆商会形成可复制、可推广、可借鉴的典型案例材料，在全市范围内宣传推广，为全市商协会改革发展示范引路。

（四）强化政策激励

一是鼓励企业发起组建新兴领域商会。2020年4月，广州市社会组织管理局、广州市工商业联合会、广州市财政局印发《关于民营企业发起成立全国性行业协会商会的奖励办法》，鼓励以协会为平台带动引进产业龙头企业入驻，聚集上下游配套产业。特别是对于广州市战略性新兴产业和精准医疗等五大前沿产业成立的全国性商协会，审批后即给予100万元奖励，为广州战略性新兴产业发展营造良好氛围。

二是推动获评广东省工商联系统"四好"商会的社会组织参加等级评估适用简易程序，鼓励更多商会加强自身建设，提升会务水平，推动行业产业发展。比如广州市海味干果行业商会自建检测室，制定"八大行业交易标准"、成立"海味干货质量评估委员会"，规范和促进了行业发展，惠及行业内企业。广州市家具行业协会通过承办"中国（广州）国际家具博览会"、全国家具职业技能竞赛选拔赛等，促进广州形成红木家具产业集群。

（五）促进商会服务基层社会治理

广州市工商联以镇街商会发挥商会组织自治能力为主要着力点，指导各区重点做好对镇街商会的引导管理，切实把推进镇街商会的规范化建设落到实处。通过印发《广州市工商联乡镇街道商会工作手册》、召开镇街商会改革试点工作现场会等方式，不断提升镇街商会建设水平，不少商会在参与基层治理、调解矛盾纠纷、引导扶贫济困等方面发挥了重要作用。如番禺区南村总商会积极探索"五社联动"（社区、社会组织、社会工作、社区企业、社区基金）工作模式，并在当地检察院推动下，成立了首个未成年观护基地；沙湾镇商会承接政府职能转移事项达36项；天河区沙河街道商会依托会员成立沙河服装批发市场巡察督导队，并成立了人民调解委员会，为维护沙河街服装批发市场和谐稳定发挥了重要作用。

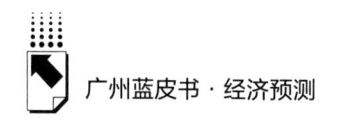

二 广州行业协会商会自身发展的不足与问题

（一）自身造血功能不足

目前广州行业协会商会日常维系运营资金，绝大部分依靠会员企业缴纳的会费和理事会班子主要成员企业的友情赞助。而其内部治理相关制度建设及有效执行存在不足，规范化的运行机制尚未健全，对内部治理中出现的问题缺乏解决途径。当前政府财政支持力度有限，协会商会会费收缴因经济形势不同呈现出不稳定性，自身造血功能不足，大部分处于勉强维持生存的状态，难以实现行业长远发展的谋划，难以吸引和留住高素质人才，协会商会专职聘用的秘书处工作人员有限，专职秘书长人才队伍整体上存在学历不高、年龄偏大等结构性矛盾，没有形成发展的良性循环，存在"有形少实"普遍性问题。

（二）提供企业服务不新

就当前整体发展情况来说，大多数广州行业协会商会提供给会员企业的服务内容主要包括政策咨询、信息发布、培训交流、展览推广、社会公益、法律维权等，存在重复性和单一性的问题，缺乏针对性和创新性，不能满足会员企业在不同发展阶段的多样化需求。协会商会自身勉强维持生存的状态下，服务资源与沟通渠道呈现明显不足，导致缺乏专业人才、资金支持及长期合作伙伴，难以全面发挥优势和作用。服务质量与效率有待提升，存在沟通不顺畅、反馈不及时、执行不力、监督不严等问题，影响了会员企业对协会商会的信任度和满意度。

（三）赋能提质增效不够

基于行政机关与协会商会脱钩改革，实行市场化、民间化运作的发展要求，协会商会规范化正规化的管理体制尚不健全。截至2023年，广州有协会商会600

余家，基本覆盖第一、第二、第三产业等各个领域，但发展不平衡，甚至出现水土不服的发展倾向。有部分协会商会活动只限于收费、开会、捐款、联谊等，对会员企业没有太大的吸引力；部分协会商会会长只从自身企业需求出发而对协会商会发展没有很好的规划，导致作用发挥大大受限。因自身管理体制不顺或发展规划不足，部分协会商会对会员企业赋能不够，代表企业与有关部门沟通合作不畅，在服务会员企业进行融资投资、法律维权、转型升级等方面方法不多、载体不够、效果不好。

（四）行业标杆品牌不亮

协会商会行业品牌是影响和吸引会员企业的重要因素，也是衡量社会各界对协会商会组织认可度和关注度的重要维度。由于缺乏标杆品牌，政府赋能不够，广州部分协会商会异化为仅仅是地域维系、活动联谊的"老乡会"，严重变味变质，制约协会商会的优势作用发挥。从广州协会商会获得广州市品牌社会组织（见表1）和全国"四好"商会数量（见表2）来看，还是缺少一批能叫得响、立得住、群众认可的行业标杆品牌，所占比例也基本处于偏低水平，与广州国家中心城市地位不相匹配。

表1 广州协会商会获命名广州市品牌社会组织情况

单位：家，%

批次	品牌社会组织	协会商会	占比
1	10	3	30
2	10	3	30
3	7	3	43
4	7	1	14
5	8	2	25
6	7	2	29
7	8	3	38
8	8	1	13

注：根据广州市地方标准《品牌社会组织评价指标》（DB4401/T 38-2020），广州市社会组织管理局每年委托第三方机构对申报品牌评估的社会组织进行专家考核。

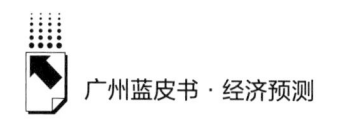

表 2　广州协会商会获评全国"四好"商会情况

单位：家，%

年度	全国	广东	广州	广州在全国的占比
2017~2018 年度	498	24	3	0.6
2019~2020 年度	1478	80	8	0.5
2021~2022 年度	1758	102	12	0.6

数据来源：全国工商联印发《关于认定 2021—2022 年度全国"四好"商会的通报》《关于认定 2019—2020 年度全国"四好"商会的通报》《关于认定 2017—2018 年度全国"四好"商会的通报》。

（五）党建引领作用不强

目前广州行业协会商会的党建工作基础还比较薄弱，党组织建设不够完善，还需要不断探索和推进。协会商会的组织特性与党政部门、国企事业单位差异明显，开展党建活动存在不少困难。协会商会党组织建立难，班子成员的党组织关系多留在企业党组织不愿意转到协会商会，加之属地管理原因，所在街道对协会商会申请成立党组织支持力度有限。党务工作者的"缺"和"弱"比较突出，秘书处工作人员中党员数量不多且人员流动性大，支部活动经费没有保障。党组织工作的辨识度彰显不够，党建形式内容存在"单一化"，党建工作与会建工作没有实现有效融合，党组织存在感弱，影响力有限。

三　先进城市支持行业协会商会发展的做法经验

（一）深圳：全方位全链条财政支持

2023 年 5 月，深圳市福田区人民政府办公室印发《深圳市福田区支持商协会发展若干措施》，重点培育和优先发展服务经济、服务产业的行业协会商会等社会组织，激发社会组织活力，构建高质量发展的营商生态，从行业提升、人才住房、福田英才、招商引资、重点项目五个方面予以重点财政支持。其中,行业提升支持细分组织发展建设支持(包含落户、办公用房租赁、活力评估及协会商会发展四个分项至高 100 万元支持或奖励)、品牌建设与推广支持(包含展会、品牌活动及海外服务三个分项至高 250 万元支持)和公共服务平台支持(至高 100 万元建设支持)。

2023 年 11 月,深圳市龙岗区民政局、工业和信息化局印发《深圳市龙岗区民政专项资金支持行业协会发展实施细则》,重点培育和优先发展服务经济、服务产业的行业协会。从支持新设立行业协会发展(扶持范围内一次性 10 万元专项扶持)、支持行业协会助力产业发展(至高 30 万元专项补贴)、支持行业协会开展行业标准研制(至高 20 万元专项资助)、支持行业协会开展招商引资(至高 50 万元一次性奖励)、支持行业协会规范内部建设(至高 15 万元一次性奖励)、支持行业协会创先争优(至高 10 万元专项资助)六个方面予以专项资金重点支持。

(二)温州:全流程全覆盖提能升级

2023 年 7 月,浙江省温州市以创建新时代"两个健康"先行区工作领导小组名义出台《温州市支持行业协会商协会提能建设促进民营经济高质量发展的意见》,以附件形式印发《温州市商协会发展服务综合体升级版建设指导方案》,用心用力用情写好商协会改革"规划、平台、保障"三篇文章,着力解决商协会提能建设"提质难、阵地弱、推进慢"三大难题,为全市商协会改革和商协会综合体建设提供政策依据,充分发挥商协会综合体的阵地作用,赋能产业高质量发展。一是建设"商协会发展服务综合体"。建设商协会发展服务综合体,做好商协会发展服务综合体功能提升、服务提质、赋能提效,助力民营经济发展,助力协会提能升级和产业链发展。在商协会综合体内实行产业链相关商协会相对集中办公,实行"八统八分"。二是设立"企检服务中心"。服务中心由鞋革行业先行先试,再推向电气、服装、汽摩配、泵阀等行业,实现传统五大支柱产业全覆盖并向全市推广,着力提供事前、事中、事后全流程法治服务。三是发布"行业协会安全生产协作组织",携手筑牢企业安全生产防线。

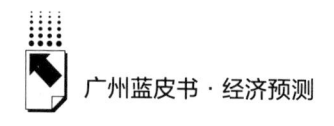

（三）安徽：推进精准施策，立足长效机制

2022年8月，安徽省委、省政府印发《关于更好发挥行业协会商会在"三地一区"建设和"双招双引"中作用的意见》，进一步推进行业协会商会市场化、社会化、职业化改革。一是强化思想共识，建立长效机制。依托省社会组织管理工作领导小组，定期评估商协会工作绩效，对成绩突出的，采取以奖代补方式对其工作经费予以补助。二是加强要素供给，提供人才、场地扶持。支持商协会推进专职工作人员职业化、专业化和年轻化，注重提升秘书长履职水平。探索成立商协会秘书长或会长联盟，建立轮训制度。支持高校与政府及其部门、商协会合作，协同培养专业人才。整合现有资源，规划建设商协会集聚区或发展孵化基地，研究出台租金、物业费减免等优惠政策，支持符合条件的商协会入驻。鼓励事业单位、国有企业按规定将闲置房产协议出租给商协会使用。三是完善信息沟通共享机制，增强行业监测分析针对性。鼓励商协会经常性收集会员企业意见建议，反映企业诉求和行业共性问题，提出有针对性的改进措施。将商协会作为业务工作沟通、联系、服务的对象和决策咨询的重要智库资源，通过联合调研、走访座谈、问卷调查等方式，推动商协会开展行业调查研究、运行监测和发展趋势分析，为党委和政府决策提供参考。

四 加快提升广州行业协会商会服务能力水平的对策建议

面对严峻复杂的宏观经济形势，广州协会商会更要担负起服务企业发展、反映行业诉求、加强行业自律的重要职责，通过创新突围，努力做好广州民营经济发展的"助推器"，成为相关职能部门的"好帮手"，当好会员企业的"参谋人"。

（一）整合竞争有序发展，向内挖潜找到安全感

广州行业协会商会要不断加强自身建设，按照"撤、转、并"思路整

合现有协会商会，按照竞争中发展、有序中壮大的建设原则，建议广州市委、市政府对新业态、新领域设立的协会商会采取"扶上马、送一程"的落地发展扶持，并遴选一批广州市品牌协会商会，参照深圳做法，加大政府物业、财政支持力度，壮大发展规模，提升组织活力。

鼓励支持协会商会向内挖掘发展潜力。一是以服务民营经济高质量发展为主题，研究形成一批高质量的调查研究报告和政策建议，为政府制定和实施产业政策和管理制度提供决策咨询与专业支持。二是立足行业高质量发展实际需求，配合相关行业管理部门推动制定、修订本行业领域的国家标准、行业标准、地方标准，主动参与以中国标准为基础的国际标准研制，通过先进标准体系引领和推动行业产业实现高质量发展。三是加强对本行业的经济运行监测预测和风险预警，创新统计信息采集和挖掘分析技术，及时准确掌握产业发展、市场供需、质量管理、运输物流、原材料供应等各项行业发展信息，为政府决策、行业发展、企业投资提供宏观指引和科学参照。

（二）支持提供创新服务，向专发力提升获得感

服务是协会商会永恒的主题。广州行业协会商会要本着服务会员企业、行业发展的初心使命，实现服务重心由政府向企业、行业、市场转变倾斜，切实提升服务质量。在创新、开放、专业等核心服务竞争力上下功夫，立足互联网思维，充分利用信息技术手段，构建开放共享的数字化服务平台，持续做优做强专业服务，以创新服务不断提升核心竞争力。

一是开拓线上共享的电子商务平台。充分发挥互联网应用优势，搭建产业链上下游电商交易平台，拓展会员企业的商业机会，使之成为实现自身高质量发展的新引擎。二是打造专业价值的信息服务平台。发挥行业资源和人脉优势，整合各类信息资源，提供贴近会员企业需求的行情报告、政策解读、市场分析等信息服务。利用云计算、大数据、人工智能等前沿技术手段，实现精准匹配、在线咨询、智能客服等，不断提升会员企业的服务体验和服务效率，提升协会商会的专业形象和影响力。三是构建开放包容的社群沟通平台。在社交媒体等平台创建开放的交流社群，组织业内讨论、交流活

动、促进会员企业之间的深度互动。推动线上线下活动相结合，实现融合互动、良性互动。同时，可挖掘更多会员企业需求，拓展协会商会的服务范围。

（三）引导发挥链接优势，向深拓展内化归属感

参照浙江省温州市做法，建设广州行业协会商会集聚区，选择条件好、带动大、影响广的协会商会先行试点。一是鼓励引导行业协会商会发挥资源链接优势，建设一批行业共性技术研发、产学研合作、技术服务、创新成果转化、区域协同发展等交流合作平台和劳动力、原材料、能源、物流服务等供需对接平台，实现创新链产业链资金链人才链深度融合。二是构建新型服务平台，集聚要素资源。构建一批赋能服务中小企业的新型平台，推动各类要素资源向中小企业集聚，推动中小企业加快数字化转型步伐；引导行业龙头企业"以大带小"，支持中小企业参与协作配套，提高要素运行效能。三是搭建政府和行业交流平台，指导和帮助会员企业吃透用好市委、市政府稳经济、促发展政策措施，引导行业和会员企业凝聚共识、坚定信心、激发活力。

（四）培育标杆行业品牌，向外延伸增强荣誉感

品牌是协会商会在会员企业和社会领域中具有辨识度的标志，直接影响着行业发展和企业入会的意愿。广州行业协会商会要整合资源、开拓市场、共赢发展，根据自身资源禀赋和行业发展特性，打造市委和市政府满意、广大会员企业认可、社会影响突出的品牌形象。一是鼓励引导协会商会根据市场和行业需求，培育一批服务行业发展的品牌项目。二是授予命名一批行业标杆品牌，按照"一业一会一品牌"思路，稳步稳妥推进广州协会商会行业标杆品牌命名工作，以标杆品牌带动引领行业发展。如继续打响广州国际美食节品牌，积极擦亮"食在广州"招牌。三是积极推动一批国际知名品牌"出海发展"，对接全球资源，带领企业走出去。组织中小企业及其服务机构加强与共建"一带一路"国家和地区相关组织、机构、企业开展交流

合作，支持中小企业积极对接全球技术、人才、资金等创新要素资源，帮助中小企业技术品牌、营销服务等积极走出国门。

（五）强化党建政治引领，向党看齐提升组织感

大力推动广州行业协会商会实现党的组织和党的工作全覆盖，鼓励行业相近、区域相邻的党组织开展红联共建，实现信息互通、资源共享、协同发展。抓党建促会建、以会建带企建，加强党建赋能，通过党建政治引领加强基层党组织建设、夯实基层基础、规范工作运行、提升能力水平、推动发挥作用。

一是创新管理模式。目前协会商会党建普遍采取市级隶属于机关工委的工商联集中管理和隶属于街道工委的属地化分散管理两种模式，建议在市一级层面上进行集中管理，区一级有条件的可以集中管理，协会商会党员数量较少的可以实行属地化管理，工商联加强指导即可，但需要为基层发挥首创精神创新管理模式"松绑"、授权和赋责。二是吸收、培养协会商会党建工作骨干。加强对协会商会党务工作者的教育培训和表彰激励，争取列入组织部门培训计划，培养党建工作骨干，并以工作津贴等方式增强党务工作者积极性。三是保障协会商会党建工作经费。协会商会党建工作要顺利推行，必须有相应的基础保障，特别是经费保障。建议市委、市政府在财政预算中设立协会商会党建工作专项经费，尽量通过财政拨款保障经费，其余部分由党费返还、管理费划拨等形式共同保障。

参考文献

潘丽珍、王超：《广东民营经济人士政治培养路径研究——基于广东的实际调查》，《新经济》2024年第2期。

惠宁、刘纪同：《"双循环"新发展格局下我国民营经济发展路径探析》，《商场现代化》2024年第7期。

李宏卓、马英：《行业协会商会参与社会治理的挑战与对策》，《商业观察》2023年

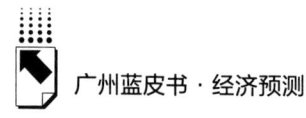

第 29 期。

王晓雪、王鲜艳：《行业协会商会的价值挖掘与实现路径》，《内蒙古财经大学学报》2023 年第 4 期。

周俊：《从策略性合作到制度化合作：行业协会商会与政府关系新进展》，《行政论坛》2023 年第 1 期。

何宾、吕肖童：《行业协会商会参与中小企业融资微观机制研究》，《经济论坛》2022 年第 11 期。

现代产业篇

B.8
广州打造全球生物医药产业发展高地的路径研究

中共广州市委党校课题组[*]

摘　要： 生物医药产业作为广州"三大新兴支柱产业"之一，是广州"二次创业"高质量发展的确定性机遇。与先进城市相比，广州生物医药产业在发展能级、创新转化、要素支撑、服务体系等方面还有明显短板。广州生物医药产业的核心创新能级不足，关键因素之一是缺乏专门支持"投早、投小、投科技"的高效生物医药领域天使投资生态体系。本文建议从强化天使资金供给、构建激励容错机制、完善畅通退出机制、创新设立"风险共担"机制等六个方面加快完善天使投资生态体系，为广州在打造具有国

---

[*] 课题组组长：李耀尧，经济学博士，广州市黄埔区人大常委会副主任，研究方向为产业经济、区域经济。课题组成员：康达华，经济学博士，副教授，市委党校经济学教研部副主任，研究方向为产业经济；刘金山，经济学博士，教授，暨南大学投资咨询研究中心主任，研究方向为区域经济协调与产业创新发展；熊卫国，广州开发区政策研究室主任，研究方向为产业经济、产业发展政策；贾林果，经济学博士，广州高新区高质量发展研究院产业发展首席研究员，研究方向为科技金融、产业政策；何力武，经济学博士，广州开发区政策研究室首席经济师，研究方向为产业经济。执笔人：康达华、贾林果。

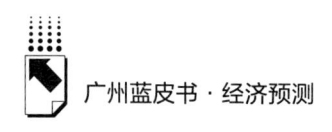

际竞争力的生物医药产业高地方面赢得主动。

关键词： 生物医药产业　天使投资　广州

广州生物医药产业是未来发展的重要引擎，但与先进城市相比仍有差距，尤其是缺乏专业高效的天使投资生态体系。2024年广州两会期间明确提出要构建生物医药产业"1+N"专项政策体系，目前《广州促进生物医药产业高质量发展的若干政策措施》已出台，其他专项政策也需跟进完善，特别是加快补齐天使投资生态短板，更好助力广州打造具有国际竞争力的生物医药产业高地。

一　广州发展生物医药产业具备良好基础

生物医药产业是关系国计民生的朝阳产业，未来几年有望迎来新一轮增长周期，广州具有良好的基础条件和积累，完全有条件有能力抓住战略机遇打造全球生物医药创新与产业发展高地。

（一）生物医药产业是新一轮科技革命和全球各国长期竞逐的重要领域，是我国能够高水平参与国际竞争的重要领域之一

1. 生物医药产业属于长坡厚雪大赛道

生物医药产业是现代化产业体系中的关键领域，在进入中等收入阶段后，人们用于医疗健康领域的支出会翻倍增长。2023年全球生物医药市场规模突破1.5万亿美元，预计2025年达1.7万亿美元，年均增长5%以上。近年来，全球生物医药市场迅速增长，2015~2021年复合增长率为8.1%，远超化学药的3.0%，近五年美国生物医药发明专利授权数量位列第一，占比达33%，其次为中国（22%）、日本（7%）、韩国（6%）和德国（5%）。我国已建立较为完整的生物医药产业体系，2022年产业规模达到1.66万亿

元,连续多年稳居世界第二位,形成了以京津冀、长三角、珠三角为核心区的产业发展格局。中国生物医药临床领域已跻身国际前沿,尤其是在细胞工程制药、发酵工程制药、酶工程制药领域取得诸多重大突破。与美国生物医药技术创新相比,目前中国正在第三代和第四代技术并存的阶段追赶,在抗体药物、免疫疗法等热点领域与发达国家的差距逐渐缩小。

2. 我国生物医药将继续保持快速增长态势

长期来看,中国人口老龄化呈逐年上升趋势,到2050年中国老龄人口将达到总人口的1/3,庞大的临床需求将推动中国生物医药市场持续扩大。短期来看,美联储加息预期缓和有望推动创新药进入估值上升通道,医疗反腐重塑商业逻辑,政策环境稳步改善,高临床价值创新药未来将拥有更好的商业环境。同时随着全球大批"重磅药物"的专利集中到期,预计中国生物医药行业市场规模在2023~2028年将会保持7%左右的复合增长率。

(二)生物医药产业是广州"二次创业"高质量发展的确定性机遇,是育先机开新局的关键所在

1. 拥有比较良好的创新资源禀赋

生物医药产业是典型的知识和技术密集型产业,高度依赖创新和研发。广州拥有生物医药领域相关的高等院校14家,药物临床试验机构46家,医疗器械临床试验机构47家,生物医药领域省级以上重点实验室91家。全市共有三级医疗机构77家(其中三甲医院44家)。广州有4所高校生物医学工程专业进入全国排名前30,集聚了生物医药领域国家重点实验室4家,诺贝尔奖获得者4人、院士23人、国家重大人才工程入选者229人。近年来,中山大学生物制药和化学药专利数位居全国细分领域科研机构创新能力前列,华南理工大学在医疗器械方面位居全国前列。

2. 拥有比较健全的产业链体系

广州的生物医药产业链相对完善,涵盖了药物研发、生产、销售等多个环节,这种完整的产业链有助于降低生产成本、提高生产效率,促进产业内的协同创新和资源共享。广州早在"十五"时期就把生物医药产业列为重点

培育产业，尤其是近年来生物医药企业集聚势能加快，从2019年的3800多家增长到2022年的6400多家，其中高新技术企业超过1100家、上市企业近50家，市值居全国第四。近年来先后引育百济神州、阿斯利康、诺诚健华等行业龙头企业，培育出百奥泰、迈普、云舟、莱恩、慕恩、麓鹏等一大批本土优秀企业。近五年新药临床批件占全省47%，医学检测、中药等领域全国领先。2022年，生物医药与健康产业增加值1651亿元（占GDP比重为5.7%），近年来保持10%的速度增长，总体发展水平跻身国家第一梯队。

3. 拥有比较适宜的发展生态场景

广州是中国三大医疗中心之一，生物医药产业规模、企业数量、创新平台等位居全国前列，拥有良好的创新资源禀赋、产业链基础和市场辐射力。2022年底广州常住人口为1873.41万人，其中60岁及以上人口占比超过11%，就医问诊需求巨大，2022年诊疗量达到1.41亿人次，在全国排名第二。大量国内异地就医患者流入，特别是很多香港、澳门居民以及东南亚国家居民也选择到广州就医，有助于提升广州生物医药研发和生产能力。产业空间布局方面，2018~2022年，广东省生物医药领域发明专利授权数量位居第一，江苏省紧随其后，同时广州的生物医药产业正打造以国际生物岛为核心，以南沙科学城、中新广州知识城和航空枢纽为南北两极的"一核两极"高端生物医药产业空间布局，将带动生物医药企业加速集聚。

4. 拥有比较有力的政策平台体系支撑

近年来，广州推动建设覆盖全产业链的产业政策体系，密集发布《广州市加快生物医药产业发展实施意见》《广州市加快生物医药产业发展若干规定（修订）》《广州市生物医药全产业链发展推进方案》《广州市生物医药与高端医疗器械产业高质量发展行动计划（2021—2023年）》等政策措施，推动了生物医药产业"政产学研医融"进一步紧密合作。据不完全统计，2022年以来，全省三级医院共推进成果转化项目84项，转化金额达数十亿元，其中有77项来自广州地区的医院。同时，国际重大合作平台加速推进，例如借鉴以色列科技金融发展模式，搭建了中以合作平台，在对外合作、商业模式创新等方面实现了较好的本土化创新，经过多年发展，中以基金一期总投资达6.06亿元，涵盖骨科、眼科、智慧医疗、医美等领域，目前已有两个项目的母公司在纳斯达克上市，同时已实现首个项目退出（国企获得4倍回报）。根据统计，广州现有研发、检测、临床试验、申报与审批服务等创新相关平台与机构超400个，其中拥有合同研发（CRO）、合同生产（CMO）、合同研发生产（CDMO）等研发外包平台近50家。

二 广州生物医药产业发展存在的主要短板

虽然广州金融服务生物医药产业能力取得了长足进步，但是在发展能级、创新转化、要素支撑、服务体系等方面优势不足，亟须通过构建生物医药产业天使投资生态体系赋能产业发展。广州生物医药产业发展的主要短板具体体现在以下四个方面。

一是广州传统金融优势明显，但是风险投资机构集聚度不够，在生物医药领域尤其缺乏专门的天使投资人和投资机构。广州私募股权基金管理人集聚，基金总量和基金产品与北京、上海、深圳较为悬殊，2018年至2023年6月，基金管理人数量仅为上海的25%左右，基金总量仅为深圳的30%左右。广州过去五年在生物医药领域的融资事件大约是苏州的1/2、上海的1/4，同时专门投资生物医药领域的天使投资人和投资机构较少，大部分投向中后期。

二是广州整体产业园区空间载体密度高，但是专业加速器和孵化器能级有待提升，尤其是在适合生物医药初创企业的综合型孵化器方面。例如，在中国生物技术发展中心发布的《2022中国生物医药产业园区发展竞争力评价及分析报告》中，生物医药集聚区广州开发区位列第12名，与排名前三位的北京中关村国家自主创新示范区、苏州工业园区和深圳高新技术产业园区相比，产业集聚程度有一定差距。

三是广州高校和研究机构实力强，但是高校和研究机构互动有待进一步加强，尤其是在提高科研成果转化效率方面。2018年以来，广州I类新药临床批件累计265个，少于上海（1573个）、苏州（844个）、北京（550个）。企业研发投入不足，平均研发投入的营收占比仅为2.5%，远低于长三角地区（5%），与创新药开发周期长、投入大、风险高的特征不匹配。

四是广州专业服务和中介平台多，但是生物医药专业服务中介机构和服务平台能级和联动不够，尤其是针对检测和验证的机构缺乏。从广州市生物医药产业接受发票金额可见端倪，2023年上半年接受发票金额最高的是医学研究和试验发展行业，规模近108亿元，占产业接受发票总额的22.4%，其中省外购进比例达到48.2%。

三 国内外生物医药产业集群发展的先进经验

美国、新加坡、日本、以色列和北京、深圳、上海、苏州等国际国内领先的生物医药产业集群区域天使投资生态体系，可为广州提供重要借鉴。

（一）政府推动进行产业集群化发展，建立科学家、企业家等领衔的专业化产业运营队伍，打造以研发创新为特征的生物医药产业集聚生态

美国波士顿成立马萨诸塞州生命科学中心（MLSC），董事会成员包括学术界与医学界专家、企业CEO和政府官员等，直接领导对生命科学产业制度化与系统化的管理。自20世纪90年代开始，新加坡政府通过各种本地和海外人才引进政策，从世界各地引进专业化人才，例如制定新加坡转化研究者奖（STaR）、临床科学家奖（CSA）等多种奖励计划，同时推动科研专利孵化和科研产品商业化，形成"上游研发—下游开发"的产学研链条。以色列借鉴国际成功经验，设立了具有自身特色的孵化器模式。通过政府统一规划，单个技术孵化器作为独立的非营利公司，为创业者提供创新构想商业化的机会，由首席科学家全程指导技术孵化器工作，政府和企业共同开展商业性研究，为科技产品提供商业化风险资助。2006年苏州市政府主导引进顶级学术会议平台（冷泉港亚洲会议中心），重点引进高成长性的生物医药创新公司，虽然当时发展困难，但是坚持大力孵化创新创业公司。随着孵化企业的壮大，苏州引进国外行业巨头入驻园区，并着力为园区创新创业企

业打造更加全面专业的服务平台，同时推动国企平台公司化运作，建立市场化并具产业思维和专业能力的团队，推动产业集群的集聚，2022年苏州市规上生物医药产业产值2188亿元。

（二）聚焦生物医药科研转化、初创企业成长和产学研医合作，完善从供地到税收优惠等政策，打通创新药品器械上市应用的堵点难点，打造成熟的生物医药产业生态

美国波士顿利用其拥有多所生命科学领域顶尖大学优势，以高校为核心推动产学研医合作，带动产业创新社区开发建设。哈佛大学针对生物医药专利净收益制定了科研经费分配方案，其中哈佛大学管理费提成15%，实验室、学院、学校可从中获得42.5%净收益比例，创造者个人收益约30%，其余作为创造者后续科研经费。日本神户设立20亿日元的研究开发支援基金，针对初创企业、中小企业提供3年最高比例达50%的优惠性实验室租赁、办公室租赁等政策，对成立未满5年的创新企业给予最高500万日元资助；针对产学研医合作及成果转化，设定联合研究项目补助金和临床研究促进补助金，对企业、大学、研究所和医疗机构联合研究或开展业务的项目给予最高1000万日元补贴。以色列鼓励企业与学术研究机构合作开发关键的通用技术，推动新技术从学术机构向企业转移。以色列的高校作为研发主力军和科技成果或知识的供给者，借助科技孵化器、技术转化中心等机构实现科技成果的转化，使得大学的研究更贴近市场需求。苏州市为推动本地优质创新药械进入临床应用，建立分管市领导牵头的协调机制，帮助解决创新药械上市应用的堵点难点问题，为本地优质创新产品在本地医疗机构的使用开通绿色通道。

（三）创新灵活的政府基金助推形成政府基金—风投导入—回报评估—收益再投入的稳健资本循环，引导资金持续长期投入

美国波士顿的马萨诸塞州生命科学中心成立10亿美元的政府产业投资基金，吸引诸多顶级投资公司在此设立总部，为创新转化提供支持。截至

2023年，波士顿拥有风险投资公司、私募股权公司、微型风险投资、加速器、天使投资公司合计7000多家，融资总量近700亿美元。在生物技术领域最活跃的17家风险投资公司中，10家总部或分部位于波士顿地区，包括先进技术风险投资、安祖合伙人、贝恩资本等。日本中央政府、神户市政府和20家民间企业（包括三菱等财团、武田制药等药企和银行）共同出资102亿日元成立产业基金，通过与世界知名风投机构合作，吸引全球资本在神户投资项目。1993年以色列政府实施了YOZMA计划，通过引进成熟风险投资模式，打造风投国际网络，为有竞争力的创新创业企业提供起步资金，例如采用风险收益共担模式，补贴愿意在以色列设立公司的外国风险投资，如果投资人向一只基金投入1200万美元，以色列政府再跟投800万美元，共同承担前期投资风险，这被认为是世界上最成功的政府主导型的创业投资引导基金计划之一。20世纪末，以色列私人风险投资规模复合年增长率高达85%，风险投资产业已经成为以色列的重要产业。上海张江作为世界级生物医药产业集群，引导国有资本投早投小，追求的不是短期收益，更多是耐心资本。政府基金产业投资直投比例不高，主要与更专业的社会投资基金和投资管理机构联手，配套国企平台对于园内企业的熟悉以及专业的投后服务。例如，为了加大对"更早更小"的支持力度，2023年6月成立张江生命健康产业孵化天使基金（张科禾苗基金），用以补足生命健康产业科技创新从0到1的资本短板，加速科技创新成果在张江转化和孵化。

（四）鼓励创新创业的文化氛围，构建激励与容错机制，推动形成产业链协同发展的良好格局

美国硅谷等地倡导开放创新、鼓励尝试和跨界合作的文化氛围，有利于激发创新精神和培育初创企业，促进不同领域之间的交流与碰撞。加强创新创业教育，提高社会对创新创业的认同感和参与度。加强产业链上下游企业的合作与交流，推动形成产业链协同发展的良好格局。引导和支持企业之间的合作研发、生产制造、市场拓展等，形成产业集聚效应，例如北京试点建设独立的临床试验医院和调整分配机制。采取医疗机构、高校、科研院所、企业共建模式,引入国际化运营管理团队,试点建设独立的临床试验医院,并积极探索可持续运行机制。支持三级医疗机构设立研究型病房,专门开展高水平临床医学研究,探索以多种合作方式建立临床试验协同网络,解决三级医疗机构临床试验病床等资源不足问题,有效支撑临床试验需求。在临床研究成果转化收益分配比例上,包括主要研究者在内的科研团队收益占比从60%调整至70%,15%为医院管理费,15%给所在科室。

四 广州建设全球生物医药产业发展高地的建议

(一)扩大天使资金供给,构建"1+N"梯次天使投资体系

一是成立1个生物医药天使母基金。统筹资源,设立生物医药天使母基金。设立之初,明确投入标准和后续可行的退出机制,尤其是在促进产业发展和企业招商落地情境下对转让存在的让利情形的规范化处理。

二是设立N个不同创新模式的天使子基金。子基金模式包括但不限于:围绕龙头企业联合设立,围绕广州市优势领域和需要延链补链强链的细分领域设立,围绕招商引资设立,围绕生物医药领域头部投资机构设立。

三是鼓励"链长"企业设立天使子基金。发挥龙头企业的产业链"链长"作用,鼓励"链长"企业参与设立与其细分产业链相关的天使子基金,通过子基金参股投资的运作方式投早、投小。在项目发展到适合产业化阶段时,可优先以"链长"企业控股收购的方式实现子基金的增值退出。

四是每年培养"100名天使投资人",充分发挥广州高净值人群集聚度高和"千年商都"的特点,政府出资高标准遴选培养"懂技术、懂投资、懂市场、懂产业、懂管理、懂撮合"的100名天使投资人,引导广州地区企业家和高净值个人关注科技创新,参与生物医药天使投资生态体系构建,为广州创投产业和科技创新发展注入活力。

(二)着重构建激励容错机制,优化完善国资国企投资评价体系

一是构建以综合收益为导向的长效激励约束机制。对生物医药天使母基

金整体综合收益进行考核与评价，适度弱化将单一子基金或单一项目的盈亏作为考核评价依据。

二是构建有针对性的容错机制。对于严格遵循投资决策流程，由不可抗力导致或无失职行为的，免于追责，特别是对于探索性创新的，明确对投资未达到预期效果或产生亏损的，免于追责。母基金层面，若母基金较好实现了政策目标（如产业集聚度，产业人才引进），可对于基金总体投资额设定一定比例的投资损失免于追责；直投基金和子基金层面，允许生物医药直投基金和子基金一定程度的投资金额失败容错率，着力解决政府类基金想投但不敢投的问题。

三是优化国资投资考核评价周期和体系。针对天使基金长周期特性，制定长期的母子基金分级考核机制，短期内弱化或者不将现金回流、营收利润作为考核指标。围绕生物医药产业附加值高、创新力强、外溢性高、人才国际化等特点，构建与投资活动相关的投前、投中、投后全覆盖的国资投资风控体系和配套制度。

（三）完善畅通退出机制，扩充资金来源和激发投资意愿

一是完善母基金退出机制。鼓励母基金根据政策让利退出子基金，按照母基金管理办法定价，免于资产评估和产权交易市场公开挂牌转让，鼓励子基金出资人受让母基金拟退出份额。

二是完善子基金退出机制。优化投后管理，赋能被投企业发展，引导子基金通过股权转让、IPO、回购等形式退出。

三是加大力度鼓励S基金发展。支持设立S基金，推动S基金交易所发展，完善国企参与S基金的定价指引，引导培育S基金生态。

四是充分发挥广东股权投资和创业投资基金份额转让试点作用，不断提升专业机构参与度，推动私募股权二手份额交易量进一步释放，畅通VC/PE行业退出渠道。

（四）明确重点投资领域，谋划实施一批重大强链补链项目

一是巩固IVD和中药等优势产业。巩固加强现有体外诊断（IVD）优势

产业，围绕IVD产业链条，积极布局诊断试剂原料、诊断设备及质谱、流式荧光等新型检测平台。发挥中药资源集聚优势，加大原始创新、新药研发力度，建设中医药强市。

二是布局生物医药新赛道。聚焦有效资源，依托广州医疗资源优势尤其是肿瘤、眼科、呼吸等细分领域优势，集中布局基因治疗、细胞治疗、新型疫苗如mRNA疫苗、微生物药物、合成生物等新赛道，实现创新药领域弯道超车。

三是加快布局高端医疗器械领域，依托粤港澳大湾区装备和信息制造优势，充分发挥广州临床优势，重点关注植入式与高性能医疗器械领域，布局可降解、脑科学、泛介入等新兴领域。

四是推动数据与AI在生物医药领域研发应用。充分依托广州医疗数据优势和粤港澳大湾区领先的数字经济产业基础，以大数据共享与AI技术为新药研发的突破口和抓手，以确保数据安全与保密为前提，选择本地2~5家医院作为试点，通过临床数据共享加速新药研发靶点的筛选、发掘与研究。

五是加强科研成果转化，尤其是提升中青年医生和研究者的积极性。鼓励临床研究工作者依据实践经验开展和参与药品/医疗器械技术创新活动，同时完善医疗机构收入分配激励机制和职称评定机制，将研究者发起的临床试验作为科研项目纳入科研绩效考评，将业绩作为职称评审的重要内容，在职务提升、职称晋升等方面与临床医生一视同仁。对于深入参与临床试验研究的临床医护工作者可适当调减其综合医疗任务比重。

（五）创新设立"风险共担"机制，吸引市场化资金参与广州天使投资生态建设

一是尝试构建天使股权投资风险池。对于达到一定标准的头部生物医药天使投资人和投资机构来广州落地，建立风险补偿机制帮助市场化的风投机构抵御投资失败的风险，从而达到鼓励风投企业在广州集聚并投资生物医药种子期和初创期企业的目的。可以考虑采用"风险共担"模式，也考虑参

照目前"广州市科技型中小企业信贷风险损失补偿资金池"模式。

二是鼓励银行支持投早投小,建立符合科创企业全生命周期需求的产品体系,尤其是加强融资支持方式创新,探索建立基于认股选择权、知识产权、高层次人才等的信贷支持产品,通过健全"担保+保险"风险缓释机制,有效匹配银行机构自身收益及风险,对好的做法进行复制推广。同时,细化广州市科技金融风险池类别,例如专门切分额度用于生物医药产业,有助于提升整体的专业能力。

三是鼓励商业银行设立科技支行。在生物医药集聚区域,鼓励商业银行设立科技支行,配置相应的风险补偿金和支持政策,同时引导商业银行总行(分行)给予科技支行政策和权限倾斜,配置复合型专业人才,灵活匹配符合区域特征的审批权限,减少审批层级,基于专业角度评估,提高初创期项目的风险识别能力和容忍度。

(六)高水平建设创新平台和孵化载体,助力广州推动国际风投创投之都建设

一是出台生物医药投资(天使)专项政策,持续细化优化"募、投、管、退"全流程、打造投早投小投科技的风向标,着力营造政府领投、机构跟投的氛围,驱动更多资本成为长期资本、耐心资本,吸引更多头部投资机构落户广州长远发展。

二是加快建设高水平生物医药创新平台和孵化载体,包括高水平研究机构、孵化器、加速器、检验检测中心等,提供技术支持、资源共享和合作机会,从而降低创新成本,提高创新效率。引导和培育专业生物医药园区,聚焦初创企业进行风险投资和股权投资,构建"场所+投资+专业服务+政策支持"的孵化体系。

三是重视生物医药人才"引育留",成立由国内外科学家组成的生物医药产业发展咨询委员会。重视生物医药产业人才和复合型人才的培养,与高校、研究机构和产业机构紧密合作,建立人才培养基地,为产业发展输送专业人才,并对优秀初创团队给予专门的支持政策。遴选引进一批国内外生物

医药领域有影响力的科学家和企业家，推动多层次人才引进和培养，提升广州生物医药集群的影响力和网络效应。

四是成立广州市天使投资协会，吸引和支持一批国内外优秀并具有代表性的天使投资人和投资机构在广州集聚发展、开展投资，培植广州天使投资沃土，助力广州推动国际风投创投之都建设。

参考文献

王子丹、郑国诜、袁永：《广东生物医药产业集群创新发展路径研究》，《决策咨询》2023年第6期。

易卫华：《广州市生物医药产业发展现状与对策》，《广东科技》2023年第10期。

谢嘉生、周长青、魏洁：《新发展阶段大湾区生物医药产业高质量发展策略探讨》，《高科技与产业化》2023年第10期。

姚连营、丁晓波：《探索"六链融合"发展模式 打造生物医药产业生态"强磁场"》，《政策瞭望》2024年第1期。

杨小强：《促进创业投资机构集聚的政策分析——以北京市海淀区为例》，《河北金融》2023年第6期。

杨仙彩、陈俊营：《关于加快推进生物产业金融支持的对策建议——基于国内外先进经验总结》，《云南科技管理》2023年第2期。

任祝：《天津生物医药产业创新发展的金融服务体系建设对策研究》，《天津经济》2022年第12期。

B.9
关于广州加快发展绿色石化和新材料产业的建议

严 帅　贺艳林　张霄鹤*

摘　要： 绿色石化和新材料产业是战略性、基础性产业，是支撑广州市汽车、电子信息、生物医药、新能源等重要产业发展的上游产业链环节。广州市绿色石化和新材料产业具有较好的产业基础，产业链条较为完整，创新体系较为完善。然而，广州市绿色石化和新材料产业存在产业结构有待优化、项目难以落地以及产业发展空间受限等瓶颈。建议从强化规划引领、稳步推动石化行业转型发展、推动新材料产业创新突破、加强创新成果转化应用、拓展专业化工新材料产业发展空间等方面入手，加快推动广州绿色石化和新材料产业高质量发展，培育广州市先进制造业集群新增长极。

关键词： 绿色石化　新材料　化工园区　广州

一　广州绿色石化和新材料产业发展现状与特点

（一）产业链体量规模大，龙头企业突出

广州市绿色石化和新材料产业规模基础雄厚，广州市是广东省五大石化产业基地之一，石油化工制造业与汽车制造业、电子产品制造业并称广州传

---

* 严帅，管理学博士，广东粤孵产业大数据研究有限公司总经理，高级工程师，研究方向为新材料产业技术、区域产业发展战略；贺艳林，广东粤孵产业大数据研究有限公司研究总监，中级经济师，研究方向为区域产业发展战略；张霄鹤，广东粤孵产业大数据研究有限公司咨询顾问，中级经济师，研究方向为区域产业发展战略。

统三大支柱产业。2023年，全市绿色石化和新材料产业总产值约3500亿元，规模以上工业增加值近668亿元，在全市规模以上工业增加值中占比近10%。其中，石油化工制造业规模以上工业总产值超1950亿元，原材料工业规模以上工业总产值近1550亿元。广州市绿色石化和新材料产业链龙头企业实力突出，产业链现有规上企业1000余家，规模超亿元的企业300余家，形成了以龙头企业为引领、各类规模优势企业协同发展的格局，拥有广州石化、江铜铜材、鞍钢联众（广州）、金发科技、科城精铜5家产值超百亿元龙头企业。

（二）产业链条完整齐备，结构特色鲜明

广州市绿色石化和新材料企业涵盖产业链所有领域，形成了先进石化新材料为特色主导，先进无机非金属材料、先进钢铁材料和先进有色金属材料共同发展的产业体系。产业链基本覆盖"石油炼化—基础化学品—应用化学品—化工新材料—非金属材料—先进金属材料"全环节的产业链条（见表1），尤其是在高性能工程塑料、功能橡胶、先进合金材料等领域，企业基础扎实，产业链各环节的本地协同性较强。目前，全市拥有5家国家级制造业单项冠军企业（产品），主要涉及前沿新材料（电池材料）、功能高分子材料等领域（见表2）。

表1 广州市绿色石化和新材料产业链细分环节重点企业分布

类别	环节	细分领域	企业名称
绿色石化	石油炼化		广州石化
	基础化学品		南方碱业、威联达增塑剂、巴斯夫
	应用化学品	涂料	立邦涂料、阿克苏诺贝尔、嵩达新材料
		油墨	沙多玛（广州）化学
		密封用填料	集泰化工
		专用化学品	安美特（中国）化学、白云科技、天赐高新材料、聚胶新材料、儒兴科技
		日用化学品	宝洁、威莱、高露洁、立白
	化工新材料	塑料及制品	金发科技、沙伯基础创新、聚赛龙、LG化学（广州）、呈和科技
		橡胶及制品	万力轮胎、国机密封、朗琴轮胎
		化学纤维	三泰汽车内饰、金发碳纤维、艺爱丝纤维

续表

类别	环节	细分领域	企业名称
新材料	先进金属材料	粉末冶金材料	粤海华金、新莱福、昶联金属材料
		钢铁精深加工	鞍钢联众(广州)、JFE钢板、马钢(广州)钢材
		铜精深加工	江铜铜材、科城精铜、万宝铜业
		铝精深加工	广铝铝型材
	非金属材料	矿石采选	顺兴石场
		防水材料	东方雨虹、丽天防水
		水泥制品	越堡水泥、华南混凝土
		玻璃制品	江河幕墙、福耀玻璃
		石材制品	米伽建筑

资料来源：项目组整理。

表2 广州市绿色石化和新材料产业链5家国家级制造业单项冠军企业情况

企业	主营产品
天赐高新材料	锂离子电池电解液
鹿山新材料	耐高温聚烯烃粘结材料
儒兴科技	晶体硅太阳电池浆料
金发科技	功能改性塑料颗粒
白云科技	建筑幕墙门窗用硅酮密封胶

资料来源：项目组整理。

作为上游配套产业，广州市绿色石化和新材料产业依托优势制造业集群本地化配套需求，基本形成汽车用材料、新型显示材料、生物医药材料、集成电路材料等应用链条，其中不乏战略性新兴产业"卡脖子"环节的关键材料企业，有利于提高全市产业链的发展韧性。具体企业分布见表3。

表3 广州市绿色石化和新材料产业链七条产业分链产业链环节

产业分链	细分环节	企业名称
汽车用材料	先进金属材料	JFE钢板、鞍钢联众(广州)、广丰钢业、捷士多铝业、鸿邦金属铝业
	非金属材料	世达密封、国机密封、金发科技、仕天材料、忠信世纪、欧文斯-科宁、福耀玻璃、旷达汽车饰件、时利和、辰东新材料
	新能源汽车材料	天赐高新材料、融捷股份、纳诺新材料、鹿山新材料、鸿基创能

续表

产业分链	细分环节	企业名称
新型显示材料	液晶材料	科美电子、金发科技
	光学膜材	杉金光电、佳禾光电、乐金化学
	OLED材料	华睿光电、聚华印刷
	玻璃基板	华星光电、康宁显示、电气硝子
生物医药材料	医美材料	创尔生物、远想生物、万和整形
	医用导管	维力医疗、凌捷医疗
	骨科材料	华钛三维、迈普医疗
	医用高分子材料	金发医疗科技、昊毅新材料
集成电路材料	封装材料	硅芯科技、长兴电子材料
	光刻胶	微纳科技
	光掩膜	新锐科技

资料来源：项目组整理。

（三）区域分布集聚明显，多区共同发展

产业分布方面，广州市绿色石化和新材料产业呈现以黄埔区为龙头、多区共同发展的特点。东部黄埔区以广州石化为龙头，聚集了300多家企业，以橡胶及制品、塑料及制品、日用化学品为优势领域，产值规模均远远领先于其他各区，是广州市重要的能源生产基地和化工原料基地，代表性企业有广州石化、金发科技。南部南沙区是广州市绿色石化和新材料产业发展的第二梯队，以塑料及制品、专用化学品为优势领域，代表性企业有沙伯基础创新、建滔（广州）高新材料、JFE钢板、东曹（广州）化工等。增城区、花都区、白云区和从化区新材料产业规模也超百亿元，形成各具特色的新材料产业集群。其中，增城区依托下游行业龙头企业牵引作用，在汽车用材料、新型显示材料、先进金属材料等领域集聚一批龙头企业；白云区、花都区、从化区均集聚了一批日化材料领域龙头企业。此外，白云区在塑料及制品领域、花都区在建筑材料领域、从化区在橡胶及制品领域均形成一定规模优势。

表4 广州市绿色石化和新材料产业链区域分布

产业集聚区	区域	优势领域	代表企业
千亿规模核心区	黄埔区	橡胶及制品、塑料及制品、日用化学品	广州石化 鞍钢联众(广州) 金发科技 立邦涂料 集泰化工 鹿山新材料 LG化学(广州) 安美特(中国)化学
新材料产业第二梯队	南沙区	塑料及制品、专用化学品	沙伯基础创新 建滔(广州)高新材料 东曹(广州)化工 JFE钢板 巴斯夫
百亿特色产业集群	增城区	汽车用材料、新型显示材料、先进金属材料	江铜铜材 福耀玻璃 康宁显示 和德轻量化
百亿特色产业集群	花都区	日用化学品、建筑材料	德谷 栋方生物 回天新材料 东方雨虹
百亿特色产业集群	从化区	橡胶及制品、塑料及制品、日用化学品	万力轮胎 聚赛龙 威莱 万宝铜业
百亿特色产业集群	白云区	日用化学品、塑料及制品	广铝铝型材 威联达 白云科技 呈和科技 卡迪莲

资料来源：项目组整理。

(四)创新体系较为完善,科技实力雄厚

广州市绿色石化和新材料产业领域科技实力雄厚,已初步形成由制造业

创新中心、产业创新中心、企业技术中心、高校、科研院所和各级重点实验室及工程中心组成的新材料研发和科技创新体系。以国家级研发平台为例，目前广州在新材料领域拥有国家级创新平台17家，包括国家重点实验室5家、国家工程实验室3家、国家工程技术研究中心5家、国家企业技术中心3家、制造业创新中心1家，主要涵盖先进高分子材料、光电材料、金属粉末材料、医用材料领域，共同推动新材料领域前沿技术研发和共性技术研究。此外，广州市绿色石化和新材料产业链拥有国家级专精特新"小巨人"企业35家。

二 广州绿色石化和新材料产业发展存在的问题

近年来，广州市新材料产业虽然取得了一定进步，但在全国多个省市将新材料作为重点发展产业的大环境下，广州市的绿色石化和新材料产业发展却稍显乏力，主要体现在以下几个方面。

（一）产业"大而不强"，存在产业结构短板

广州绿色石化和新材料产业主要集中在低附加值和高耗能的通用成品油和传统化工产品等原料生产环节，而在高附加值且能体现创新引领的关键战略材料和前沿新材料领域较少，产业结构总体呈现先进基础材料偏中低端、关键战略材料相对薄弱、前沿新材料需补短板的特点，失衡的产业结构导致广州石化新材料产业整体大而不强，综合竞争力亟须提升。以2023年产值规模达100亿元的5家龙头企业为例，广州石化以石油炼化为主，江铜铜材、科城精铜、鞍钢联众（广州）3家企业从事钢铁和有色金属压延加工，尚无关键战略材料、前沿新材料领域的百亿级龙头企业。

（二）创新研发及产业化不足，产业发展后劲较弱

一是缺少政策规划引领。对比常州前瞻部署碳纤维、上海部署建设电子化学品专区等地的做法，广州市在前沿新材料领域顶层设计不完善、规划引领不足，未出台专项支持政策，产业发展政策驱动力不足。二是产业链上下

游需求传导及协同攻关较弱。广州市拥有庞大的电子信息、新型显示、生物医药、先进装备、船舶与海工装备等下游产业，对新型合金、高端合成材料、纳米材料、仿生材料等前沿新材料的需求较大，但受产业链上下游协同攻关机制不完善、国内外先发企业占据技术主导、供应商认证体系严格限制等因素影响，广州市仍缺少相关前沿材料领域的行业领军企业及标杆产品，前沿新材料的本地化配套率不足。三是产学研合作对接及创新成果转化机制不完善。广州市新材料领域高校、科研机构与材料生产、材料应用企业的产学研合作对接水平不高，导致广州市新材料领域存在工程应用研究不足、小试中试及量产衔接机制不完善、质量工艺不稳定、技术标准不配套、考核验证不充分等短板，制约新材料创新成果就地转化。

（三）缺少专业化工园区，产业空间受到制约

石化新材料的原材料、生产过程具有一定特殊性，化工园区对于土地和资源的集约利用、环境集中治理、安全统一监管，以及事故应急响应和上下游产业协同发展，特别是对推动企业技术进步、管理创新、产品结构调整和促进区域经济绿色、协调发展，均具有十分重要的意义，是当前世界石化产业集聚发展的重要方向。目前，广州市缺少专业化工园区，导致广州市难以招引重大化工新材料项目，也造成部分存量企业产能外迁，制约市内石化新材料产业能级和产业链上下游集聚协同水平的提升。

三 广州绿色石化和新材料产业发展趋势分析

（一）石油炼化在需求放缓、政策趋紧等因素影响下面临下行压力，但精细化工材料领域仍有较大发展潜力

1. 受"双碳"政策影响，石油炼化面临供给端转型、需求端收缩的压力

自2020年我国提出碳达峰碳中和目标起，"双碳"连续三年被写入国务院政府工作报告，在"双控"政策及各级政府严格执行"双碳"政策背

景下，高耗能产品面临降负荷压力。在供给端，石化产业是典型的高耗能、高排放强度的深度能源依赖型产业，传统的化工企业将严格控制新建和扩建新增产能，高污染高排放的生产工艺将面临淘汰，国务院印发的《2030年前碳达峰行动方案》明确规定国内原油加工规模上限，近期我国石化行业将进入加速洗牌、产能升级、绿色低碳高质量发展的关键阶段。在需求端，在政策引导下，国内能源结构加快转型，传统化石能源在能源供给体系中的地位下降已成确定性趋势，电动汽车、可再生能源加快发展，进一步降低油品市场的需求。同时，叠加国际油品市场价格波动等外部因素影响，预计2024年广州市石油炼化行业将面临一定的下行压力。

2. 精细化工材料前景较好，有望成为行业新增长点

由基础化工原料合成的精细化工材料应用广泛，目前我国大力发展的新能源、储能、电子信息等行业均大量使用高端精细化工材料，如用于光伏封装胶膜的聚烯烃弹性体（POE）和乙烯-醋酸乙烯酯（EVA），用于集成电路封装、风电叶片的环氧树脂等，都是产业发展热点，循环经济与环保政策也将推动可降解塑料PBAT、PBS等精细化工材料的发展，高端精细化工材料需求将继续保持增长。同时，高端精细化工材料普遍具有投资体量小、附加值高、碳排放少、能耗低及项目审批门槛低的优势，降低成品油比例、多产基础化工原料、向精细化工材料延伸，可实现产品结构调整、提高产品附加值，已成为石化行业转型升级的共识。广州市可推动广州石化巩固提升基础化工原料供应能力，瞄准行业应用热点，加快向高端精细化工材料延伸，持续发展一批精细化工材料细分领域产品规模化生产、产品工艺先进的中小型企业，强化产业链一体化优势。

（二）新材料领域面临汽车等下游行业快速发展，技术创新引领带动多重发展机遇

1. 汽车电动化、轻量化发展趋势为广州市化工新材料产业提供新增长点

广州为我国汽车产业重镇，其汽车产业在全国具有举足轻重的地位，发展速度和规模均位居全国前列，其汽车行业的发展时刻影响着上游新材料行业的发展。新能源汽车已经成为广州汽车工业重要的增长点，数据显示，2022年、

2023年，广州市生产新能源汽车数量分别为31.37万辆、65万辆，预计2024年全市新能源汽车产量将保持较快的同比增速。新能源汽车可直接拉动电解液、隔膜等关键电池材料及配套金属、密封材料等产业的快速发展，新能源汽车的结构变化、内饰提升等新特点也将带动相关结构件、内饰件材料领域的发展。同时，汽车轻量化是实现节能减排的重要技术措施之一，汽车轻量化已经成为汽车产业发展的潮流，高强度钢、铝合金、镁合金、碳纤维复合材料、工程塑料等新材料是当前汽车轻量化新材料的重要组成部分。广州市在动力电池电解液领域拥有龙头企业天赐高新材料，在汽车钢、铝合金、高分子合成材料等领域具备较好的发展基础，有望抓住下游行业快速变革机遇实现跨越式发展。

2. 上位政策指引密集出台，引领广州市新材料行业创新发展

2024年1月，《广东省培育前沿新材料战略性新兴产业集群行动计划（2023—2025年）》正式印发，明确提出现阶段全省重点发展的前沿新材料包括智能、仿生与超材料，低维及纳米材料，高性能纤维，新型半导体材料，电子新材料及电子化学品，先进金属材料，新型复合材料，超导材料，增材制造材料，新能源材料，生物医用材料，材料先进研发、制备和检测、验证服务等领域。2024年2月，广东省科技厅等部门发布《广东省培育未来材料产业集群行动计划》，提出将大力发展仿生智能、纳米、超导、先进金属、新能源、材料研发范式及仪器装备，其中在纳米材料领域以广州等地市为核心，支持广东粤港澳大湾区国家纳米科技创新研究院等创新平台建设，引进国内外一流的纳米科技人才团队和高端项目，加快关键核心技术突破。2024年，在上位规划指引下，广州市可瞄准新材料领域加强产业专题研究，研究制定产业规划及专项政策，以"揭榜挂帅"、新材料"首批次"政策为抓手，深化新材料产业链上下游协同攻关及产学研合作，推动新材料产业技术创新和转型升级。

（三）广州市化工园区认定管理办法已正式实施，有利于龙头企业根植发展、重大项目招引

1. 化工园区认定管理办法出台，为广州市打造专业化工园区提供契机

广东省已将化工园区新设立和认定权限下放至广州市。2024年1月，

广州市出台了《广州市化工园区建设标准和认定管理实施办法（试行）》，该办法对广州市化工园区建设标准、园区新设立、园区认定、园区管理做出规定，并明确化工园区新设立、化工园区认定的工作流程、审查材料、相关单位职责分工，为广州市开展化工园区新认定及管理工作提供明确的操作规范，为推动化工产业安全、高效、绿色、高质量发展奠定坚实基础。2024年，广州市可以此为契机，鼓励有条件的现有园区、集聚区对照办法明确的认定条件，完善基础设施、提升园区运营管理水平、强化园区安全和环保管理，新增认定装备先进、技术领先、产业高端、管理规范、安全环保的化工园区，打破广州市缺少产业载体的限制，对于广州市稳固大型龙头化工企业根植发展、招引重大项目、促进化工产业集聚、降低化工新材料企业经营成本等起到推动作用，进一步夯实广州市石化新材料产业发展的根基。

2. 市内拥有化工产业集聚区并已开展新增化工园区筹建工作，为广州市新建化工园区奠定基础

目前，广州市拥有黄埔区广州石化基地、南沙区小虎岛化工园区等化工产业集聚区，拥有黄埔华南新材料创新园、从化明珠工业园等以新材料为主导产业的园区，具备打造专业化工园区的基础条件。同时，广州市增城区为解决半导体产业电子化学品等材料配套供应问题，积极筹建高端电子化学品专区。2024年，广州市可以现有化工产业集聚区及产业园区为依托，加快推动化工园区建设及认定工作，以增城区电子化学品专区筹建为抓手，聚焦精细化工、先进高分子材料、战略性电子新材料、高性能复合材料、纳米材料、石墨烯、新能源材料等方向，谋划发展一批集创新研发、工程中试、高端生产制造、总部办公、产业服务于一体的绿色石化和新材料产业基地及特色产业园区。

四　加快发展绿色石化和新材料产业的对策建议

（一）加强产业规划引领，加大政策扶持力度

以《广东省发展绿色石化战略性支柱产业集群行动计划（2023—2025

年)》《广东省发展先进材料战略性支柱产业集群行动计划(2023—2025年)》《广东省培育前沿新材料战略性新兴产业集群行动计划(2023—2025年)》及广东省部署发展未来材料产业等上位政策为指导，加快开展产业研究与实地调研，综合产业发展趋势与广州市发展基础，研究制定广州市新材料产业中长期发展规划，前瞻部署一批有基础、有市场、有潜力的前沿新材料产业，积极争取上级政策支持广州市前沿新材料产业发展，强化政策驱动力，推动新材料产业生态不断优化与完善。争取财政资金支持，围绕前沿新材料、未来材料、高精尖材料等重点领域出台专项扶持政策，加大对新产品研发及应用、国家重点研发计划承担等方面的扶持力度，对技术含量高、发展前景好的新材料项目，在土地供应、项目审批、安全生产、生态保护、能耗指标及资金扶持等方面给予优先考虑。

(二)稳步推动石化行业朝精细化、高端化发展

"以进促稳"推进石化产业向前发展。大力实施创新驱动和绿色可持续发展战略，深化供给侧结构性改革，拓展市场，进一步增加供应种类和型号，进一步提升产品的质量水平和稳定性。推动"降油增化"、提高原料保障度，丰富产品链，延伸化工新材料和高端化学品产业链，提高石化行业效益和持续发展能力。巩固发挥精细化学品及日用化学品发展优势，发展合成树脂深加工、高性能合成材料、工程塑料、化工新材料、日用化学品等高端绿色化工产品。

一方面，要优化高端精细化学品和化工新材料产品结构，深化供给侧结构性改革，聚焦高端化、多元化、特色化需求，提高清洁油品、特色油品、化工原料、化工产品的生产灵活性，突出化工产业延链补链强链，"做精做特"化工新材料和精细化学品，满足区域市场、细分领域的需求，提升产业链整体竞争力。动态更新石化化工行业鼓励推广应用的技术和产品目录，鼓励利用先进适用技术实施安全、节能、减排、低碳等改造，推进智能制造。加快煤制化学品向化工新材料延伸，煤制油气向特种燃料、高端化学品等高附加值产品发展，煤制乙二醇着重提升质量控制水平。

另一方面，推动产业链迈向精细化工价值链中高端。广州市精细化工行业要加强大中小企业以及产业链上、中、下游融通发展生态的打造。强化产业链、供应链产供销、产学研用资的有效衔接，高效集聚各类生产要素，进一步加强不同企业间的分工合作、优势互补，促进广州市产业链、供应链循环畅通，优化资源配置，增强产业优势，打造具有世界水平的现代产业集群，引领精细化工产业链上中下游企业融通创新，培养一批专精特新和独角兽企业，加快提升广州市精细化工产业的核心竞争力，共同向价值链中高端不断迈进。将新一代信息技术与石化化工行业融合，实现数字化转型。

（三）强化上下游协同，推动新材料产业创新突破

一是瞄准下游行业发展动向，打造粤港澳大湾区配套材料集聚基地。以市内新能源汽车、储能行业配套需求为牵引，积极引进隔膜、电池封装材料、电池金属结构件等电池配套材料，基于广州市汽车钢、铝合金、高分子合成材料等领域发展基础，通过组织召开供需对接会、支持本地企业配套合作等形式，加强供需衔接合作，围绕适用于新能源汽车结构件、内饰件的汽车钢、铝合金、高分子合成材料领域，重点发展一批具有自主知识产权的标杆产品、骨干企业，使广州市存量汽车配套材料企业加快进入新能源汽车供应商体系，借力汽车电动化、轻量化发展东风实现跨越式发展。

二是强化上下游协同攻关，重点突破"卡脖子"领域。研究各地政策实施经验，结合广州市实际，加快制定"揭榜挂帅"等专项政策，以协同研发补助、产品验证支持、采购补助等形式，激励市内电子信息、新型显示、装备、船舶、储能等下游行业企业加强与广州市新材料企业协同攻关合作，面向行业应用需求及产业配套材料发展难点、堵点，加强上下游合作攻关，突破一批关键战略材料、前沿基础材料，补齐关键材料对外依赖的行业短板，提高关键配套材料供应能力，成体系解决重点行业关键配套材料工艺和技术"卡脖子"问题。推动市内材料检测认证机构、下游应用企业及材料生产企业加强合作，提高新材料产品标准认证、质量性能检测等方面的工作效率，畅通市内新材料企业纳入下游企业供应商库的

流程，将广州市前沿新材料领域大规模应用市场的优势切实转化为产业创新发展的优势、胜势。

（四）加强产学研合作，加快创新成果转化应用

依托广东粤港澳大湾区黄埔材料研究院和中山大学、华南理工大学及国家重点实验室等高校研究机构，统筹布局和建设关键材料、未来材料、前沿新材料、高精尖材料等重大共性核心技术研究平台、实验室。积极推动企业与高校、科研机构之间的产学研合作，联合市内高校科研院所和行业龙头企业举办新材料科技成果对接会，聚焦在穗高校院所优势技术领域，推动新材料科技成果精准对接，形成近中远期相结合的产学研合作计划，共同开展技术研发和创新，促进高校院所科技成果高效转移转化。充分发挥市科技成果产业化引导基金作用，鼓励新材料企业加强技术创新和研发能力建设，支持企业以引进消化吸收再创新和集成创新为重点，吸引一批高校科技成果到广州市的企业进行中试和产业化生产，提高研发成果本地转化效率。

（五）打造专业化工园区，拓展新材料产业发展空间

一是推动化工园区认定管理工作。成立专项工作专班，以《广州市化工园区建设标准和认定管理实施办法（试行）》为规范指引，积极组织开展化工园区新设立、认定工作，力争在2024年新增若干化工园区。引导产业资源要素向园区集中，鼓励存量化工企业向化工园区搬迁转移，促进化工园区高质量发展。推动有条件的区谋划建设化工园区，加快推动增城高端电子信息新材料产业园设立认定工作，以黄埔区、从化区、南沙区、花都区等产业基础较好的区为重点，以现有化工集聚区、产业园区、龙头企业为基础，进一步开展新建化工园区规划研究，明确产业发展定位、主导产业链，集聚发展上下游关联度强、技术水平高、绿色安全可控的企业和项目，进一步补链延链强链，加快打造各具特色、差异化发展的高水平化工园区。

二是推动现有化工园区转型升级。针对目前广州石化、小虎岛等大型化工产业集聚区，对照《广州市新设立化工园区设立条件审查表》相关要求，

推动园区生产管理、功能分区布局及污水、电力电网、天然气管道、公共管廊、危险化学品运输车辆停车场等基础设施建设等方面进行提升、整改，尽快纳入全市化工园区规范管理。持续深入开展安全专项整治，组建安全生产专家团队，落实区域安全风险分级管控。对标长三角等国内先进园区，深入开展循环化改造，实现园区内产业链接循环化、资源利用高效化、污染治理集中化，做好园区内"三废"科学处理处置。

参考文献

张丽平：《我国化工新材料行业发展现状与思考》，《现代化工》2023年第7期。

原磊、罗仲伟：《中国化工新材料产业发展现状与对策》，《中国经贸导刊》2010年第3期。

汤正午等：《广东省新材料领域发展布局现状及对策研究》，《材料研究与应用》2022年第5期。

赵鸿滨等：《面向新兴产业和未来产业的新材料发展战略研究》，《中国工程科学》2024年第1期。

胡炜杰等：《双碳背景下化工新材料产业发展方向与路径——以茂名为例》，《广州化工》2023年第12期。

武军伟：《化工新材料产业发展现状和趋势》，《化学工程与装备》2022年第3期。

顾松园等：《我国化工新材料的发展机遇与建议》，《当代石油石化》2024年第2期。

B.10
基于税收数据分析的广州汽车产业发展策略研究

广州市税务局第三税务分局课题组*

摘 要： 本文以数据分析为主线，通过获取全国和部分省市汽车产业税收数据、海关出口数据及相关企业发票数据，查阅统计局、汽车行业协会等公开数据，在梳理广州汽车产销运行情况的基础上，客观反映广州市汽车产业状况，分析广州汽车产业发展的积极因素和困难挑战，并从统筹兼顾"守""攻"巩固扩大两块阵地、统筹兼顾"老""新"优化构建产业生态、统筹兼顾"近""远"研究扩大消费政策、统筹兼顾"减""增"科学调整税收预期、统筹兼顾"内""外"积极拓展海外市场等五个方面，提出了新发展阶段广州汽车产业发展的策略思路与具体建议。

关键词： 税收数据 汽车产业 高质量发展

汽车是广州第一大支柱产业，产量占全省2/3，规上工业增加值占全市1/4，贡献税收占全市1/10，在广州制造业立市中担当重任。习近平总书记指出："任何时候中国都不能缺少制造业。"① 2023年4月，习近平总书记视

---

* 课题组长：邓长学，时任广州市税务局第三税务分局局长。课题组成员：赵路星，时任广州市税务局第三税务分局副局长；王丹斓，广州市税务局第三税务分局收入规划核算科科长；杨磊，广州市税务局第三税务分局税源管理一科科长；吴晓芸，广州市税务局第三税务分局一级主任科员；李禧玲，广州市税务局第三税务分局三级主任科员；雷光耀，广州市税务局第三税务分局四级主任科员。执笔人：吴晓芸。

① 《微镜头·习近平总书记两会"下团组" "任何时候中国都不能缺少制造业"（两会现场观察）》，《人民日报》2023年3月6日，第1版。

察广东期间,实地调研广汽集团并做出重要指示,[①]为广州汽车产业高质量发展指明方向、增添信心。广州汽车产业发展基础扎实、产业体系完善、产量优势明显、品牌效应显著,新能源汽车增长迅猛,发展潜力巨大。同时,受市场环境变化和产业政策调整影响,2023年以来广州合资车企压力明显,传统燃油车销量下滑,新能源汽车仍需做大,汽车产业发展和汽车税收贡献面临新的挑战,在守住传统燃油车市场、拓展新能源汽车份额两块阵地中,广州汽车需要积极适应市场消费偏好,提高产品价格竞争力,加快新能源转型和投入,向上争取产业政策支持,引导自主品牌出海,稳步推动汽车产业高质量发展。

一 2023年广州汽车产业产销运行情况

广州是传统汽车工业时代国内七大生产基地之一,是日系三强的主要集聚地。2023年,广汽丰田、广汽本田、东风日产、广汽乘用车、广汽埃安等整车生产企业,支撑全市汽车产量达317.9万辆,产销运行呈现以下特点。

(一)汽车产量稳中有增,整车企业分化明显

2023年,广州汽车产量317.9万辆,相较于2022年的313.7万辆小幅增长;占全国汽车产量(3011.3万辆)的10.6%,占比相较于2022年的11.4%略有下降。从分户表现看,传统燃油车企与新能源分化明显:作为合资品牌巨头的A企业和B企业产量分别下降15.2%和5.9%;作为新能源新势力的C企业产量首次超50万辆,同比增长82.8%。

(二)燃油车生产接近八成,新能源汽车快速成长

从动力类型看,2023年广州生产传统能源汽车253万辆,占全市汽车产量

[①] 《习近平在广东考察时强调 坚定不移全面深化改革扩大高水平对外开放 在推进中国式现代化建设中走在前列 蔡奇陪同考察》,《人民日报》2023年4月14日,第1版。

的79.6%；传统动力类型汽车整车制造贡献税收288.9亿元，占全市汽车制造业税收①（385.4亿元）的75.0%，产品结构和税收贡献均由燃油车主导。全市新能源车生产65.2万辆，占比由2022年的11.3%提高到20.5%，上升了9.2个百分点。从变化情况看，2023年广州燃油车产量同比下降10.5%，新能源车产量同比增长107.7%，新能源汽车增势强劲，抢占市场一席之地。

（三）自主品牌份额提升，合资品牌有所下降

2023年，具备国资背景的新能源自主品牌A实现汽车产量50.0万台，占广州汽车产量的比重从2022年的8.7%提升至2023年的15.7%。作为广州传统汽车龙头的合资品牌B汽车产量占比从2022年的32.2%下降到2023年的29.9%，另一家合资品牌A的占比从2022年的24.5%下降到2023年的20.5%。

（四）市场偏好明显变化，新能源浪潮来势汹涌

税务部门车购税数据显示，2021~2023年，广州乘用车上牌车型出现结构性变化，传统能源汽车占当年上牌乘用车总量的比重从62.5%（2021年）、46.7%（2022年）下降到32.7%（2023年），新能源乘用车的比重逐步提高到2023年的67.3%。若具体到个人购车用户来看，个人消费者中选择新能源车的比重从2019年和2020年的14.0%、2021年的35.8%、2022年的50.2%提高到2023年的66.1%，新能源汽车逐渐从发展初期的"公司采购营运车辆需要"转化为"居民个人现实生活需要"。

二 广州汽车产业发展的信心和优势

广州是全国十大工业城市之一，工业增加值排名全国第五，其中第一大产业汽车增加值占比1/4，是广州经济增长的强大引擎。近年来，广州汽车

---

① 汽车制造业税收包括"汽车整车制造""汽车零部件及配件制造""电车制造"等行业中类，其中"汽车整车制造"包括"新能源车整车制造"等行业小类。

产能不断提升、产业链持续延伸、新能源规划布局加快，为高质量发展积累了诸多有利条件，具备四个方面的信心和优势。

（一）汽车产量、税收产出的领军优势明显

2023年，全国汽车产业难中有成、稳中有增，产量同比增长9.3%。广州汽车产量317.9万辆，占全国产量（3011万辆）的10.6%，相较于2022年的11.4%略有下降，产量超过重庆（231.8万辆）、上海（215.6万辆），连续五年位居全国城市第一。从税收产出看，2023年广州汽车制造业实现税收385.4亿元，相较于2022年的452.1亿元下降14.7%。其中，汽车整车制造贡献税收287.7亿元，降幅同样为14.7%。

（二）燃油车市场占有率、品牌影响力先机优势明显

广州汽车企业多年来深耕传统动力类型领域，2023年全市传统动力类型车辆累计生产252.8万辆，占全国传统动力类型汽车产量的12.2%，虽然受新能源车市场挤压，但在燃油车的市场蛋糕里，尚保持着份额优势。"穗系"燃油车凭借经济性、可靠性和技术优势积累了良好口碑，"日系三强"广汽丰田、东风日产、广汽本田旗下代表车型在各自领域创下佳绩：在轿车领域，东风日产轩逸2020~2023年蝉联中国市场燃油车销量冠军；广汽本田雅阁在B级轿车市场连续多年位居前五，累计国内销量突破330万辆；广汽丰田第八代凯美瑞作为B级车标杆，在过去三年间销量均突破20万辆大关，2023年累计销量更是达到22.6万辆，平均每月销量接近2万辆。在SUV领域，广汽丰田威兰达2023年销量达到14.3万台，在国内SUV市场综合排名第12位。在MPV领域，广汽丰田赛那的累计销量已突破15万辆，2023年成为电混MPV市场销量第一；以广汽传祺M8、传祺M6为首的广汽传祺MPV家族2023年合计销量16.4万辆，增幅达到59%，成为2023年度中国MPV市场销量冠军。

（三）产业链延伸、零部件近地化加快趋势明显

目前广州已形成以整车制造业为核心，向上延伸至零部件制造及研发，

向下延伸至服务商贸的产业链条，五大整车厂配套的一级销售公司、广汽研究院等企业集聚广州。500多家汽车电子零部件企业围绕整车厂形成规模化零部件产业园区集群，广州汽车零部件及配件制造税收贡献全国排名前列，2023年实现税收95.5亿元。

汽车主机厂零部件近地化程度高。据税务部门增值税发票数据，广州5家主要整车制造企业2022年的进项发票金额5673亿元，同比增长26.5%，较上年提高15.5个百分点，近6000亿元的采购需求支持并拉动了上游零部件企业的发展。其中，来源于市内配套企业的购进额占比超五成，购进规模同比增长25.9%（见表1），较上年提高11.3个百分点。2022年市内零部件企业户均开票额为0.4亿元，远高于市外配套企业的0.14亿元，市内零部件企业发展态势良好。

表1 2022年五大整车厂商进项发票情况

单位：亿元，%

项目	金额	占比	同比增长
广州市内供应商开票额	3179	56.0	25.9
广州市外供应商开票额	2494	44.0	27.2
合计	5673	100.0	26.5

数据来源：税务系统内部发票数据。

广州市整车制造企业的上游供应商中，开票金额排名前8的均为本地企业，特别是发动机、变速箱、汽车空调、内饰等本地化程度较高，如某发动机、某汽车饰件等企业年开票额均超百亿元。近三年5家整车制造企业采购额超百万元的本地企业均稳定在700多户，说明广州汽车制造配套企业比较稳定，供应链整体已形成较成熟的体系，且本地主要配套企业黏性较强。

（四）新能源汽车抢占滩头、加快布局发力明显

2023年，广州新能源汽车产量65.2万辆，同比增长1.1倍，增速高于

全国（30.8%）76.9 个百分点。其中广汽埃安销量已达 48 万辆，在新能源乘用车零售销量中位居第三，仅次于比亚迪和特斯拉，形成新能源汽车新的"BTA"①格局。同时 2023 年车购税数据显示，在广州新能源上牌车辆中，广汽埃安的市场份额从 2022 年的 19.3%提高到 2023 年的 23.3%，高于比亚迪（19.7%）和特斯拉（7.8%），同为广东企业的小鹏汽车市场份额为 7.2%，标志着本地品牌的市场认可度较高。

在新能源领域，各大车企战略重心不断转变，积极扩大新能源车赛道布局。自主品牌方面，广汽埃安不断扩大新能源产业链布局，其 2022 年设立的因湃电池厂实现交付量产，电池成本预计比外购降低 10%~15%，并填补广州电池产业空白；继 2022 年完成第一工厂产能提升、第二工厂竣工投产后，其在长沙的 ACS 项目（整合原广汽菲克和三菱的闲置项目，又称第三智造工厂）预计 2024 年投产，年产能 20 万辆。小鹏汽车广州工厂实现量产，产能预计 12 万辆，进一步壮大广州新能源阵营。合资品牌方面，广汽丰田第五工厂在 2022 年底正式投产，产能 20 万辆，并拥有广丰首个动力电池组装车间。广汽本田投资近 35 亿元建造首个电动车数智工厂，预计 2024 年投产，产能达 12 万辆。东风日产对花都工厂新能源汽车制造技术改造项目已于 2023 年完成，将原燃油车 20 万辆产能改造为新能源车产能（见表2）。

表 2　广州新能源汽车规划及产能情况

厂商	项目名称	项目内容	投资额	产能	投产时间
广汽本田	新能源车产能扩建项目	广汽 Honda 全新电动车	34.9 亿元	12 万辆	2024 年
东风日产	花都工厂新能源汽车制造技术改造项目	东风日产一工厂技术改造，实现燃油车和新能源的混线柔性生产，将原产能改为年产 20 万辆新能源车	10 亿元	20 万辆	2023 年
广汽丰田	广汽丰田第五工厂	bZ4X 等车型	63.4 亿元	20 万辆	2022 年

---

① "BTA"是指比亚迪、特斯拉、埃安排序。

续表

厂商	项目名称	项目内容	投资额	产能	投产时间
广汽埃安	新能源汽车二厂生产线扩建	AION LX Plus 等车型	18.3亿元	20万辆	2022年
	ACS项目	整车制造,整合原广汽菲克和三菱在长沙的两个闲置项目	12.8亿元	20万辆	2024年
	因湃电池	广州市最大的动力电池、储能电池项目,可满足60万辆车的装机需求,年产值将超过210亿元	109亿元	36GWh	2023年
小鹏汽车	小鹏汽车智造创新中心	汽车研发测试和样车制造	10亿元	—	2022年
	小鹏汽车广州工厂	G9等车型	30亿元	12万辆	2023年

数据来源：根据企业调研资料整理。

三 广州市汽车产业面临的挑战

在看到信心和优势的同时，当前汽车产业发展也面临新的压力和挑战：芯片结构性短缺、局部地缘冲突对我国汽车产业造成冲击，国家通过一系列支持政策稳定市场信心，压力有所缓解。2023年，在"国六B"排放标准切换背景下，一场从局部蔓延至全国的"价格战"引发行业震荡，压力迅速传导至广州市汽车产销和税收产出，多家企业表示行业正进入淘汰赛阶段，持续多年的汽车高增长态势正在发生改变。

（一）产值增长接近停滞，燃油车受到巨大冲击

在新能源汽车对燃油车加速替代过程中，消费者受收入影响购买力下降，"价格战"增加市场观望情绪并加剧恶性竞争，新能源趋势下燃油车产能利用率不断下降，使广州汽车产业面临前所未有的压力。

统计数据显示，广州汽车制造业实现工业总产值6406.8亿元，增速从

2022年的6.3%下滑到2023年的1.6%，且低于2021年的4.4%和2020年的3.8%，增长接近停滞。从横向比较来看，同样作为汽车制造重镇的上海，虽然汽车产量略低于广州，但无论是汽车制造业工业总产值规模（7722.9亿元）还是12.0%的同比增速，相较于广州均具有更大优势。

从税收看，2023年广州汽车制造业入库税收385.4亿元、同比下降14.7%，汽车整车制造入库税收287.7亿元、同比下降14.7%，汽车制造业税收的缺口主要由整车制造导致。税收降幅较大，是由于广州汽车税收全部由燃油车提供，增长最快的新能源尚无税收产出。合资品牌为争夺市场将不少车型亏本销售，产品大幅降价压缩增值税空间，量价齐跌叠加成本费用增加导致所得税萎缩。

（二）新能源市场份额较低，合资企业转型偏慢

从全国市场份额来看，广州市新能源汽车产量仅占全国（944.3万辆）的6.9%，与深圳（178.6万辆、占全国比重18.9%）、上海（128.7万辆、占比13.6%）、西安（98.4万辆、占比10.4%）存在较大差距。与合肥（74.6万辆、占比7.9%）、长沙（72.7万辆、占比7.7%）、常州（67.8万辆、占比7.2%）相比，广州新能源汽车市场份额优势并不明显。

乘联会数据显示，2023年新能源市场排名前十的厂商中，作为广州新能源龙头的广汽埃安（48.0万辆、占比5.4%）未能进入新能源狭义乘用车厂商批发销量前三名，与排名第一的比亚迪（301.3万辆、占比33.9%）、第二的特斯拉（94.8万辆、占比10.7%）存在明显差距，并小幅落后于排名第三的吉利汽车（48.7万辆、占比5.5%）。在造车新势力方面，排名第10的小鹏汽车（13.4万辆、占比1.8%）被理想汽车（37.7万辆、占比5.2%）拉开明显差距，只能与蔚来（排名第九，16.0万辆、占比2.2%）携手勉强守住销量前十大门。

从广州三大合资品牌来看，在新能源技术研发与积累、"三电"核心产业链布局、产品性价比和市场认可度等方面，已落后几个"车位"。当前，广州市合资品牌普遍处在电动化转型初级阶段，缺少拳头产品。无论是广汽

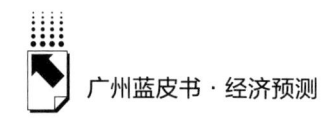

丰田的首款纯电车型bZ4X、广汽本田旗下的e：NS1和e：NP1极湃1，以及日产ARIYA市场反响均不甚乐观。

（三）新能源税收产出微弱，难以实现利税转化

由于电动汽车不征收消费税，汽车成本与销价长期倒挂难以盈利，前期研发和产能建设形成大额增值税留抵税额，在目前的税制下，广州市新能源汽车税收基本没有税收产出，与燃油车形成巨大反差（广汽丰田单车税收2.2万元，广汽本田单车税收1.1万元）。

2021~2023年，广州新能源整车制造分别实现税收-2.5亿元、-1.7亿元和-1.2亿元，均为税收负产出状态。从政府收入的角度讲，税收出现负值即政府在留抵退税，负产出的企业相当于"吃掉"其他企业的入库税收，对冲当期税收收入规模和增长。对比上海和深圳，以特斯拉、比亚迪为代表的头部汽车企业形成规模效应和技术优势后，均实现稳定盈利并贡献税收。

（四）研发投入还需加大，发展后劲有待加强

没有持续的研发，就没有未来的市场。相关研报显示，2022年A股和港股上市企业中，汽车制造业行业研发费用率在2.6%~5.3%区间。据企业财务报表数据，2022年广州市汽车制造业研发费①占营业收入比重仅1.2%，一定程度上反映广州市汽车研发强度较弱，产业发展后劲有待巩固加强。

从研发支出规模来看，作为广州市研发投入最大的车企，广汽集团2022年研发支出65.3亿元，同比增长27.8%，力度明显加大。但横向比较，研发支出规模与上汽集团208.7亿元、长城汽车121.8亿元存在明显差距；增速则大幅落后于蔚来（136.0%）、理想（106.3%）、比亚迪（90.3%）。从研发强度来看，广汽集团研发支出占营业收入的比重为5.9%，略高于行业平均水平，但低于与其营收体量相当的长城汽车（8.9%）3个百分点。已形成规模优势的比亚迪由于营业收入高达4239.7亿元，研发支出占营业收入的比重为

---

① 此处"制造业研发费"包含广州整车制造企业及广汽研究院的数据。

4.8%（见表3）。从研发人员数量看，2022年，广汽集团研发人员0.7万人，同比增长19.0%，但与比亚迪的研发人员高达7万人的数量相差10倍。

表3 2022年全国主要车企研发支出情况

单位：亿元，%

企业名称	研发支出	同比增幅	研发支出占营业收入比重
上汽集团	208.7	1.3	2.9
比亚迪	202.2	90.3	4.8
长城汽车	121.8	34.3	8.9
蔚来	108.4	136.0	22.0
理想	67.8	106.3	15.0
广汽集团	65.3	27.8	5.9
小鹏	52.2	26.8	19.4

数据来源：根据上市公司对外披露数据整理。

（五）汽车出海步伐落后，出口量不到全国的1%

2022年中国汽车出口量首次超越德国，凭借311.1万辆的出色表现成为世界第二大汽车出口国；2023年一季度，全国出口汽车106.9万辆，更是超过日本，成为全球最大汽车出口国。借助外贸政策春风、主打性价比的产品和新技术的创新势能，全国汽车出口尤其是新能源汽车出口增势强劲。相比之下，广州短板明显，海关数据显示：2022年广州车企汽车出口仅1.1万辆，占全国比重仅0.3%；2023年1~5月广州车企汽车出口0.8万辆，占全国比重为0.5%。

广州汽车海外市场规模与国内市场地位反差严重：日系头部品牌的"两田一产"由于全球市场分割，年出口量仅百余台；广汽埃安国际市场的开拓仍在进行，预计到下半年才会有出口业务。放眼国内，上汽集团、奇瑞年出口均已超过45万辆，合计占全国出口额的30%；新能源品牌比亚迪、蔚来、哪吒也积极布局海外市场。2023年1~5月，全国整车出口前十企业中，奇瑞出口31.9万辆，同比增长1.8倍；长城出口9.9万辆，同比增长1倍；比亚迪出口6.9万辆，同比增长14.2倍。

143

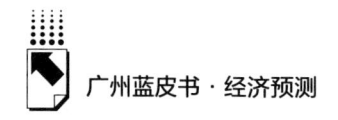

四 广州汽车产业发展的对策建议

习近平总书记指出:"我们要成为制造业强国,就要做汽车强国。"[1]《广州市智能与新能源汽车创新发展"十四五"规划》提出到2025年全市汽车产能突破500万辆、新能源汽车产能超200万辆等发展目标。"十四五"是广州汽车产业由大变强、抢占发展制高点的关键突破期,需要抢抓机遇、加强谋划、精准发力、统筹兼顾,开启汽车产业高质量发展新篇章。

(一)统筹兼顾"守"与"攻",巩固扩大两块阵地

一是守住燃油车市场份额。洞察消费市场新趋势,苦练内功、严控成本,加快产品换代和智能化升级,加大当前畅销的混动车型投放力度,巩固中级轿车现有优势和市场份额。借近期"以旧换新"汽车促消费活动东风,发挥既有渠道与品牌传统优势,积极挖掘三、四线城市下沉市场,推进去库存。二是抢占新能源汽车新高地。积极适应市场偏好,加快合资车企业电动化、网联化、智能化、共享化转型;提高产品性价比,力求"油电同价"[2],尽快释放新能源汽车规划产能;加大"三电"等核心技术研发投入,打造自主创新硬实力;依托广州市人才绿卡制度,加大新能源汽车领域高层次人才引进力度,强化人才保障。

(二)统筹兼顾"老"与"新",优化构建产业生态

一是巩固现有产业链基础优势。发挥整车企业辐射引领作用,不断强链补链延链。支持本地优势零部件企业发展,强化芯片等关键零部件供应链。推动大中小企业融通发展,支持整车企业在产业集群建设中通过技术输出、资源共享、供应商管理等方式带动中小企业发展。二是加大新项目招商引

---

[1] 《充满希望的田野 大有可为的热土——习近平总书记考察吉林纪实》,《人民日报》2020年7月26日,第1版。
[2] "油电同价"指同级别、同配置情况下,燃油车和电车在售卖环节价格基本相当。

资。梳理急需紧缺行业领域目录和引进企业目录，瞄准知名整车制造商、核心零部件供应商、充换电基础设施生产商等投资规划，实施靶向招商，吸引更多企业或项目工厂落户广州，增强产业可持续发展动力。

（三）统筹兼顾"近"与"远"，研究扩大消费政策

应对当前汽车消费疲弱，研究短期刺激政策和长期引导政策。一是近期实施刺激消费政策。在建设全国统一大市场的规则内，将汽车消费宏观经济指标与刺激消费政策挂钩，保持广州以旧换新、汽车下乡、消费补贴等政策的制度性和周期性，增强市场消费信心。优化小汽车总量调控管理，阶段性放宽小汽车指标申请资格，推动本地汽车消费。二是远期向上争取燃油车公平竞争政策。燃油车占当前汽车消费比重仍有七成，入库税收对中央财政贡献超过七成，仍具有较大市场潜力并担当税收主力。建议从保障中央财力、市场公平竞争的角度向上争取，逐步减少"向新能源一边倒"的政策倾斜，最终实现"油电同权"，引导汽车消费由政策驱动变为市场自主选择、企业逐步转型。

（四）统筹兼顾"减"与"增"，科学调整税收预期

中国汽车工业协会数据显示，2020~2023年中国新能源车（含乘用车与商用车）渗透率从5.4%一路攀升至31.6%，预计2024年将接近40%。在消费结构变化和税收政策倾斜背景下，燃油车税收在一定时期内出现减收是大概率事件，新能源税收亦难以立竿见影，需要以税收收入短期的"减"换取未来发展壮大的"增"。一是全面落实税收支持政策。常态化落实汽车行业增值税留抵退税政策，全面落实新能源车辆购置税2024~2027年"两免两减半"、高新技术企业所得税优惠、研发费用加计扣除和购置设备器具一次性扣除等税收政策，用足《南沙方案》税收优惠空间，减轻车企转型期间税收负担。二是坚定未来税收增长预期。理性看待当前燃油车税收下滑、新能源车贡献微弱对财税收入的影响，提高对税收阶段性减收的容忍度，支持企业度过转型必经的利税低迷期，通过规模效应逐步恢复税收贡

献。重视和正确应对目前税源下降带来的税收压力和财政困难，对以汽车为支柱税源的花都等区财政困难，应予关注并由上级财政适当支持，以减少税收任务偏紧可能对营商环境产生的负面影响。按照国务院近期对税收工作的要求，对收入压力大的地方要加强统筹和管理，不做"竭泽而渔"的事，多做"放水养鱼"的工作。

（五）统筹兼顾"内"与"外"，积极拓展海外市场

随着国内汽车市场竞争白热化，在主攻国内市场的同时，积极布局拓展海外市场。一是政府提供支持。在欧美国家相关领域保护主义愈演愈烈的形势下，指导解决新能源汽车出口认证难、出口物流周期长、运费价格高等问题。主动搭建平台，为车企在技术交流、海外参展、商业洽谈等方面提供便利。二是企业主动求机。加大对海外市场的研究，检视自身产品是否符合海外市场的不同偏好，做好有针对性的产品输出，适应中东、南美、东南亚、俄罗斯等主要出口市场的不同需求。加快海外产能布局，加大海外投资与技术合作力度，输出先进技术和先进产品，释放汽车产能。

参考文献

蒋丽：《广州培育世界级汽车制造业集群对策研究》，《汽车工业研究》2022年第1期。

国家统计局广州调查队课题组：《广州汽车产业优劣势分析》，《中国国情国力》2020年第2期。

乔英俊等：《"双碳"目标下我国汽车产业低碳发展战略研究》，《中国软科学》2022年第6期。

林超：《汽车产业对经济发展和转型升级的拉动作用分析》，《中国市场》2023年第9期。

中国汽车研究中心等主编《新能源汽车蓝皮书：中国新能源汽车产业发展报告（2022）》，社会科学文献出版社，2022。

B.11
2023年广州跨境电商产业发展分析报告[*]

广州大学广州发展研究院课题组[**]

摘　要： 广州已经在跨境电商这一新赛道上领跑9年。2023年，广州从政策、平台、创新等方面持续发力，依托全球跨境电商"三中心"的辐射带动作用，在培育和发展头部企业方面成绩斐然。但是，产业关联度低、头部企业不足及各企业、行业和地区协同不够制约了广州跨境电商发展质的提升。因此，广州跨境电商下一步发展一方面要积极防范风险，另一方面则要厚植基础，继续用好红利政策，同时带动跨境电商多企业、多行业、多区域联合发展。

关键词： 跨境电商　服务贸易　对外开放　产业协同

　　作为近十年对外贸易发展的强引擎，跨境电商在加速产业柔性转型升级、打造出海新质生产力、提升中国品牌国际知名度等方面发挥着重要作用。2023年，我国跨境电商进出口额达到2.38万亿元，占对外贸易进出口比重达5.7%，[①] 强势扭转了外贸长期"萎靡不振"的局面。在全球跨境电商增长放缓的大趋势下，我国不断完善相关政策，持续创新服务监管模式，增强以Shein、Temu为代表的中国跨境电商平台全球影响力，推动跨境电商

---

[*] 本报告系广东省决策咨询基地广州大学粤港澳大湾区改革创新研究院、广东省高校特色新型智库及广州市新型智库广州大学广州发展研究院研究成果。

[**] 执笔人：汪文姣，博士，广州大学广州发展研究院区域发展所所长，讲师，研究方向为粤港澳大湾区协同发展、空间计量经济学。

[①] 数据来源于海关总署。

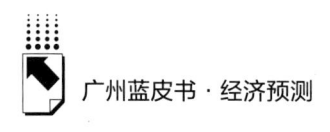

迈向高质量发展新阶段。

广州已经在跨境电商这一新赛道上领跑9年。2023年，广州从政策、平台、创新等方面持续发力，依托全球跨境电商"三中心"（全球跨境电商卖家服务中心、全球跨境电商超级供应链中心、全球跨境电商生态创新服务中心）的辐射带动作用，在培育和发展头部企业方面成绩斐然。广州跨境电商已经由粗放式扩张转向集约型发展，在扩大版图的同时注重综合竞争力的提升。第135届广交会上跨境电商和海外仓展示区的首次设立，释放出广州跨境电商发展的新信号，即助力传统外贸企业转型的同时，发挥新业态企业稳链固链的作用，以增强跨境电商的协同效应。但是，广州跨境电商的发展依然面临"脱实向虚"的风险，跨境电商重产品轻服务的现状也不利于服务贸易企业的转型升级，柔性供应链的搭建成为广州进一步推动跨境电商协同发展的重要考量。因此，如何灵活有效地运用政策，扎根于广州的"厚产业"和"厚红利"，增强服务贸易的电商化，实现全链条协同，是广州跨境电商发展新的发力点。

一 2023年广州跨境电商发展现状

（一）2023年广州跨境电商总体发展概况

从获批成立跨境电商综合试验区以来，广州坚持稳扎稳打，不断推陈出新，积极引领跨境电商发展。截止到2023年，广州跨境电商业务规模达239.7亿元，是2014年（1.68亿元）的142.68倍，发展规模连续9年领跑全国。[①] 其中，进出口额达2000亿元，同比增长超过45%，远超全国15.6%的增速，在对外贸易中的占比攀升至20%（见图1），成为对外贸易发展的强势动能。其中，南沙跨境电商业务规模达858.8亿元，网购包税进口业务占全国的20%，集聚企业近600家。2024年，广州跨境电商继续保

---

① 数据来源于广州海关。

持迅速增长的态势,仅前2个月进出口总额就实现了222.87亿元,同比增长44.47%,引领外贸新发展。

同时,广州于年初打造的全球跨境电商"三中心",切实提高了企业效率、降低了企业成本,实现了规模经济的发展。"三中心"一方面整合了现有的优质海外仓资源,降低了跨境电商企业的搜寻成本,进一步缩短了企业对客户需求的响应时间,更快捷地为客户提供高质量服务;另一方面能够有效传达政府各职能部门的政策举措,并及时反映跨境电商企业在发展过程中的主要诉求,发挥着重要的桥梁纽带作用。在原有的"海陆空铁"立体贸易物流枢纽的基础上,增加集装箱班轮航线和中欧、中亚班列,同时引入直播平台,打造跨境电商进口消费的2.0版本,实现了跨境电商的高质量发展。

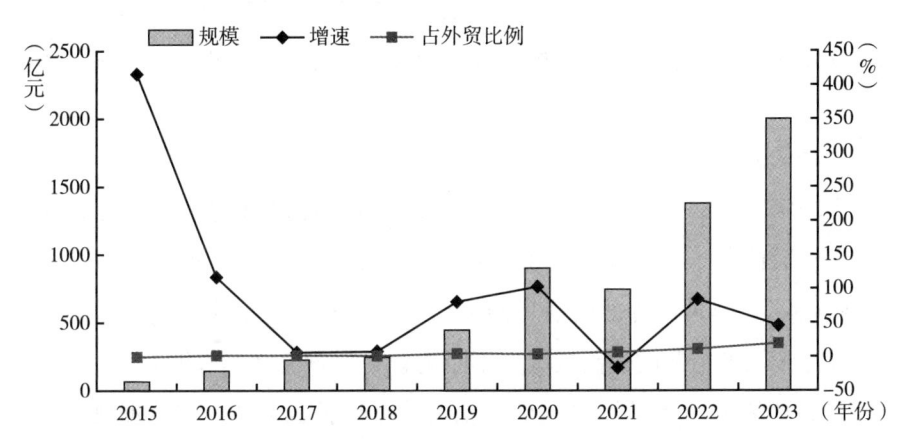

图1　2015~2023年广州跨境电商交易进出口规模、增速及占外贸比例

数据来源:历年《广州市国民经济和社会发展统计公报》。

(二)2023年广州跨境电商发展的主要特点

针对跨境电商发展中长期存在的痛点和难点,2023年广州市重拳出击,在继续发挥其强大的制造业基础、灵活的供应链体系和优越的海陆空位置等优势的基础上,发挥先锋带头作用,引领行业规模化、规范化发展,并不断完善多

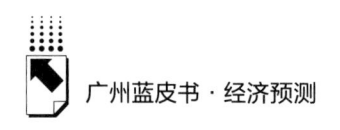

元化政策，创新服务监管模式，推动跨境电商发展迈入高质量发展阶段。

1. 日臻完善的多元政策举措

广州海关、税务等监管部门全面贯彻落实国家、省、市关于跨境电商重大平台和企业的支持政策，积极推动跨境电商的高质量发展。海关立足于"两减两增"，加快跨境电商产品清关速度，为跨境电商企业的"抱团出海"提供强有力的支持。同时，广州继续加快跨境电商公告服务平台的升级，率先打通"关—税—汇—清"全链路，以提高资金流通效率，实现结汇后智能清分。2023年成立的全球跨境电商"三中心"构建全面、便利的高效服务体系，切实解决了中小微企业在对外贸易中面临的诸多问题，打造了产业生态集群，为跨境电商品牌出海提供"保姆式"服务。在此基础上，广州以《广东省人民政府办公厅印发关于推进跨境电商高质量发展若干政策措施的通知》为蓝本，针对跨境电商龙头企业培育、跨境电商产业园区建设、海外仓发展、监管协作机制、模式创新和人才培养等方面出台了具体的指导细则。

2. 持续创新的服务监管模式

作为同时拥有"海、陆、空"三个综合保税区的城市，广州的B2B和B2C异常活跃，能够高效对接供给端和需求端，保证跨境电商产品运输的"全年无休"。但是，各部门信息的不畅成为影响通关效率的重要因素。广州积极探索服务监管的创新模式，不断刷新"广州速度"。2023年，广州在"外综服+跨境电商9610"模式的基础上，打破了多个部门的数据樊篱，改变了各部门信息"自产自销"的局面，实现了有效的数据对接和信息共享。为了提升通关效率，南沙海关不断优化服务和监管，大力推进智慧海关建设，将信息化、数字化运用到通关服务中，实现了包裹的24小时智能通关。在跨境电商的售后服务上，退换货困难一直是沉疴，以往退换的货品只能保存在特殊监管区外的通关专用收件仓库中，经过长时间的整理分拣才能进行下一步处理，导致退换货周期长、运营成本高。跨境电商零售进口退货中心仓的设立打通了国内消费者退货的"最后一公里"，在监管区内完成"一站式"流程，将退货流程缩短到5~10天。

3. 纵横增长的柔性全产业链

数字经济的发展为供应链模式的创新提供了技术支持。广州积极推动全产业链的数字化，针对不同类型的产品开发模式，深入市场调研，综合供应链运营能力，在各个细分市场探索不同的品牌出海模式。作为柔性供应链模式的创新者，Shein在平台化运作下，运用供应链模式推广其品牌，并赋能给更多的商家和企业，打通从用户端到供给端的信息渠道。同时，通过快速获取和预测消费者需求，实现供应链的及时对接，进行精准生产，进而推动产业实现智能化的转型升级，提高跨境电商企业的效率，降低成本。针对中小微外贸企业，广州明确指出不要盲目一步到位，而是应当以数字化技术进行调整，逐步实现由产业链单一环节到全产业链的过渡。

二 广州跨境电商发展存在的问题

广州跨境电商虽然发展规模在国内难逢对手，但是从产业整合程度、头部企业数量和协同发展的角度来看，依然存在不足。产业关联度低容易导致跨境电商发展的后续力不足，而头部企业的单打独斗及各企业、行业和地区联动不足无法形成规模效应，容易被模仿和超越，这也是影响跨境电商发展背离新质生产力的潜在因素。

（一）领域相对单一，产业关联度不足

目前广州跨境电商以平台为主，无论是上游企业的对接还是生产均衡问题，都尚无有效的解决方式，订单处于分散化、碎片化的状态。广州的许多产业（例如农产品种植、服装等）以"小作坊"为主，单体规模较小，无法满足客户的大体量订购需求。而跨境电商企业目前主要关注销售端，更多充当"中介"角色提供交易场所，缺乏源头产业的整合，也缺乏对广州和广东省内特色行业的了解。由于和产业发展存在脱节，平台的外溢效应甚至高于本地效应，广州许多中小企业甚至要舍近求远融入跨境

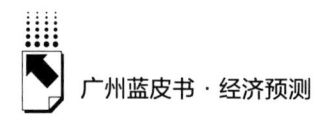

电商发展。从跨境电商企业归类以及平台产品来看，依然以服装、配饰等轻工业为主，3D打印虽然有所发展，但是整体规模有待扩大。而其他高附加值的产品和关联性产业尚未融入跨境电商的生态圈。

（二）头部企业量少，经济集聚度不高

虽然广州跨境电商的总体规模稳居全国前列，但是从头部企业数量来看并没有显著优势。除了Shein、Temu和唯品会之外，其他企业较少。根据2024年第一季度中国跨境电商品牌影响力百强榜数据，广州企业出海能力不足，仅9家，远落后于深圳的45家（见图2）。而且从行业分布来看，集中于服装、美妆和在线商城等，除了Shein居于榜首外，其他8家的排名均相对靠后，唯品会和Temu甚至榜上无名。

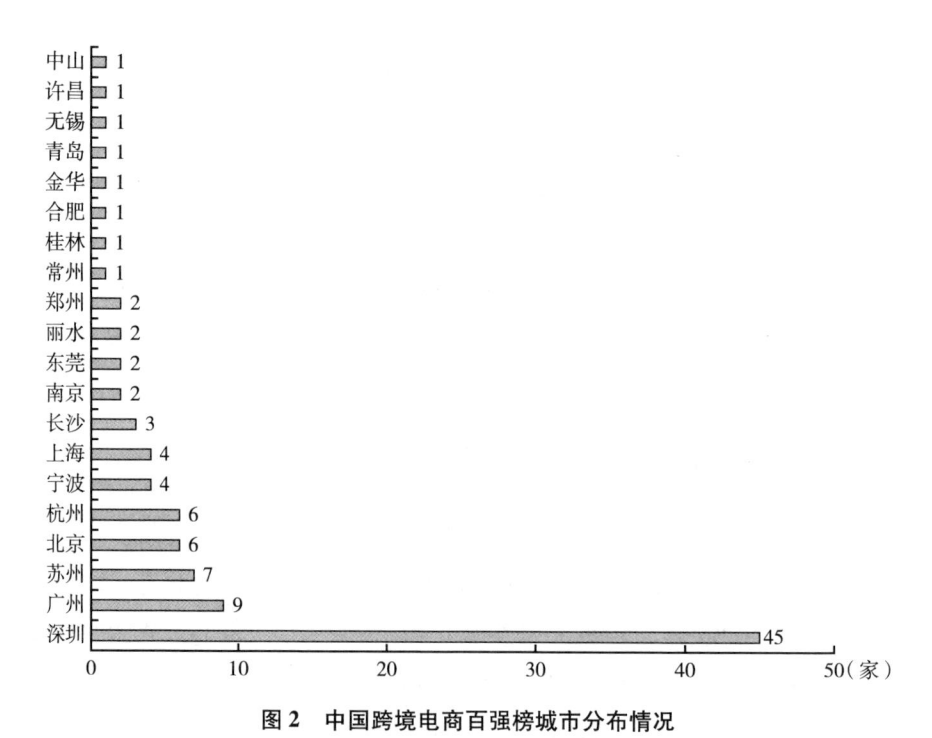

城市	数量（家）
中山	1
许昌	1
无锡	1
青岛	1
金华	1
合肥	1
桂林	1
常州	1
郑州	2
丽水	2
东莞	2
南京	2
长沙	3
上海	4
宁波	4
杭州	6
北京	6
苏州	7
广州	9
深圳	45

图2　中国跨境电商百强榜城市分布情况

数据来源：《中国跨境电商品牌影响力百强榜（2024年第一季度）》，每日经济新闻、深圳易势科技，2024年5月。

此外，随着全托管模式的推广，跨境电商竞争日益激烈，由此引发的"价格战"给整个跨境电商发展带来了较大的冲击。以 Shein 和 Temu 为例，其"低价"扩张模式在一定程度上有利于迅速渗透海外市场，但是缺乏可持续性，导致行业的利润空间被压缩，出现"叫好不叫座"的局面，甚至会引发国内产业的连锁反应。因此，越来越多的跨境电商企业面临国内外市场逐步饱和而后续增长力不足的双重困境，如何为跨境电商发展提供持续动力成为亟待解决的新问题。

（三）协同效应缺乏，行业规模化不显

目前广州跨境电商的发展无论是从企业角度，还是从地域角度，均呈现出较强的单极化，协同效应不明显。虽然 Shein 作为头部企业在 2023 年实现了跨越式发展，但是其发展主要聚焦服装行业，即使是平台式的唯品会、Temu 等，也只是"置身事外"独立发展，在国际市场上更是开启了垄断竞争模式，与其他企业、行业之间的联动发展较少。从地域来看，广州跨境电商发展一枝独秀，即使在广东省内，与其他城市之间也缺乏良好的互动协同机制，不利于跨境电商实现国内全链条覆盖，也无法形成合力实现地区性的跨境电商中心。

三 广州跨境电商下一步发展建议

广州跨境电商的发展即将迈入十年大关，不仅要继续保持现有的优势，还要跳出广州，从宏观布局未来发展，兼顾国内和国外发展的新形势，结合新质生产力，充分发挥广州跨境电商发展的辐射力和协同力。下一阶段，广州跨境电商一方面要积极防范风险，另一方面要厚植基础，继续用好红利政策，同时带动多企业、多行业、多区域的联合发展，不断提升国际竞争力，共同浇灌出"枝繁叶茂"的"跨境电商树"。

（一）脱虚向实，培育跨境电商发展的"种子"

广州产业带基础雄厚，集聚效应明显。"跨境电商+产业带"模式将

成为下一阶段跨境电商高质量发展的重要手段，广州作为领头羊，要凭借现有的产业集群，叠加政策红利，带动传统产业组团"出海"。为进一步有效对接商务部提出的"跨境电商+产业带"战略，密切跨境电商发展和制造业之间的关联，广州致力于打造"产业集群+跨境电商"园区，以Shein、唯品会等跨境电商巨头为试点，在现有的服装业、食品业基础上，完善供应链，同时加大择优遴选力度，发展"鲲鹏"产业园，推动企业做大做强。同时，为了充分调动各区资源，不局限于南沙区、番禺区等，加强跨境电商的头部企业与各区的深入交流，根据各区产业特色选择合适的跨境电商企业进行有效对接，盘活各区资源的同时切实推进跨境电商企业的本土化和产业关联化。而考虑到广东省内跨境电商发展的不平衡，县域经济将成为未来三年发展的重点，广州应发挥跨境电商的支点作用，实现以县带乡，推动荔枝、沉香等岭南特色产品走向世界。

（二）开疆辟土，广植跨境电商发展的"繁枝"

一方面，跨境电商平台打破了产品交易的地域限制，推动商品的"全球买卖"，同时强调品质和产品的更新速度，并为客户提供定制化服务。因此，广州跨境电商的发展要更加注重为新兴企业和传统企业开辟新的海外渠道，既为新模式新业态的外贸业务提供全链条服务，又积极吸纳传统外贸产业。加强与一般贸易、加工贸易的融合，加大对更多中小型源头企业跨境电商发展的指引，通过鼓励参展、电商直播等多种手段助力传统外贸企业"触网"出海，共享跨境电商红利，实现跨境电商发展版图的不断扩大。

另一方面，以商品"出海"带动服务"出海"。跨境电商不仅在产品领域，也带动了跨境物流、融资、保险、支付、税收等专业服务的发展。在此背景下，广州可以充分发挥"三中心"的作用，以粤港澳大湾区为数据共享区域，提升跨境电商发展的数字化水平，率先在"一带一路"或中国—东盟跨境电商合作中推广中国跨境电商专业服务，积极探索合作路径，率先营造良好的服务生态环境，掌握跨境电商服务领域规则制定的话语权。同时，跨境电商平台可以积极整合各方资源，实现客户需求的快速匹配，进行服务创新，开启服务贸易的新业态。

（三）协同联动，灌溉跨境电商发展的"茂叶"

随着广州跨境电商发展规模不断扩大，如何巩固现有优势，并在此基础上带动更多主体、行业和区域实现协同发展，开始成为关注的重点。跨境电商的快速发展，是以完整的产业链和生态链为基础的，各环节的协同创新能够最大限度释放跨境电商发展的红利，实现利益共享。随着跨境电商平台全托管模式的推出，唯品会、Temu 纷纷打入海外市场，实现了销售链的国际延展。值得注意的是，跨境电商的全链条发展中，销售链只是其中一环。因此，广州要持续发力供应链端，借鉴 Shein 的"小单快反"按需生产柔性供应链模式，实现数字经济和跨境电商的嵌入式互动，进而形成全链条、辐射国内外的跨境电商业务聚集地。在积极推进"产业集群+跨境电商"的同时，加大跨境电商企业与产业园区外各类产品供给需求的线上对接，以提高跨境电商发展的区域外溢性，降低运营成本。此外，关联性企业可以在产业园区的合作框架下，扩大跨境电商企业合作的覆盖面和规模，实现园区内资源共享和整合，促进产业链的纵向扩展。同时，跨境电商企业可以通过多元化合作，构建园区内外联动的横向联合发展模式，打造跨境电商产业生态圈。

参考文献

杜芳芳：《中国数字贸易与跨境电商的耦合发展研究》，《对外经贸》2024 年第 4 期。

李嘉雯：《跨境电商的发展现状与前景研究》，《全国流通经济》2024 年第 7 期。

刘宪立、杨蔚：《跨境电商供应链韧性影响因素的作用机制》，《国际商务研究》2024 年第 3 期。

马述忠、贺歌、郭继文：《如何缓解跨境交易中的信息不对称？——来自跨境电商

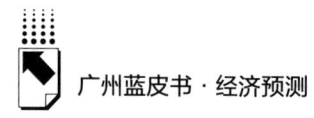

质量认证的经验证据》,《数量经济技术经济研究》,2024 年 4 月 22 日网络首发,https：//doi.org/10.13653/j.cnki.jqte.20240419.001。

王蔚:《贸易伙伴国跨境电商发展对我国进出口贸易的影响——基于"一带一路"沿线国家的实证分析》,《商业经济研究》2024 年第 8 期。

夏小贤:《基于跨境电商的外贸出口转型策略研究》,《商场现代化》2024 年第 8 期。

高质量发展篇

B.12 新旧动能接续阶段广州经济高质量发展的运行特征分析

广州市统计局综合统计处课题组[*]

摘　要： 当前，广州经济运行仍处于动能转换、结构调整的关键期，分析经济运行特点，对推动经济高质量发展意义重大。本文从经济"基本盘""实力盘""长期盘"三个层面入手，深入分析广州经济运行的资源要素禀赋、产业发展特征、科技创新成效、未来竞争优势等，依托三个盘相互依赖、相互促进、相互转化的内在联系，共同支撑广州经济的繁荣发展。

关键词： 高质量发展　基本盘　实力盘　长期盘

---

[*] 课题组组长：陈小华，广州市统计局局长。课题组成员：冯俊，广州市统计局副局长；黄燕玲，广州市统计局综合统计处处长；李俊，广州市统计局综合统计处副处长；徐菲，广州市统计局综合统计处四级调研员；吴迪军，广州市统计局综合统计处一级主任科员；林婵玉，广州市统计局综合统计处二级主任科员；林澄瑶，广州市统计局综合统计处四级主任科员。研究方向均为经济运行研判、监测和分析。执笔人：李俊、徐菲、吴迪军、林婵玉、林澄瑶。

当前，广州正处在新旧动能接续的关键阶段，经济发展既面临技术创新不断演变、新生业态层出不穷的重大机遇，也面临共性问题和个性问题叠加、短期问题和长期问题交织、周期性因素和结构性因素碰撞等多重挑战，立足当前，着眼长远，分析经济运行特点，对推动经济高质量发展意义重大。为此，本文从经济"基本盘""实力盘""长期盘"三个层面入手，分析广州经济发展的资源优势和结构特点。

"基本盘"是为经济运行提供要素支持的基础力量，是日渐积累下来的人口优势、市场优势、资金优势和公共服务资源。"实力盘"是为经济增长提供强劲支撑的动力引擎，是产业发展和科技创新成效的体现。"长期盘"是为未来发展积蓄竞争优势的潜在空间，是城市能级、区域布局、发展平台、后劲蓄力共同作用下的活力提升。

一 筑牢"基本盘"，为广州经济高质量发展托稳底盘支撑

广州的城市吸引力不断提升，人流物流资金流汇聚，生产生活性消费活跃，市场主体不断培育壮大，坚持以人、以品质为核心的房地产业及各种衍生服务业仍有较大发展空间，生产提质、消费驱动的内循环动能成为城市经济增长的基础动力。

（一）人口红利持续释放，为广州发展提供充足劳动力

广州是全国8个超大城市[1]之一，2023年末常住人口1883万人，比2010年增加612万人，实际管理服务人口超2200万人[2]（常住人口与短期来穗人员之和），常住人口增量和年均增速在全国主要城市中均居前列。

---

[1] 根据国务院《关于调整城市规模划分标准的通知》，城区常住人口1000万以上的城市为超大城市，当前全国共有8个超大城市，分别为上海、北京、深圳、重庆、广州、成都、天津、武汉。
[2] 数据来源于广州市来穗人员服务管理局。

广州人口结构有所改变，人口素质有所提升。2020年第七次全国人口普查（以下简称"七人普"）结果显示，广州常住人口平均年龄为35.4岁，低于全国的38.8岁，总体人口平均年龄正值"当打之年"；人口总抚养比为27.7%，明显低于全国的45.9%和全省的37.8%，在全国主要城市中也处于较低水平，这意味着在未来一段时间内广州仍处于人口红利期（人口总抚养比小于或等于50%为人口红利期），劳动力供给和储备较为充足，社会负担相对较轻，仍处于经济发展的黄金期；每十万人中拥有大专及以上学历人数增加到2.73万人，15岁以上常住人口的平均受教育年限提高至11.61年。充足且高素质的劳动人口是广州经济增长的重要基石，人流汇聚往来带动生产要素更为自由合理地流动，为区域经济发展注入新活力。但也要关注人口老龄化对经济社会协调和可持续发展的影响，七人普结果显示，广州常住人口中60岁及以上人口占比达11.4%，已进入老龄化社会，需及早谋划、科学应对人口老龄化给公共服务供给、社会保障制度带来的挑战。

（二）人流物流汇聚，为广州发展创造巨大社会需求

广州近2000万常住人口形成超大市场，提供不断增长的社会总需求，产生活跃的生产生活性消费，2020~2022年相关行业增加值占GDP的比重相对稳定。2022年，批发和零售业，交通运输、仓储和邮政业，住宿和餐饮业，租赁和商务服务业及文化、体育和娱乐业合计占GDP比重为27.3%。2023年，批发和零售业，交通运输、仓储和邮政业及住宿和餐饮业3个行业占GDP比重均有提升（见表1）。

表1 2019~2023年广州市生产生活性消费相关行业增加值占GDP比重

单位：%

行业	2019年	2020年	2021年	2022年	2023年
批发和零售业	13.3	12.9	13.2	13.6	14.0
交通运输、仓储和邮政业	6.4	5.3	5.5	5.9	6.7
住宿和餐饮业	1.9	1.5	1.6	1.5	1.7

续表

行业	2019年	2020年	2021年	2022年	2023年
租赁和商务服务业	5.1	5.1	5.3	5.4	—
文化、体育和娱乐业	1.3	0.9	0.9	0.9	—
合计	28.0	25.7	26.5	27.3	—

数据来源：广州市统计局。

庞大的人口规模孕育巨大的社会需求，四通八达的交通网络奠定广州国际综合交通枢纽地位，更保障着超大城市生产生活的正常运转。2023年，广州枢纽型城市的发展韧性和活力充分体现，全年完成客运量3.05亿人次，白云国际机场完成旅客吞吐量连续四年居全国单体机场首位；全年完成货运量9.29亿吨，广州港以集装箱船舶平均0.62天内完成装卸位居全球主要港口第一。

（三）财税收入规模稳定，为广州可持续发展奠定基础

国内税收收入是地方经济规模、经济效益的重要关联指标。2019年以来，广州财税收入增长稳定，为全国、全省稳住财税收入做出应有贡献。2023年，广州实现国内税收收入（不含海关代征进口税收收入）4745.8亿元，居全国城市第4位。广州是三级财政城市，2023年实现一般公共预算收入1944.2亿元，居全国城市第8位。2019~2023年，除2022年因留抵退税政策影响外，一般公共预算收入中税收收入占比均在70%以上（见表2）。

表2 2019~2023年广州财税收入情况

单位：亿元，%

指标	2019年	2020年	2021年	2022年	2023年
税费总收入	7657.5	6998.5	8170.9	10115.6	10324
税收总收入	5576.9	5354.5	5783.3	5583.1	5730.6
国内税收收入	4639.4	4460.5	4820.5	4454.7	4745.8
一般公共预算收入	1699.0	1722.8	1884.3	1854.7	1944.2
其中：税收收入占比	78.1	75.4	74.9	67.7	70.5

数据来源：国家税务总局广州市税务局。

（四）市场主体增量提质，为广州发展不断夯实微观基础

市场主体是经济的力量载体，是经济高质量发展的动力源泉。近年来，广州迭代实施营商环境1.0到5.0改革，以营商环境之"优"保障了市场主体之"稳"。2023年，广州共有市场主体339.97万家，位居全国城市第5。其中，作为全市经济运行重要支撑的"四上"企业培育成效持续显现，2023年年报在库"四上"企业增加至4.42万家，在全国城市中居前列，在推动广州经济发展中发挥主引擎作用。全市全社会从业人员2018年已超过1000万人，2019~2023年连续5年规模稳定在1100万人以上，2023年末为1138.80万人（见表3）。

表3 2019~2023年广州市场主体和从业人员数量

单位：万家，万人

行业	2019年	2020年	2021年	2022年	2023年
市场主体数量	232.92	269.67	303.77	315.55	339.97
"四上"企业数量	3.13	3.42	3.83	4.05	4.42
全社会从业人员	1125.89	1158.01	1163.44	1119.82	1138.80
"四上"企业从业人员数量	442.14	456.99	466.94	469.62	472.99

数据来源：广州市统计局。

（五）稳健的金融基础，为广州发展提供有力支撑

金融供给持续加大为广州市场主体发展壮大提供了坚实的资金支持。近年来，本外币各项存贷款余额保持平稳较快增长势头，2023年末达16.33万亿元，稳居全国城市第4位，资金吸附能力不断增强。其中，贷款余额增长较快，2023年末达7.67万亿元，同比增长10.5%。一般用于资本开支、与固定资产形成紧密相关的企事业单位中长期贷款余额2023年末同比增长13.6%，制造业、现代服务业等重点行业的贷款余额保持较快增长，金融服务产业发展的能力不断增强。

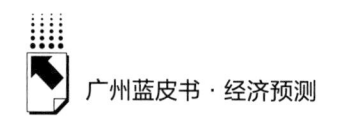

（六）优化调整的房地产业，为广州发展夯土筑基

近年来，房地产业进入深度调整期，增加值占广州 GDP 比重保持在 10%左右（见表4），若加上房地产业上下游关联产业，其增加值占 GDP 的比重更高，对经济增长的影响较大。2023 年，全市共有房地产项目 1427 个，完成房地产开发投资 3134.40 亿元，占全市固定资产投资比重为 36.3%。广州制定出台一系列房地产调整优化政策措施，积极支持刚性和改善性住房需求，加快推动房地产业向新发展模式平稳过渡，将对广州稳住宏观经济大盘、保民生促发展发挥重要作用。

表 4　2019~2023 年房地产业增加值占 GDP 的比重

单位：%

行业	2019 年	2020 年	2021 年	2022 年	2023 年
房地产业	11.0	11.7	11.3	10.3	9.8

数据来源：广州市统计局。

（七）持续的民生投入，为广州发展厚植为民底色

近年来，广州民生投入持续增加，不断筑牢民生优先之基，让人民群众在高质量发展中共享高品质生活。2022 年，全市农业、教育、卫生、能源供应、水利环境设施、居民服务、公共管理等民生领域的 7 个相关行业增加值合计占全市 GDP 比重达 17.1%。2023 年，全体居民人均可支配收入超 7 万元，城乡居民人均可支配收入同比分别增长 4.8%和 6.4%；城镇新增就业 33.01 万人；新增保障性租赁住房 7.65 万套，发放租赁补贴 1.84 万户；旧楼加装电梯累计建成数量保持全国第一；新增基础教育公办学位 8.72 万个，在校大学生人数超 160 万人，多年来均居全国城市之首。医疗资源实力雄厚，是华南地区医疗中心，拥有国家区域医疗中心输出医院 12 家、三甲医疗卫生机构 44 家，多个专科医学水平处于全国领先地位。

（八）投资结构持续优化，为广州发展增强动能

2021~2023 年，广州固定资产投资连续三年突破 8000 亿元，工业投资自 2019 年以来连续 5 年超千亿元。2023 年，全市完成固定资产投资超 8000 亿元，同比增长 3.6%，增速比全国和全省同期分别高出 0.6 个和 1.1 个百分点。总体来看，广州固定资产投资运行整体平稳向好。

工业投资汇聚新动力，在制造业立市发展战略下，工业项目持续落地开工，带动全市工业投资自 2022 年以来各月累计增速保持两位数；2023 年，工业投资同比增长 21.4%，新增工业投资项目 1060 个，占新增投资项目的比重超四成；在建的汽车制造、电子产品制造、医药制造项目合计 1001 个，比 2022 年增加 86 个。全市工业投资占固定资产投资的比重提高至 17.5%，为近年来最高水平。

新型基建加快补短板，2023 年，基础设施投资同比增长 12.2%（见表 5）；新增基础设施建设项目 921 个，比 2022 年增加 222 个，计划总投资合计 3160 亿元。航空、铁路、道路运输业基础设施投资继续保持两位数较好增势，为广州进一步强化国际综合交通枢纽功能增添动力。5G、充电设施、数据中心等新基建项目加快建设，互联网和相关服务领域的基础设施投资高速增长 1.2 倍。

表 5　2019~2023 年广州固定资产投资占比和增速情况

单位：%

指标	2019 年 占比	2019 年 增速	2020 年 占比	2020 年 增速	2021 年 占比	2021 年 增速	2022 年 占比	2022 年 增速	2023 年 占比	2023 年 增速
固定资产投资	—	16.5	—	10.0	—	11.7	—	-2.1	—	3.6
民间投资	40.5	27.8	40.3	9.4	43.1	19.4	39.9	-9.3	31.3	-18.8
基础设施投资	31.7	24.5	30.2	4.7	26.2	-2.9	26.4	-1.5	28.6	12.2
房地产开发投资	44.8	14.8	43.3	6.2	42.7	10.1	41.2	-5.4	36.3	-8.7
工业投资	15.0	9.1	13.5	-0.8	12.9	6.9	14.9	12.6	17.5	21.4

数据来源：广州市统计局。

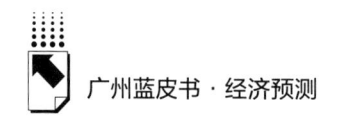

二 加固"实力盘",为广州经济高质量发展注入强劲动力

近年来,广州提出"坚持产业第一、制造业立市",把经济发展的着力点放在实体经济上。同时,随着广州获批率先建设国际消费中心城市、开展服务业扩大开放综合试点城市,国家中心城市和综合性门户城市引领作用不断增强,国际综合交通枢纽城市地位全面巩固。长期积累形成的综合实力,为广州高质量发展保持竞争优势与强劲动力提供有力支撑。

(一)先进制造业补链强链

广州工业门类齐全,制造业综合实力和配套能力位居全国前列。2023年,广州规模以上工业总产值近2.4万亿元,增加值为5146亿元;形成汽车制造、电子制造、电力热力生产供应、化学原料及化学制品制造、电气机械及器材制造、燃气生产和供应等6个产值超千亿元的工业行业。2023年,先进制造业增加值3116亿元,占规上工业增加值比重从2019年的57.0%提升至2023年的60.5%。通过转型升级释放动力的新能源汽车、生物医药与健康两大新兴产业积厚成势,成为广州抓住实体经济不放、推动优势产业向纵深拓展的生动写照。

1. 新能源汽车产业加快布局为广州汽车产业链稳固"锚点"

2023年,广州汽车产量317.9万辆,整车产量连续五年全国第一,产量占广东省的2/3以上、全国的1/10以上。新能源汽车加快布局,2023年广汽埃安销量一举跃升为全球新能源车市场前三,全年累计销量48万辆,同比增长77%,增速创历史纪录。另外,2023年9月广汽埃安成功布局"出海"业务,全力构建全球产销基地,将为广州打造世界一流的新能源汽车产业体系和抢抓汽车行业新赛道注入全新动力。

2. 资源集聚为生物医药与健康产业打造发展新高地

广州多个专科医学水平处于全国领先地位,近年来形成了"三中心多区域"生物医药产业格局。2023年,全市生物医药与健康产业增加值1681亿元,占GDP比重5.5%。医药制造业在传统优势领域继续"快跑",广药集团成为全球首家以中医药为主业进入世界500强的企业。具有高研发投入特征的生物医药企业逐步释放产能,康方药业、百奥泰、百济神州、云舟等生物医药企业成为全市工业经济增长的新亮点。

(二)优质项目赋能蓄力

近年来,广州在集成电路、新型显示、生物医药、新型储能等领域引进了一批大项目。2023年,全年新开工建设的计划投资额超10亿元的工业项目50个,比2022年增加10个,全年项目占"十三五"以来新增计划投资额超10亿元工业项目的两成左右。2023年,广州超高清视频和新型显示全产业链实现产值2000亿元左右,超高清显示面板产能全国第一,新型显示模组市场占有率、4K板卡出货量已连续多年全球第一。

(三)现代服务业固本培优

2023年,广州服务业增加值22262亿元,规模居全国第三,对全市经济的发展具有"压舱石"的作用。其中,现代服务业实现增加值14783亿元,占服务业增加值比重为66.4%(见表6),新兴信息技术、金融、租赁和商务服务、科学研究和技术服务、健康服务等现代服务业集群增加值规模均超千亿元。

表6 2019~2023年广州主要产业占比情况

单位:%

指标	2019年	2020年	2021年	2022年	2023年
数字经济核心产业占GDP比重	11.4	12.1	12.6	12.8	12.8
现代服务业增加值占服务业增加值比重	65.9	67.3	66.7	66.6	66.4

续表

指标	2019年	2020年	2021年	2022年	2023年
生产性服务业增加值占服务业增加值比重	53.7	53.5	53.8	55.3	56.6
先进制造业增加值占规模以上工业增加值比重	57.0	58.2	59.8	60.5	60.5

数据来源：广州市统计局。

一是信息服务业聚集效应显现。近年来，广州出台实施一系列加速软件和信息服务业发展的产业政策，推进琶洲、广州南站等重点服务业集聚区规划建设，拥有网易、腾讯、博冠、酷狗、小米等年营业收入超百亿元的5家互联网龙头企业。2023年，全市信息传输、软件和信息技术服务业实现增加值2255亿元，占GDP比重为7.4%。二是金融业综合实力取得新突破。2023年，全市金融业总资产超过10万亿元，金融业增加值占GDP比重提升至9.0%。南沙区获批全国首批气候投融资试点。截至2023年，全市有境内外上市公司231家。以广州期货交易所为核心，推动完善期货市场体系建设，全年新增期货法人机构1家、期货公司地区总部17家。三是现代物流业加速壮大。2023年全市现代物流业实现增加值1123亿元，产业规模稳步扩大，占GDP比重超过3%。2023年广州港完成港口货物吞吐量6.75亿吨，集装箱吞吐量2541万标准箱，居全球第五、第六位。

（四）商贸业焕发新活力

广州商脉源远流长，素有"千年商都"美誉。近年来，随着国际消费中心城市建设稳步推进，全市社会消费品零售总额、商品进出口总值2021年双双突破万亿元大关，继京沪之后成为"双万亿"第三城，2023年分别达10914亿元、11013亿元。一是商贸新业态蓬勃发展。以网络购物、直播带货、数字文化为代表的数字消费新业态、新模式表现活跃，2023年，全市限上批发零售业网上零售额占全市社会消费品零售总额的比重提升至

25.7%。二是会展业彰显发展活力。中国进出口商品交易会（广交会）被誉为"中国第一展"，2023年广州重点场馆累计举办展览373场，合计展览面积1089万平方米，展览面积比2019年增长6%以上。

（五）科技创新强市不断推进

广州着力打造"2+2+N"科技创新平台体系，战略科技力量实现重大突破。"自然指数—科研城市"排名跃居全球第十，全市各类新型研发机构近80家，居全省第一，其中纳入省级高水平创新研究院建设序列14家，占全省的70%。2022年，全市R&D经费支出988.36亿元，占GDP比重提高至3.43%，近15年R&D经费支出每年均保持10%以上的快速增长。技术合同登记成交额2645.54亿元，连续五年稳居广东省第一。

（六）两业融合加快推进

新兴产业发挥引擎作用。广州加快推动产业数字化、网络化、智能化、绿色化转型升级，一批新兴产业不断发展壮大。2023年，全市"3+5"战略性新兴产业增加值从2019年的7169亿元扩大到9334亿元，占地区生产总值的比重为30.7%，较好发挥了经济稳增长的引擎作用。

（七）数字经济打造新优势

2023年，全市数字经济核心产业增加值3897亿元，占GDP比重为12.8%，在多个领域不断取得积极成效。数字产业创新生态逐步形成，软件产业集群优化构建，名列全国8个"中国软件名城"之一，2023年全市新一代信息技术产业、数字创意产业增加值规模均超1500亿元。数字"新基建"优化升级，获评全国首批"千兆城市"，协同推进以千兆光网和5G为代表的"双千兆"网络建设。截至2023年底，建成5G基站9.17万个，建成数量连续四年全省第一。

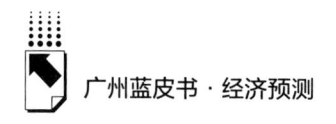

三 把握"长期盘",为广州经济高质量发展提供活力引擎

近十年,广州 GDP 连跨 3 个"5000 亿元台阶",经济总量占全省近 1/4。近年来经济增速虽有所放缓,但历史规律、经济规律、政策力量都在推动城市前行,过程中的 GDP 增速波动只是变量之一,是短期的,经济基本面长期向好的趋势不变。

(一)奋力拓展经济纵深释放高质量发展新活力

近年来,党中央、国务院赋予广州一系列重大使命,《粤港澳大湾区发展规划纲要》将广州列为大湾区核心城市并做出一系列重要部署,广州放眼世界、中国、大湾区、广东,陆海统筹谋划发展,不断拓展纵深增强高质量发展的活力。

广州作为国家中心城市、综合性门户城市、粤港澳大湾区核心引擎,近年来还实现了从国际贸易中心到世界一线城市的全球形象转型。要发挥好拥有门户枢纽优越区位的优势,在国内大循环和国内国际双循环中加速资源要素集聚,源源不断辐射到全省、全国乃至全球,为广州进一步提升城市能级和核心竞争力提供重要支撑和平台。

(二)稳步提升城市能级形成高质量发展竞争力

1. 国际综合交通枢纽城市定位全面巩固

从国际视野看,白云国际机场开通国际航线超 70 条;南沙港开通国际班轮航线超 150 条,海铁联运、湾区一港通等创新模式提升了广州港口内引外联的功能;依托公铁联运枢纽建设大湾区国际班列集结中心,广州正加快打造"一带一路"现代供应链枢纽。从全国视野看,广州拥有"海陆空铁"四大国家级物流枢纽,又是全国电信核心节点城市和三大国际互联网出口枢纽之一,具有海陆空铁信息全方位的独特优势。从全省和湾区视野看,已建成辐射整个泛珠三角地区、粤港澳大湾区的"海陆空铁"立体综合交通枢纽和贸易物流枢纽,引领大湾区内市场高水平互联互通。广州要发挥国际航空航运枢纽、世界级铁路枢纽和轨道体系、国际信息枢纽的作用,"海陆空铁网"齐发力,围绕枢纽能级、枢纽融合、枢纽经济,加快建设关键枢纽节点项目,强化数字港与空港、海港、铁路港联动赋能,转"交通流量"为"经济增量",带动城市能级和核心竞争力提升。

2. 城市消费的国际化水平和辐射能力增强

作为首批获批建设国际消费中心城市中的唯一非直辖市,广州的消费层级、消费品质、聚集全球消费资源、引领国际消费新潮流及构建新型消费体系等方面要素得到充分肯定。广州要进一步立足粤港澳大湾区城市群,打造高品质消费供给互补体系,充分利用广州的城市优势,积极培育和打造具有区域影响力的新型消费商圈,并转化服装、化妆品、家电、家具、食品等都市消费品制造业产业优势,培育本土高端、个性化消费品牌,打造国内、国际品牌"聚集地",汇聚高端客源,引领高品质消费需求。

3. 中心城市金融发展能级持续提升

大湾区跨境理财和资管中心作为重大事项列入《广州南沙深化面向世界的粤港澳全面合作总体方案》的省级、市级实施方案;成功获批数字人民币试点,全国首个数字金融创新产业园——广东数字金融创新产业园(起步区)正式挂牌运营。2023年,总规模达1500亿元的广州产业投资母基金、500亿元的广州创新投资母基金经两年谋划后落地南沙区。广州要进一步营造金融服务实体经济氛围,深入贯彻落实《2023年广州金融支持实体经济高质量发展行动方案》,助力广州科技企业高质量发展,不断增强现代金融服务实体经济能力。

(三)优化城市布局提升高质量发展承载力

广州强化规划引领高质量发展,努力优化城市发展战略空间格局,推动城市老中轴、新中轴、活力创新轴融合互动,实现老城区"历史文化核"、东部中心"现代活力核"、南沙"未来发展核"联动发展的"三轴互动"

"三核联动"的重要目标，从更大的格局提升城市竞争能级。广州作为全国8个超大城市之一，要承担起作为全国经济增长重要引擎和承载人口重要平台，代表国家参与全球竞争合作的历史使命。

（四）打造发展平台强化高质量发展驱动力

在国家和广东省的大力支持下，广州在立足湾区、协同港澳、面向世界加大招商引资、招才引智等方面将不断迎来利好。目前，三大国家级经济开发区综合发展水平居全国前列，中新知识城、南沙科学城等4个片区纳入自贸区联动发展区。黄埔区入选国家进口贸易促进创新示范区，获批开展国家服务业扩大开放综合试点。另外，随着广州东部枢纽、北部增长极、国际金融城、琶洲互联网集聚区、番禺智造创新城等重点片区加快规划编制和产业导入，以及粤港澳大湾区（广州南沙）跨境理财和资管集聚效应逐步释放，广州高端资源要素配置功能将大大提升。广州要以大平台带动大发展，支持各级各类开发区、高新区、综保区提级赋能，加快产业导入，引领产业集聚。做强中新广州知识城、广州科学城等产业发展增长极，推动国家临空经济示范区扩容提质，高水平规划建设广州临港经济区，全方位加快构建产业发展新格局。

（五）扩大有效投资提供高质量发展支撑力

积极扩大有效投资是构建现代化产业体系的硬支撑，更是筑牢经济高质量发展"长期盘"的重要措施。广州以重大关键项目牵引投资增长，大力营造大抓项目、抓大项目的生动局面，持续增强经济发展内生动力。一是继续扩大基础设施投资。优化提升国际航空、航运、世界级铁路枢纽及国际信息枢纽能级，加快白云国际机场三期、大型货运码头等建设，建设人工智能、物联网等新型基础设施，带动扩大全社会投资规模。二是加大工业大项目的储备力度。完善工业项目接续机制，围绕智能网联与新能源汽车、数字经济核心产业等优势性集聚性支柱产业和着力发展的生物医药、新型显示、集成电路、新型储能、新材料、人工智能等重点产业实施产业链招商，切实发挥重大项目引领支撑和辐射带动作用。三是不断激发民间投资活力。进一步落实《广州市促进民营经济发展壮大的若干措施》，支持民间资本参与基础设施、公共卫生、仓储物流、应急储备等领域建设；鼓励支持民间投资以"专精特新"为方向，进入现代农业、先进制造业等领域。

（六）更高层次开放型经济提供高质量发展牵引力

海纳百川的开放优势是广州的鲜明标识，"开门发展"是广州持续焕发活力的宝贵经验。跨境电商、中欧班列等新业态新模式发展态势良好，2023年跨境电商进出口额达2000亿元，进口规模连续9年位居全国第一。在新发展格局下，广州要进一步激发开放动力活力，打好外贸、外资、外包、外经、外智"五外联动"组合拳；打造法治化国际化便利化的营商环境新高地，制定实施更有竞争力的利用外资政策措施，实施更加开放的人才政策；发挥湾区核心城市作用，促进高端要素集聚发展，全面拓展高质量发展的空间和纵深。

（七）城市更新蕴含高质量发展生长力

城市更新面广、点多，牵一发而动全身，能够直接带动城市建筑业、房地产业增长，也能直接激发投资、消费等需求，更能有效改善人居环境和城市面貌。城市发展历史悠久的广州，城市更新区域面积广阔，未来通过推进城市更新工作，推动低效存量土地的盘活再利用，城市可持续发展的空间更足。广州要重视产业为先、前置产业谋划，在引导传统优势产业加快转型升级的同时，更要强化产业集聚发展的理念，在通过城市更新腾挪出来的产业发展空间里系统谋划新兴产业的上下游联动集群发展，形成新的经济增长点。

（八）乡村产业振兴注入高质量发展新动力

粤港澳大湾区除具备全球四大湾区开放性、创新性、宜居性和国际化的特点外，还具备有别于其他湾区发展现代都市农业、乡村振兴和促进城乡融合的优势。广州北部的花都、从化、增城三个农业大区面积已达4561平方公里，已被国家列入城乡融合发展试验区广清结合片区，这一资源禀赋在国际湾区和各大城市中少有。广州要大力推动生态优势转化为发展优势，借全省推进"百县千镇万村高质量发展工程"契机，盘活和撬动乡村资源，做优做特做强现代都市农业和乡村休闲旅游，提速加力镇域经济发展，激发城乡区域协调发展新活力。

参考文献

陈刚、杨代友：《粤港澳大湾区视角下广州产业高质量发展问题分析》，《城市观察》2023年第1期。

胡霞、郑烨生：《粤港澳大湾区经济高质量发展研究》，《探求》2023年第2期。

杨代友、秦瑞英、陈荣：《广州市制造业高质量发展的现状分析及提升对策》，《城市观察》2020年第4期。

周林俊、周树伟：《激活高质量发展新机制　聚力新动能再造新广州——广州市经济开发区发展研究》，《广东经济》2024年第3期。

唐培峰：《以城市更新打开广州高质量发展新空间》，《广东建设报》2023年9月19日。

梁丽、皮泽红：《广州以科技创新支撑引领城市高质量发展》，《中国改革报》2023年5月15日。

吴建新、谷印麟、关丛笑：《新型超大特大城市高质量发展水平评估研究》，《统计与管理》2023年第12期。

B.13 南沙打造澳门—葡语国家经济合作前沿地的策略研究*

广州市南沙区工商业联合会 广州南沙粤澳发展促进会课题组**

摘 要： 为实现《南沙方案》提出的高水平对外开放目标，需要积极探索南沙如何利用与澳门和葡语国家的密切联系，通过澳门加强与葡语国家的合作。本文从合作的背景与意义、基础优势、理论基础与经验借鉴等方面开展南沙打造澳门—葡语国家经济合作前沿地的策略研究，提出南沙可以从制定规划方案、搭建食品供应链中心平台、推动产业园和服务基地建设、探索营商环境管理模式以及构建联动机制等方面，促进与葡语国家在经贸、科技、文化等领域的合作与交流，为双方经济发展提供有力支撑，助推区域经济繁荣。

关键词： 葡语国家 澳门 南沙 国际经济合作前沿地

---

* 本报告系广州市南沙区工商业联合会、广州南沙粤澳发展促进会的研究成果。
** 课题组组长：何敬麟，澳门特别行政区全国人大代表，澳门工商联合会长，广州南沙粤澳发展促进会会长。课题组成员：涂成林，博士，广州大学二级教授、博士生导师，广州市粤港澳大湾区（南沙）改革创新研究院执行院长，广东省区域发展蓝皮书研究会会长；陈志峰，博士，教授，广州南沙粤澳发展促进会秘书长，哈尔滨市政协委员；于晨阳，博士，广州大学广州发展研究院副教授，广州市粤港澳大湾区（南沙）改革创新研究院研究员；臧传香，博士，广州市粤港澳大湾区（南沙）改革创新研究院特约研究员；粟华英，广州南沙粤澳发展促进会项目主管，经济师。执笔人：涂成林、陈志峰、于晨阳。

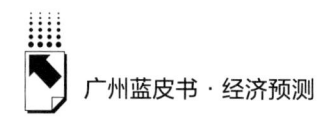

一 南沙与澳门—葡语国家合作的背景与意义

（一）合作的背景和依据

《粤港澳大湾区发展规划纲要》提出要"充分发挥港澳对外贸易联系广泛的作用，探索粤港澳共同拓展国际发展空间新模式"。受历史因素影响，澳门与葡语国家具有交往交流的先天优势，向来是中葡合作的桥梁。随着粤港澳大湾区建设的深入推进，澳门在中国与葡语国家经贸合作中的功能更加凸显与强化。

为落实《广州南沙深化面向世界的粤港澳全面合作总体方案》（以下简称《南沙方案》）提出的建设高水平对外开放门户、打造粤港澳大湾区国际经济合作新平台、打造国际经济合作前沿地的战略部署，有必要积极探索南沙如何充分利用与澳门和葡语国家的紧密联系，通过携手澳门全面加强与葡语国家的合作交流，并进一步拓展巴西—拉丁美洲、葡萄牙—欧盟、安哥拉和莫桑比克—非洲的经贸合作新空间，为南沙打造立足湾区、协同港澳、面向世界的重大战略性平台提供强有力支撑。

（二）合作的必要性与重大意义

第一，有利于南沙在国家经贸和外交大局中发挥更大作用。目前，南沙开发开放已取得阶段性成效，进入高质量发展的"破局"时期，对南沙拓展更大国际合作空间、吸引更多优质资源提出了更高要求。近年来，中国与葡语国家的经贸、投资、科技、人文合作交流日趋活跃，双方贸易额从2003年的110.3亿美元增加至2023年的2193.0亿美元，是最具成长性的国际市场之一。

第二，有利于增强澳门核心引擎功能，塑造大湾区对外开放新优势。澳门和南沙优势结合，携手深化与葡语国家合作，有利于进一步增强澳门核心引擎功能。葡语国家本身是一个非常具有合作潜力的经济体，深化与葡语国家合作也为南沙拓展与拉丁美洲、欧美、非洲的全面合作提供了新的契机和切入点。开展南沙携手澳门加强与葡语国家合作、打造国际经济合作前沿地策略研究，对增强澳门核心引擎功能与塑造大湾区对外开放新优势具有非常重要的现实意义。

第三，有利于南沙进一步增强门户枢纽功能，拓展航运贸易网络，建设"走出去"综合服务基地。发挥澳门与葡语国家的联系优势，联手开拓葡语国家和其他地区市场，是粤港澳大湾区建设的一项重要战略任务。2023年4月，习近平总书记在视察广东时强调，要使粤港澳大湾区成为"新发展格局的战略支点、高质量发展的示范地、中国式现代化的引领地"[①]，对粤港澳大湾区建设提出了更高要求。《南沙方案》已明确要求南沙在粤港澳大湾区参与国际合作竞争中发挥引领作用，进一步融入区域和世界经济，打造成为国际经济合作前沿地。南沙作为粤港澳全面合作示范区和高水平对外开放门户，应发挥澳门桥梁纽带作用，携手全面深化与葡语国家合作，积极响应国家战略，全面落实《南沙方案》的具体举措。

二 南沙与澳门—葡语国家合作的基础条件分析

（一）中国与葡语国家贸易现状

2003年，中国—葡语国家经贸合作论坛（以下简称"中葡论坛"）成立之初，中国与葡语国家的贸易总额为110.03亿美元。其中，中国从葡语国家进口额为82.71亿美元，出口额为27.58亿美元（见表1）。与中国对外贸易整体增长相比，中国与葡语国家之间的贸易增长幅度较小。当时葡语国家在中国对外经贸中所占比重仅约为1%，但中国已成为巴西的第六大贸易伙伴、安哥拉的第二大出口市场以及东帝汶最主要的外资来源地。此外，中

---

① 中央区域协调发展领导小组办公室、国家发展改革委：《推动粤港澳大湾区高质量发展》，《人民日报》2024年3月22日，第8版。

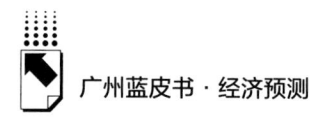

国与葡语国家的贸易结构存在强烈的互补性，中国对葡语国家的资源密集型产品需求旺盛，葡语国家则对中国的设备制造和工业制成品需求大增，这为双方合作提供了巨大的空间。

表1 2003~2023年中国—葡语国家进出口额

单位：万美元

年份	出口	进口	差额	总额
2003	275816.90	827105.90	-551289.00	1102922.90
2004	454260.00	1372803.00	-918543.00	1827063.00
2005	621663.00	1696895.10	-1075232.10	2318558.00
2006	978461.00	2429786.00	-1451325.00	3408247.00
2007	1462306.00	3173032.00	-1710726.00	4635338.00
2008	2430086.49	5272093.55	-2842007.06	7702180.05
2009	1885118.50	4361694.20	-2476575.70	6246812.70
2010	2956485.43	6185853.84	-3229368.41	9142339.27
2011	3827168.68	7896181.44	-4069012.76	11723350.12
2012	4105206.61	8744592.87	-4639386.26	12849799.48
2013	4400211.12	8742428.76	-4342217.64	13145886.92
2014	4614305.71	8643851.55	-4029545.84	13258157.26
2015	3616867.07	6230594.15	-2613727.08	9847461.22
2016	2959023.42	6128386.28	-3169362.86	9087409.70
2017	3657984.48	8100771.35	-4442786.87	11758755.83
2018	4184771.01	10550653.22	-6365882.21	14735424.22
2019	4406465.23	10557448.77	-6150983.54	14963914.00
2020	4323584.31	10194911.10	-5871326.79	14518495.41
2021	6481366.32	13613410.19	-7132043.87	20094776.52
2022	7602308.70	13880614.8	-6278306.10	21482923.50
2023	7319703.43	14610604.45	-7290901.02	21930307.89

数据来源：中国海关总署。

（二）中国与葡语国家合作的优势

1. 中国能源安全与粮食安全的需要与葡语国家战略资源的互补

葡语国家具有较为丰富的资源与农产品，能为中国的能源安全与粮食安全提供支撑。首先，葡语国家拥有丰富的能源资源，如巴西的石油、天然气和水力资源，安哥拉的石油等。粤港澳大湾区则是中国重要的能源消费和加工基地，拥有先进的能源加工设施和技术。南沙、澳门与葡语国家可以在能源方面展开合作，通过长期的贸易协定为我国提供稳定可靠的能源供给。其次，葡语国家拥有较为丰富的农业资源，如巴西的大豆、咖啡和糖等，葡萄牙的橄榄油和葡萄酒等。南沙可以携手澳门与葡语国家展开合作，通过股权投资与基础设施建设等方式与葡语国家进行农产品贸易。

2. 中国技术与资本的领先优势与葡语国家工业化需求的互补

中国与葡语国家在产业方面具有互补优势。中国拥有丰富的劳动力资源、先进的制造业和科技，南沙在劳动密集型、资本密集型和技术密集型产业领域具有领先地位。相比之下，葡语国家在原材料和能源产品方面具有优势。这种互补性促进了双方的产能合作，有助于加快葡语国家的工业化进程。

3. 中国完善的工业体系与葡语国家自然资源的互补

中国与葡语国家在要素禀赋上存在较大的差异性，葡语国家具有丰富的自然资源与农业资源，而中国具有充裕的劳动力、资金、技术，形成了极为完善的工业体系，双方在要素禀赋上的差异性是开展产能合作的重要前提条件。中国的要素禀赋主要体现在成品或者半成品方面，如电机、电气、音像设备及其零附件、核反应堆、锅炉、机械器具及零件、有机化学品、电器、电子产品、汽车及零配件。由此，中国可以充分利用葡语国家要素禀赋优势，加强产能合作，提升双方在全球价值链中的层级。

（三）澳门与葡语国家合作的现实基础与优势

作为中国与葡语国家商贸合作服务平台（以下简称"中葡平台"），澳门具有自身的特殊优势，已经并将继续推动中国与葡语国家经贸合作不断深化。

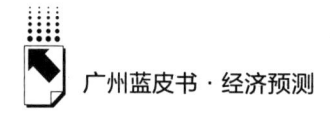

1. 中葡平台优势突出

改革开放以来，香港和澳门成为内地经济走向国际市场的桥梁，在国家对外开放中发挥了独特作用。尤其是改革开放初期，澳门对内地特别是珠三角西部地区招商引资起到了有力带动作用。21世纪初期，为了进一步发挥澳门与葡语国家经济往来、文化交流密切的作用，中国与葡语国家商贸合作服务平台这一符合澳门历史发展、现实条件与未来方向的战略定位被提出确定。作为中葡平台，澳门在与葡语国家的联系、历史、语言以及自由港地位等方面具有显著优势。

2. 中葡平台功能逐步强化

中葡平台功能不断加强，澳门在其中扮演着重要角色，特区政府积极建设多个平台，如中葡信息共享平台和中葡中小企业商贸服务中心，推动双方经贸合作。尽管澳门与葡语国家贸易额占比较小，但其促进中葡经济社会文化合作的作用不可忽视。同时，澳门还在金融服务和人才培养等方面积极为中葡贸易合作提供更多支持。

（四）南沙和葡语国家合作的现实基础

1. 南沙作为高水平对外开放门户的战略定位

南沙自设立以来，其地位和功能不断升级，成为广州城市新核心区、国家级新区、自贸试验区、粤港澳全面合作示范区。2022年6月，《南沙方案》正式发布，将南沙定位为共建高水平对外开放门户之一。该方案要求南沙发挥外国驻穗领事馆集聚优势，建设中国企业"走出去"综合服务基地，引导港澳商会协会在南沙设立代表处，打造粤港澳大湾区国际经济合作新平台。

2. 南沙地处大湾区地理几何中心，具备地理与交通优势

近年来，南沙对外开放程度不断提升，成为粤港澳大湾区通往世界的门户。根据《粤港澳大湾区发展规划纲要》，粤港澳大湾区旨在发展成为全球第四大湾区，成为国际一流湾区和世界级城市群。南沙地处大湾区地理几何中心，拥有得天独厚的区位优势，将成为大湾区经济、文化和社会合作的重要节点。南沙港已开通国际班轮航线150多条，同时铁路常态化开行省际、城际和中欧班列，构建了完善的交通物流网络，为南沙建设高水平对外开放门户奠定了坚实基础。

3. 南沙与港澳积极合作

南沙致力于提升对外开放水平，构建全面开放新格局。首先，南沙积极与港澳地区展开合作，成为广东省实施CEPA先行先试综合示范区，吸引了港澳投资企业1551家，总投资额达367.3亿美元。此外，南沙与香港科技大学等单位合作设立发展平台，推动创新合作，还推动了粤港跨境货栈、粤澳跨境电商直通车等项目，加强了两地交流合作。其次，南沙与汉堡、不来梅等港口城市建立合作关系，推进通关通检互认。同时，南沙还与多个自贸区和片区建立合作关系，成立了南沙（南方）国际产能和技术合作中心、中国贸促会（广东）自由贸易试验区南沙服务中心等机构，承办多项国际活动。未来，南沙将继续抓住粤港澳大湾区建设机遇，加速建设优质合作平台。

4. 南沙与葡语国家拥有发展海洋经济的共同基因

南沙将重拾广州作为千年商都的"码头记忆"和"海洋基因"，并被确定为中国第三个全球海洋中心城市。南沙被视为广州的"未来之城"，是优质深水港，距离香港38海里、澳门41海里，拥有先进的设施和完备的物流功能。南沙已成为广州构建海洋经济新格局的核心引擎，拥有海洋交通运输、高端装备制造、生物科技、旅游等多个产业领域。此外，海洋连接着多个葡语国家，形成了一个"海上走廊"，葡语国家的海洋传统与南沙的海洋战略地位相辅相成。因此，南沙与葡语国家在海洋领域拥有共同的基因，可以通过海洋开展科技、经济和人文方面的交流与合作。

（五）南沙与葡语国家经济合作的独特优势

1. 运输与交易体系优势

南沙港区作为广州港的代表，已经与全球100多个国家和地区的400多个港口建立了海运贸易往来，并与32个国际港口建立了友好关系，拥有强大的水运服务能力，形成了一个快速、全面、立体的集疏运体系。南沙已成为世界一流的港口，是广东自贸区最大的片区之一，具有广阔的市场前景，尤其在航运物流业方面有着显著优势。与此同时，葡语国家如葡萄牙和巴西拥有丰富的海洋资源和农业资源，包括渔业、海产品加工、农产品等，但其发展仍存在一定的限制。南沙依托粤港澳大湾区和中国市场，具有巨大的优势，在海洋产品生产、加工、交易与运输方面与葡语国家具有强大的互补性。

2. 良好的创新环境与人才政策

政府通过创新要素的投入提升区位聚集资本技术密集型企业的能力。从现有创新要素来讲，南沙区已有或在未来能够依靠的创新平台包括香港科技大学（广州）与中国科学院南沙明珠科学园，依托这两大知名科研机构可以培育和集聚大量创新要素，从而吸引相关行业的企业从深圳转移到南沙。从政策方面来讲，《广州南沙新区（自贸片区）集聚人才创新发展的若干措施》为不同类型的创新人才和不同规模行业的创新企业提供了具有吸引力的扶持政策。对于来自葡语国家的跨国企业来讲，南沙能够提供具有吸引力的人才引进政策与创新环境。

3. 产业服务能力与软环境

南沙产业服务能力和软环境是吸引资本技术密集型跨国企业的关键因素。产业服务水平直接影响产业的运作效率，包括金融支持、专业服务和公共技术服务等。南沙区出台了一系列产业服务支持政策，为跨国企业提供便捷快速的服务，使其能够专注于生产、研发和市场开拓。同时，高素质人才是发展这些产业的关键要素，他们对良好的居住环境有较高追求，包括医疗、教育等配套设施。南沙在这方面具有优势，拥有较好的医疗和教育资源，以及合理的功能分区规划，为人才提供了优质的软环境。然而，南沙的工业建设用地指标仍存在一定缺口，因此需要对大规模扩张的企业进行筛选，将资源集中在优势企业和行业上。

4. 出入国（境）与外交事务的便利优势

深圳依靠地理优势吸引了大量港澳与跨国企业入驻，并形成了以港澳行（商）业协会为主的前海国际组织集聚区，但大湾区的国际性中心仍在广州，广州在出入国（境）与外交事务方面的便利是深圳不具备的。所以，南沙可以依靠出入国（境）与外交事务方面的优势，携手澳门加强与葡语国家的经济合作。

（六）深化合作存在的困难及影响因素分析

1. 部分葡语国家政治不稳定，存在较大风险

部分葡语国家存在政府权力削弱、腐败蔓延等问题，这种不稳定性根源于历史遗留问题、政治体制及外部势力的干预，南沙与葡语国家合作面临不确定性、风险管理困难、合作框架不稳定以及安全风险等一系列挑战。为了应对这些挑战，南沙需要与葡语国家加强沟通与合作，建立稳定可靠的合作机制，并加强风险管理和安全防范，以确保合作项目的顺利推进和稳定运行。

2. 产品进出口标准不统一导致贸易不通畅

产品进出口标准的不统一给南沙与葡语国家的合作带来了多方面挑战。首先，不同标准增加了贸易壁垒，阻碍了贸易流通；其次，企业因此需要投入更多资源，增加成本；再次，不统一的标准增加了市场准入的难度，限制了市场扩展；最后，不统一的标准容易导致贸易纠纷，影响双方的贸易关系。南沙需要加强国际标准的协调与制定，推动建立统一的贸易标准和认证体系，提高贸易便利化程度，促进贸易合作与发展。

3. 部分葡语国家基础设施不完善且人力资本水平较低

南沙与葡语国家经济合作面临诸多机遇，但也存在一些困难和挑战。其中，基础设施不完善和人力资本水平较低是关键问题。首先，基础设施缺乏可能影响合作，导致物流成本增加。其次，人力资本水平较低可能影响合作效率和质量。再次，交通和物流困难可能阻碍合作项目实施。最后，文化和语言差异可能增加沟通和理解难度。南沙可以通过加大基础设

施投资、提供技术培训等方式帮助葡语国家应对这些挑战，促进双方合作取得更大成果。

4. 葡语国家经济韧性相对不足，易受国际市场波动影响

南沙与葡语国家经济合作面临一些挑战和困难。首先，葡语国家的经济韧性相对不足，使它们更容易受到国际市场波动的影响。这些国家的经济结构可能较为单一，对外依赖性较强，主要出口产品可能受到国际市场需求波动的影响。这意味着在国际市场上，葡语国家的经济表现不够稳定，可能会出现出口量下降、经济增速放缓等情况，从而影响到南沙与葡语国家的经济合作。其次，国际市场的不确定性和波动性可能会给南沙与葡语国家的合作带来一定的风险。国际市场因素如地缘政治紧张、国际贸易政策变化、金融市场波动等，都可能对葡语国家的经济产生重大影响，进而影响到南沙与葡语国家的贸易合作和投资项目。这种不确定性和波动性可能导致合作计划的调整、投资决策的延迟等问题，增加了合作的风险和难度。

5. 广州和南沙缺乏清晰明确的规划与政策指引

近年来，全国各大城市纷纷把吸引优质外国企业入驻作为其完善对外交往功能、集聚国际高端要素资源、提升城市国际化能级的重要手段。例如，上海市在前滩高标准规划国际经济组织集聚区，深圳市在前海围绕国际仲裁领域打造国际组织集聚区，北京市在通州规划打造国际组织集聚区，云南省和广西北海市规划对接东盟的产业园与集聚区，重庆市两江新区规划对接新加坡与欧洲的陆海新通道。而广州和南沙至今没有充分利用自身产业和政策的优势，主动吸引葡语国家到南沙发展，葡语国家相关产业规模与能级亟待提升。

6. 南沙的国际影响力和认可度不够

南沙发展时间较短，基础相对薄弱，在产业和商业领域的国际知名度和影响力不足，葡语国家的企业与社会组织对南沙前景、政策优势等认可度也不高。如不主动作为、超前谋划，葡语国家与其他国际经济联盟内的企业、人才与社会组织是很难来南沙集聚发展的。

三　南沙与澳门—葡语国家合作的理论基础与经验分析

（一）理论基础分析

1. 基于比较优势的理论分析

该理论由大卫·李嘉图（David Ricardo）提出，认为各国应专门生产其具有比较优势的商品或服务，从而提高贸易合作效率和水平。南沙和澳门等地可以通过专注于自己擅长的领域如特定产业或资源，提高在国际市场上的竞争力，吸引投资，促进与葡语国家的经济合作。比较优势理论的应用不仅在南沙与澳门合作中具有重要意义，还可以携手澳门加强与葡语国家合作，从而构建国际经济合作前沿地。

2. 基于产业集群的理论分析

该理论强调产业和企业在地理位置上的邻近和相互关联对促进经济发展的重要性。通过培育旅游、科技或金融等相关产业集群，南沙和澳门可以创造协同效应和规模经济，吸引葡语国家和其他国家的投资和人才。南沙与澳门有着葡语文化传统和语言优势，这为它们在经济、商贸和文化等领域的合作提供了机会。澳门的翻译和文化交流优势可助力双方加强合作，南沙的先进制造业和现代服务业与澳门旅游和娱乐业形成互补，双方合作可实现资源优化配置，促进产业链延伸和集群形成，推动双方贸易发展。澳门作为中葡贸易桥梁，能够为南沙企业提供与葡语国家合作的机会，拓展市场。

3. 基于交易成本的理论分析

交易成本经济学由罗纳德·科斯（Ronald Coase）提出，后由奥利弗·威廉姆森（Oliver Williamson）扩展，研究交易成本对经济活动组织和治理的影响。南沙与澳门可以通过降低交易成本，如优化法律框架和基础设施，促进与葡语国家的贸易和投资，为国际经济合作创造良好环境。分析南沙与澳门合作的逻辑，首先是降低交易成本，通过共享信息和市场降低跨国交易成本。其次是扩大市场规模，将南沙产品推广至葡语国家市场，增加市场多样性。再次是促进产业链升级，南沙和澳门合作可推动产业链的形成与升级，提供互补服务和产品。最后是创造利益共享机制，明确双方利益分配，促进长期合作。这种合作有助于优化资源配置，提高经济效率，推动区域经济的协同发展。

（二）经验借鉴与启示

横琴作为促进澳门经济适度多元发展的新平台，在南沙与葡语国家经贸合作中扮演着关键角色。本文通过总结横琴—澳门—葡语国家的合作经验，得出几个重要启示。首先是建立多层次合作机制，涵盖投融资、经贸促进、信息共享、人才培养和多元交流等领域，以确保合作项目全面推进和可持续发展。其次是注重互利共赢，通过分享成本和收益来确保合作项目的公平性和合理性，从而实现各方利益最大化。政府在合作中的引导和支持也至关重要，为企业参与国家战略目标和地区发展提供政策、资源和资金支持。此外，采取多种形式的对外援助，如无偿援助、无息贷款和优惠贷款，以及免除部分债务，促进受援国的基础设施建设和经济发展。同时，积极推动新模式和新型合作，如PPP和BOT，以更好地满足合作需求。加强人才培养和文化交流也是至关重要的，利用语言和文化优势促进人才交流和合作，增进相互理解和友好关系。最后是建立信息共享平台，为企业合作和交流提供便利和支持。这些经验对于其他国家和地区加强与葡语国家的经贸合作提供了借鉴和参考。

南沙与澳门在加强与葡语国家的合作中，可以借鉴其他成功经验，如马中关丹产业园、中国印尼综合产业园区青山园区和越南龙江工业园。首先，可以采用由政府提供支持并吸引共同投资的合资公司模式，充分利用各方资源实现合作共赢。其次，重视基础设施建设，包括向葡语国家提供基础设施，构建良好的投资环境。再次，制定明确的产业定位和发展规划，结合双方优势资源和地理位置，实现产业链的优化和升级。同时，提供优质服务并消除本土化障碍，促进企业与社区的融合发展。最后，抓住战略机遇，积极寻找有利市场充分发挥自贸区政策优势和葡语国家的经济潜力，吸引更多投资，实现共同发展。综上所述，借鉴这些成功经验，南沙与澳门可以打造国际经济合作前沿地，并将其应用到与葡语国家的合作中，共同推动区域经济发展和合作共赢。

四 南沙打造澳门—葡语国家经济合作前沿地的思路策略

（一）总体目标

携手澳门加强与葡语国家合作，将南沙建设成高水平对外开放门户，构筑粤港澳大湾区国际经济合作新平台，通过构建中国企业"走出去"与跨国企业"引进来"综合服务平台将南沙打造成国际经济合作前沿地，推动南沙在海洋经济、港口航运方面实现跨越式发展，实现与横琴自贸片区的错位发展。

（二）建设任务

1. 着重从葡语国家引进几家具有标杆效应的企业或社会组织

为加强南沙与澳门—葡语国家的合作，建设国际经济合作前沿地，应重点从葡语国家，尤其是葡萄牙和巴西，引进几家具有国际影响力的企业或社会组织，设立大湾区办事处，快速形成集聚效应。首先，可以通过与葡语国家知名酒庄合作，举办国际酒业会展或论坛，促进南沙酒业的发展。其次，引进葡语国家的国际贸易促进组织，如葡萄牙贸易协会或巴西商会，加强南沙与葡语国家的贸易合作。最后，引进葡语国家的绿色科技研究机构，如巴西的可再生能源研究中心或葡萄牙的环境科学研究院，以推动南沙在环保领域的发展。

2. 携手澳门基于中葡平台在南沙打造国际海洋经济合作平台

海洋经济目前已经进入增长动能转换、创新驱动发展的关键期，建立具有全球竞争力的现代海洋产业体系，对于大湾区发展海洋经济至关重要。葡萄牙是与我国建立蓝色伙伴关系的国家，具有开发利用海洋资源的成熟经验，中葡两国开展海洋经济合作潜力巨大、前景向好。应充分利用中葡平台，强化中国与葡语国家国际产能合作，开展更为广泛的国际海洋经济合作，搭建高水平的国际海洋经济合作平台。同时，在南沙国际物流园区设立中国与葡语国家贸易所必需的现代化国际物流配送中心，为中国与葡语国家产品和服务贸易提供便捷、可靠、高效的仓储、通关、配送等系列支持服务。希望通过发挥自贸试验区国际商品中转集散功能，在南沙建设葡语国家产品和服务贸易基地，从而在货物通关、商品检验检疫、品质标准、电子商务等领域与国际接轨，提高贸易便利化水平。

3. 完善粤澳—葡语国家国际化合作模式

主动对接澳门的中葡平台建设需求，整合粤港澳大湾区各类专业服务资源，推动技术、设备和管理领先的粤港澳大湾区企业联合参与葡语国家的基础设施、能源开发建设，为内地企业开拓葡语国家市场、澳门打造中葡平台提供有力支撑。基于南沙自贸试验区的特殊位置，有必要引入葡语国家商业机构常驻南沙，加强和巩固中国与葡语国家的联系，在中国与葡语国家、南沙与澳门的全面经贸合作中提供更多的商业资源和人才储备。同时，通过葡语国家商业常设机构，联合创办具有国际声誉的专业展览，并把南沙作为澳门会展"一展两地"、"一展多站"以及"会展直通车"的重要节点，增进相互了解，拓展合作商机。

4. 发挥南沙推动中国企业面向葡语国家"引进来"与"走出去"的平台作用

粤澳双方共同规划、联合开发，推动在南沙建设粤澳合作葡语国家产业园，将其打造成粤澳全面深化合作的示范平台，率先在产业合作、投资贸易、人居环境、人文交流等方面形成示范，将产业园建设成为中国与葡语国家乃至拉丁语系国家"引进来"与"走出去"双向经贸合作新枢纽，将南沙打造成中国企业"走出去"及高质量"引进来"的综合服务基地，为出海企业与入驻企业提供政策咨询、投资贸易、金融法律与人才培训等一系列服务。

5.加快推进国际规则衔接，大幅提升南沙在葡语国家的影响力

当前，部分葡语国家企业及社会组织入驻南沙，存在诸多管理体制和政策法规方面的问题，这在一定程度上阻碍了南沙携手澳门与葡语国家开展经贸合作的进程。加速规则衔接有助于南沙提高国际竞争力，吸引更多葡语国家企业和项目入驻南沙，推动南沙成为市场化、法治化、国际化的经济合作示范区。通过规则衔接，南沙与葡语国家之间的文化交流与合作将得到进一步深化，加深双方的相互了解与友谊，构建更加紧密的人文纽带。因此，要借助《南沙方案》的政策窗口期，通过国际规则衔接加大制度型开放创新力度，助力葡语国家完善管理体制与政策法规，以此为契机全面优化和提升南沙在葡语国家的国际营商环境和国际影响力。

（三）实施路径

1.制定南沙携手澳门加强与葡语国家经济合作的规划方案

根据南沙携手澳门加强与葡语国家合作、打造国际经济合作前沿地策略的研究报告，组织政府部门、企业代表与各行业专家开展项目研讨会，聘请专业的第三方咨询机构，结合南沙与葡语国家的实际发展情况，制定更加完善与细致的规划方案。成立联合工作专班，明确项目组织架构和职责分工，制定项目实施计划和时间表，制定项目预算和资金筹措方案。

2.搭建全球优质食品数智化供应链中心平台

葡语国家拥有丰富的海洋资源，特别是各类海洋农产品，而南沙港拥有完善的物流运输能力。因此，有必要考虑在龙穴岛搭建全球优质食品数智化供应链中心平台，促进粤澳与葡语国家食品企业之间的供应链合作，整合食品企业、资金、人才、技术、服务等资源在南沙集聚，助力南沙打造成为全球优质食品数智化供应链中心。首先，应通过全球优质食品数智化供应链中心平台在南沙建立高质量物流管理和食品供应链管理体系，不断优化完善供应链，促进食品产业提质增效。其次，基于全球优质食品数智化供应链中

平台开展国际化供应链管理人才培养,为南沙食品行业发展提供人才支撑。再次,通过全球优质食品数智化供应链中心平台促进粤澳与葡语国家食品市场对接,搭建市场对接体系,合作开拓两地市场渠道。最后,要发挥澳门面向葡语国家的窗口优势,推动葡语国家优质农产品及食品进入南沙,促进南沙和葡语国家食品及相关行业业务往来和经贸合作。

3. 加快推动粤澳合作葡语国家产业园项目建设

南沙加速推进粤澳合作葡语国家产业园项目,采用"双城驱动、五链融合、一园多区"建设模式。双城驱动着重于南沙与澳门的共同规划和开发,充分利用广州国际贸易枢纽地位和南沙政策优势,与澳门自由贸易港合作,推动产业园科技、产业和制度创新。同时,广东可以与澳门和葡语国家的科技园和产业园签订合作协议,共同推进园区建设,打造国际化创新型经济体系。五链融合集中于推动创新、产业、资金、人才和服务五个链条的融合,支持和引领葡语国家产业园的发展。一园多区模式则探索建设特别监管区、商务合作区和多个产业集群,分别发展现代航运物流、制造业、贸易服务等,以实现全面的产业发展和经济转型。

4. 建设面向葡语国家高质量"引进来"与"走出去"的服务基地

南沙可以从几个方面建设面向葡语国家高质量"引进来"与"走出去"的服务基地。一是加强双边合作,构建与葡语国家的合作机制,促进经贸、文化、科技等领域的交流与合作,打造互利共赢的合作平台。二是优化服务环境,改善南沙的营商环境,提供一站式综合服务,便利葡语国家企业在南沙的投资与发展,并提供"走出去"的支持与服务。三是搭建交流平台,加强与葡语国家的技术交流与合作。四是加强人才交流,深化与葡语国家的人才合作,吸引葡语国家优秀人才来华工作,同时支持本地人才"走出去",参与葡语国家的发展。五是提升语言能力,加强语言教育,提高南沙与葡语国家人才的语言交流能力,为双方的合作与交流提供语言支持。六是深化文化交流,增进双方的文化了解与互信,打造友好相处的文化氛围,促进南沙与葡语国家之间的长期合作。

5. 探索"类澳门"与"类海外"营商环境的管理模式

探索新时代粤澳合作新模式与新实践，推动澳门自由贸易港建设向湾区乃至内地延伸。在南沙借鉴、复制澳门的市场监管及经济管理制度与模式，在园区规划、运营管理、基础设施建设、商事管理、社会治理、法律服务等方面对接澳门标准和办事规则，促进总部经济和高端商贸服务集聚，建设餐饮、住宿、购物、休闲、娱乐等生活配套设施，打造生态安全、环境优美、社会安定、文化繁荣的优质生活圈，打造葡语国家与内地经贸往来高标准综合服务平台，为中国特色自由贸易港建设提供新经验、新路径。

6. 构建粤澳—葡语国家在多领域深度对接的联动机制

南沙携手澳门加强与葡语国家的经贸合作需要政府、企业和非营利组织协调合作，共同探索合作机遇。一是整合政府合作机制，建立由国家发展和改革委员会牵头的协调机构，负责指导合作园建设和解决合作中的问题。二是促进企业联动，推动粤港澳企业与葡语国家企业合作，开展贸易投资。三是建立区域中介组织和非营利组织联动机制，与葡语国家中介组织合作，维护企业利益，展示文化、开展教育培训等。此外，着力打造中葡合作新渠道，包括高层会晤、博览会、论坛等，充分发挥城市外交作用，借鉴广州、澳门发展国际友好城市的经验。

参考文献

李炳康等：《联手开发——中国内地，澳门与葡语国家三方经贸合作发展构想》，《国际贸易》2003 年第 10 期。

叶桂平：《中国与非洲葡语国家的商贸合作——澳门平台》，《西亚非洲》2006 年第 4 期。

洪伟、洪成文：《中国与葡语国家大学生创业项目差异研究——以"928 创新创业挑战赛"为例》，《创新与创业教育》2023 年第 2 期。

陈朋亲、孟静文：《中葡论坛框架下中国—葡语国家贸易发展及特点研究——兼论中葡"一带一路"多边合作》，《东北亚经济研究》2023 年第 4 期。

王豪、杨茁：《葡语国家共同体框架下的葡语发展策略及启示》，《文化创新比较研究》2022 年第 6 期。

李宁、张燕航、王方方：《海洋经济视角下澳门"中葡商贸合作服务平台"升级研究》，《海洋世界》2022 年第 10 期。

王鹏、张汝洁：《论澳门证券交易所建立的可行性及实施路径》，《特区实践与理论》2023 年第 2 期。

殷知行、杨淇然：《粤港澳大湾区视角下澳门城市品牌构建路径研究》，《国际公关》2023 年第 5 期。

B.14
关于推动广州专精特新中小企业加快发展的建议

广州市工商联课题组[*]

摘　要： 专精特新企业作为产业链的"腰部力量"，对产业链固链、补链、强链起到强有力的助推作用。近年来，广州在培育专精特新中小企业方面力度大、进步快，但仍落后于北京、上海、深圳、苏州、宁波等城市，数量偏少、体量与整体经济实力不相称、行业分布与支柱产业不够匹配、上市和挂牌占比不高等问题突出。建议广州在下一阶段推动专精特新中小企业发展时，要聚焦"选企业、育生态、聚集群"优化机制，立足"发现难"问题优化遴选机制，靶向挖掘更多具有发展潜力的优质企业。同时，立足"服务弱"问题绘制专精特新中小企业的扶持政策谱系，立足"集聚少"问题繁荣专精特新中小企业发展生态。

关键词： 中小企业　专精特新　梯度培育　广州

习近平总书记多次强调"中小企业能办大事"[①]"要加快培育一批'专

---

[*] 课题组组长：魏国华，博士，广州市工商联党组书记。课题组成员：顾乃华，博士，暨南大学副校长、研究员；杨铭，广州市工商联经济服务部副部长；冯胜，暨南大学产业经济研究院助教；谢方梅，暨南大学产业经济研究院助教；卢梦姝，暨南大学产业经济研究院助教。执笔人：顾乃华、杨铭、冯胜。

[①] 《激发中小企业活力　助力经济整体性持续向好》，求是网，2023年11月28日，http://www.qstheory.cn/dukan/hqwg/2023-11/28/c_1129996590.htm。

精特新'企业和制造业单项冠军企业"①。专新特新企业专注于细分市场、创新能力强、市场占有率高、掌握关键核心技术，作为产业链的"腰部力量"，不仅能对"头部"的骨干企业形成支撑，也能辐射带动"尾部"的小微企业，对产业链固链、补链、强链起到强有力的助推作用。近年来，广州在培育专精特新中小企业方面力度大、进步快，但仍落后于北京、上海、深圳等城市，与苏州、宁波等城市相比也有不小差距，主要原因在于广州在专精特新中小企业培育上仍然存在发现机制不够精准、培育服务能力不够全面、生态圈赋能不够充分等短板弱项，需要聚焦"选企业、育生态、聚集群"优化机制推动专精特新中小企业发展。

一 现状与问题

近年来，广州专精特新企业加速涌现，已形成国家级专精特新"小巨人"企业（249家）、省级"专精特新"中小企业（3585家）、创新型中小企业（5597家）的三级企业梯度体系。但与其他工业强市相比，广州专精特新企业的数量、质量仍有待提升。

（一）加速涌现但数量仍偏少

截至2023年，广州共计249家企业入选工业和信息化部认定的国家级专精特新"小巨人"企业名录，其中前四批合计123家，2023年7月认定的第五批有126家。广州第五批入选数量在全国主要城市排第6位（次于深圳、北京、苏州、上海、无锡），也超过了前四批认定数量的总和。广州专精特新"小巨人"企业数量迎来快速增长，反映了近年来广州提出的"坚持产业第一、制造业立市"战略部署，以及聚焦实现产业链、创新链、资金链有机融合的政策举措，已内化为专精特新中小企业高质量发展的"养分"。与此同时，也表明《广州市"专精特新"中小企业培育三年行动方案

---

① 《人民日报：为"专精特新"企业发展添加新动力》，人民网，2022年5月16日，http://js.people.com.cn/n2/2022/0516/c360301-35269483.html。

（2022—2024）》《广州市"专精特新"民营企业扶优计划》等服务矩阵，正不断释放提升中小企业素质的政策效能。

但也要看到，当前广州拥有的专精特新"小巨人"企业数量和一线城市中的北京（834家，第1位）、深圳（755家，第2位）、上海（713家，第3位）相比仍存在较大差距，也低于苏州（402家，第4位）、宁波（352家，第5位）等工业大市的水平（见图1），仍需进一步突破专精特新中小企业发展瓶颈，优化培育工作的顶层设计和政策体系，专精特新中小企业不仅要"多起来"，更要"强起来"。

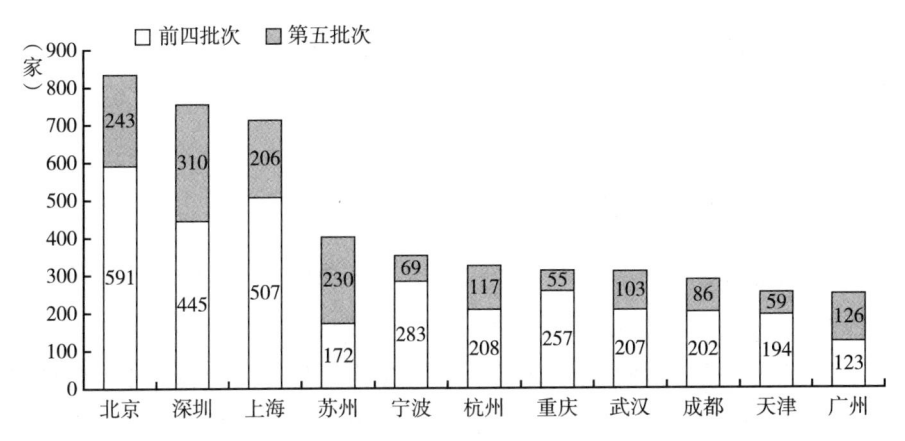

图1　中国主要城市前四批次和第五批次专精特新"小巨人"企业数

数据来源：根据工业和信息化部网站数据整理。

（二）体量与整体经济实力仍不相称

2022年，广州GDP为28839亿元，经济总量位居全国城市第五。而每千亿元GDP对应的专精特新"小巨人"企业数仅为8.6家，千亿元GDP"含精量"与深圳（23.3家）、北京（20.0家）、上海（16.0家）存在较大差距。从每百平方公里建成区面积对应的专精特新"小巨人"企业数量来看，2022年广州为18.4家，仅约为深圳（62.0家）的三成，北京（52.2家）和上海（52.0家）的1/3（见图2）。

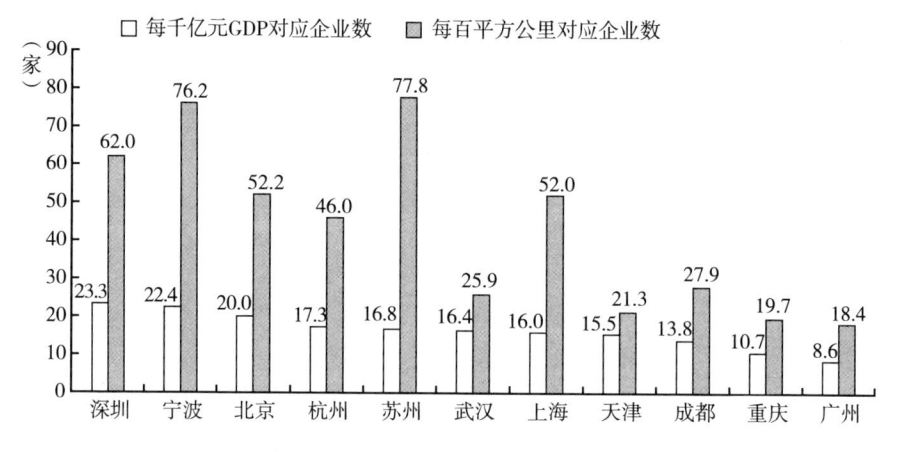

图 2 2022年中国主要城市专精特新"小巨人"企业密度

数据来源：根据工业和信息化部网站数据整理。

（三）行业分布与支柱产业不够匹配

广州专精特新"小巨人"企业主要分布在现代高端装备、半导体和集成电路、人工智能、生物医药等新兴产业领域，与倾力打造的新支柱产业比较契合，对战略性新兴产业"建圈强链"起到了较好的支撑作用。但广州专精特新"小巨人"企业的行业分布相对分散，尤其是与现有三大支柱产业和千亿级产业的耦合度有待进一步提升。例如，汽车制造业长期以来都是广州的第一大主导产业，产值常年居全国大中城市之首，每年贡献全市1/4以上的规模以上工业总产值，但广州专精特新"小巨人"中汽车行业配套企业并不算多，集聚效应也不够明显。与之相比，深圳国家级专精特新"小巨人"企业主要集中在计算机、通信和其他电子设备制造业，专用设备制造业，电气机械和器材制造业等支柱行业，"小巨人"企业在支柱产业集聚、集群、集约发展的特点鲜明，链主企业通过向专精特新企业开放场景应用、共享生产要素实现协同发展。展望未来，广州通过"二次创业""再造一个新广州"，进一步提高现有千亿级产业集群的"含精量"，更充分激发专精特新企业"补短板""填空白""破解卡脖子"，为千亿级产业集群持续壮大和高质量发展提供微观活力和动力。

（四）上市和挂牌占比不高

上市融资是专精特新企业获得资本市场力量的重要途径，也是企业发展迈上新台阶的重要标志。在前四批全国约9000家专精特新"小巨人"企业中，共有616家企业实现了上市。从城市比较看，广州前四批123家专精特新"小巨人"企业中有12家实现了上市，远低于上海（57家）、北京（47家）、深圳（45家），也低于苏州（35家）、杭州（29家）、成都（28家）和无锡（21家）（见图3）。从专精特新"小巨人"企业在新三板挂牌的数量来看，广州有13家，低于北京（48家）、上海（36家）、武汉（22家）、深圳（18家）。此外，在专精特新"小巨人"上市企业市值前十榜单中，广州无企业上榜。上述情况从一个侧面表明，广州专精特新企业的能级有待提高，进阶的步伐仍需加快。

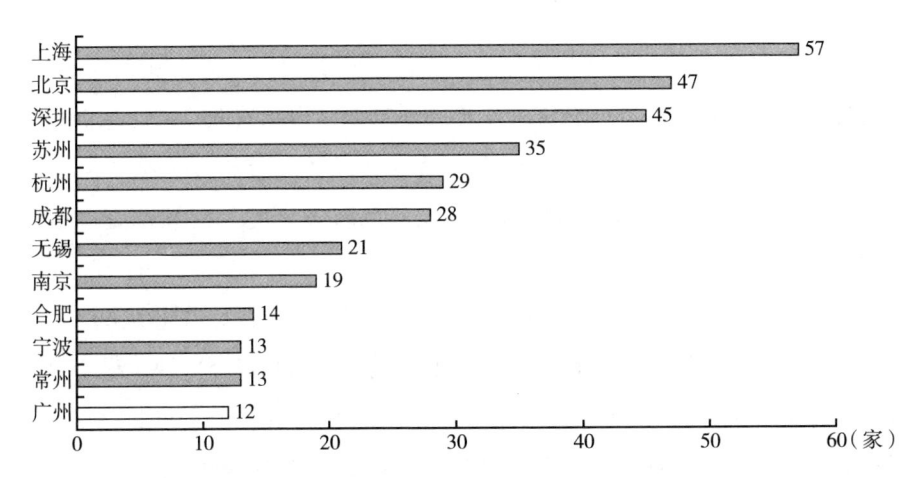

城市	数量（家）
上海	57
北京	47
深圳	45
苏州	35
杭州	29
成都	28
无锡	21
南京	19
合肥	14
宁波	13
常州	13
广州	12

图3 中国主要城市前四批专精特新"小巨人"企业上市数量

数据来源：根据工业和信息化部网站数据整理。

二 成因分析

广州专精特新"小巨人"企业的体量和能级与城市经济实力、制造业立市的战略要求仍有差距，主要原因可归纳为三个方面。

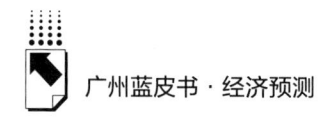

（一）发现机制不够精准

不少本土成长型的中小创新企业成长为专精特新企业的潜力很大，但由于在孵化期体量小，不容易被发现甚至容易被各类扶持政策忽略。当前大多数扶持政策的服务对象是那些已被认定为专精特新"小巨人"的企业，一些有潜力的中小微企业却无法享受相关政策优惠，在迈过专精特新门槛前的关键阶段苦苦挣扎。目前仍存在大量企业对政策及申报路径并不熟悉的情况，同时企业也存在高研发投入与发展风险的矛盾。如何加大政策宣传力度、简化政策申报流程，使中小企业切实享受政策优惠，鼓励更多中小企业走专精特新发展道路是当前政府部门需要考量的重要因素。

（二）培育服务能力不够全面

一些创新型、成长型中小企业获取资源要素的能力有限，在人才支撑、创新协同、市场拓展等方面有较为急迫的诉求未能得到有效响应，急需更为全面的服务予以指引培育。广州市人大常委会经济工委和市工商联在2023年6月联合开展"广州市专精特新企业发展的政策环境"问卷调查（以下简称"问卷调查"）。此次调查回收349家专精特新企业问卷，有136家企业（占比为38.97%）反映支持政策不足；有242家企业（占比为69.34%）认为生产经营、发展壮大面临研发、人工等成本过高和资金短缺、融资难的问题；有100家企业（占比为28.65%）反映培育和引进人才的支持政策力度一般。目前专精特新扶持政策虽为企业在奖补、市场、数字化等方面的共性需求提供支持，但由于企业往往处在垂直度较高的领域，部分差异化需求尚无法得到较好的满足，特别是资金、人才、产业空间三个要素保障问题亟待破解。

（三）产业生态圈赋能不够充分

不少企业反映，最有效率的创新就是龙头企业开放产业链上下游、带动中小企业进行协同创新，但由于产业空间载体不足、生态不够完善，一些专精特新中小企业只能"单打独斗",无法享受到产业生态圈或者龙头企业的充分赋能。促进专精特新企业融入产业生态圈,关键要解决现有存量工业土地分布过于碎片化和企业协同创新松散的问题,推动各类企业主体从"物理集聚"向"化学融合"升级,充分获得成熟产业生态圈的外溢效应。问卷调查显示,有75家企业(占比为21.49%)反映用地用房紧张,有104家企业(占比为29.80%)认为广州对专精特新企业用地用房的支持政策力度一般,有151家企业(占比为43.27%)呼吁加强对企业用地用房的支持。

三 对策建议

广州应以更远目标、更高标准、更广视野审视专精特新中小企业发展面临的问题,着力"选企业、育生态、聚集群",推动中小企业在专精特新发展道路上紧抓机遇、踔厉奋发。

(一)立足"发现难"问题优化遴选机制,靶向挖掘更多具有发展潜力的优质企业

1. 强化全市统筹,建立专精特新后备企业培育库

由广州市中小企业(民营经济)发展领导小组办公室牵头,统筹科技局现有的科技型中小企业库、工业和信息化局现有的创新型中小企业库、工商联创新型成长型企业库,制定一套科学统一的专精特新后备企业甄别和评价机制,参照德国"隐形冠军"的甄别模式,遴选一批发展现状好、研发实力强、成长潜力大的中小企业,定期加强对入库企业申报省级以上专精特新资质的政策宣讲和培训,引导优质企业向专精特新发展。

2. 廓清全景图谱,围绕重点产业链分领域发掘一批专精特新补链企业

分类聚焦支柱产业、新兴产业和未来产业,精准定位本地产业链的短板弱项,全面梳理产业链的上下游协作配套关系,按照"储备一批、培育一批、提升一批"的原则,在国家、省专精特新企业中有针对性地挖掘一批强链补链企业与深耕于某一细分领域且能有效解决产业链"堵点"的潜在

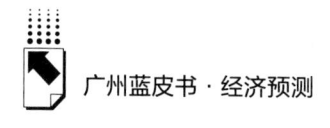

优质企业。

3. 加强以招促引，培育一批专精特新细分领域的苗子企业

发挥市属国资国企的作用，参与产投联动，以资本纽带、股权纽带作为切入点，运用"招投联动"等灵活招商方式，重点关注有潜力的外地规下企业、创新能力强和质量效益高的高成长性企业，精准招引一批"填空型""补充型"企业。支持招引专精特新企业项目在符合"标准地"要求的前提下，实行"带项目""带方案"出让土地，推动"交地即拿证、拿地即开工"。通过"创客中国""创客广东"中小企业创新创业大赛、新锐企业培优计划等活动，对其中的优秀企业、具有潜力的创业团队，引入国资国企投资机构进行重点跟踪，及时将有潜力的企业或优秀团队引入广州。支持本地专精特新"小巨人"企业开展混合所有制改革，围绕产业链布局开展并购重组，吸引上下游企业在穗落地。

（二）立足"服务弱"问题培育产业生态，绘制扶持专精特新企业的政策谱系

1. 按企业发展生命周期进行梯度培育

探索从市级层面加强专精特新企业发展整体设计、培育库建设、服务平台建设、生态营造，挖掘本地中小企业现状特征、发展潜力、发展诉求，分层分类制作企业画像和企业标签，实施靶向培育，层层递进培育一批"专精特新"中小企业、专精特新"小巨人"企业、制造业单项冠军、上市企业，形成梯次培养的格局。通过政府购买服务等形式，为成长初期的专精特新企业开展全面诊断，梳理企业存在的短板和弱项，提出具体诊断意见，并根据诊断情况，构建全方位企业专精特新能力提升服务体系。

2. 做好长期跟踪服务

加强"政府+协会+智库+企业"服务机制建设，推广海珠区首席服务官、花都区暖企专员等经验，搭建政企直通车，为专精特新中小企业成长提供"个性化+全流程+滴灌式"精准服务，针对企业发展中遇到的重点问题由专责部门负责解决，持续扎实做好企业从成长、发展到壮大的一体化服

务。制订广州"专精特新"民营企业扶优计划,发挥工商联和商协会的作用,依托政企沟通服务中心"定点联"、商会政企联络员"网格联"、千家专精特新扶优企业"重点联"机制,培育政企联络员,定期开展政策解读、惠企服务。充分发挥智库和生产性服务机构的作用,集中优选一批优质知识产权、技术转移和法律金融等服务机构形成生产性服务矩阵,为专精特新企业发展提供专业服务。推行柔性执法模式,对非主观故意且违法后果轻微的专精特新企业要"强服务、轻处罚",健全柔性监管容错机制。选树一批专精特新中小企业发展典型与标杆,进行现场观摩、专场研讨、媒体专栏推介,发挥示范引领作用。

3. 做好要素保障,为专精特新企业发展提供强有力的支持

政府应重点关注专精特新企业发展中遇到的人才、资金、产业空间三个短板,加强政策支持和引导。问卷调查显示,对于吸引人才方面,很多专精特新企业反映,受知名度、工作待遇、发展前景等因素影响,高端人才加入发展初期的专精特新中小企业意愿不强,较难吸引国内外重点高校的专业技术人才,导致企业的研发能力较难提高。广州可探索批量采购市内人力资源企业猎头等服务,并通过"靶向引才""点招"等方式,为专精特新"小巨人"企业引进一批领军人才和技术带头人。对于融资支持方面,一些专精特新企业反映银行授信的金额往往难以满足企业需求,部分企业需要依靠中介机构才能提高融资金额,这无形中增加了融资成本。建议广州可探索设立"金融会诊"机制,对于企业认为需要贷款但银行意愿不强或与企业贷款需求相差较大的情况,可考虑由金融监管部门牵头,多家金融机构参与会诊,引导各类政策性银行和商业银行开发更具针对性的金融服务产品,如对专精特新企业增加首贷、提供长期低息贷款、推行便利续贷等支持措施。对于产业空间需求方面,建议出台鼓励政策,支持中小企业开展"零增地技术改造",将老旧厂房等存量产业空间改造为企业研发或生产用房,提高存量土地的利用率。引导国有企业加大低效工业用地收回收购力度,推进工业综合体、标准厂房建设,推动"工业上楼",可采用协议租金或以租金入股协议回购等方式,为专精特新企业提供高品质、低成本的产业空间。对今后有用

地需求但目前体量还达不到一定规模的专精特新中小企业开展评价，探索推出"用地期权"合约，让企业按约定地价保障生产用地，稳定企业用地成本预期，让企业阶段性专注技术研发投入，提高企业生产性投入比例。持续深化工业用地市场化配置改革，进一步探索和优化工业用地长期租赁、先租后让、租让结合、弹性年期出让等供应体系，加快优质企业的成长速度，降低发展成本，让企业能轻装上阵。

（三）立足"集聚少"问题推动产业集聚，繁荣专精特新企业发展生态

1. 以产业载体优化带动"物理集聚"

按照"统筹规划、分类引导、政府搭台、市场运作、突出特色、自主发展"的思路，着力打造各具特色、功能完善的专精特新产业园。依托广州龙头企业或"链主"企业，在周边建设配套产业链园、特色中小企业园，建造可以独立分割的标准化小厂房，保本甚至让利出租或出售给同一链条上的专精特新企业，引导中小企业在龙头企业或"链主"企业周边集聚，形成专精特新产业集聚区。支持产业园集成科技、咨询、金融、法律、会计等增值服务，打造"众创空间—孵化器—加速器—产业集群"全生命周期科技创业孵化链条。

2. 以供需精准对接常态化带动"群体集聚"

聚焦标志性产业链，由龙头企业、专精特新"小巨人"企业推荐认定一批产业链关键伙伴企业，推动组建产业链上下游共同体，深入开展产业链系列对接活动，促进产业链上下游企业产销对接、产融对接、产技对接。支持广州市专精特新发展促进会发挥作用，集合科研院所、产业园区、服务机构等力量，开展企业供需对接，汇聚各行业优质资源，引导专精特新企业抱团发展。探索创建专精特新产业链俱乐部，重点培育处于关键"生态位"的企业，以红联共建、产业链共建等手段，支持"小巨人"企业对上下游资源进行整合，推动产业链内企业学习互促、降低交易成本、发挥溢出效应，增强产业链控制力和产业集群竞争力。鼓励专精特新企业通过专业分

工、服务外包、订单生产、产业联盟等形式，带动中小微企业进入产业链或配套体系。

3. 以产业协同创新催化带动"化学融合"

构建专精特新中小企业协同创新体系，鼓励企业之间"大手拉小手"，支持链主企业加强新兴产业创新机构建设和运营，围绕关键核心技术开展"项目群"攻关，以及开放共享检验、检测和实验平台，建立风险共担、利益共享的协同创新机制。例如，2023年由广州市委统战部、市工商联、市工业和信息化局、市国资委、市科技局联合开展的首届百家新锐企业培优计划，聚合了政府、企业和其他社会力量共同扶持培育，应进一步加强产业政策方面的扶持和引导，鼓励国有、民营龙头企业各类技术攻关和成果转化"揭榜挂帅"项目优先满足专精特新企业的技术和应用需求，对实现重大技术突破、产业成果转化项目给予奖补资助等，更好发挥平台作用，促进产业链上下游协作和大中小企业融通创新。

参考文献

黄树民等：《"专精特新"中小企业上市培育税收政策及服务研析——基于重庆市"专精特新"中小企业的调查》，《税务研究》2023年第6期。

丁建军、王淀坤、刘贤：《长三角地区专精特新"小巨人"企业空间分布及影响因素研究》，《地理研究》2023年第4期。

林江：《培育和扶持更多专精特新"小巨人"企业》，《人民论坛》2021年第31期。

谢菁、关伟：《北京市"专精特新"企业支持政策现状、问题及建议》，《北京社会科学》2023年第4期。

余澳、张羽丰、刘勇：《"专精特新"中小企业数字化转型关键影响因素识别研究——基于1625家"专精特新"中小企业的调查》，《经济纵横》2023年第4期。

杨东日：《中国专精特新"小巨人"与德国"隐形冠军"培育政策研究》，《中国工业和信息化》2023年第4期。

B.15
赓续千年商脉打造广州对外开放新高地对策研究[*]

广州大学广州发展研究院课题组[**]

摘　要： 传承发展千年商脉的开放性品格，对广州打造对外开放新高地、开拓广州高质量发展新局面具有重要意义。建议广州以思想大解放凝聚、传承、弘扬千年商脉开放兼容、务实创新的精神共识，遵循从国际规则主动对接者到主导制定者的升级路径，从商贸和消费领域入手，有序、成体系地开展更加开放、更高标准的国际规则对接、国际标准衔接，推动广州继续当好国家高水平开放、高质量发展的排头兵、领头羊、火车头。

关键词： 千年商脉　开放性品格　高水平开放　广州

　　开放兼容、务实创新是广州的城市标签，也是支撑广州这座千年商都长久繁荣的文化根基。广州要继续在国家高水平开放、高质量发展方面发挥领

---

[*] 本报告系广州市新型智库广州大学广州发展研究院、广东省决策咨询研究基地广州大学粤港澳大湾区改革创新研究院研究成果。

[**] 课题组组长：涂成林，广州大学二级教授，博士生导师，广州市粤港澳大湾区（南沙）改革创新研究院执行院长，广东省区域发展蓝皮书研究会会长，研究方向为城市综合发展、文化科技政策、国家文化安全及马克思主义哲学等。课题组成员：谭苑芳，博士，广州大学广州发展研究院院长、教授，广州市粤港澳大湾区（南沙）改革创新研究院理事长；曾恒皋，广州大学广州发展研究院软科学所所长，广州市粤港澳大湾区（南沙）改革创新研究院研究总监；周雨，博士，广州大学广州发展研究院副院长、讲师，广州市粤港澳大湾区（南沙）改革创新研究院副院长；于晨阳，博士，广州大学广州发展研究院副教授，广州市粤港澳大湾区（南沙）改革创新研究院研究员；臧传香，博士，广州市粤港澳大湾区（南沙）改革创新研究院特约研究员。执笔人：涂成林。

头羊和火车头作用，实现"二次创业"再出发，续写走在前列新篇章、再创千年商都持续辉煌新奇迹，需要传承发展好千年商脉特有的开放性品格，激发改革、开放、创新三大动力活力，以更开放的视野、更开放的观念、更开放的格局打造高水平对外开放新高地，以高水平开发开放开拓广州高质量发展新局面。

一　广州千年商脉的精神内核：开放兼容、务实创新

广州是全球城市发展史中唯一保持千年不衰的商业之都，广州千年商脉能够绵绵不绝、地位稳固的原因，既有物理上大港口、好气候等独特地理区位优势，长期"一口通商"特殊政策环境形成的商流、商机、商人等底蕴优势，更有精神上的融开放兼容、务实创新等气质于一体的粤商文化优势。这种重商主义精神的开放性品格已成为广州人的文化自觉，千年商脉的宝贵历史反而成为广州一直勇站国家开发开放最前沿的思想源泉与文化支撑。赓续千年商脉的开放性城市品格与开放兼容、务实创新的精神特质，正是当今广州打造高水平对外开放新高地、建设中心型世界城市最值得传承弘扬的精神文化遗产。

（一）开放兼容的城市文化气质

2023 年 4 月，习近平主席在广州同法国总统马克龙举行非正式会晤时对广州的历史有一段很精辟的评价："1000 多年前，广州就是海上丝绸之路的一个起点。100 多年前，就是在这里打开了近现代中国进步的大门。40 多年前，也是在这里首先蹚出来一条经济特区建设之路。"[①] 广州向海而生、因海而兴，自古以来就是我国开展对外经贸活动、对外文化交流的重要窗口和枢纽，开放性和兼容性已成为广州这座城市的文化基因与精神标签，并形成了"城市越开放，城市功能就越是得以发挥，城市功能发挥越充分，城

---

① 《习近平同法国总统马克龙在广州非正式会晤》，中国政府网，2023 年 4 月 7 日，https://www.gov.cn/yaowen/2023-04/07/content_ 5750451.htm。

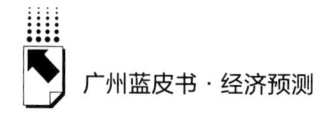

市就进一步开放"的千年商脉传承发展的"路径依赖"。也正是这种开放兼容的城市文化特质，保证了千年商脉随时有新能量的加入和新视野的开拓，保证了广州这座千年商都的长盛不衰、老城市永葆新活力。

（二）重商而守则的成熟商业精神

广府文化不同于偏保守、重农意识的中原文化，而是在千年商脉传承发展中形成的一种富含重商主义精神的独特区域文化。这种文化特质使得广州人形成了非常宝贵的商业意识、契约精神。千年商脉传承发展也使广州形成了浓厚的商业氛围和良好的营商环境，对商流、人流、资金流等形成了强大的城市吸引力和市场亲和力，五湖四海的人都愿意来广州投资、兴业、寻找新商机，推动了广州商业和经济的持续繁荣。

（三）重创新又高度务实的独特发展意识

当代岭南文化名家刘斯奋这样总结评价广府文化"不拘一格的务实、不定一尊的包容、不守一隅的进取"。千年商脉传承发展，广州人有很强的创新意识，民国时期粤籍华侨在广州创办第一批现代百货公司，改革开放时期广州首创大件商品免费配送服务模式、商场自选模式，开设第一个灯光夜市、第一条商业步行街、首个大型购物中心，这些鲜活案例都是广州人敢为人先、勇于创新的明证。但广州人也非常务实，不好高骛远，千年商脉将创新性和务实性两种文化品格完美融合起来，能够合理地把传统的"务实"融进现代的"创新"中，这是广州这座千年商都一直走得很稳，也走得远的根本原因所在。

二 赓续千年商脉打造广州对外开放新高地的重大意义

（一）广州继续当好高水平开放、高质量发展排头兵、领头羊、火车头的战略需要

坚定实施高水平对外开放是在世界格局深刻复杂变化的背景下，全面建

设社会主义现代化国家的重大战略部署。在新时代高水平对外开放、构建国内国际双循环新发展格局的战略布局中，国家对广州寄予厚望，承担着一系列先行示范的重大战略任务。赓续千年商脉的开放兼容的城市品格与务实创新的精神特质，要求广州继续当好排头兵、领头羊、火车头，为国家高水平开放、高质量发展、高水平统筹发展与安全蹚出一条新路，为全省在推进中国式现代化建设中走在前列贡献广州力量。

（二）广州摆脱"舒适区"发展路径依赖、实现"二次创业"再出发的现实需要

广州GDP在2016年被深圳超越、丢失中国经济第三大城地位后，2022年再次被重庆反超。2023年广州、深圳、重庆的GDP分别为3.03万亿元、3.46万亿元、3.01万亿元，广州虽然重新反超重庆、夺回经济第四城宝座，但与深圳的差距越来越大，又随时可能被重庆重新超越，城市发展面临严峻形势。导致此种情形的原因是多方面的，但核心因素是广州形成了"舒适区"发展路径依赖。赓续千年商脉的开放兼容品格和务实创新精神，有助于推动改革初期创新创业精神的再回归、再重塑，为广州"二次创业"再出发注入深化改革动力、释放开放创新活力，塑造经济社会发展新优势、新格局。

（三）先进城市发展经验证明，商脉精神传承是推动城市不断跨越发展的动力源泉

上海自贸试验区作为我国第一个自贸区，其亮眼成绩单主要得益于上海将"海纳百川、追求卓越、开明睿智、大气谦和"的城市文化精神有机融入自贸试验区建设，在302项国家复制推广的自贸试验区制度创新成果里，有145项源自上海首创或同步先行先试。[1] 上海在率先试点外商投资准入前

---

[1]《上海自贸区十周年：全国自贸区复制推广的创新成果，近半源于这里》，人民网，2023年9月18日，http://zj.people.com.cn/n2/2023/0918/c186327-40574660.html。

国民待遇加负面清单管理模式、率先建立国际贸易"单一窗口"、率先建立生物医药研发用物品进口"白名单"制度等一系列重大制度性开放创新方面表现出来的大气敢干、锐意创新、善作善成，完美展现了海派文化的精神特质。深圳能后来居上超越广州，在科技产业发展方面获得其他城市难以企及的辉煌成就，就是因为深圳始终站在改革、开放、创新的最前沿，努力营造适合投资、营商、科创、人才发展的城市环境和社会文化氛围。广州发展的历史经验也证明，思想解放、市场开放走在全国前列的时期正是广州商业发展最快、最繁荣的黄金时期。千年商脉凝聚的开放兼容的城市品格、重商守则的成熟商业文化、务实创新的精神气质，不是历史包袱，而是一般城市所没有的宝贵财富、动力源泉，必须传承好、发展好。

三 赓续千年商脉打造广州对外开放新高地的建议

（一）总体策略

1. 坚持思想大解放先行

习近平总书记强调："改革开放的过程就是思想解放的过程。没有思想大解放，就不会有改革大突破。"[1] 赓续千年商脉打造广州对外开放新高地，既是一个千年商脉传承、创新、发展的问题，也是立足新形势、直面新问题，继承千年商脉开放性品格与务实创新精神进行深层次的改革攻坚、开放拓展的问题。因此，赓续千年商脉打造广州高水平对外开放高地除了需要决心和勇气，也涉及具体的思路和方法。

一方面，需要通过思想大解放凝聚、传承、弘扬千年商脉开放兼容、创新务实的精神共识，并转变为工作中的实际行动，提振干事创业精气神，彻底解决当前不同程度存在的形式主义、"等靠要"、怕担责不敢改不敢干、"躺平"、安逸享受等错误思想问题。另一方面，需要通过一场轰轰烈烈的

---

[1] 习近平：《在庆祝海南建省办经济特区30周年大会上的讲话》，人民出版社，2018，第13页。

思想大解放行动，推动各种观念、各种思想、各种理论碰撞交融，打破惯性思维，开拓视野探索出更多切实可行的新理念、新观点、新思想、新方法，为新时代广州赓续千年商脉打造高水平对外开放新高地提供科学"导航"。以思想大解放真正激发改革、开放、创新三大动力活力，推动各项工作实现大突破。

2. 从商贸和消费领域重点入手

广州是当前国内城市中最有条件和实力打造全球领先的国际商贸中心城市的，也是国家首批培育建设的国际消费中心城市。2023年广州社会消费品零售总额达11012.62亿元，商品进出口总值达10914.28亿元，[①] 已连续三年双双突破万亿元大关，是全国少数双指标过万亿城市。广州要建成中心型国际城市和引领性国家中心城市，最具基础条件与比较竞争优势的也是在商贸和消费领域，需要在国际商贸和消费中心城市建设方面取得率先突破。

从千年商脉开放兼容与务实创新精神传承发展的本源领域入手，打造高水平对外开放新高地有两个好处。一是可以进一步巩固和提升广州在商贸中心、消费中心的城市能级，加快补齐广州国际化水平不足（包括外商直接投资、营商环境）、区域辐射能力不足等方面的短板，在原有优势领域打造城市核心竞争优势，形成更显著的长板效应。在短期内取得显著市场成效，有利于提振国内、国际投资者和社会各界对广州的发展信心。二是可以通过服务业扩大开放带动商贸和消费市场持续繁荣，从需求端进一步带动产业、科技、人才、资本等高端优质资源的快速集聚和营商环境的全面优化。这也是当前广州实现产业跨越、发展路径跨越、城市能级跨越的一条稳健且可行路径。

3. 抓好南沙这个关键突破口和着力点

随着广州城脉、商脉通江达海向东、向南延伸铺开，广州港重心从黄埔向南沙迁移，南沙在物理空间上已成为千年商脉向南海延伸的新核心区和辐射大湾区的中心点。同时，南沙拥有国家级新区、自贸试验区、粤港澳全面

---

① 《2023年广州市国民经济和社会发展统计公报》，广州市统计局，2024年3月30日。

合作示范区等政策叠加优势，在大湾区建设中承担着携手港澳建成高水平对外开放门户，打造成为立足湾区、协同港澳、面向世界的重大战略性平台等一系列战略任务，是广州打造高水平对外开放新高地的窗口中的窗口、前沿中的前沿、高地中的高地。

近些年，上海、深圳承担了国家需要改革攻坚、创新探索的重点任务，先行先试、闯出新路，取得一系列重大发展成就。南沙在赓续千年商脉打造高水平对外开放新高地中承担着中心承载区和关键工作抓手的双重任务，必须抓好这个核心关键点，推动南沙在新一轮深层次改革攻坚和引领性制度开放中拿出更多实实在在的创新成果。一方面，为广州全域高水平开放、高质量发展探好路、做好示范；另一方面，为巩固广州改革"实干家"形象，让广州更有底气和信心在开放试点方面争取中央更大的信任授权和资源支持。

（二）具体对策建议

1. 对照千年商脉开放兼容品格与务实创新精神，开展"思想大解放"专项行动并构建长效机制

深圳、上海浦东新区的发展史，就是一部以思想观念大解放推动改革开放大突破的历史。广州要学习这些先进经验，对照千年商脉开放兼容品格与务实创新精神，联系广州实际和社会感受，找工作差距、找问题症结，在政府、企业、民众三个层面开展一场轰轰烈烈的打造高水平对外开放新高地、"二次创业"再出发的"解放大思想"专项行动。以主题研讨会、辩论赛、专题调研活动等多种形式，解放思想、开拓视野，共同破解广州发展中突出矛盾和问题，在传承千年商脉、拓宽发展思路、凝聚社会共识等方面出真思想，在提升能力、改进工作、提振状态等方面见真成效。

同时，解放思想从来不是一蹴而就的，问题也不是一下子就能解决的，更不是能一步到位做好的，需要建立思想大解放推动改革大突破的长效研究机制、组织与宣传工作机制、思想成果在实际工作中的转换与落实机制，推动解放大思想、能力大提升、作风大转变、工作大落实持续向纵深发展。

2. 全面落实"三个区分开来"①,创新机制打造合干事创业的外部环境

改革就是摸着石头过河,创新就是一个不断"试错"的过程,要打造高水平对外开放新高地,就要倡导培育更加浓厚的"鼓励创新、宽容失败"的社会文化和氛围。但鼓励创新、宽容失败,关键不在口号,而是建立鼓励探索创新、与敢闯敢试相适应的用人标准和评价机制。广州要积极传承弘扬千年商脉不墨守成规的创新、不守一隅的开放进取的精神品格,全面落实"三个区分开来",加快构建完善一套清晰可执行的容错纠错机制和精准问责执行标准,用千年商脉社会文化联合一套透明、稳定且可预期的制度标准,保护干部干事创业、改革创新的积极性,激励干部敢于担当、积极作为。

3. 遵循从主动对接者到主导制定者的升级路径,有序推进系统性改革攻坚

相较于英国伦敦、美国纽约、法国巴黎、日本东京等国际公认的具有极大全球影响力的国际商贸中心和消费中心,广州当前欠缺的是国际化水平和区域辐射能力。因此,广州在打造高水平对外开放新高地策略上,要赓续千年商脉开放兼容、务实创新的精神品格,首先在对外贸易、跨境投融资、市场准入负面清单管理、质量检验检测与认证、知识产权保护等重点领域实行更大程度的压力测试,在国际规则对接、国际标准衔接上取得重大突破。积极联动港澳加强研究合作、创新实践,协同合作谋求成为对标伦敦、纽约这类全球顶尖的国际商贸中心的国际经济活动规则、标准制定的参与者、主导者。

同时,国际规则衔接是相互关联、环环相扣的系统性改革攻坚任务,一个方面改了,另一个没有改,很可能达不到应有的改革效果,甚至会使整个系统不协调而效率下降。因此,一定要秉承千年商都的务实创新精神,从打造具有全球竞争力和引领力的市场化、法治化、国际化营商环境目标任务出

---

① 把干部在推进改革中因缺乏经验、先行先试出现的失误错误,同明知故犯的违纪违法行为区分开来;把尚无明确限制的探索性试验中的失误错误,同明令禁止后依然我行我素的违纪违法行为区分开来;把为推动发展的无意过失,同为谋取私利的违纪违法行为区分开来。

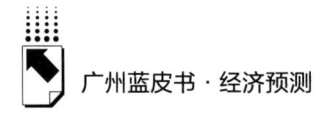

发，针对堵点和短板进行改革整体谋划，加快完成对原有碎片化改革成果的系统集成。

4. 对南沙尽可能放权和松绑，把南沙真正打造成一张改革攻坚"王牌"

上海浦东新区之所以能成为上海乃至全国开发开放的"王牌"，就在于其能够在关键时刻发挥突出重围、盘活全局的关键作用，在于敢闯敢试、敢为人先、敢于用创造性的思路和举措来赢得战略主动。① 南沙在政策供给、资源配置、空间载体等方面类似于上海的浦东新区、复合体的深圳光明新区和前海自贸区，但在实际成效上却远不及这些地区的真正"王牌"，在支撑城市高水平开放、高质量发展方面远没有达到预期的发展要求。其中一个主要原因就是南沙的权限太小、束缚太多。因此，要推动南沙实现全面深化改革开放新跃升和经济社会高质量跨越式发展，成为广州赓续千年商脉打造高水平对外开放新高地的改革攻坚"王牌"，一方面，省市管理权限应放尽放，并争取中央在重点领域和关键环节改革上赋予南沙更大改革自主权，通过放权尽可能提高南沙开发开放的工作效率；另一方面，要在用人机制、考核机制、监督机制、容错机制等方面尽可能为南沙松绑，为敢干事、能干事、干实事的人才脱颖而出创造更好的发展生态，通过有监督的减负松绑坚决刹住创新政策实施过程中的形式主义之风、文牍主义之风，切实提高南沙开发开放工作的科学决断力和高效执行力。

5. 集中力量率先突破数字贸易和跨境数据流动制度瓶颈，打造支撑千年商脉传承发展和高水平对外开放的新基建

在信息互联网时代，"得入口者得天下"，信息流正在变得比资金流和物流更重要。当前，数据跨境流动是在华跨国公司、国际投资企业最关注的领域之一，也是构建国内国际双循环新发展格局、广州延续千年商都新辉煌亟须突破的改革发展瓶颈。广州要以加快建设人工智能与数字经济试验区、南沙（粤港澳）数据服务试验区为主要抓手，对标粤港澳大湾区一体化发展和建设中心型国际城市的发展要求，集中力量率先开展在数字贸易和跨境

---

① 《全力以赴，把"王牌"打得更好更活》，《解放日报》2021年7月20日。

数据流动领域的改革攻坚，在数字贸易便利化、跨境数据自由流动、符合国家数据和网络安全管理要求的监管模式创新等领域开展一系列更加深入的实质性改革试验。提升国际信息枢纽功能，在跨境电商、企业投资、科研数据等服务领域加快建设国际互联网专用通道和大数据服务平台，打造具有全球竞争力的国际数据港。

参考文献

王先庆：《反思与批判：广州离国际商贸中心有多远——基于政府政策目标与实际绩效偏离的深层思考》，《城市观察》2017年第1期。

《阅尽千帆再起航，"千年商都"广州重塑发展新势能》，《21世纪经济报道》2022年12月26日。

颜泽贤：《浅谈广州"窗口文化"之特质》，《开放时代》1986年第6期。

王彩娜：《千年商都向何处去》，《中国经济时报》2023年3月23日。

吴孝祖、龚顺：《广州——享誉世界的千年商都》，《商业文化》2019年第8期。

陈晔：《试论上海文化的开放性——基于海洋文化的视角》，《中国海洋社会学研究》2021年第9期。

何一鸣：《广州文化演进与经济制度转轨》，《城市观察》2012年第1期。

肖翊、傅俊尧：《广州建设国际商贸中心城市的能级分析与发展策略研究》，《面向高质量发展的空间治理——2020中国城市规划年会论文集》，2021年9月。

《广州市人民政府关于印发广州市建设国际消费中心城市发展规划（2022—2025年）的通知》，2023年9月。

数字经济篇

B.16 基于数字健康发展的"新广式养生"数智矩阵开发研究

陈可唯 黄颖纬 柯倩婷[*]

摘　要： 数字健康产业是数字经济的重要组成部分，全民性的健康共识驱动数字健康平台和内容产品的用户需求显著增加，数字康养赛道涌现新动能，"新中式养生经济"崛起。2023年，广式养生文化的数智开发和推广都迈出了坚实的步伐，向数字健康领域延伸，但尚未形成体系化、结构化的广式养生"云端"内容矩阵和数字健康产业链。接下来广州需要探索"中医药+文旅"的数智博物馆开发、个性化广式健康管理的终端产品应用、医疗平台和养老社区的智慧健康场景建设等发展路径，优化"新广式养生"数智矩阵开发的整体布局。

---

[*] 陈可唯，博士，广东工业大学通识教育中心、管理学院、艺术与设计学院副教授，研究方向为智慧文化产业；黄颖纬，广东工业大学管理学院公共文化管理硕士研究生，研究方向为智媒运营；柯倩婷，广东工业大学艺术与设计学院艺术学硕士研究生，研究方向为交互设计、健康设计。

基于数字健康发展的"新广式养生"数智矩阵开发研究

关键词： 数字健康　智慧康养　新广式养生　数智矩阵

一 "数字健康"赋能"新中式养生"经济崛起

人民健康是民族昌盛和国家富强的重要标志，国民拥有健康美好的生活也是社会主义现代化的建设内容。以数字化赋能"健康中国"建设，打造健康领域的新质生产力，不仅与民众福祉息息相关，也是推动国家可持续发展的战略需求。自2023年以来，全民健康共识驱动数字健康平台和内容产品的用户需求显著增长，年轻化、多元化、时尚化的"新中式养生经济"迅速崛起。

（一）从"健康中国"到"数字健康"

数字健康产业是数字经济的重要组成部分，为实现健康资源共享、解决医疗资源分配不均等问题提供可行方案。《"健康中国2030"规划纲要》提出"发展基于互联网的健康服务……探索推进可穿戴设备、智能健康电子产品和健康医疗移动应用服务等发展"。[1] "数字健康"也是国际医疗健康领域的前沿话题，2019年世界卫生组织发布的《数字健康全球战略（2020—2025）》（Global Strategy on Digital Health 2020-2025）对"数字健康"的范畴做出界定："开发和使用数字技术以改善健康相关的知识和实践领域，涵盖物联网、人工智能、大数据等数字技术在健康管理方面的应用。"[2] 2020年，数字健康体系建设迎来关键节点，我国"云端"健康消费迅速增长，数字健康市场规模由2019年的2008.3亿元增长至2020年的2900.1亿元，增长44.41%，为2016年以来的最高增速。[3] 数字革命浪潮席卷医疗健康产

---

[1]《中共中央 国务院印发〈"健康中国2030"规划纲要〉》，中国政府网，2016年10月25日，https://www.gov.cn/zhengce/2016-10/25/content_5124174.htm。

[2] World Health Organization, "Global Strategy on Digital Health 2020-2025", Aug. 18, 2021, https://www.who.int/publications/i/item/9789240020924.

[3]《国家互联网信息办公室发布〈数字中国发展报告（2020年）〉》，中国政府网，2021年7月3日，https://www.gov.cn/xinwen/2021-07/03/content_5622668.htm。

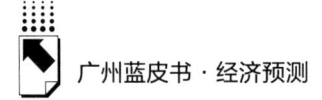

业,在传统医疗健康产业加速数字化转型的同时,互联网医疗、运动健康和医药电商等新兴业态也几经迭代更新,"健康管理"和"养生健体"成为消费领域的新热点。

自2023年以来,数字康养赛道涌现新动能。"预防大于治疗"的全民健康共识有效驱动用户对数字健康平台和内容产品的使用,健康管理、养生保健、医学常识类数字科普内容的用户需求持续走高并日趋年轻化,"丁香医生"发布的《2023国民健康洞察报告》显示"关注健康知识"在健康管理行为中位列第一,占比为58%。[1]

"数字"与"健康"的融合重塑医疗健康领域的行业模式,在线问诊、智能医疗、线上健身同步升温,推动"大健康"经济的全线增长,健康消费的渠道、模式、生态都在走向普惠、共享、联动。根据《2023中国健康生活趋势洞察报告》,我国健康产业需求侧、供给侧双向驱动,推动整体大健康消费产业结构升级。[2] 中国社会科学院等智库机构通过梳理中国数字健康行业,分析未来发展趋势,认为中国拥有全球数字健康最大的应用场景,拥有数万亿级的市场空间。[3] 如何进一步发展数字健康产业、开发产品与新应用场景、激发市场活力成为数字健康领域亟待解决的重要问题。

(二)数字健康产品爆发式增长

2023年各类数字健康社区和康养内容产品呈爆发式增长,最常见的模式包括健康知识社区、养生管理移动终端和线上健康运动产品。

构建具有科普性质的健康知识社区,采用的主要模式是具有专业医学保健背景的专业机构(比如丁香医生、果壳)和医学健康领域达人(比如仙

---

[1] 《丁香医生发布2023国民健康洞察报告·家庭健康篇》,澎湃网,2023年6月9日,https://m.thepaper.cn/baijiahao_ 23418304。

[2] 《2023中国健康生活趋势洞察报告》,第一财经商业数据中心,2023年11月17日,https://www.cbndata.com/report/3171/detail?isReading=report&page=17。

[3] 《重磅!首部中国数字健康发展报告出炉 数字健共体引领产业新趋势》,中国(天津)自由贸易试验区天津港东疆片区网站,2020年6月28日,https://www.dongjiang.gov.cn/contents/110/12309.html。

鹤大叔张文鹤、杨博士饮食营养），通过内容分享的传播方式，打造数字健康社区，相关科普内容会在微信公众号、抖音、创客匠人、小红书等平台同步上线，形成数字社区品牌效应。

养生饮食管理的移动终端产品结合用户体质需求，按照医学养生体系，制定饮食健康管理计划和养生建议方案。例如，"营养计划""薄荷健康"等App产品，围绕减重控脂、术后营养、疾病饮食等方面，为用户提供科学方案和膳食课程。"过日子""中医精华"等小程序则沿用传统中医学体系，融合节气风物和阴阳五行理论，为用户提供中式调养方案。

多元化数字健康运动产品开发已经从原有的音频"陪练"、"跟练"和"穿戴式"设备，转向沉浸式场景开发。如线上健身平台Keep在2023年推出"剧情燃脂跑"，以跌宕起伏、趣味生动的剧情引导用户进行运动，让居家跑步运动变成休闲游戏。郑州大学联合中国中医科学院开发"AI太极"；杭州中医药文化数字健康生活馆推出"八段锦数字跟学"，打造人机交互教学二十四式太极拳；还有虚拟道长通过裸眼3D屏幕实时指导用户学习八段锦并进行动作纠正。

（三）年轻化"新中式养生"

"新中式养生"现下成为国民健康保障和疾病预防的新热点，以中医中药为代表的传统养生保健受到高度重视，国家中医药管理局等五部门联合印发的《中医药文化传播行动实施方案（2021—2025年）》明确指出建设中医药文化传播平台，以中医药文化宣传教育基地为基础，遴选建设一批融健康养生知识、养生保健体验、休闲娱乐于一体的中医药文化体验场馆，充分利用数字语音、全景影像、三维影像以及虚拟现实、增强现实等技术手段，形成特色突出的中医药文化传播和展示体系。[1] 中医药与数字化对接，将带动养生文化、康养产业、数字大健康的转型升级。

---

[1] 《国家中医药管理局中央宣传部教育部国家卫生健康委国家广电总局关于印发〈中医药文化传播行动实施方案（2021—2025年）〉的通知》，中国政府网，2021年6月29日，https://www.gov.cn/zhengce/zhengceku/2021-07/07/content_5623103.htm。

融合传统中医理念的健康养生，在数智时代呈现年轻化、便捷化、时尚化、创新化的趋势，中医中药、药膳茶饮、运动保健对接数字运营、数字社区和网络社交，涌现出"养生达人""朋克养生""轻滋补"等概念，成为"新国潮"产品开发的重要赛道。在2022~2023年《中国美好生活大调查》中，"保健养生"跻身18~35岁年轻人增加消费榜单前3位，占比为31.04%，[1] 年轻群体展现出对养生消费的浓厚兴趣，以中式滋补零食和养生茶饮"食补"为主。运用数字健康产品进行健康管理和运动锻炼成为契合新生代生活习惯的"新中式"养生潮流，技术创新、多元需求和消费升级共同推动"新中式养生"经济崛起。

二 广州本土养生产品与数智平台应用"拓圈"发展

中国养生文化源远流长，基于各地方的气候风物、地理空间和民俗民风形成多元的养生理念、保健方法和膳食特征，发展出类目繁多、医养一体的养生文化体系。广州自古地处岭南"瘴疠之地"，先民们在长期与恶劣自然生存环境抗争中摸索出蕴藉深厚的南粤养生文化，强调通过饮食和生活习惯以达到养生目的，发展出一套集药膳同源、茶方汤饮、芳香化湿、运动养生于一体的康养保健系统，蕴含天人合一的养生哲思、厚道包容的人生态度和务实创新的保健宗旨，大大丰富了岭南文化的内涵。2023年，无论是广州本土养生企业的品牌升级，还是广式康养文化的数智推广，都在实体产品开发、公共文化科普、数智平台搭建和数字产品应用开发上迈出了坚实的步伐。

（一）基于广式养生理念的广州企业实体养生产品开发

近几年，基于广州本土养生文化的食品茶饮和健康保健类品牌都在

---

[1] 《年轻人钱花哪儿了？调查：31.04%的人想用在保健养生》，澎湃新闻，2023年5月4日，https://www.thepaper.cn/newsDetail_forward_22954541。

基于数字健康发展的"新广式养生"数智矩阵开发研究

"膳食汤补"和"新式茶饮"上不断发力,尤其是自2023年以来,面对"新中式养生"需求市场的显著增长,多元化、年轻态的养生产品开发和文化品牌活动都极为活跃。比如"无限极"旗下品牌"养固健"创新研发增健口服液、润和津露、红果清露等中草药调养产品,满足消费者对健康与美味的双重追求,打造"粤食粤好"的养生生活方式。2023年底,"养固健"还与广州电视台携手举办"养固健·国潮养生奇妙夜"活动,通过一系列融合国潮风格元素和传统养生文化理念的艺术节目与打卡展区,展现国潮养生之美,实现养生文化的"古今传承"。

根据CCFA(中国连锁经营协会)联合美团发布的《2023新茶饮研究报告》,广州新茶饮门店数超过12000家,是全国唯一的"新茶饮万店城市",新茶饮门店密度排名全国第二(6.6家/万人)。

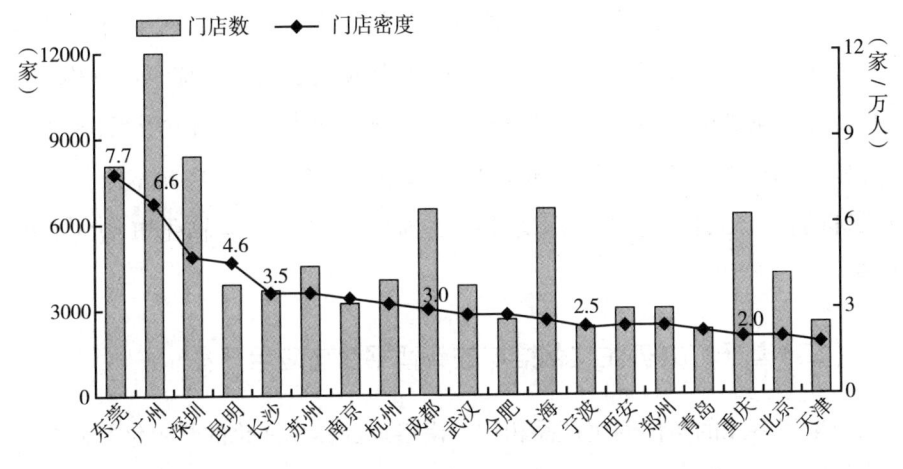

图1 一线与新一线城市新茶饮品类门店数及门店密度

数据来源:《CCFA联合美团发布〈2023新茶饮研究报告〉》,中国连锁经营协会网站,2023年9月20日,http://www.ccfa.org.cn/portal/cn/xiangxi.jsp?id=444980&type=33。

粤地民众对茶饮的偏爱可见一斑,深谙此道的广州企业将"新式茶饮"与养生功效相结合,开辟茶饮养生赛道。2023年9月,以"凉茶"闻名的老字号王老吉合作百源堂开设mini新式茶饮店,推出竹蔗茅根马蹄爽、莓满桑葚、广东特调·9.9柠檬茶等草本茶饮,以"草本养生""时尚中药"

等概念吸引主张低卡低脂的"轻饮"年轻群体。底蕴深厚的老字号在养生概念与茶饮口味上进行创新，茶饮新秀则致力于开发日常养生场景。比如Chali（茶里）的"每日茶"和"晚安茶"，前者将茶饮消费场景细分为"早餐元气"、"饭后解腻"和"下午怡神"三个模块，针对各个细分场景定制差异化、特色化茶饮产品；后者直击现代社会人群中普遍存在的晚睡、失眠、睡不好等痛点，将传统中药白术沉香叶加入茶包配制，不走茶饮"提神"的寻常套路，另辟蹊径以"益脾助眠"为卖点，促进茶饮在夜晚睡眠场景中的应用。

"新中式养生"伴随"药食同源"理念和国潮国风逐渐崛起，年轻人健康消费意识不断增强，根据克劳锐指数研究院发布的《2023品牌社交营销系列研究——滋养保健篇》，当下年轻人"超前养生"意识突出，超六成"00后"学生购买过保健品，且内服养生类保健食品是首选，中药服用的日常化养生理念也在社交网络走红。此外，相比良药苦口的传统中式滋补，年轻群体还注重养生食品的品牌理念和产品形态，愿意为更时尚的设计和更好的体验（如智能系统、定制服务）付出溢价。[1] 2023年，广州本土保健茶饮品牌的新产品开发思路，都是开拓"新中式养生"年轻化市场的有效路径。

（二）基于广式养生文化推广的数智平台与应用开发

与丰富多元的实体养生产品相比，南粤地区养生文化的数字化开发与应用还处于初级阶段，整体显现出展示性大于实用性、重类目大于重矩阵的特点，无论是用户参与感还是使用体验感都有待提升。

在广式养生文化的公共科普方面，《膳食计》《粤知一二》等广东本地节目发挥着线上媒体对养生文化的科普传播作用，《粤知一二》还在B站、抖音等互联网视频平台开辟阵地，通过增加趣味性内容的方式实现从传统媒

---

[1] 《2023品牌社交营销系列研究——滋养保健篇》，克劳锐，2023年11月，https://www.cbndata.com/report/3179/detail?isReading=report&page=7。

体到新兴媒介的转型，带动传统养生文化在互联网空间的科普传播。此外，广东中医药博物馆、广府本草博物馆等作为广府养生文化的线下宣传阵地，近年来利用动态投影、VR、体感交互等数字技术打造关于岭南药膳、草本植物的沉浸体验展区，成为养生文化记忆名片。

在广式养生数智平台打造方面，广州琶洲中医药产业国际创新中心在2023年3月落地智慧健康数字化展厅和沉浸式艾灸体验馆项目，应用区块链、物联网等技术构建健康监测数据系统，收集用户使用艾灸设备前后的健康数据进行比对分析，形成个性化健康管理模式。

在广式养生数字产品应用的开发方面，广州美术学院基于岭南茶文化开发的手机端应用"食茶"App，从茶具、茶米、冲茶、品茶、茶历史五个方面指引用户学习了解茶文化，以简洁的工笔插画和丰富有趣的茶饮知识传播关于"茶"的生活方式和养生效用。又如珠海汇量科技有限公司开发的"烂草医"微信小程序，包含从中医基础知识的展示到实践操作的指导，为用户提供了一个全面且深入地了解中医药文化的平台，用户可以从中医术语、计量转换、食材药方等多方面深入了解中医药文化。

（三）基于"数字健康"的广式养生文化数智转化模式

整体来看，2023年南粤本土对膳食、茶饮等保健产品的运用已经较为熟练，还融合了"国潮""古风"等流行元素，将养生文化传播至更广泛的人群，在数字化开发上也积累了一定经验，但整体上尚未形成系统化、结构化和矩阵化规模。

养生文化在数字健康领域的转化与应用主要包含三个方面的内容：一是知识内容传播，将养生知识作为内容主体在互联网平台和数字化展厅中进行科普，使用者通过观看体验提升健康素养；二是智能软件应用，以中医药养生文化为核心设计功能应用，用户通过移动终端即可获取健康管理、中医诊疗等功能；三是数智平台研发，基于中医数据集开发训练医疗、养生数字模型，提供症状诊疗、个性化养生方案等场景服务。

三 "新广式养生"数智矩阵开发路径与构建策略

"新广式养生"可以成为广州数字健康产业建设的文化锚点,进一步加快广府养生文化在数字传播、数字产品和数字平台上的落地与转化,将广式养生作为完善数字健康产业链的重要组成部分,将进行数智赋能后的广式养生产品融入文旅文创、养老保健、数字社区等领域,打造一张"广式生活"新名片。

(一)"中医药+文旅":广州中医药博物馆数智开发路径

中医中药是中国传统文化的瑰宝,既是本土传统医学,又是一套科学哲学,还蕴含丰富的文化叙事,广州沉淀了岭南中医药文化精粹,中医保健、中药养生、药膳同源等理念深入民众生活。目前,我国共有83家中医药类博物馆,其中国家一级博物馆1家、二级5家、三级3家,分布在北京、上海、广东、山东等地,具有中医药文物保护研究和中医药养生文化传播等功能。广州拥有广东中医药博物馆、广州神农草堂中医药博物馆、广府本草博物馆等中医药类博物馆,2021年将建设"岭南中医药博物馆"作为市重点项目,致力于建成"一带一路"中医药健康旅游示范景区、粤港澳大湾区中医药文旅融合示范地。

广州现有的中医药博物馆整体设计展陈思路处于平面化、局部性、图文式的阶段。对于如何利用数字技术提升文化叙事的观感,故宫博物院和国家中医药博物馆都是可借鉴的案例。故宫博物院多次举办"没有文物的文物展",借助数字科技成果,通过AR眼镜和裸眼3D视觉装置,打造沉浸式文博体验。国家中医药博物馆则在互联网同步上线国家中医药数字博物馆,开设"云展"和"三维典藏"模块,与线下展厅互为补充,系统讲述中医药历史、典故、著作等。这类数字展陈技术在广州的企业品牌推广方面也有应用,比如广州本土的养生茶饮品牌Chali举办的"Chinese Tea in Chali 山河锦绣"沉浸式艺术影像展,将茶叶与当代艺术相结合,利用"AR+5G"交互技术提高展览的互动性，观众置身由茶叶、折扇、山水画环绕而成的影像空间中，走动间或浓或淡的茶叶香气萦绕鼻尖，从视觉、触觉和嗅觉全方位体验茶文化。

"中医药+文旅"是对区域文化资源的进一步挖掘，也是将养生文化融入城市形象的有效路径，深化中医药博物馆的数字化叙事，可以加深民众对岭南中医药养生文化的地域感知，"广式养生"文化也可以进一步参与广州文旅"新地标"的塑造。

（二）"个性+精细+游戏"：广式健康管理终端产品开发策略

第一财经商业数据中心结合线上消费大数据和调研数据发现，2023年消费者关注度排名前五的健康问题分别是睡眠健康、饮食健康、运动健康、情绪健康和日常养生（见图2）。这说明线下健康消费的需求端正在向多元化、精细化方向发展，健康管理在日常生活中的应用场景也在进一步丰富，从睡眠到饮食，从运动到情绪，国民的健康意识和养生观念都在逐步增强，健康管理类数字软件服务产品的开发也走向个性化、专业化和精细化。

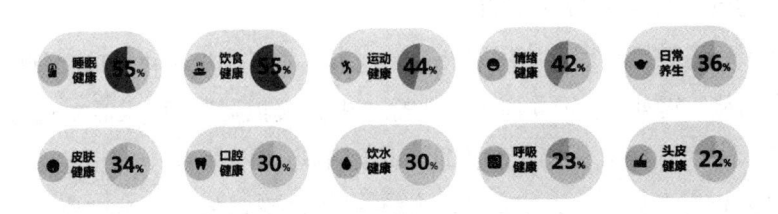

图2　2023年消费者对日常生活中健康场景的关注度

数据来源：《2023中国健康生活趋势洞察报告》，第一财经商业数据中心，https://www.cbndata.com/report/3171/detail?isReading=report&page=17。

1. 个人健康管理数字产品应用

目前，市面上具有"高知名度"和"热使用度"的广式养生健康管理软件较为少见，但已有不少可借鉴的成熟的中医药养生类软件。比如健康技术公司"活法儿"出品的"过日子"App，依据《中医体质分类与判定》标准，通过专业健康问卷帮助用户进行中医体质检测，然后基于中医体质结果为用户推荐个性化的养生方案；还有2023年上线手机应用市场的"汤头"App，该应用由武汉动手丽康大药房有限公司开发，以"Food as medicine"（厨房代替药房）为亮点。"汤头"App融合应用了《黄帝内经》《辅行诀》《伤寒论》等中医药典籍，根据用户的身体数据和饮食情况推荐汤补药膳和规避饮食禁忌。另外，像"中医精华""知源中医"等App也采用了类似的开发思路，即以中医药理论知识为核心，综合用户自身特质帮助其认穴位、学药膳、辨食材。

广州地区的养生保健具有崇尚膳食颐养、重视疫病防治和积极吸收养生新知的特点，有《抱朴子内篇》《肘后备急方》等经典的养生文献典籍，至今仍是中药铺房林立，民间养生达人众多，中医药养生完全与广式生活融为一体，可以说具备养生类数字软件开发的丰厚文化基础。各医药馆、健康生活馆和保健机构充分挖掘广府养生文化特色，结合"汤食""茶饮""药膳"等保健资源，打造具有区域特色的广式健康养生软件应用，将"祛湿""下火"等中医保健的基本经验进行数字化推广，让"南粤养生经"以趣味性、实用性、个性化的方式得到推广和普及。

2. 健康养生游戏类产品应用

除了养生健康管理类应用以外，游戏类应用对养生文化传播起到的作用也越发明显。譬如在steam商店上架的"中医模拟器"，玩家需要通过"望闻问切"了解"病人"症状和体征，运用中药、中医内科和五运六气等理论知识诊断治疗患者，以"闯关"的形式逐步学习各个中医模块知识。有用户评价这款游戏："是我从未见过的正经普及医学专业方面的游戏，它的方向极其冷门，但对于我这种偏偏对这方面感兴趣的人来说简直就是上天的礼物。""中医模拟器"游戏设计高度仿真的诊疗环境和操作方式，让玩家身临其境，在兼具趣味性和成就感的诊疗游戏中学习中医知识和养生文化，在玩家群体中也广受好评。

这种将中医养生文化应用至交互游戏产品的方式，也是一种数字养生产品开发的新模式，广府养生文化涵盖草本植物的种植与辨识、药膳的配比与制作等内容,也具备游戏设计的基本要素,可以通过开发模拟游戏(simulation game)的方式实现相关内容的数字化传播,让年轻玩家在游戏中吸取保健常识,体会广式养生的文化内涵。

(三)"医疗平台+养老社区":智慧健康应用场景与服务空间建设

国家卫生健康委等三部门联合发布《"十四五"全民健康信息化规划》,明确提到"拓展丰富数字健康应用场景和服务空间,构建线上线下一体化服务新模式,提升公共资源供给效率","鼓励医疗机构研发应用名老中医传承、智能辅助诊疗系统等具有中医药特色的信息系统"。[1] 民政部发布的《2022年度国家老龄事业发展公报》显示,截至2022年,全国60岁及以上老年人口共有28004万人,占总人口的19.8%,[2] 老龄化趋势推动了智慧养老社区模式的优化。在现有环境下,研发推广有医药科普和健康管理功能的数智平台、打造数字时代养老社区已被纳入顶层设计,体系化、全息化的医疗场景应用,智能化、便捷化的康养服务空间,都是数字健康矩阵中的主干模块。

1. 场景式健康数智平台开发

国内首个专业级中医垂直领域人工智能大模型已在2023年发布,是由"大经中医"开发的"岐黄问道·AI大模型",包含"医疗大模型"和"养生大模型"两个子模型,根据用户提供的疾病、症状和体征信息,"医疗大模型"可以给出辨证(诊断)结果和中药处方治疗方案,"养生大模型"则提供包含中药、经络、穴位、食疗、茶饮的全面养生方案。整个数智模型开发采集了1100万条中医知识图谱数据,1500本中医古籍和文献数据,10万份真实中医专家医案数据,10万条脉象、舌象、经络、穴位数据和200万

---

[1] 《关于印发"十四五"全民健康信息化规划的通知》,国家卫生健康委员会网站,2021年11月9日,http://www.nhc.gov.cn/cms-search/xxgk/getManuscriptXxgk.htm?id=49eb570ca79a42f688f9efac42e3c0f1。

[2] 《2022年度国家老龄事业发展公报》,民政部网站,2023年12月14日,https://www.gov.cn/lianbo/bumen/202312/content_6920261.htm。

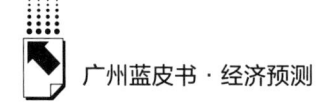

条真实的中医临床诊疗数据，进行训练调优和迭代评估，最终形成较为完备的中医人工智能模型。

■ 构建基于中医人工智能大模型的应用生态圈
以更低使用门槛，服务更多中医用户场景

图 3 "岐黄问道·AI 大模型"局部

截至 2023 年 11 月，广州共有三级医疗机构 77 家，其中三甲医疗机构 44 家，① 区域医疗资源丰富。场景式健康数智平台的开发，涉及数据、专家和场景三个关键要素。首先，需要获取整合高质量和高数量的医疗行业数据；其次，由医学专家和算法专家团队对初级模型进行反复训练、调整和反馈，提高数字模型的准确性和运行效率；最后，探索具体场景的应用模式，将大模型与行业需求进行链接。广州可以充分利用已有的优质医疗资源和数据信息系统，联合高校专家进行养生数智平台开发，鼓励医疗类和科技类企业参与场景应用推广，协同多方资源建设广州康养数字社区。

2. 数字养老智慧社区开发

广州的养老服务配套和养老改革实践是全国超大城市的典范，早在"十三五"期间，广州就是全国唯一同步开展养老服务业综合改革、中央财政支持居家和社区养老服务改革、长期护理保险制度、医养结合和康复辅助器具租赁服务五项国家试点的超大城市。广州养老服务体系建设的新

---

① 《广州三级医疗机构名单（截至 2023 年 11 月）》，广州市人民政府网站，2023 年 12 月 13 日，https：//www.gz.gov.cn/zfjg/gzswsjkwyh/zdly/ylwsjg/yljgxx/content/post_ 9370349.html。

目标是"打造国内领先的'老有颐养'民生幸福标杆城市"。2022年,广州已经拥有195.21万老龄人口,占户籍人口的18.86%。[①] 近年来,广州积极布局数字养老社区,并已初见成效。比如广州医行健康科技通过运营"智慧康养平台",实现养老业务的全流程数字化管理,整合社区养老、居家养老、机构养老、医养结合等多种场景,设置长者档案、健康监测、膳食管理等不同的功能模块,为不同养老单位提供数字化解决方案。

数智赋能的城市"居家养老"模式,目前还被认为是应对庞大老龄化群体康养压力的有效路径。国内智慧居家养老平台服务的应用开发已走上正轨,比如中科巨匠人工智能联合实验室开发的"数字居家养老可视化平台",利用人工智能硬件和系统监督可视化,链接物联网和人工智能神经网络,打造适合老年人"居家养老"的智能房间,通过智能化穿戴和红外设备实时感应老人身体状况和活动轨迹,再将相关数据上传至社区端、家属端或医院端云平台,打造医院、街道、社区和家庭数据链条,真正实现安全可靠、及时响应的居家养老模式。目前,广州在数字养老社区开发方面已形成覆盖居家养老基本需求场景的平台模式,并且实现了数据资源的互通共享。未来的数字养老社区开发还需要解决更深层次、更精细化的养老需求,进一步充实完善数字平台的保健康养、诊断疗养功能,实现从"发现健康问题"到"解决健康问题"的跨越。

基于现有的数字应用基础,广州"养老数字社区"构建大致能实现保健知识共享、中医数据诊疗和健康方案生成"三位一体"的基础性配套。

一是保健知识共享,这个环节已有较为成熟的体系,华为在2021年就开发出"鹤颜学堂",针对老年人开展手机功能使用技巧教学,打造智慧助老模式。"鹤颜学堂"通过联合中医药机构和媒体制作团队,根据社区老人的群体特征定制化设计线上养生讲座、健康饮食烹饪课程、养生保健操教学等特色内容,实现养生医药理念在数字养老社区的共享。

[①] 《广州市2022年老年人口和老龄事业数据》,广州市卫生健康委员会网站,2023年8月29日,https://wjw.gz.gov.cn/zzyyzq/wjdt/content/post_9182076.html。

二是中医数据诊疗，即通过收集使用者身体健康数据，再将其输入中医大模型进行运算，提供诊疗结果，即将中医数智平台引入数字养老社区，并面向老年群体中较为普遍的骨骼肌肉疼痛、糖尿病性神经病变、头部疼痛等问题开发诊疗模型，实现对病症的精准识别诊断。

三是健康方案生成，根据每个老年人的体质情况和生活偏好，提供个性化健康指导和调理养生方案，从饮食、睡眠、锻炼等方面提供居家养老建议。在健康方案的实施上可以借鉴美国的持续照料退休社区（CCRC）经验：通过智能化运动器材识别和记录老年人的运动信息，管理运动健身情况。未来广州在数字养老社区的开发过程中，需要政府、社会组织、企业和科研机构的共同参与，积极引进国内外先进技术和管理经验，以完善数字社区模块、提升服务水平，满足老年群体的精神文化、心理健康和身体健康需求。

2023年，数字健康和养生文化在社会层面获得广泛关注与使用，国民健康诉求和养生观念实现跨越式提升，互联网、大数据、人工智能等数字技术在健康管理的应用上趋于成熟，"新中式养生"文化在数字健康领域的运用与推广步伐加快。广州具有健康保健、中医康养、民间养生、医疗养老等方面的基础，在数字健康经济赛道也已迈出"拓圈"的步伐，需在矩阵化、结构化、专业化的高质量发展布局上再发力，数智化赋能的"新广式养生"文化可以成为广州生活方式、产业经济、文旅文创、数字消费的"新地标"和"新名片"。

B.17 广州数字农业发展调研报告

广州市农业农村科学院课题组*

摘　要： 广州作为粤港澳大湾区都市农业先行地，为数字农业发展提供了较好的基础和条件。调研发现，当前广州农业数字化发展水平已走在全国前列，但数字基础设施与应用场景不足、资金投入产出成效难以平衡、农业数字化人才支撑力薄弱等困难与问题也不容忽视，建议在农业要素配置、农业产业融合、农业生产管理、农业经营决策等领域重点加强数字农业技术应用，并在完善数字农业基础设施、推进农业产供链数字化集聚、培育数字乡村经济新业态等方面着重加强政策支持。

关键词： 数字经济　数字技术　农业数字化　广州市

党的二十大报告提出，要加快发展数字经济，全面推进乡村振兴。近年来，国家、省、市各级对推进农业数字化转型、加快智慧农业发展等做出明确的目标安排和任务部署，未来数字技术与农业深度融合前景广阔。作为粤港澳大湾区都市农业先行地，广州自然资源和农业资源禀赋优越，农业经济长期保持高速增长，农业产业化规模化标准化程度较高，农业机械化和科技水平领先全国，同时依托大都市资源要素集聚优势和大湾区广阔的消费市场优势，为数字农业发展提供了较好的基础和条件。课题组通过前期对企业、

---

* 课题组组长：毛海峰，广州市农业农村科学院（信息与数字化专班-主任）。课题组成员：曾立华，华南师范大学副教授；冯娟，华南师范大学副教授；苗玉涛，华南师范大学讲师；郭先军，广州市农业农村科学院（信息与数字化专班）；江宏耿，广州市农业农村科学院（信息与数字化专班）。执笔人：毛海峰、曾立华、郭先军、江宏耿。

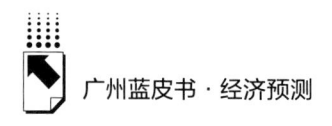

院所、农业技术推广部门等走访调研，梳理当前广州数字农业建设发展现状，明晰广州数字农业技术应用策略，分析其产生的价值与存在的困难，提出适合广州高质量发展的定位与对策建议。

一 广州农业数字化发展现状

（一）信息基础设施进一步完善

近年来，广州主动顺应信息化发展趋势，加快乡村光网和农业基站建设，农村信息基础设施进一步完善，信息技术在农业生产、经营、管理、服务各环节得到良好的应用。5G布局领先全国，实现中心城区和重要区域网络覆盖，现代农业产业园、农业生产基地等5G网络覆盖。乡村光网建设方面，广州已实现20户以上自然村光网100%全覆盖，4G网络100%全覆盖。持续推进乡村网络提速降费，为农民群众提供"用得上、用得起、用得好"的网络服务。信息化应用方面，农村基本实现家庭信息化终端设备拥有和使用全覆盖。

（二）农村数字经济交易成本不断降低

进一步降低农村电商物流运输成本，激发农村运输市场活力，为农村电商发展提供强大助力，在从化区内试点开通公交客货邮融合服务，促进农村电商行业发展。完善农村物流配送网络，布局一批智慧物流枢纽、产地仓储等基础设施，健全农村物流配送服务规范和运营机制，更好打通农村物流"最后一公里"，整体降低经济活动的交易、物流等成本。其中，邮政公司在从化区围绕县级供配中心升级、乡镇中心和村级站点建设等方面，累计投入超百万元，用于提升农村物流基础设施水平。

（三）人才培育和梯队建设双向发力

通过开设电商、直播带货、农业大数据应用等课程，依托全国农业科教云平台、云上智农App搭建"空中课堂"，提升农业劳动者对数字经济的认识。大力推进技工院校开设涉农专业，打造立足现代农业的产业集群，围绕现代农业产业链，不断深化产教融合，制定涉农培训课程标准。创新出台实施产业领军人才政策和高层次人才政策。常年开展农村科技特派员入库工作，通过组织实施一批农村科技特派员项目，选派农村科技特派员精准对接涉农区粮食生产企业等经营主体，充分发挥农村科技特派员在传播农业新品种、新技术、新装备中的桥梁作用，带动农业生产与智能化农业装备技术、农用无人机、智慧农业技术深度融合。

（四）农业大数据平台建设不断加快

以广州"三农"数据智库平台为载体，围绕人、企、地、物、政等，以粮、果、菜、生猪、水产、花卉等特色农产品为重点，全面搭建"三农"大数据平台。完善"三农"一张图，打造了"大屏+中屏+小屏"多终端系统，服务业务部门工作，辅助决策指挥，助力高质量发展。以"广州农博士"服务农业技术推广。创新推出"广州农博士"微信公众号，运用通信网络等新技术赋能农技推广服务，向农户提供专家问诊、种养技术、市场行情、观光农业等综合性免费涉农服务，农技专家可随时通过手机终端帮助农户一键式远程解决农业生产过程中的问题。截至2023年，"广州农博士"农技专家服务团队有828人，用户累计57889人，公众号累计关注50807人，发布涉农信息248条，点击量为22753人次。以"云共享"服务农业现代化转型，大力推进"三农"数据共享服务，向广州市政务信息共享平台共享60个主题223.4万余条数据，其中2023年数据量为26.5万余条，为发展广州农业大数据提供强力支撑。

（五）数字技术应用新模式逐步发展

增城区建立首个水稻精准种植"5G+智慧农业"实验基地，打造华优农业等12个水稻、蔬果产业的病虫害全维度监测预警体系试点，积极推广数字化技术在现代农业中的应用，积累数字农业发展经验。从化区艾米农场成功研发5G数字农田系统，为永久基本农田提供全要素、全联结的"一张图"管理；荔博园利用高清视频监测和遥感图像识别技术，建立荔枝生长模块数据库，实现水、土壤、光照等生长环境数据的实时监测。花都区绿沃川智能蔬菜工厂利用自动播种育苗、立体催芽、自动移栽、自动收割等高科技自动化设备，实现四季循环复种，自动化流水线作业新模式使年产值与传统模式相比成倍增长。在智慧渔业方面，南沙明珠现代都市农业试验园和番禺海鸥岛名优水产产业园内建立的数字渔场，是数字化渔业管理的典型。大力推广数字化养殖，引导支持力智猪场、北欧农场等畜禽养殖场配套自动化精准环境监控、数字化精准饲喂、自动喷淋、自动清粪等自动化设施设备，推进畜禽养殖智能化数字化发展。利用遥感数据系统，深度融合互联网、大数据、遥感及人工智能等新技术，打造数字农业展示厅、智慧农业数据平台、电商中心、温室大棚、智能水肥一体化系统、无人农场、智能化种植养殖等一批可视化应用场景，并重点在丝苗米、迟菜心、水果、养殖业等领域推广数字农业技术应用，建成无人示范农场等数字农业应用基地，加快推进数字农业产业集聚。

（六）数字农产品电商赋能效应显现

利用5G、物联网、AR等技术采集和管理全产业链实时数据，为企业和农户提供专业化决策支持服务。如成立广州市花卉电子商务行业协会，推动全市花卉行业加快数字化转型，推动华南地区最大花卉市场开通线上平台"易批花"，实现采后直发，提升消费体验。

以农村电商为重点，以农业企业优质产品为基础，以互联网技术和电商人才为支撑，加强与知名电商平台及本地区农村电商相关资源的对接，指导花都区打造集培训、产品展示、服务体验、推广销售于一体的电商生态园。做优做强现代农业产业园和花卉、荔枝、水产、蔬菜等特色产业集群，着力打造特色产业农村电商新模式。聚焦花都区赤坭镇盆景特色产业，举办数字农业直播培训、直播大赛、直播节活动，推动打造赤坭镇数字农业生态链和产销供应链，解决盆景产业线上销售的痛点难点问题。聚焦岭南佳果荔枝产业，策划高铁专列品牌宣传活动，开展"美荔果园"评选活动，启动荔枝礼包定制套餐预订服务,同时打造"荔枝+电商+公益+旅游+乡村"系列营销活动,通过直播方式把岭南佳果推向全球,提高传统产业的国际知名度。

二 广州农业数字化发展存在的主要困难

(一)数字基础设施与应用场景不足

广州农业经营土地较少、相对分散、收拢流转困难较大,难以发展规模化农业生产,在推进数字基础设施建设方面依旧存在一些短板。例如,农业生产基地4G信号盲点较多,乡村5G基站、光纤宽带、物联网设施等新基建数量和布局亟待完善,特别是RTK差分卫星定位基站数量少、分布不均,影响智能农机的定位导航精度。另外,数字农业融合应用场景不多,数字经济在农业中的占比远低于工业和服务业。

(二)资金投入产出成效难以平衡

数字农业建设资金投入大部分依赖申报专项债券资金,除省级现代农业产业园建设项目有一定的资金补助外,企业及农户自主投资建设的意愿低,导致数字农业投入不足。农业数字化建设投入资金多,产品研发周期较长,实用性、普遍性的技术应用还很少,维护管理成本较高,短期收益不明显,投入产出成效不平衡,影响企业高质量发展。另受用地制约,一些产业规划难以落地,企业怯于扩大规模和加大对数字农业设施设备的投资,一定程度造成企业外流。

(三)数字化应用深度和广度不足

智慧农业虽在局部区域、部分单位的应用上取得一些成果,但受农业生产数字化边际成本较高、科技人员成果共享不足、重研究轻应用等影响,还多处于试点试验阶段,尚未形成可示范推广、可复制的有效模式,覆盖范围不大。数字技术对农产品生产的实时监测应用较为普及,但对采集的数据无法进行有效应用和转化;农产品流通方面,数字技术多用于农

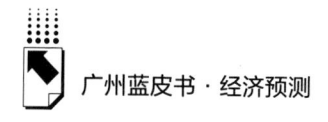

产品产销信息对接，进一步根据历史大数据进行农产品价格走势预测、市场供需深度分析则有所欠缺，数字农业服务对农业生产经营主体的有效支撑尚不足。

（四）农业数字化人才支撑力薄弱

数字农业涉及农业、信息科学、机械与自动控制、土壤学等多学科，其发展需要既懂数字信息技术，又懂农业知识业务的跨界复合型人才。当前在广州农业科技人员中，相对缺乏数字化人才，对数字化系统构建、技术应用的指导服务能力不足，严重影响数字农业技术的推广应用。大部分农业从业人员年龄偏高、文化水平较低，在数字内容的使用上仍以即时通信和网络娱乐等基础类应用为主，对数字化和科技创新的理解仍然有限，较难接受数字技术和数字经济资讯，更不擅长数字技术与农业产业的结合。一些涉农企业、农民合作社、家庭农场等新型农业经营主体的负责人科技素养参差不齐，人才的引进、培养、留驻等机制不完善。

（五）农村电商发展面临许多挑战

农村居民普遍重视商品实际价值和质量，缺乏品牌意识，无法真正形成消费潮流；农村电商的管理标准、交易渠道、信用机制和约束机制仍处于探索阶段；农产品销售主要停留在传统的线下销售推广方式，涉农电商企业规模偏小、各自为政、缺乏统筹规划，缺乏农业电商龙头企业；农产品销售物流体系不健全，缺乏物流园等物流网络载体和辐射力强的流通配送企业；农村电商活动存在同质化问题，导致农村电商的普惠增效效果不理想。

三 数字技术赋能广州农业高质量发展的对策建议

（一）数字农业技术应用策略

1. 农业要素配置领域

土地利用优化：利用数据分析和地理信息系统，对土地质量、气候条件等因素进行综合评估，在土地利用上进行优化设计。如从化区香米晚稻收获后，利用冬季闲田种植马铃薯、小麦、油菜等，开展"稻稻+"轮作模式；花都区推广"菜稻轮作"模式，充分利用土地资源，在不减少蔬菜生产的前提下，提高种植的社会效益和经济效益，提高土地质量。

水资源配置智能化：使用传感器和自动化系统监测土壤湿度、气象条件等水资源相关参数。基于实时数据，采用智能灌溉系统，精确测算灌溉需求，减少浪费，提高水资源利用效率。

智能肥料施用：华南农业大学采用无人机变量施肥，结合北斗卫星导航系统定位，可以对农作物"察言观色"，快速获知农作物生长的营养丰缺情况，根据作物的长势不同控制施肥量。这种方式可以大幅度减少劳动力投入，且肥料撒施均匀、用量更精准。

农业机械智能化：植保无人机可切换施肥、撒谷及喷洒杀虫药水等模式，无人机飞播省去育秧、拔秧、运秧及移栽等生产环节，机械化插秧一天最少完成50亩地，无人机变量施肥犹如拥有"双眼"，实现对农作物个性化施肥。

2.农业产业融合领域

信息互通和协同：通过物联网技术和大数据分析，实现不同环节的信息互通和协同，包括农田管理、种植、养殖、采摘、加工、物流、销售等各个环节的数据共享，确保农产品的生产和流通过程更加高效和协同。依托农产品"12221"市场体系推动乡村特色产业高质量发展，通过"小切口"实现农业产业大变化。

供应链管理：通过实时监测和数据分析，农产品的生产和配送能够更好地满足市场需求，减少浪费，提高效率。包括供应链的可视化、库存管理、订单跟踪等方面的创新，完善"1+5+6+4"产业链供应链布局体系，提升产业链供应链现代化水平。

市场预测和定价：通过大数据分析和市场情报，帮助农业企业更准确地预测市场需求和价格波动，有助于农民和农业企业更好地制定价格策略，以获得更好的经济回报。华南师范大学番禺现代水产养殖科学与工程研究院的智慧渔业与"渔联网+"可以实现在销售阶段对比价格模型适时出塘，均衡市场需求，让养殖户获得更大收益。

智能农产品认证：数字农业技术可以提供智能认证和追溯系统，确保产品的质量和安全，有助于建立信任，满足不同国家和地区对食品安全和可追溯性的要求。如南沙区目前已有674个农产品生产经营主体进驻广东省追溯平台，全区累计开具承诺达标合格证23.15万张，带证销售农产品73.94万吨。[1]

农产品品牌建设：数字农业技术可以协助农业企业建立自己的品牌，并通过数字渠道进行市场推广，提高产品附加值和市场竞争力。据"粤字号"农业品牌目录可知，广州农业知名品牌优势明显、品种丰富，覆盖了农业全生产链。

农村电商和农产品电商平台：数字农业技术推动了农村电商和农产品电商平台的兴起，这些平台提供了更加便捷的销售渠道，使农产品能够更轻松地进入城市市场。

3. 农业生产管理领域

智能种植管理：利用传感器监测土壤质量、光照、温度等环境参数，以及作物生长情况，结合数据分析提供精确的种植指导，包括最佳播种时间、种植密度、施肥方案等，以最大限度地提高产量和品质。

实时监测和预警系统：建立实时监测系统，通过传感器和监控设备实时监测农田状况。借助大数据分析，实现对病虫害、气象灾害等的早期识别和预警，使农民能够及时采取措施应对潜在的风险。

智能化收获和后期加工：引入智能化农业机械，如自动收获机器人，提高收获效率，结合数据分析优化后期加工流程，确保农产品的质量和安全标准。如荔枝采摘机器人具备自主规划采摘路径、自主避障等功能，能很好地适应南方山区丘陵地形，实现精准采摘荔枝，作业效率约为每10秒一串果

---

[1] 《广州南沙农产品将实现"一码溯源"，已开具合格证23.15万张》，21经济网，2023年8月8日，https://www.21jingji.com/article/20230808/herald/86cd4c7e8c73e22d9be744827d602a7c.html。

实，成功率高达90%。荔枝采后还有智能分选设备等智能采摘加工技术。

物联网的应用：构建农业物联网系统，实现设备之间的互联互通，实时传输农田、温室、果园、养殖场等数据。通过远程监控，提高生产过程的可操作性和透明度，减少人为错误。如从化区智能化生态荔枝园中，通过物联网感知环境、训练生长过程模型、驱动设备自动进行策略作业；U鱼智慧渔业平台提供了多种精准水产养殖物联网解决方案，对鱼塘的水产动物采取针对性养殖环境管理措施。

4. 农业经营决策领域

数据收集与分析：部署传感器监测土壤湿度、温度、养分含量等信息，以及植物生长状态，利用卫星图像获取大范围的农田信息，使用物联网设备连接农业设备，实时收集作业数据，运用大数据技术处理和分析收集到的数据，从中提取有价值的信息。

精准农业实践：使用智能化农机设备，根据数据分析结果调整种植密度、施肥量等参数，提高生产效益；基于土壤湿度和植物需水量数据，实现智能灌溉，避免浪费水资源；根据土壤养分状况和植物需求，精确施用化肥，减少成本，提高产量；利用机器学习算法构建决策模型，预测市场走势、气象变化等因素，帮助农民做出明智决策。

远程监控与管理：开发农业应用程序，农民可通过手机随时随地监控农田状况、水果生长情况并接收预警信息；远程控制农业设备，实现远程作业和管理，提高工作效率。

培训与支持：为农民提供数字农业技术培训，使其更好地理解和应用数字农业技术；提供在线技术支持，解决数字农业技术应用中的问题。

（二）公共支持政策建议

1. 坚持顶层设计和整体规划

适度加大财政投入，每年安排资金投向新型基础设施建设和网络体系升级。落实科研强企所得税减免、延长亏损结转年限政策，支持企业参与院企联合资助计划开展基础研究，按规定享受税收优惠。为智能农机装备购置与新技术升级提供补贴政策,通过社会融资、金融贷款等方式,鼓励并引导社会资本投资数字农业技术应用。制订人才培养引进计划,鼓励各地区、各部门通力合作,发展本地数字农业。建立政策评估机制,对应用效果进行实时反馈分析。

2. 完善数字农业基础设施

一是聚焦产业发展需求,逐步推动5G和千兆光纤网络向有条件、有需求的乡村延伸。坚持网络适用原则,倡导在不同地区综合采用有线、无线、窄带物联网(NB-IoT)、卫星等多种接入方式,消除地理因素带来的障碍,为数字农业技术的应用提供更加稳定和高效的网络支持。二是分地区逐步推广云计算、物联网、人工智能等技术在农业生产经营中的应用,建设农业遥感卫星设施,特别是在农田、种植园、养殖场、池塘等区域增加高精度定位RTK差分基站,提高农业生产的智能化和精准化水平。三是结合区位优势,协同人工智能公共算力中心升级,进一步巩固超算算力设施发展优势,高标准构建算力、算法、数据、应用资源协同的区域一体化大数据中心;提高数据跨网络、跨地区交互水平,打造智能算力、通用算法和开发平台一体化的新型智能基础设施,为数字化农业管理的全面感知、大数据分析、智能决策、精准执行等多场景应用提供强有力的支持。四是落地数字化物流运输网络,推进区镇村级物流网点、服务站数字化改造全覆盖,积极应用云服务、大数据、无人化装备等成熟度较高的数字技术。推动生鲜类产品冷链物流全流程、全要素数字化,鼓励加大自动识别终端、无线射频电子标签、监控设备等安装与应用力度,促进农产品可靠、高效地销售和流通,进一步提高农产品的市场覆盖率和附加值。

3. 加快数字农业人才培养

一是鼓励在穗高校进行不同学科专业联合培养数字农业技术人才,开设数字农业、智慧农业微专业,壮大专业人才队伍。二是通过产学研合作联合培养创新研发人才,致力于攻克一些关键领域"卡脖子"技术,比如农业物联网生命体感知、智能控制、动植物生长模型和农业大数据分析挖掘等核心技术,以尽快突破技术桎梏,开展技术中试。三是继续加强涉农人员技能培训。创新"田间课堂"、电商云课堂等培训模式，培养一批精农业、懂电商、会运营的农业技术骨干，夯实智慧农业工作基础，数字赋能百县千镇万村高质量发展工程。

4. 加强数字农业技术研发推广

一是充分发挥粤港澳大湾区信息技术产业的优势，以推动广州特色农业数字化发展为目标，重点从农作物表型数据获取与生长模型、基于物联网的农业传感器关键技术、农产品加工生产过程安全监测及原料产品检测设备等方向加强研发与应用。同时，加快制定农业数字化技术标准和行业规范，推动农业向精准监测、智慧控制、节能高效方向有序发展，确保设备与数据的兼容性与普适性。二是以"研究+产业+品牌+教育"一体化方式建设科研智库，促进人工智能和乡村振兴融合示范。扩充广州市科技专家库、重点研发计划论证专家组，为数字农业技术应用及工程实施提供多元化咨询服务和更高水平智力支撑。联合涉农高校和龙头企业协同创新、自主研发，打造与广州产业布局相匹配的数字农业创新平台和基地，建立以需求为导向的科技成果转化机制，加快高质量科技创新成果落地转化。三是大力实施购机补贴倾斜政策，持续加大财政资金投入力度，对农机专业合作社购置使用的大中型拖拉机、水稻联合收获机、植保飞机等机械设备中加装北斗导航、智能监控设备等提高补贴比例。提高小型和微型智能农机的使用率，解决丘陵地带和设施农地的农业机械化发展问题；大力推进渔业机械化信息化融合发展，政府增加对渔业机械化、智能化的重点建设项目投入，继续发挥财政资金对投资的拉动作用，为渔业企业和渔民采购渔业机械设备提供补贴。

5. 推进农业产供链数字化集聚

一是推进智慧农业大数据平台建设。大力推进"穗农云"（都市农业智慧地图）项目，打造农业大数据"一个库"平台；完善广州"三农"数据智库并逐步打造成数据汇聚、数据分析、主题展现和辅助决策的中枢。二是以"1+6"（1条都市现代农业总链和优品丝苗米、绿色蔬菜、北回归线荔枝、精品花卉、生态畜禽、现代渔业6条产业分链）产业链建设，推动现代农业产业园扩容提质增效。进一步加强云计算、大数据、物联网、人工智能等信息技术在生产经营管理全过程的深度融合应用,推进智慧农业应用示范,探索建立一个区域有一批示范项目、一个产业有一群示范主体的模式,打造具有影响力的智慧农业品牌,扩大智慧农业示范区的辐射引领范围。三是推动新型农业经营主体数字化。支持农业龙头企业探索业务数字化、渠道数字化、供应链数字化,促进农业生产和服务体系向数字技术索取价值,形成"农业即科技"的融合观。加大农民合作社示范社、家庭农场示范点信息化建设力度,发挥经营主体对数字农业的示范引领作用及数字化经营的联动带动能力。四是完善智慧农业服务建设。鼓励更多的农技服务"轻骑兵"深入田间地头开展粮食生产技术指导服务,紧跟"三农"发展需求,引入大模型智能识别、智能问诊等新技术,提升改造"广州农博士"服务平台功能,从种粮技术咨询、精准指导科学开展田间管理、病虫害防治和防灾减灾等方面提供坚实的科技支撑,逐步打造成农业农村信息化服务的重要抓手。

6. 培育数字乡村经济新业态

一是创新使用互联网、电子商务和新媒体等平台,大力发展直播带货、基地直采等新型农村电子商务;推动产地直采模式,减少中间环节,提高农产品的新鲜度和品质;推动农产品生产经营主体"上网触电",促进农产品供应链数字化提升。二是培育智慧认养农业新业态,积极开拓多元化认养农业组合模式,建立风险共担、收益共享的合作机制,实现农业耕作、养殖的智能化、数字化和远程控制。三是以旅游文化特色村为重点,努力拓展农业生态涵养、休闲体验、文化传承等多种功能,运用数字化赋能乡村旅游管理、服务、营销、运营各环节,通过线上线下相结合实现乡村旅游服务方式和管理模式提档升级。

参考文献

赵亮:《乡村振兴视域中数字农业高质量发展探析》,《人民论坛》2023年第2期。

张婷婷：《高质量发展背景下数字农业的优化策略与路径探索》，《产业创新研究》2023年第3期。

牛胜强：《乡村振兴背景下我国发展数字农业的综合考量及推进策略》，《牡丹江大学学报》2023年第7期。

陈孟强：《产业链协同视角下粤港澳大湾区数字农业高质量发展研究》，《科技经济市场》2023年第7期。

尹绣程：《广州市数字农业助力农业现代化发展的实践探索与对策》，《南方农业》2022年第19期。

彭晓丹、欧善国：《广州数字农业与气象服务融合发展研究》，《热带农业科学》2021年第12期。

王晓：《极飞科技数字农业技术装备应用及发展前景》，《农机质量与监督》2021年第6期。

欧善国：《气象视域下广州都市农业创新发展策略研究》，《广东农业科学》2020年第6期。

佟宇竞：《全产业链视角下广州现代都市农业发展路径》，《农业经济》2022年第3期。

B.18 推进广州智能网联汽车产业加快发展的对策研究

邓思敏*

摘　要： 在人工智能与数字经济飞速发展的浪潮中，智能网联汽车已经跃升为全球汽车产业转型升级的核心战略方向。本文梳理国内外智能网联汽车发展态势，阐述广州智能网联汽车发展在产业、制造、技术和应用场景方面的优势，系统分析广州在产业供应链稳定性、关键核心技术掌握、基础设施配置等方面存在的不足，最后从产业补链强链、核心技术攻关、基础设施建设、示范区建立和政策体系完善等方面提出了一系列推进广州智能网联汽车产业加快发展的对策建议。

关键词： 智能网联　汽车产业　高质量发展　广州

党的二十大报告指出，"建设现代化产业体系，坚持把发展经济的着力点放在实体经济上，推进新型工业化"，"加快发展数字经济，促进数字经济和实体经济深度融合，打造具有国际竞争力的数字产业集群"。当前，全球迎来科技与产业革新的新浪潮，其中汽车技术与能源、交通、信息通信等领域的融合正日益加深，"车能融合""车路协同""车网互联"聚合赋能，将赋予汽车行业前所未有的新动能。汽车产业作为广州第一大支柱产业，发展基础扎实，产业体系完善。根据《广州市汽车产业中长期发展规划（2023—2035年）》，广州明确提出要加快智能网联新能源汽车产业化进程，

---

* 邓思敏，广州工商学院助教，研究方向为区域经济学。

前瞻布局面向未来的汽车创新产业，深入推进"汽车+"生态示范，并培育塑造高水平特色汽车文化，在2035年建成世界领先的中国式现代化汽车生态城。加快推动智能网联汽车产业发展，对于推动广州高质量发展、加快建设现代化经济体系、参与构建新发展格局具有十分重要的意义。

一 智能网联汽车产业的发展态势

在人工智能与数字经济飞速发展的浪潮中，智能网联汽车已经跃升为全球汽车产业转型升级的核心战略方向，并吸引着众多国家、城市及企业纷纷布局，成为他们竞相争夺的战略要地。

（一）国际智能网联汽车产业发展态势

早在2016年，联合国对《国际道路交通公约（日内瓦）》进行了修订，明确了自动驾驶技术的相关职责和规定。在国际上，美国、日本和欧盟出台一系列政策法规，指导和规范智能网联汽车的发展。美国将智能网联汽车视为智能交通系统发展的关键，每5年发布一次智能交通系统战略规划。2020年，美国交通部发布了《确保美国在自动驾驶技术的领导力——自动驾驶汽车4.0》，对自动驾驶汽车的安全提出了更高的要求，同时与各州政府和相关行业协会合作创新，推动智能网联汽车产业发展。日本则着重强调法规在智能网联汽车发展中的引领作用，并在构建多领域合作模式方面进行了深入的探索和研究。2014年，日本启动战略性创新创造项目（SIP）自动驾驶系统研究计划，制定相关的工作机制和路线图。2018年日本发布的《自动驾驶汽车安全技术指南》明确了管理要求，并在2019年发布《道路运输车辆法》（修正案），对车辆安全进行详细说明。日本在公交、旅游等行业率先开展了智能网联汽车技术的应用示范，并制定到2030年的智能交通体系长远规划，计划到2025年形成完全自动驾驶汽车市场。欧盟更倾向于推动智能网联汽车在商业领域的创新，并在保险立法和伦理研究方面走在全球前列。同时，欧盟发布多份文件和法规，构建智能网联汽车的联合欧洲框架。2018年欧盟发布《通往自动化出行之路：欧盟未来出行战略》，提出2030年步入完全自动驾驶社会的远景目标。

（二）国内智能网联汽车产业发展态势

我国高度重视智能网联汽车的发展，出台了一系列产业发展促进政策。从中央到地方各级政府纷纷响应，不断推出、细化和修订与智能网联汽车相关的政策、法规和标准，包括道路安全、自动驾驶、智慧城市、测试示范、5G应用、财政支持及人才培养等多个方面，以全面促进智能网联汽车的健康有序发展。不断完善的顶层设计为我国智能网联汽车产业的发展奠定了坚实的基础。我国智能网联汽车产业政策如表1所示。

表1 我国智能网联汽车产业政策（部分）

发布时间	政策名称	要点
2018年12月	《车联网(智能网联汽车)产业发展行动计划》	明确智能网联汽车技术体系要求
2019年9月	《交通强国建设纲要》	加强智能网联汽车研发，形成自主可控完整产业链
2020年2月	《智能汽车创新发展战略》	规划到2025年中国标准智能汽车体系全面建成
2020年10月	《新能源汽车产业发展规划（2021—2035年）》	提出了5项重点任务、6项保障措施
2021年3月	《道路交通安全法（修订建议稿）》	明确了具有自动驾驶功能的汽车进行道路测试和通行的相关要求
2023年7月	《国家车联网产业标准体系建设指南（智能网联汽车）(2023版)》	分阶段建立适应我国国情并与国际接轨的智能网联汽车标准体系

资料来源：根据公开信息整理。

截至2023年，全国已开放智能网联汽车测试道路超过22000公里，道路测试总里程8800多万公里，不断加快智能网联汽车准入和上路通行试点，支持L3及更高级别的自动驾驶功能商业化应用。

二 广州智能网联汽车产业发展的优势

（一）产业基础坚实雄厚，产业规模位居全国前列

汽车产业作为支柱产业之一，在广州经济中占据重要地位，同时广州是全国最重要的汽车生产基地之一。全市拥有整车企业10家、零部件和贸易相关企业1200多家。2023年，广州汽车产量317.92万辆，同比增长1.35%，占全国汽车产量的10.51%（见图1），连续5年居全国首位，全国每生产约10辆汽车中，就有1辆"广州造"。广州汽车产业拥有从整车制造到零部件研发、设计、生产、销售等多个环节的完备产业链。

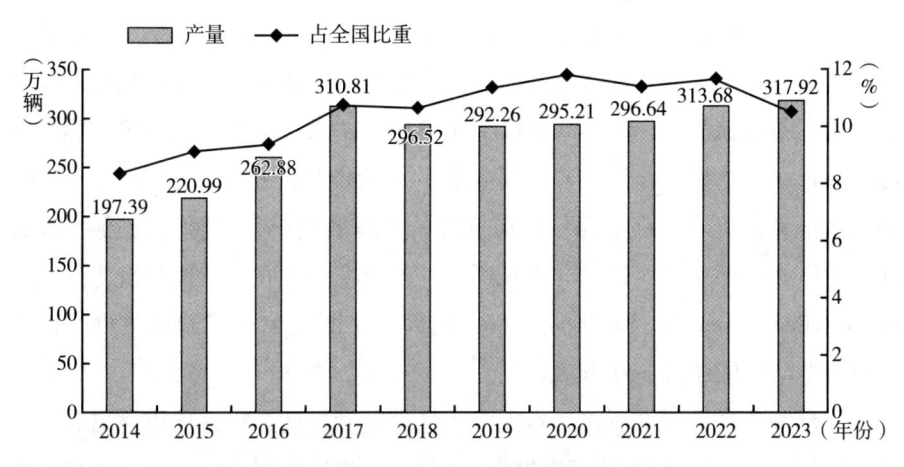

图1 2014~2023年广州汽车产量及全国占比

资料来源：广州统计信息网；中国汽车工业协会。

汽车产业在全市产业结构中"一家独大"，汽车产业产值自2007年突破千亿大关以来，持续稳定增长。2023年，全市汽车制造业实现产值6406.80亿元，占规模以上工业总产值比重为26.86%。虽然近年来汽车制造业产值占规模以上工业总产值比重略有下降，但是汽车制造业对全市工业的贡献率仍然占据首要位置。这一地位不仅体现了汽车制造业在广州经济中

的重要性和影响力，也凸显了其在技术创新、产业升级和经济增长中的关键作用。

表2 2018~2023年广州规模以上汽车制造业产值情况

单位：亿元，%

项目	2018年	2019年	2020年	2021年	2022年	2023年
汽车制造业产值	5489.89	5461.16	5860.26	6117.99	6471.73	6406.80
规模以上工业总产值	18234.91	19201.01	19969.47	22567.18	23467.57	23849.10
汽车制造业占比	30.11	28.44	29.35	27.11	27.58	26.86

资料来源：广州统计信息网。

（二）整车制造体系成熟，汽车全产业链体系完善

广州汽车产业立足于日系合资的坚实基础，依托全国乃至全球范围的产业链供应链资源，成功构建高品质的整车生产制造体系，拥有卓越的整车制造工艺。通过合资合作的方式，吸引了日系、德系、法系、韩系等国际零部件巨头企业来穗投资布局，建立了完善的产业链供应链体系。在广汽集团、小鹏汽车等企业的一级零部件供应商中，广东省内的供应商占比接近2/3，其中大部分位于广州，这进一步巩固了广州汽车产业在全球供应链中的重要地位。2023年，广州已经形成东部、南部、北部三大汽车产业集群，广州本地的整车产能超过300万辆。

广州整车制造体系成熟，本土汽车品牌蓬勃发展。广汽传祺凭借其卓越的质量与口碑，稳坐自主品牌的领先地位；广汽埃安则走出一条独具特色的发展道路，在新能源汽车领域脱颖而出，与传统车企和新势力形成鲜明对比；小鹏汽车持续深耕智能驾驶技术，稳固其在新势力造车阵营中的领先地位；启辰作为合资自主品牌，正积极打造东风日产的"第二增长曲线"，展现出强劲的发展势头。

（三）研发创新技术不断突破，新能源汽车快速成长

广州汇聚了国家新能源汽车动力电池与电驱动系统质量检验检测中心

（广州）、广汽研究院、东风日产技术中心等国家及省级汽车技术研发中心与检测机构，这些机构为广州汽车产业打造了一个完整的创新生态链，从技术研发、产品验证到市场推广，每一个环节都有专业的机构提供支持和保障，极大地提升了广州汽车产业的整体竞争力。同时，广州在整车制造、自动驾驶、车路协同、关键零部件及网联应用等领域不断取得突破，为汽车技术的自主创新奠定了坚实基础。

2023年广州市新能源汽车产量实现了显著增长，突破65万辆，同比增幅高达1.08倍。广州不仅拥有广汽埃安、小鹏汽车等新能源汽车领域的领军企业，这些企业凭借先进的技术和创新能力，在新能源汽车市场占据重要地位，推动了广州新能源汽车产业的快速发展。同时，广州还吸引了小马智行、文远知行、广州阿波罗（百度）、广州沃芽（滴滴自动驾驶）、广汽安途（AUTOX）、高新兴科技集团等近200家智能网联汽车相关的高新技术企业集聚。这些企业涵盖了自动驾驶技术研发、车载智能系统、车联网通信、高精度地图等多个领域，形成了从技术研发到应用推广的完整产业链条。另外，广州正全面推动智能与新能源汽车全产业链的协同发展，广汽埃安入选全球唯一新能源汽车"灯塔工厂"，广汽埃安第二智造中心也在国家发展和改革委员会的窗口指导下顺利推进，小鹏汽车广州基地项目已竣工投产，广汽本田新能源产能扩建等项目加速进行。

（四）智能网联汽车示范领先，应用场景丰富多彩

广州在智能网联汽车领域积极先行，不仅测试牌照发放数量和开放测试道路里程在全国名列前茅，更是多次开创国内"第一"纪录。广州是首个批准5G远程驾驶测试和率先发放载客测试牌照的城市，并认可其他地区智能网联汽车的道路测试许可。2018年以来，广州已经开放城市测试道路共计505条，总里程约957公里，覆盖6个行政区。2023年11月，广州市交通运输局联合市工信、公安交警等部门，发放了首批5台自动驾驶重型卡车的道路编队测试许可，积极推动自动驾驶在货物运输领域的应用进程。为配合重卡的上路测试，广州率先开放了首批高速公路测试路段，涵盖南沙港快

速和从埔高速（一期），总长度约105公里。此次新增的两条高速测试道路使广州开放测试道路累计单向里程达到了1062公里，极大地丰富了智能网联汽车测试的场景，为行业内的技术研发和应用推广提供了更为广阔的舞台。2023年12月底，自动驾驶便民线正式投入示范应用，成为全国首个规模化的自动驾驶巴士场景示范应用。示范应用范围广泛、涵盖多区，为自动驾驶行业创造了一个卓越的测试和示范应用环境，并有望引领整个行业发展。

三 广州智能网联汽车产业发展存在的不足

（一）产业供应链稳定性不足，对外依赖度偏高

广州智能网联汽车产业高度依赖外部供应商，尤其是在关键零部件和核心技术方面。例如，特种钢材、芯片、电容等关键材料和零部件仍需从国外进口，其中大部分需要经过长三角特别是上海的企业进行初步加工和组装后再运至广州。这种高度依赖外部供应链的模式使广州智能网联汽车产业在面对外部冲击时显得尤为脆弱。供应链稳定性不足也体现在广州智能网联汽车产业内部的协同和整合能力上。虽然广州已经聚集了超过3000家上游供应商，但这些供应商之间的合作和协同仍存在一定的问题。一些供应商可能因为技术、质量或交货时间等无法满足整车生产企业的需求，从而导致整个供应链的波动。

另外，本土汽车零部件品牌在市场中的存在感较弱，其产能规模和市场占有率均偏低。广州汽车零部件企业中的日本电产、东风本田发动机、广州电装等外资和合资企业规模较大，但本土企业主要聚焦附加值较低的零部件生产，整体规模相对较小，技术研发能力普遍不足。多数企业仅能作为日资汽车的三级或四级供应商，难以获得进一步发展和壮大的机会，导致缺乏具有生态主导能力的零部件企业。广州智能网联汽车产业的部分关键技术和知识产权仍掌握在外方手中，在一定程度上影响了广州本土智能网联与新能源汽车产业链供应链的安全。

（二）创新水平及竞争力不强，关键核心技术受制于人

广州汽车产业在底盘、发动机、变速箱及"三电"系统、汽车芯片、智能驾驶等关键领域较为薄弱，车规级芯片 MCU、IGBT 等高端核心组件进口依赖度偏高。广州的自主创新能力尚显不足，关键核心技术仍受到一定限制。领军者广汽集团在新能源汽车领域的创新已迈出坚实的步伐并取得积极成果，但其专利创新指数得分仍相对偏低（见表3），在一定程度上制约了其整合创新能力的进一步提升。

表3　2023年度自主整车集团专利创新指数情况

排名	整车集团	创新指数得分	专利量
1	东风公司	1360	2412
2	中国一汽	967	2351
3	吉利控股	920	2194
4	比亚迪	912	2187
5	长城控股	898	2904
6	上汽集团	784	1818
7	长安汽车	769	2024
8	广汽集团	435	1198
9	北汽集团	397	1152
10	奇瑞汽车	367	1108

数据来源：中汽信息科技（天津）有限公司"2023汽车企业专利创新指数"。

我国智能网联汽车产业链在操作系统、研发测试工具链和车规级芯片等领域仍面临显著的技术挑战。部分自动驾驶的核心技术掌握在国外企业手中，虽然国内如华为等领先企业已着手研发，但与国外先进水平相比仍有差距。广州在研发测试工具链方面缺乏成熟的替代产品，构建自主的软件生态系统尚需时日。同时，车规级高性能芯片市场由国外厂商主导，国内芯片的应用范围相对狭窄，关键技术仍依赖国外厂商的授权，需要持续投入研发和创新，以实现智能网联汽车产业链的自主可控和持续发展。

（三）基础设施建设与智能网联汽车发展需求不匹配

政策对车路云一体化给予了大力支持，智能化基建也在加速推进，但广州智能网联汽车产业发展面临的挑战依然严峻。首先，基础设施的建设与运营模式缺乏明确指导，且投资成本高昂、回报不确定性高，这使得社会投资者态度谨慎，主要依赖政府采购和重大项目来推动。其次，路端设施早期建设未充分考虑技术升级需求，导致部分设施闲置，限制了车路协同的进一步发展。再次，当前基建的碎片化状态使得前装C-V2X车型的车路协同仅在局部区域实现，削弱了网联效果。最后，新基础设施缺乏统一的标准体系，导致信息孤岛和标准不统一等问题频发。

此外，广州的充换电基础设施尚不能满足智能网联与新能源汽车产业的发展需求。目前，整体设施利用率仅为10%，充电桩建设要求执行不到位，区域分布不均，运营企业数量众多但盈利状况不佳，服务质量参差不齐。同时，设施的运行维护和安全隐患排查力度不足，老旧小区的消防改造难度大，电力扩容成本高昂。

（四）行业标准与政策法规尚未完善

2021年12月，公安部新颁布的《机动车登记规定》为智能网联汽车的发展确立了明确的指导原则。2022年6月，深圳市人大常委会通过了《深圳经济特区智能网联汽车管理条例》，该条例对L3及以上级别的自动驾驶进行了明确的权责划分和定义，特别是对L3自动驾驶的复杂场景如高速道路行驶、泊车、全域通行及商业化经营等，均进行了明确的规定，为深圳市乃至全国的智能网联汽车立法树立了标杆。2024年1月，工业和信息化部联合公安部、自然资源部、住房和城乡建设部及交通运输部共同发布了《关于开展智能网联汽车"车路云一体化"应用试点工作的通知》。这一通知旨在加速"车路云一体化"的试点应用进程，特别强调了路侧感知和网联云控等基础设施建设，以推动智能网联汽车在商业领域的广泛应用和普及。例如，蘑菇车联作为业内率先探索"车路云一体化"技术路线的企业，其落地项目已覆盖北京、天津、湖南、云南、山东、湖北、四川等多个省份。

与深圳及其他积极探索"车路云一体化"试点的城市相比，广州在自动驾驶和智能网联汽车立法方面显得较为滞后，自动驾驶相关的配套政策还有待完善，测试结果和里程互认仍存在障碍。目前，广州的路侧基础设施建设仍处在初始阶段，智能网联汽车的数据安全、隐私保护、责任认定等领域尚未出台法律法规。同时，行业标准的缺失也导致了智能网联汽车的产品质量参差不齐，难以形成统一的行业标准和评价体系。

四 推进广州智能网联汽车产业加快发展的对策建议

（一）促进产业补链强链，建立安全自主产业体系

广州智能网联汽车产业发展应充分发挥广汽集团作为龙头企业的引领作用，并充分利用小鹏汽车等造车新势力的技术创新和市场敏锐度。这些企业在技术、市场、资本、人才、品牌等方面的显著优势，对于推动广州智能网联汽车产业的整体升级具有重要意义。广州应致力于产业的补链强链工作。具体而言，广州应以"链长制"为引领，构建以龙头企业为核心，上下游企业紧密协作、共同发展的产业生态。广州不仅要强化现有企业的产业链协同能力，还要积极引进和培育一批具备高度创新能力的汽车零部件企业，以丰富和完善产业链。实施精准靶向招商，研究制定智能网联与新能源汽车产业链急需紧缺行业领域和引进企业目录，引进布局一批"三电"系统、车规级芯片、激光雷达等补链强链项目，提升关键零部件本地化配套率，为产业发展提供保障和支撑。

（二）开展核心技术攻关，打造关键技术创新高地

广州在推动智能网联汽车产业发展方面，除了加强产业链建设外，还应积极开展核心技术攻关，增设更多科研支持项目，鼓励企业、高校和科研机

构投入更多资源进行智能网联汽车技术的研发和创新。一是加快推进芯片、连接器等核心零部件的国产替代化进程，制定国产车规级先进工艺产能战略规划，加强对生命周期长且成熟的电源管理芯片、MCU芯片、音视频接口芯片、通信芯片的战略布局。同时，对于重点芯片企业应给予专项资金及产业政策支持，以推动其快速发展。此外，还应发挥汽车半导体推广应用工作组、芯片创新联盟等机构的作用，支持重点企业和制造业创新中心联合攻关，共同推动车用芯片关键技术、设备、材料的研发与产业化。二是提升整车集成技术，持续优化"三电"轻量化和集成技术能力，以提升整车"三电"系统的综合性能。突破智能汽车电子电气架构平台、计算平台、线控底盘与线控系统、智能驱动、车载专用网络、多源传感信息融合感知等核心技术，以提升整车的算力水平。三是提升安全保障技术水平，持续完善虚拟仿真测试—封闭道路测试—开放道路测试三级智能汽车测试评价体系，并深入开展车辆网络安全、软件升级安全和数据安全测试验证技术研究，以确保智能网联汽车的安全性和可靠性。

（三）加快基础设施建设，提升智能路网建设水平

新能源汽车作为汽车产业智能化的关键载体，其充换电基础设施的建设尤为重要。广州要加速搭建高效充电服务网络，扩大充电基础设施的规模和容量，构建一个完善、高效且布局合理的充电服务体系。新建住宅小区、商业服务业建筑、旅游景区、交通枢纽及公共停车场等区域，必须严格执行配建充电设施的相关规定，提升充换电服务的保障能力。在保障中心城区公用充换电力供应的同时，还需加强对非中心城区公共充换电设施的规划建设，力求实现"乡镇全覆盖"的目标。围绕基础配套设施，加快充电桩的建设步伐，逐步在广州形成"超级快充+快速换电+传统快充+小区慢充"的多元化、多层次充电服务生态。同时，加快以智能路网为核心的新型交通基础设施建设，提升新能源汽车的充电效率，优化交通网络布局，进一步推动新能源汽车产业的智能化发展。

基于将广州打造成为智能交通标杆城市的长远发展规划及当前路网建设

的经济技术实际，广州应深度整合智能道路、车用无线通信网络、智能汽车基础地图、智能路灯及智能交通标志等关键要素，将其纳入新一代信息基础设施建设的整体规划。通过引入先进的传感器、控制器和通信设施，实现道路状况的实时感知、智能决策和精准控制，为车辆提供更安全、更顺畅的行驶环境。加快部署和完善车用无线通信网络，确保车辆与道路、车辆与车辆之间能够实现高效、可靠的信息交互。推广使用智能路灯，通过路灯的智能化控制，实现交通信号的自动调节和道路照明的智能管理。加强与其他城市的合作与交流，借鉴先进经验和做法，共同推动智能交通的发展。

（四）建立智能网联汽车示范区，助推商用化发展

围绕工业和信息化部"建设5G+车联网先导应用环境构建及场景试验验证"项目，加速推进自动驾驶汽车示范应用场景建设，包括出行优化、示范运营及公共服务等。积极申报并争取成为国家级车联网先导区，同时积极探索自动驾驶公交车、出租车等商业化运营模式，以推动相关技术的实际应用和产业发展。加强交通、公安等部门的数据融合应用，优化服务流程，提升服务效率与安全性，为市民提供更加便捷、安全的出行体验。有序扩大路测区域，开放城市公路、高速公路等区域进行L4+自动驾驶的测试、运营和安全监管，以加快在不同混行环境下自动驾驶汽车的示范运营。开放或半开放更多自动驾驶测试道路，并向更多符合标准的企业发放路测牌照，逐步扩大无人配送上路许可区域，推动商业化应用场景的发展。

同时，探索面向用户的智能化出行服务模式，加快自动驾驶出行服务的商业化运营进程。建议将环卫管理服务纳入政府购买服务范围，如试点购买文远知行的环卫车清扫服务，并逐步扩大试点范围，不仅有助于提升城市清洁效率，还能推动自动驾驶技术在环卫领域的应用。支持政府部门购买安防巡检、违法管理等服务，通过自动驾驶技术减少交通拥堵和事故，提升通行效率，实现城市精细化管理，为市民创造更加安全、便捷、高效的出行环境。

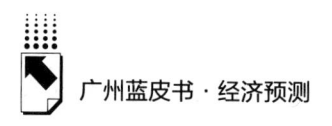

（五）完善汽车智能化政策体系，优化产业发展环境

强化顶层设计与规划，完善自动驾驶汽车商业化运营的法律法规及标准体系指南，确保各项运营活动有法可依、有章可循。加强功能安全、数据安全等重点标准的制修订工作，为自动驾驶汽车的安全运营提供坚实保障，并尽快启动智能网联汽车准入和上路通行试点。广州需依托高级别自动驾驶测试示范，深化对事故责任的研究，推动相关法律法规的制修订。积极推动《中华人民共和国道路交通安全法》的修订工作，明确智能网联汽车法律责任主体及各方主体责任。同时，基于《汽车数据安全管理若干规定（试行）》，广州需制定管理实施细则，强化个人隐私保护，确保汽车数据安全。针对汽车数据的收集、存储、处理、使用及共享等各个环节，制定明确的管理措施和操作规程，以防止数据泄露、滥用和非法获取。加强个人隐私保护，确保个人信息的合法、正当和必要使用，维护公众的合法权益，为汽车数据安全和个人隐私保护提供法律保障。

（六）加强产学研高水平合作，布局战略前沿技术

充分利用本地高校和科研机构的人才和技术优势，共同开展智能网联汽车技术的研发和创新。通过产学研合作，加速科技成果的转化和应用，推动产业链的升级和发展。同时，高度重视下一代前瞻性技术，提前进行战略布局。依托重大创新平台和高等院校，深度开展智能网联与新能源汽车战略前沿技术研究，适度超前部署固态电池、新型电池等领域前沿技术，关注人工智能和5G等，赋能智能网联与新能源汽车产业高质量发展。

参考文献

杨顺、秦义勇：《协同创新　推进中国智能网联汽车产业发展》，《上海信息化》2024年第1期。

龚静、许凯弈、韩松：《智能网联汽车标准化工作研究》，《世界汽车》2023年第7期。

傅郭鑫、盛秀婷、孙佳：《推进广州智能网联与新能源汽车产业高质量发展对策研究》，载张跃国主编《广州蓝皮书：广州创新型城市发展报告（2023）》，社会科学文献出版社，2023。

尚学峰：《广东省智能网联汽车产业发展现状及对策建议》，《科技与金融》2023年第4期。

广州市委党校课题组：《深化广州智能网联汽车产业集群数产融合研究》，载张跃国、尹涛主编《广州蓝皮书：广州数字经济发展报告（2023）》，社会科学文献出版社，2023。

蒋丽：《广州培育世界第一梯队智能网联汽车产业对策研究》，载张跃国、尹涛主编《广州蓝皮书：广州数字经济发展报告（2023）》，社会科学文献出版社，2023。

徐启栋、张斌、李艳红：《标准化支撑智能网联汽车高质量发展研究》，《标准科学》2022年第6期。

民进广州市委员会课题组：《关于促进广州智能网联汽车产业加速发展的建议》，载涂成林、陈小华、薛小龙主编《广州蓝皮书：2022年中国广州经济形势分析与预测》，社会科学文献出版社，2022。

王长江、袁杰、段圆圆：《加快广州智能网联汽车产业发展的思路研究》，载张跃国主编《广州蓝皮书：广州经济发展报告2021》，社会科学文献出版社，2021。

B.19 AIGC技术在广州税收宣传领域的应用前景探索

国家税务总局广州市番禺区税务局课题组*

摘　要： 本文结合税收宣传工作现状及针对广州税收宣传情况的问卷调查结果，总结提出当前税收宣传工作的特点、问题和发展趋势，并借鉴基于生成式人工智能应用的AIGC技术在商业领域，尤其是与税收宣传工作特点相近的传媒领域的实际应用情况，探索应用AIGC技术为税收宣传的服务体验、内容生产、产品传播持续赋能，从平台基础、数据管理、产品输出、传播媒介、组织架构五个层面对广州税收宣传模式提出建议。

关键词： AIGC技术　大数据　税收宣传

自2022年底ChatGPT火爆全球后，基于生成式人工智能应用的AIGC（Artificial Intelligence Generated Content，人工智能生成内容）技术掀起了新一波技术开发与应用的热潮，各类AIGC软件进入发展"快车道"，在社交媒体、广告传媒、教育培训、销售服务等众多领域展现出惊人的应用潜力。当前，因其在语言理解、内容生成、知识推理、多轮沟通能力等方面的出色表现，AIGC技术应用高度契合文化传媒领域的智能化发展需要，传媒业是目前这项技术应用程度最深的行业之一。为推进"智慧税务"建设、提升税收征管服务的智能化、数字化水平，税务部门有必要积极探索AIGC技术

---

* 课题组组长：许小刚，国家税务总局广州市税务局。课题组成员：祝顺才，国家税务总局广州市番禺区税务局；陈凯昕，国家税务总局广州市番禺区税务局；练思思，国家税务总局广州市番禺区税务局；李儒，国家税务总局广州市番禺区税务局。执笔人：祝顺才、李儒。

在税务领域的应用场景和机制,其中在更为注重信息交互和内容创作的税收宣传领域,这项技术的应用更具可行性和实效性。基于实务经验和问卷调查结果,本文总结提出当前税收宣传工作的特点、问题和发展趋势,并结合AIGC技术的应用价值与潜力,探索提出税务部门运用AIGC技术优化税收宣传模式、提升税收宣传效果的有效运行机制。

一 AIGC技术的概念及其应用实例

(一)概念与特征

本文中基于生成式人工智能应用的AIGC技术是指基于算法、模型和规则等对样本数据进行深度学习并通过不断迭代更新模型参数以生成高质量内容的技术,生成的内容包括图像、视频、音频或文本等多种形式。不同于传统的人工智能,生成式人工智能不仅可以实现深度学习、提炼信息、趋势预测,还可以生成新内容,实现创造能力的突破。从分析能力到生成能力的突破,是生成式人工智能的突出特征。[1]

(二)AIGC技术在传媒领域的应用

有学者以"新技术架构起新闻传播新模式,这是一场以算法、数据和算力为基础设施的深度媒介化变革"[2]描述以GPT为代表的AIGC技术对新闻传播业的深刻影响。事实上,当前这项新技术在内容、制作、营销、创新应用等方面给传统的传媒行业带来了新的服务方式。

1. 文本内容的生成及编辑

AIGC技术拥有强大的数字内容孪生、编辑、创作能力,以其为支撑的

---

[1] 贾楠、鲁钰锋:《运用以ChatGPT为代表的生成式人工智能提升税法遵从度的几点思考》,《税务研究》2023年第6期。
[2] 陈龙:《"后新闻"生产模式:生成式AI对新闻传播业的再格式化》,《传媒观察》2023年第3期。

内容生产模式可以全天候不间断地进行内容生产,既能帮助用户做好资料收集、文字处理等基础性工作,减少基础工作量,又能按需完成新闻提纲、广告文案、社媒推文等不同类型的文本任务,有效提升内容生产效率和能力。

2. 广告营销的策划与投放

AIGC技术从广告创意、内容生成、场景投送等方面辅助广告公司进行创作。在广告创意上,它扩展了传统的广告营销方式,并通过高速阅读能力广泛融合各类资源,辅助创意素材生产。在内容生成上,广告公司可以利用AIGC提升内容产业价值,辅助内容营销创作与营销方案生成。在场景投送上,广告商能够通过AIGC技术提升市场调查的时效性和准确性,更高效地洞察用户使用场景的变化和拓展,达成更快速、更精准的产品投放和品牌覆盖。

3. 媒体产品的制作与创新

在内容生成方面,随着元宇宙概念爆发,用户对于新闻的接收更偏好于视频化、口语化的形式,AIGC技术能够实时智能生成图像、视频和音效,打造可视化、可听化新闻,提供更符合用户需求的新闻内容。在技术报道方面,随着智能采访、"5G+AI"技术的广泛应用,新闻媒体可通过这些技术策划节目,实现跨场景报道、隔空全息互动等,打破时空限制。在思政宣传方面,AIGC依靠大数据,通过智能语义分析技术与智能交互等方式,让思政宣传的内容更有"人情味",并在舆情监测和舆论引导方面有更快、更智能的响应处理。

4. 影视制作的辅助与赋能

一方面,AIGC技术部分应用于内容创意、制作、宣发等影视生产全链路,如剧本创作、AI换脸换声、分镜制作、CG动画、特效生成处理、视频剪辑、预告片及海报制作等,为影视行业的内容生产提速增量,并有效解决影视作品生产成本较高的问题。另一方面,借助AIGC技术带来的算力提升,虚拟人、数字人等人工智能产品逐步落地,传媒、教育、金融等行业出现越来越多的"数字人"形象,影视行业也可以通过AIGC技术提升数字人IP的智能化水平,让知名IP形象更好落地变现。

整体来看,随着 AIGC 技术的开发应用不断成熟、管理规范不断完善、应用领域不断拓展,税务部门要在各线条各领域工作中为拥抱这项变革性技术做好准备。

二 基于问卷调查的税收宣传引入 AIGC 技术必要性分析

近年来,各级税务部门在打造税宣新模式上持续创新,除了传统的政策宣传方式,还适应纳税人缴费人的多元化需求,推出了长图文、短视频、直播动画、短视频等多媒介、多形态、多主题的宣传产品,同时在热线问答、线上咨询等方面引入了部分人工智能技术,在特色化、智能化税宣方面取得了一定成果,但仍然存在宣传覆盖面不广、与受众需求贴近性不强、税务部门"自顾自说"等问题。

传播学领域的"使用与满足"经典理论要求从受众角度出发,通过分析受众的媒介接触动机以及这些接触满足了受众的什么需求,来考察大众传播给人们带来的心理和行为效用,从而通过"创意"提升传播的用户体验。[1] 基于该项理论,税务部门若想更好应用 AIGC 技术以提升宣传效能,首先要对当前税收宣传的主要受众,即广大纳税人缴费人的实际需求进行详细的调研分析,从中挖掘固有特性和问题,找准技术应用的立足点和发力点。

为此,课题组针对广州税务部门税收宣传工作开展情况组织了问卷调查,问题主要分为三个部分:一是调查对象的基础信息;二是调查对象对于税收宣传效果的评价,包括税收宣传的参与度,对税收宣传的时效性、可及性、针对性和易明性等方面的总体评价等,把握目前调查对象对税收宣传的满意度现状;三是调查对象对税宣工作实践的偏好,包括重点关注的宣传内

---

[1] 陈秋、凌秋峰、赖慧:《浅谈传播学视角下的新时期税收宣传——颠覆、对抗与想象》,《税务研究》2018 年第 10 期。

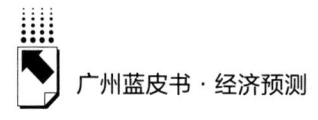

容、获取税收知识的渠道、受欢迎的宣传途径等。课题组将问卷随机发放至广州市内的300家企业,最终收回有效问卷288份。

(一)基本情况分析

从样本分布来看,参与调查的企业覆盖大、中、小、微型企业且分布较为平均,分别占比22.22%、22.57%、36.81%和18.40%。同时,企业所处行业以批发和零售业(31.60%)、租赁和商务服务业(24.65%)居多,在其他常见行业类别中整体都有一定比例(见表1)。此外,在参与问卷调查的人员中,办税人员(76.74%)或财务负责人(15.28%)的占比超过92%。总的来看,本次调查尽管样本数量不多,但对不同规模和行业的企业多有所覆盖,且参与调查的人员绝大部分是税收宣传工作的直接受众和重点关注对象,调查结果具有相当的代表性。

表1 参与调查企业规模及行业分布情况

单位:家,%

参与调查企业规模	样本数	占比
大型(营业收入1亿元以上)	64	22.22
中型(营业收入2000万元以上、1亿元以下)	65	22.57
小型(营业收入100万元以上、2000万元以下)	106	36.81
微型(营业收入100万元以下)	53	18.40
参与调查企业行业	样本数	占比
制造业	20	6.94
建筑业	20	6.94
房地产业	5	1.74
批发和零售业	91	31.60
科学研究和技术服务业	11	3.82
公共管理、社会保障和社会组织	0	0
信息传输、软件和信息技术服务业	19	6.60
租赁和商务服务业	71	24.65
交通运输、仓储及邮政业	9	3.13
其他	42	14.58

数据来源:问卷调查结果,余同。

从调查结果来看，大部分调查对象对目前广州税务部门的税宣工作总体感到满意，在满意度评分的问题中打出 4 分或 5 分的企业合计占 90.28%。同时，89.58% 的调查对象认为税收宣传解读非常及时或较为及时，86.11% 的调查对象对税收宣传解读的针对性表示满意或较为满意，88.89% 的调查对象认为税务机关开展的税收宣传可读性强，说明当前广州税收宣传工作在及时性、针对性和易明性三个维度得到了纳税人的充分认可。

（二）税收宣传工作特点分析

结合调查对象的偏好数据及关心的涉税信息来看，当前的税收宣传工作呈现以下三个特点。

1. 线上宣传渠道成为受众获取税费资讯的首选途径

在"希望通过何种渠道了解掌握最近的税费政策"的问题上，选择税务官方网站的企业占比最高，达 73.26%，选择微信公众号、官方微博、抖音等新媒体或 12366 热线、税务对外咨询电话等渠道的分别为 68.75% 和 63.54%，分列第二、三位；相较之下，选择政策宣讲、税企座谈等线下宣传活动的不足一半，希望税务人员上门辅导的企业仅占 22.22%（见表2）。这一结果说明传统的线下宣讲模式不再是首选，及时、精准获取资讯的需求驱使更多纳税人主动采取更便利的方式，也印证了课题组大力推广线上渠道的显著效果。

随着征管改革的持续推进，全流程线上办理是未来税费征管服务的新趋势，纳税人在此过程中必然会增加对在线问询、政策获取、流程辅导等的需求。作为广义上税收宣传的重要组成部分，税务咨询中的线上咨询工作量预计将显著提高，且纳税人对于咨询事项的响应处理质量也将有更高的要求。

表 2　调查企业了解掌握最近的税费政策的渠道（多选）

单位：家，%

选项	样本数	占比
报纸、杂志、宣传册等纸质媒介	53	18.4
税务官方网站	211	73.26
电视、广播等传统媒体	54	18.75

续表

选项	样本数	占比
12366热线、税务对外咨询电话等	183	63.54
微信公众号、官方微博、抖音等新媒体	198	68.75
政策宣讲、税企座谈等线下宣传活动	137	47.57
到税务机关当面咨询	65	22.57
税务人员上门辅导	64	22.22
短信、电话等政策推送	120	41.67
其他	5	1.74

2. 日常税费业务办理成为税收宣传工作的内容痛点

在"最关心的涉税信息"这一问题上，68.06%的调查对象选择了"政策宣传解读"，获选比例更多的选项是"办税流程和渠道方式"（82.29%）和"日常涉税业务易出现错误风险提示"（77.08%）两项（见表3），说明相较于较为宏观的政策宣讲，纳税人更加关注日常税费业务办理过程中的微观操作，以及纳税人端的风险问题处理。然而，这恰恰是当前税收宣传在内容选择上的短板之一。

由于视角差异，税务部门从专业视角对税费政策内容的宣介和解读具有优势，但很少能深度参与日常业务办理过程，无法从纳税人缴费人的角度全面、准确地了解微观操作中出现的问题，导致宣传"大而全"与需求"小而精"的错配。值得注意的是，在总体满意度较高的情况下，仍有1/3的调查对象反映当前的宣传内容无法很好解决其涉税、涉费问题。

表3 调查企业最关心的涉税信息（多选）

单位：家，%

选项	样本数	占比
政策宣传解读	196	68.06
办税流程和渠道方式	237	82.29
日常涉税业务易出现错误风险提示	222	77.08
税务软件操作方法	151	52.43
其他	2	0.69

3. 多样化宣传方式能更好迎合受众偏好，强化宣传效果

大部分调查对象对税宣内容的易明性感到满意，但同样期待更多元化的宣传产品体系。在税收宣传存在的问题方面，认为"宣传开展方式不够多样化"的调查对象达到44.79%。具体到税宣形式偏好，除了传统的图文（82.64%）和面对面宣讲（36.11%），视频（83.33%）以及直播（45.83%）都是广受欢迎的宣传方式（见表4），这就要求税务部门具备根据渠道特点"因地制宜"制作和投放多形态宣传产品的能力。

表4 调查企业希望获得税收宣传内容的形式（多选）

单位：家，%

选项	样本数	占比
图文	238	82.64
视频	240	83.33
直播	132	45.83
智能AI	73	25.35
面对面宣讲	104	36.11

然而，受限于技术能力、制作成本、扎口管理等因素，目前的宣传产品制作流程较长、审核要求高、主题较单一，而且比较依赖第三方的参与，在产品的多元性和时效性上都存在不足。

三 AIGC技术在税收宣传领域的应用前景探索

本次问卷调查结果显示了当前税收宣传领域存在的三个问题，即响应不够及时、内容不够精准、形式不够多样，这是其他领域的宣传工作在数字化、智能化转型时普遍需要面对和克服的难题。借鉴其在传媒领域的应用模式，以GPT为代表的AIGC技术在税收宣传领域拥有很大的应用潜力与发展空间：以丰富的税收大数据为知识原料，充分运用其多轮对话、内容生成等

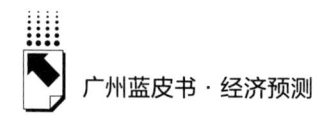

能力，开展精细化、个性化、智能化的宣传服务，广泛应用于12366咨询热线、税务网站、新媒体平台等多个渠道，重构税收宣传格局。

（一）AIGC技术的应用价值

聚焦本次调查结果，在丰富的数据原料和成熟的算法体系的支撑下，AIGC技术可以在服务体验、内容生产、产品传播三个层面为税收宣传工作持续赋能。

1. 服务体验：从传统咨询到智能化即时交互

目前，传统的咨询模式以人工服务为主，存在服务时间、专业能力、反馈流程等方面的限制，比如需要更多人力资源保证全天候服务，因个体能力差异无法及时处理复杂问题等，难以保证高质量完成庞大的咨询量任务。而税宣领域的AIGC类产品可以发挥其一个大脑、海量记忆、知识全面、一对N且"7×24小时"无休服务的优势，运用文本和语音生成功能，嵌入12366咨询热线、税企沟通服务群等征纳互动渠道，不仅能全天候、不间断地为纳税人缴费人提供快速响应、全面准确、客观一致的咨询答复，不受服务人员的个人素质、专业知识、业务经验等方面的影响，还能以每次服务过程为持续学习的样本数据，不断增强自我优化能力，更好应对巨量而复杂的工作任务。

2. 内容生产：从单向供给到以需定供

为了有效改变税收宣传内容"供需错配"的局面，税务部门需要以快速、有效、低成本的方式关注纳税人的真实感受与行为反应，而AIGC类产品在这方面提供了足够的便利性。一方面，它可以关联税费业务系统和征纳互动渠道，对日常征管和办税缴费行为进行对比分析，从行为数据中发现纳税人的办税习惯、易错问题、业务关注点、政策适用点等；另一方面，它可以根据对政策规定、业务规程、系统代码逻辑、案例分析报告等数据的大模型学习结果，快速综合相关资料，对应海量的个体需求生成差异化宣传策略和内容。比如，自动编写脚本代码，根据政策优惠条件自动筛选纳税人清单，并计算优惠金额，选择最优的政策组合，精准推送政策适用的具体条款；分析纳税人的业务办理状态，生成自动化指令为其提供自动导入、自动填单、逻辑比对等服务，辅助税费业务办理。

3. 产品传播：从单一传播到全息传播

适应纳税人缴费人日渐多样化的宣传方式需求，AIGC 类产品在熟练运用多模态的 LLM 模型后，可以充分发挥其强大的创造能力，快速输出高质量的宣传材料和产品，比如图文并茂的宣传海报、模板化的政策解读视频、创意类的文案脚本等，并通过多轮对话实现产品的修正和完善，大大节省制作的时间和成本。同时，通过外联官方网站、微博微信、短视频平台等互联网平台的记录数据，深度学习不同平台的用户偏好，据此优化产品特性，设定主动推送机制，并通过主动接受用户的反馈总结自身工作，自动生成运营报告和改进建议，持续提升宣传效果。

（二）AIGC 技术对税收宣传的重构

AIGC 技术在更多行业大规模应用的曙光初现，它在税收宣传领域的标准化应用逐渐让人期待，但若要更高效、更安全地发挥 AIGC 技术的优势，课题组建议在以下 5 个层面对税收宣传模式进行重构。

1. 平台基础：与专业机构的合作开发

虽然 AIGC 属于通用人工智能的技术范畴，但从现实案例来看，仅通过使用特定领域的知识对通用 AIGC 模型进行微调，在较为专业的领域无法真正满足模型落地应用的需要，更容易产生"胡言乱语"的"排斥"反应。由于税务是高度专业化的领域，简单套用现有模型的可行性较低，因此需要与国内领先机构寻求深度合作，适当引入技术成熟、产权可控的商用 AIGC 类产品，并在安全保密的合作协议下共同开发优化，以税收宣传领域为起点，搭建高效稳定、可拓展至其他税务领域的 AIGC 技术应用平台。

2. 数据管理：大型数据库的建立和维护

人工智能的本质是通过学习大量样本数据，从而做出符合人类预期的行为，要让 AIGC 技术得到最大化利用，就要为其建立大容量的数据库用以"喂养"学习。税务领域有着广阔的大数据"海洋"，但需要从中筛选合适的类别数据并形成持续更新的数据库。在满足隐私保护与安全保密要求的前提下，可用于税收宣传领域的数据包括：系统基础数据，主要指各税费征管系统的全部可调用数据；专业基础数据，主要指各类税务政策、文件、案例等专业性数据，包括税务部门的官方数据以及经认证的高等院校、专业机构、涉税服务机构等专业组织提供的数据；征纳互动数据，主要指反映日常征管互动的有效数据，比如各类咨询、投诉渠道的对话记录等；税收宣传数据，主要指内外部平台制作、投放的各类别、各时期宣传内容及产品，以及对应的受众反馈情况等；其他各类可用数据。在初步建立数据库后，AIGC产品可以通过学习各类数据的基本采集路径，实现数据的自动化更新补充。

3. 产品输出：大规模应用的有序推进

短期来看，考虑到技术成熟性、受众接受度等因素，AIGC技术可以逐步应用于咨询服务辅助、宣传文案策划等基础性工作，比如应用于12366热线、智能聊天机器人、税企沟通群等平台，承接全部咨询问答工作，并根据政策服务需要，实时生成并投放简单的宣传材料。中期来看，随着学习物料的增加和内容生产能力的加强，AIGC可以广泛应用于政策服务宣传，用以快速产出文案、图像、海报、音视频等多元化产品，经审核流程后，根据受众的主动需求投放至不同宣传渠道，摆脱对第三方的高度依赖，探索形成自主创作的有效路径。长期来看，税收宣传的AIGC产品会与各类虚拟工具一同嵌入税费征管系统，结合征管动态与纳税人行为，精准预测宣传服务需求，推送自动化、智能化解决方案，帮助纳税人缴费人精准决策。

4. 传播媒介：智能机器人的进化升级

从广州税务部门的宣传实践出发，"税宝"智能机器人目前已经具备了部分智能应答功能，其数字人形象也有了一定的宣传影响力。AIGC类产品可以"税宝"机器人为基础形象，打造广州税收宣传的知名IP，把智能咨询、产品输出等各类功能集成于"税宝"的基础架构中，便于在各类传播媒介打造一个有辨识度、有扩展性的虚拟数字人形象，让AIGC类技术以纳税人缴费人更能接受、更受欢迎的形式落地。

5. 组织结构：人员团队的优化调整

在税收宣传模式发生技术性变革后，相应的组织架构必然需要进行调整。一方面，基础性工作岗位相对减少。一些传统基础性工作将被取代，如12366热线接线、办税服务引导、税宣策划、脚本编写、舆情监测等，都将由人工智能逐步接手。另一方面，技术型人才出现缺口。需要加强与各大科研院校的合作，开展长期的人才交流合作和教育培训，引入更多AI类人才，借助外部力量壮大税宣工作的专业团队，并推进产学研相互促进，在税务部门建立AIGC技术应用的示范基地。

参考文献

国家税务总局深圳市税务局课题组：《以GhatGPT为代表的生成式人工智能在税务领域应用的思考和建议》，《税务研究》2023年第6期。

王珍：《国内打造AIGC产业链，商业价值靠"三轮驱动"》，《第一财经》2023年5月27日。

何慧媛：《火爆全球的ChatGPT将如何影响传媒业》，《青年记者》2023年第4期。

郭全中：《从GPT看AGI的本质突破：传媒业新挑战与未来》，《新闻爱好者》2023年第4期。

科技创新篇

B.20
2023年广州企业创新TOP100评价报告

广州日报数据和数字化研究院（GDI智库）课题组*

摘　要： "广州企业创新TOP100榜（2023）"深度挖掘上榜企业战略性新兴产业专利发展趋势，从发明总量、专利授权率、全球化、影响力和成长性五个维度展开评价，梳理各产业在创新能力上的不同特征，以服务区域创新均衡、协调发展。数据显示，上榜企业集中在黄埔、天河、番禺三个区，占比超六成；半数上榜企业存续时间超过20年，助力"老城市焕发新活力"；有77家企业属于国家级战略性新兴产业，覆盖新一代信息技术、高端装备制造、新材料、生物、新能源汽车等九大产业，各新兴产业专利总量都呈现快速增长趋势。

---

* 课题组组长：刘旦，广州日报数据和数字化研究院院长，记者，研究方向为教育与人才、科技创新与区域发展、社会治理和政府决策。课题组成员：陈杰，广州日报数据和数字化研究院首席数据官，记者，研究方向为科技创新与区域发展、社会治理和政府决策；郑晓云，广州日报数据和数字化研究院数据分析师，研究方向为科技创新与区域发展；宋婉怡，广州日报数据和数字化研究院数据分析师，研究方向为科技创新与区域发展；闫奕萌，广州日报数据和数字化研究院研究员，研究方向为科技创新与区域发展；邝颖盈，广州日报数据和数字化研究院行政副总监。执笔人：郑晓云、宋婉怡、闫奕萌。

关键词： 企业创新　专利成长性　广州

广州坚持"产业第一、制造业立市"，以实体经济为本，持续做优做厚制造业家底，不断推进产业基础高级化和产业链现代化。2022年，广州"3+5"战略性新兴产业增加值达8879亿元，占地区生产总值的比重提升至30.8%，对GDP增长的贡献率约1/3，具有国际竞争力的战略性新兴产业集群逐步形成。①

广州强化企业科技创新主体地位，构建企业全生命周期发展支持体系，推动科技企业成为稳经济"压舱石"。2022年，广州新增8家国家级制造业单项冠军、2家国家技术创新示范企业、55家专精特新"小巨人"企业和1家全球"灯塔工厂"，全市高新技术企业、科技型中小企业数量分别突破1.23万家、1.67万家，有19家企业入选胡润全球独角兽榜，增量（9家）居全国第一。②

2023年，广州市委明确提出"二次创业""再造一个新广州"的目标任务，推动高质量实现老城市新活力、"四个出新出彩"。企业是实体经济高质量发展的主体，越来越成为突破产业关键核心技术的主力军和中坚力量。为客观呈现广州企业创新能力，进一步挖掘广州发挥粤港澳大湾区产业集聚效应的潜力，广州日报数据和数字化研究院（GDI智库）运用大数据挖掘技术，对广州2018~2022年发明总量不少于50件的企业，从发明总量、专利授权率、全球化、影响力和成长性五个维度进行评价，研制"广州企业创新TOP100榜（2023）"，为进一步激发企业创新活力和主动性、区域产业结构优化、促进区域经济高质量发展提供科学、专业的评价参照。

---

① 《广州：春潮涌动千帆竞，扛旗争先万象新》，"广州日报"百家号，2023年3月3日，https：//baijiahao.baidu.com/s？id=1759317607945935318&wfr=spider&for=pc。
② 《2023年广州市政府工作报告》，广州市人民政府网站，2023年2月1日，https：//www.gz.gov.cn/zt/jj2023gzlhzt/hyjj/content/post_8784240.html；《2022年中全球独角兽榜排行榜TOP100（附榜单）》，中商情报网，2022年8月31日，https：//m.askci.com/news/20220831/1837501973667.shtml。

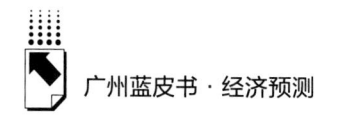

一 评价说明

（一）数据来源

榜单备选企业名单来源于近五年国家、广东省及广州市知识产权优势示范企业名录、知识产权保护重点企业名录、高新技术企业名录等。本报告涉及的发明总量、专利授权率、全球化、影响力和成长性等与专利相关的数据主要来源于科睿唯安（Clarivate Analytics，原汤森路透知识产权与科技事业部）专利数据库中2018~2022年的企业专利数据。

（二）评价体系

本报告从五个维度科学、全面、客观评价企业创新能力，即发明总量、专利授权率、全球化、影响力和成长性。

1. 发明总量

发明总量是衡量企业创新能力的重要指标。发明专利和实用新型专利与技术创新直接相关，本报告中的发明总量是指发明专利与实用新型专利的加总。发明总量以德温特专利家族为统计单位，每一个德温特专利家族计为一项发明。在德温特世界专利索引（Derwent World Patents Index™，DWPI）中，采用"一个发明一条记录的原则"，所有针对同一个发明专利的后续申请均被记录为"等同专利"，而被归入同一"专利家族"。

2. 专利授权率

专利授权率是用于反映专利申请成功率的量化指标，不是所有的专利申请都能通过审查并获得授权。作为衡量创新质量的标准之一，专利授权率采用近五年发明授权量与发明总量的比值。

3. 全球化

全球化指标表明企业对专利在全球所有市场寻求保护的程度，该项指标主要由企业的国际专利数来衡量。国际专利指某一项专利在国外申请成功并授权。

4. 影响力

影响力指标用于衡量一件发明专利对后续发明创造的影响。发明专利的影响力可通过后续其他机构在专利申请过程中对该发明的引用情况进行考量。本报告影响力指标计算了近五年企业的专利在排除自引后的专利被引频次。

5. 成长性

成长性指标用于衡量企业的发展速度，反映企业未来的发展前景。创新企业不仅在专利上占有优势，也要具有推进专利市场化的能力，具有优秀研发能力的企业往往能在市场上获得更快更优的成长。因此，本报告用企业的发明总量成长性来考量其成长性，通过计算每家企业近五年的发明总量复合增长率得到成长性指标。

（三）战略性新兴产业分类标准

本报告战略性新兴产业分类包含两种类型。一是以企业为单位进行战略性新兴产业分类，原则是以从事战略性新兴产业活动的法人单位为统计单位；当企业从事两种或两种以上的经济活动时，则按照主要经营活动确定企业战略性新兴产业分类。二是战略性新兴产业专利分类，以《战略性新兴产业分类与国际专利分类参照关系表（2021）（试行）》为产业和国际专利分类（IPC）对照依据，该参照关系表基于《战略性新兴产业分类（2018）》，针对新一代信息技术产业、高端装备制造产业、新材料产业、生物产业、新能源汽车产业、新能源产业、节能环保产业、数字创意产业、相关服务业等战略性新兴产业领域及关键核心技术领域，建立与国际专利分类的参照关系。

二 TOP100企业情况分析

从发明总量、专利授权率、全球化、影响力和成长性五个维度进行评价测算，形成广州企业创新TOP100榜（2023）（见表1）。

表1 广州企业创新TOP100榜（2023）

排名	企业名称	所在区
1	中国南方电网有限责任公司	黄埔
2	中国南方航空集团有限公司	白云
3	广州视源电子科技股份有限公司	黄埔
4	广州汽车工业集团有限公司	越秀
5	中船海洋与防务装备股份有限公司	海珠
6	光宝电子(广州)有限公司	黄埔
7	广州小鹏汽车科技有限公司	天河
8	京信网络系统股份有限公司	黄埔
9	金发科技股份有限公司	黄埔
10	广州华多网络科技有限公司	番禺
11	中国建筑第四工程局有限公司	天河
12	广州酷狗计算机科技有限公司	天河
13	广州极飞科技股份有限公司	天河
14	广电运通集团股份有限公司	黄埔
15	广船国际有限公司	南沙
16	广东省环保集团有限公司	天河
17	广东省广新控股集团有限公司	海珠
18	中电科普天科技股份有限公司	花都
19	中移互联网有限公司	天河
20	广州地铁集团有限公司	海珠
21	广州金域医学检验集团股份有限公司	黄埔
22	中交第四航务工程局有限公司	海珠
23	中国能源建设集团广东省电力设计研究院有限公司	黄埔
24	广州金升阳科技有限公司	黄埔
25	广东省建筑工程集团控股有限公司	荔湾
26	广东省电信实业集团有限公司	天河
27	宝武集团中南钢铁有限公司	海珠
28	广州白云电器设备股份有限公司	白云
29	广州广日股份有限公司	番禺
30	广州富港万嘉智能科技有限公司	黄埔
31	广州虎牙科技有限公司	番禺
32	日立电梯(中国)有限公司	番禺
33	威创集团股份有限公司	黄埔
34	广州市百果园信息技术有限公司	番禺

续表

排名	企业名称	所在区
35	广东芬尼科技股份有限公司	南沙
36	广州市建筑集团有限公司	越秀
37	广州赛莱拉干细胞科技股份有限公司	黄埔
38	广州金山移动科技有限公司	天河
39	保利长大工程有限公司	天河
40	广东好太太科技集团股份有限公司	番禺
41	中石化广州工程有限公司	天河
42	广州医药集团有限公司	荔湾
43	广州市浩洋电子股份有限公司	番禺
44	广东浪潮智慧计算技术有限公司	天河
45	广州万宝集团有限公司	海珠
46	超音速人工智能科技股份有限公司	番禺
47	广州博冠信息科技有限公司	天河
48	汇专科技集团股份有限公司	黄埔
49	珠江水利委员会珠江水利科学研究院	天河
50	广州市城市规划勘测设计研究院有限公司	越秀
51	中铁二十五局集团第一工程有限公司	白云
52	高新兴科技集团股份有限公司	黄埔
53	广州海格通信集团股份有限公司	黄埔
54	广东保伦电子股份有限公司	番禺
55	广东智威农业科技股份有限公司	天河
56	中交广州航道局有限公司	海珠
57	广州番禺电缆集团有限公司	番禺
58	广州市市政工程设计研究总院有限公司	越秀
59	广州达意隆包装机械股份有限公司	黄埔
60	广州万孚生物技术股份有限公司	黄埔
61	广州倬粤动力新能源有限公司	海珠
62	广东省交通集团有限公司	越秀
63	广东水电二局股份有限公司	增城
64	番禺得意精密电子工业有限公司	南沙
65	广州市昊志机电股份有限公司	黄埔
66	广东省广晟控股集团有限公司	天河
67	广州通巴达电气科技有限公司	黄埔
68	广州达安基因股份有限公司	黄埔

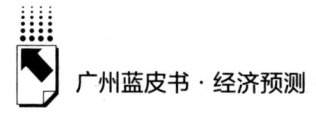

续表

排名	企业名称	所在区
69	广东三维家信息科技有限公司	天河
70	广东丸美生物技术股份有限公司	黄埔
71	广东省能源集团有限公司	天河
72	广州爱浦路网络技术有限公司	黄埔
73	广州白云科技股份有限公司	白云
74	广州润虹医药科技股份有限公司	黄埔
75	广东亿迅科技有限公司	海珠
76	广东纽恩泰新能源科技发展有限公司	增城
77	中铁隧道勘察设计研究院有限公司	南沙
78	广东高云半导体科技股份有限公司	黄埔
79	广州立白企业集团有限公司	荔湾
80	广州市雅江光电设备有限公司	花都
81	广州鹏辉能源科技股份有限公司	番禺
82	广州彩熠灯光股份有限公司	白云
83	广州迈普再生医学科技股份有限公司	黄埔
84	广州市汉氏卫生用品有限公司	花都
85	广州明森科技股份有限公司	天河
86	国机智能科技有限公司	黄埔
87	广州环亚化妆品科技股份有限公司	黄埔
88	广州星际悦动股份有限公司	天河
89	广州南方卫星导航仪器有限公司	天河
90	广州天赐高新材料股份有限公司	黄埔
91	广州燃气集团有限公司	天河
92	广州市科能化妆品科研有限公司	花都
93	广州广合科技股份有限公司	黄埔
94	浩云科技股份有限公司	番禺
95	广东产品质量监督检验研究院	黄埔
96	广东虚拟现实科技有限公司	天河
97	广州艾蓓生物科技有限公司	花都
98	广州锦行网络科技有限公司	天河
99	广州赛特智能科技有限公司	黄埔
100	广州电力机车有限公司	花都

数据来源：广州日报数据和数字化研究院（GDI智库）课题组研究测算。

（一）上榜企业画像分析

1. 上榜企业所属区域分析

2023年，为挖掘广州企业创新发展潜能，GDI智库首次将广州企业创新榜单上榜企业数由往年的TOP50扩容至TOP100，推出"广州企业创新TOP100榜（2023）"，为促进广州区域创新均衡、协调发展提供参考。黄埔、天河、番禺上榜企业数量排名依旧领先，三个区上榜企业数量占比达66%（见图1）。随着榜单的扩容，部分区企业创新实力进一步显现，海珠区上榜企业数量排名上升幅度最大，较2022年度上升4个位次。

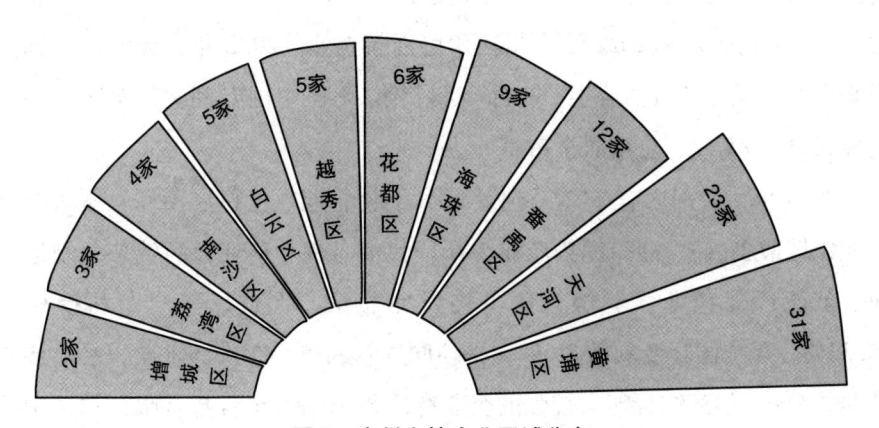

图1 广州上榜企业区域分布

数据来源：广州日报数据和数字化研究院（GDI智库）课题组研究测算。

2022年，黄埔区全社会研发投入强度达到6.14%，全年专利授权24242件，PCT国际专利申请956件，获得中国专利金奖2项。黄埔区坚持企业科技创新主体地位，深入创建"中小企业能办大事"创新示范区，新认定高新技术企业991家、总数突破2500家，新培育国家级专精特新"小巨人"企业29家、"单项冠军"企业6家、技术创新示范企业1家，累计总数分别占全市50%、75%、58%，5家企业入选全球"独角兽"榜单。[①]

[①] 《2023年广州市黄埔区人民政府工作报告》，广州市人民政府网站，2023年5月6日，https：//www.gz.gov.cn/zwgk/zjgb/gqgzbg/hpq/content/post_ 8964521.html。

本次上榜企业数量最多的是黄埔区，达 31 家，榜单排名前十的企业中，有 5 家来自黄埔区。上榜企业覆盖新一代信息技术产业、生物产业、高端装备制造产业等六大新兴产业，平均发明总量 2795 件，平均专利授权率 30.41%，平均国际专利数 115 件，平均同族专利被引频次 2327 次，平均成长性 9.51%。创新综合能力较强的企业有中国南方电网有限责任公司、广州视源电子科技股份有限公司和光宝电子（广州）有限公司。

天河区科技创新活力加速迸发，2022 年新增科技类企业 2 万家、占全市 35.7%，3293 家企业入选国家科技型中小企业库、占全市 19.7%，新认定国家级专精特新"小巨人"企业 3 家，5 家企业获评 2022 年中国互联网百强，5 家企业入选 2022 年广州独角兽创新企业。2022 年，天河区入选国家知识产权强县建设试点县，9 件专利获第 23 届中国专利奖，全区发明专利授权量 7285 件、总量居全市第一。[①]

2023 年，天河区有 23 家企业上榜，上榜企业数量位居第二，覆盖新兴产业领域最多（7 个），优势产业为新一代信息技术产业、高端装备制造产业、节能环保产业。上榜企业平均发明总量 786 件，平均专利授权率 25.31%，平均国际专利数 29 件，平均同族专利被引频次 581 次，平均成长性 38.49%。创新综合能力较强的企业有广州小鹏汽车科技有限公司、中国建筑第四工程局有限公司和广州酷狗计算机科技有限公司。

2022 年，番禺区坚持科技创新驱动能力提升，R&D 占比首次突破 3%，达到 3.17%。新增上市企业 2 家、国家级专精特新"小巨人"企业 12 家、全球"独角兽"创新企业 4 家。质量强区建设连续五年获全市质量工作考核第一名，入选首批国家知识产权强县建设试点县，全区有效发明专利 11781 件、增长 20.4%。

番禺区 12 家上榜企业全部属于新兴产业，覆盖新一代信息技术产业、高端装备制造业和新能源产业等五大产业类别。上榜企业平均发明总量 623

---

① 《2023 年天河区政府工作报告》，广州市人民政府网站，2023 年 3 月 15 日，https：//www.gz.gov.cn/zwgk/zjgb/gqgzbg/thq/content/mpost_ 8863607.html。

件，平均专利授权率21.78%，平均国际专利数34件，平均同族专利被引频次550次，平均成长性19.91%。创新综合能力较强的企业有广州华多网络科技有限公司、广州广日股份有限公司和广州虎牙科技有限公司。

2. 上榜企业所属产业分析

新兴产业是推动实现新旧动能转换、引导未来经济社会发展的重要力量，也是国家实现高质量发展的核心力量。根据《国务院关于加快培育和发展战略性新兴产业的决定》，新兴产业主要指对经济社会全局和长远发展具有重大引领带动作用，以重大技术突破和重大发展需求为基础，具有知识技术密集、物质资源消耗少、成长潜力大、综合效益好等特点的产业。根据现行《战略性新兴产业分类（2018）》，我国战略性新兴产业包括新一代信息技术产业、高端装备制造产业、新材料产业、生物产业、新能源汽车产业、新能源产业、节能环保产业、数字创意产业、相关服务业九大领域。

"广州企业创新TOP100榜（2023）"显示，超八成上榜企业属于新兴产业，共85家，实现战略性新兴产业类型全覆盖。从上榜企业所属新兴产业类别来看，新一代信息技术产业上榜企业数量最多，共27家，其次为高端装备制造产业，共13家。生物产业紧随其后，有10家企业上榜（见图2）。

各区因区位优势和战略定位不同，产业分布也各具特点。上榜100家企业所属新兴产业中，新一代信息技术产业、高端装备制造产业呈现上榜企业数量多、覆盖区域范围广的特点，主要分布在海珠、天河、黄埔、花都、番禺、南沙6个区。生物产业方面，黄埔区企业表现亮眼，有7家上榜，天河区、荔湾区、花都区各有1家企业。新能源汽车产业和相关服务业各有1家企业上榜，分别位于天河区、白云区（见图3）。

3. 上榜企业存续时间分析

存续是一种企业经营状态，指企业依法存在并继续正常运营。存续时间在一定程度上反映了企业实力，本次上榜的100家企业平均存续时间为21.15年，有81家企业存续时间在10年以上（2013年之前成立）；有54家企业存续时间在20年以上，占比超五成。广州作为"千年商都"，为实现"老城市焕发新活力"目标，正着力加快科技创新，全面激发城市新动能，

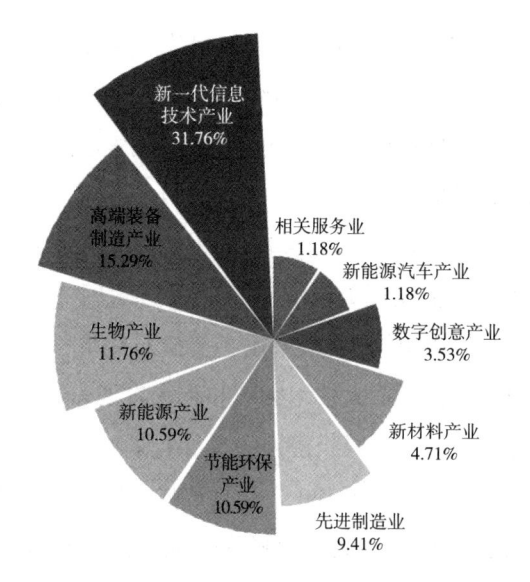

图 2　上榜企业新兴产业分布

数据来源：广州日报数据和数字化研究院（GDI智库）课题组研究测算。

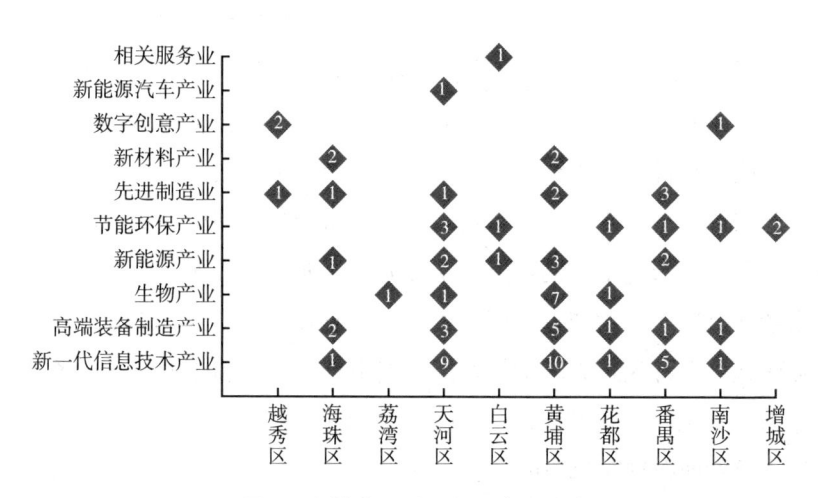

图 3　上榜企业所属新兴产业分布

数据来源：广州日报数据和数字化研究院（GDI智库）课题组研究测算。

许多企业在各自领域中深耕多年，在技术上有着长期的积累，为创新驱动发展提供了良好的基础。

企业存续时间短,但具有较强的科技创新实力,一定程度上反映企业所在区域创新生态好、企业创新活力足。本次上榜企业中,存续时间在6年以内(2017年以后成立)的有1家,为广东省建筑工程集团控股有限公司,位于荔湾区。有18家企业存续时间在6~10年(见图4),分布在黄埔区(8家)、天河区(6家)、番禺区(2家)、海珠区(1家)和花都区(1家),其中广州小鹏汽车科技有限公司综合实力较强。分区域来看,花都区上榜企业平均存续时间最短,为16.83年,天河区、黄埔区呈现上榜企业多且"较为年轻"的特点(见图5)。

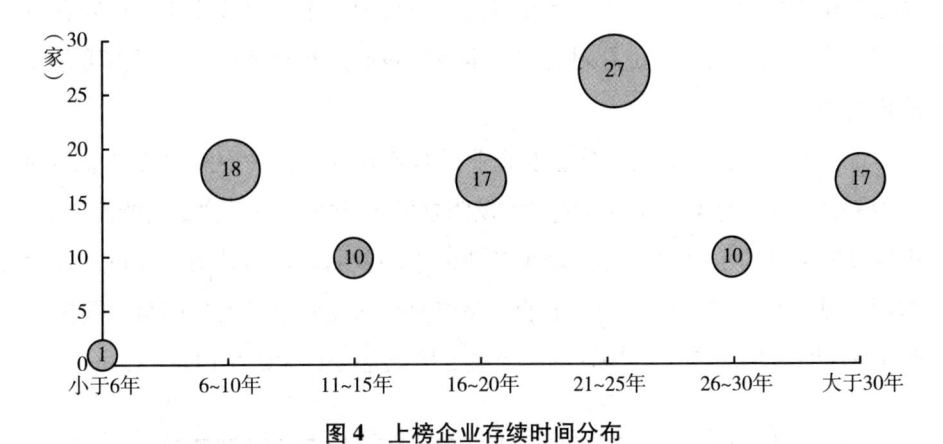

图 4　上榜企业存续时间分布

数据来源:广州日报数据和数字化研究院(GDI智库)课题组研究测算。

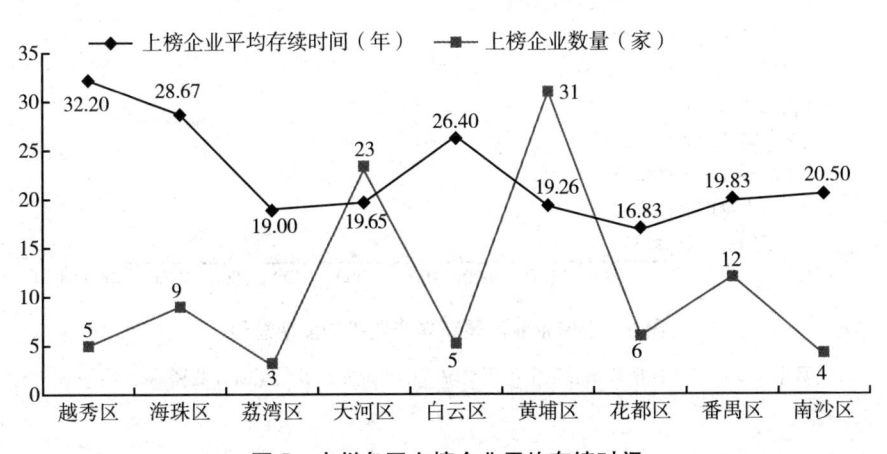

图 5　广州各区上榜企业平均存续时间

数据来源:广州日报数据和数字化研究院(GDI智库)课题组研究测算。

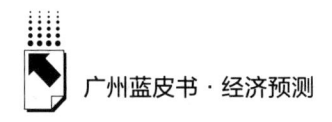

（二）上榜企业指标体系分析

1. 发明总量

发明总量是创新能力最重要的评价指标之一，能够直观反映企业的创新实力。数据显示，上榜企业近五年发明总量为14.74万件，发明总量前十的企业分别为中国南方电网有限责任公司、中国南方航空集团有限公司、广州汽车工业集团有限公司、广州视源电子科技股份有限公司、中船海洋与防务装备股份有限公司、广州小鹏汽车科技有限公司、中国建筑第四工程局有限公司、京信网络系统股份有限公司、金发科技股份有限公司、广州极飞科技股份有限公司。

以企业生产经营活动为依据对企业进行产业划分，平均发明总量最多的是相关服务业、每家上榜企业的平均发明总量达7989件，其次是新能源产业、平均发明总量为7411件，上述两个产业的平均发明总量与其余产业拉开较大差距（见图6）。新材料产业、节能环保产业平均发明总量增幅明显，同比增长109.17%、53.62%，反映这两个产业上榜企业的创新实力不断提升。

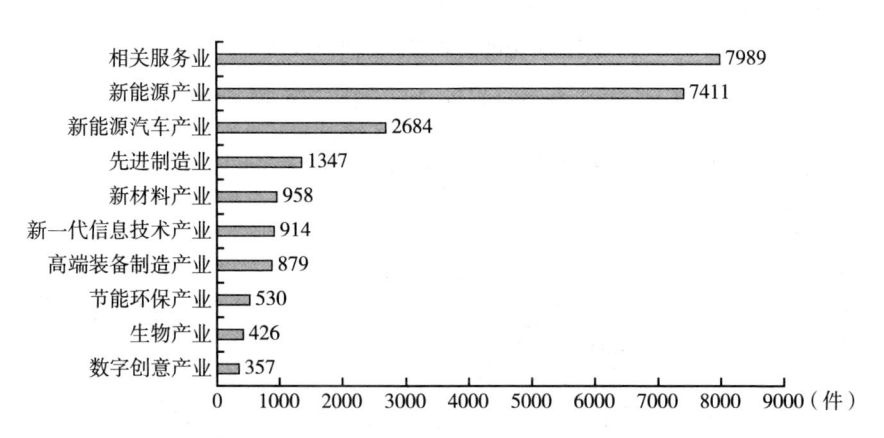

产业	平均发明总量（件）
相关服务业	7989
新能源产业	7411
新能源汽车产业	2684
先进制造业	1347
新材料产业	958
新一代信息技术产业	914
高端装备制造产业	879
节能环保产业	530
生物产业	426
数字创意产业	357

图6 上榜企业所属新兴产业平均发明总量

数据来源：广州日报数据和数字化研究院（GDI智库）课题组研究测算。

2. 专利授权率

专利授权率作为专利申请成功率的量化指标，体现该产业专利发明的创新质量和科技创新能力。一般认为，专利授权率越高，该产业专利质量越高，企业的研发实力越强。

上榜企业平均专利授权率为 26.31%，新材料产业、新一代信息技术产业、相关服务业、生物产业、新能源汽车产业高于平均水平。其中，新材料产业专利授权率（40.48%）连续四年稳居第一，新一代信息技术产业（39.08%）、生物产业（33.24%）较 2022 年分别提升 8.48 个、3.49 个百分点。尽管节能环保产业专利授权率（19.96%）低于平均水平（见图7），但同比提升 13.29 个百分点，反映该产业专利质量有所提升。

产业	平均专利授权率（%）
新材料产业	40.48
新一代信息技术产业	39.08
相关服务业	36.27
生物产业	33.24
新能源汽车产业	28.39
节能环保产业	19.96
高端装备制造产业	18.70
新能源产业	17.00
数字创意产业	11.60
先进制造业	11.60

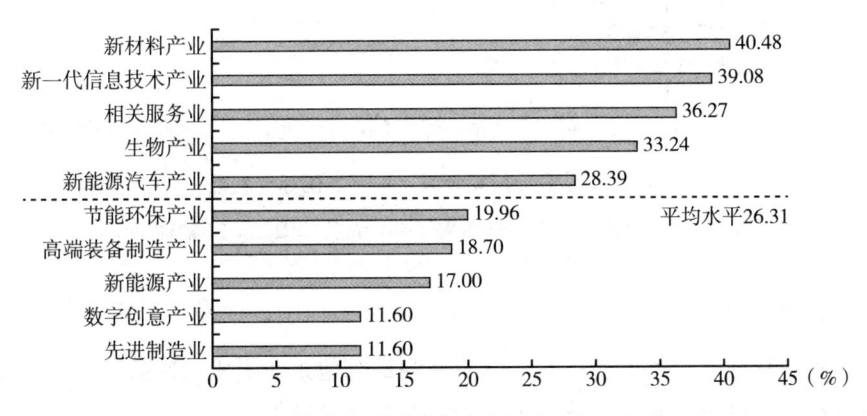

平均水平 26.31

图 7 上榜企业所属新兴产业平均专利授权率

数据来源：广州日报数据和数字化研究院（GDI智库）课题组研究测算。

3. 全球化

国际专利数是反映企业知识产权国际化程度的重要指标，集中体现专利发明的国际认可度。上榜企业中，近五年国际专利数最多的前10家企业分别为广州视源电子科技股份有限公司、光宝电子（广州）有限公司、中国南方电网有限责任公司、金发科技股份有限公司、京信网络系统股份有限公司、广电运通集团股份有限公司、广州小鹏汽车科技有限公司、广东省广新控股集团有限公司、广船国际有限公司、中船海洋与防务装备股份有限公司。

以企业生产经营活动为依据对企业进行产业划分，新能源汽车产业居首，上榜企业平均国际专利数达239件；第二名和第三名分别为新材料产业（153件）、新一代信息技术产业（112件）（见图8），平均国际专利数同比分别增长104%、60%，反映这两个产业上榜企业专利发明的国际认可度提升明显。

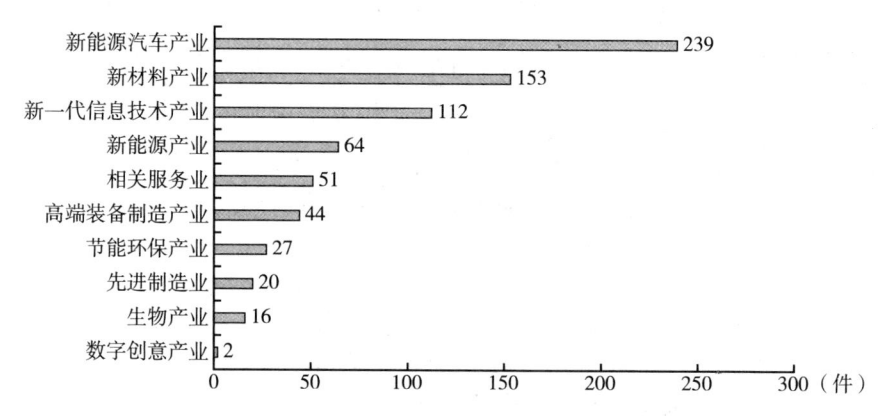

产业	件数
新能源汽车产业	239
新材料产业	153
新一代信息技术产业	112
新能源产业	64
相关服务业	51
高端装备制造产业	44
节能环保产业	27
先进制造业	20
生物产业	16
数字创意产业	2

图8 上榜企业所属新兴产业平均国际专利数

数据来源：广州日报数据和数字化研究院（GDI智库）课题组研究测算。

4. 影响力

同族专利被引频次是指某一发明专利被其他企业引用的次数，是衡量专利影响力的重要指标。上榜企业的平均同族专利被引频次为1122次，近五年同族专利被引频次最高的前5家企业分别为中国南方电网有限责任公司、广州视源电子科技股份有限公司、京信网络系统股份有限公司、中国南方航空集团有限公司、广州汽车工业集团有限公司。

以企业生产经营活动为依据对企业进行产业划分，新能源产业、相关服务业、新能源汽车产业平均同族专利被引频次高于平均水平。新能源产业上榜企业的平均同族专利被引频次最高，达6028次，为第二名的1.59倍（见图9），反映该产业上榜企业专利影响力较大。

5. 成长性

成长性指标以企业近五年的发明总量计算得出复合增长率，是衡量其科技创新可持续性和创新活力的重要指标，本次上榜企业的专利复合增长率均值为33.68%。按产业分析，专利复合增长率均值最高的前3个产业

2023年广州企业创新TOP100评价报告

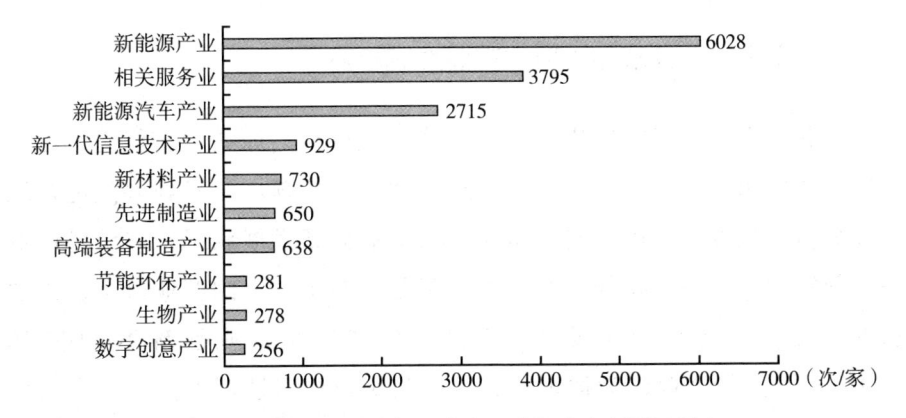

图9 上榜企业所属新兴产业平均同族专利引用频次

产业	次/家
新能源产业	6028
相关服务业	3795
新能源汽车产业	2715
新一代信息技术产业	929
新材料产业	730
先进制造业	650
高端装备制造产业	638
节能环保产业	281
生物产业	278
数字创意产业	256

数据来源：广州日报数据和数字化研究院（GDI智库）课题组研究测算。

分别是新能源汽车产业（101.91%）、先进制造业（60.01%）、新一代信息技术产业（46.73%）（见图10）。其中，先进制造业、新一代信息技术产业上榜企业专利成长性提升较快，同比分别提升50.58个、34.44个百分点。

专利复合增长率位居前五的企业分别为广州星际悦动股份有限公司、广州爱浦路网络技术有限公司、广东三维家信息科技有限公司、保利长大工程有限公司、广东保伦电子股份有限公司。

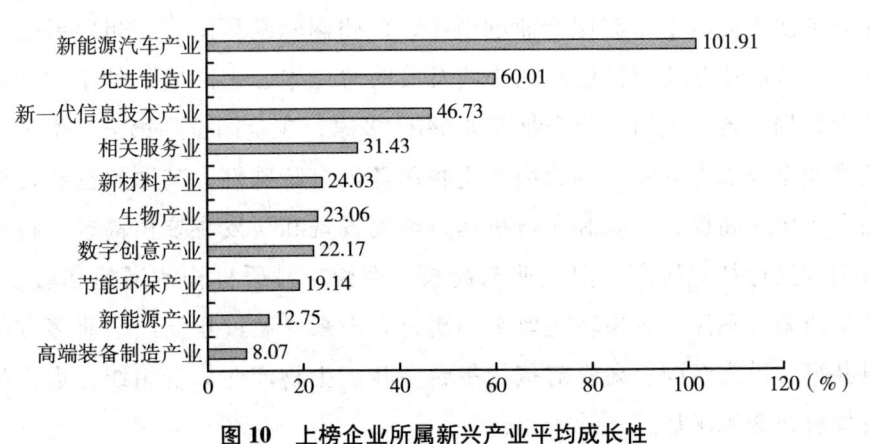

图10 上榜企业所属新兴产业平均成长性

产业	%
新能源汽车产业	101.91
先进制造业	60.01
新一代信息技术产业	46.73
相关服务业	31.43
新材料产业	24.03
生物产业	23.06
数字创意产业	22.17
节能环保产业	19.14
新能源产业	12.75
高端装备制造产业	8.07

数据来源：广州日报数据和数字化研究院（GDI智库）课题组研究测算。

（三）上榜企业战略性新兴产业发展趋势

专利产出量不仅能反映产业或区域科技成果的原始创新能力，还能折射这些成果的市场应用前景。通过对相关技术领域的专利数量进行统计和分析，从专利角度讨论战略性新兴产业创新发展状况，展示各产业在创新能力上的不同特征，有利于决策部门制定适宜的产业政策，以加快推动战略性新兴产业发展。本报告以"广州企业创新TOP100榜（2023）"上榜企业作为样本，分析广州企业战略性新兴产业专利发展趋势。

"广州企业创新TOP100榜（2023）"上榜企业的战略性新兴产业专利均为发明专利和实用新型专利。数据显示，九大战略性新兴产业专利数量呈现快速增长趋势，但发展不均衡。其中，新一代信息技术产业发展势头强劲，专利总量位居九大产业之首，2018~2022年年均增长率为21.12%。其次是新能源产业，年均增长率为11.81%。新材料产业位居第三，年均增长率为17.80%。新能源汽车产业和相关服务业上升趋势明显，年均增长率分别达32.83%和32.17%（见表2和图11）。

生物医药产业是广州重点发展的战略性新兴产业之一，形成了以广州科学城、中新广州知识城、广州国际生物岛"两城一岛"为核心，广州粤港澳大湾区生命健康产业创新区、广州国际医药港、广州白云生物医药健康产业基地等特色园区协调发展的"三中心多区域"的生物医药产业格局。各类生物医药企业数量6400多家，在全国位列第三。生物医药产业企业端专利较少的原因是生物医药具有特殊性，其原始创新资源主要集中在高校、医院和科研机构，药物发现和研发主要由高校、科研机构等进行基础研究。但企业与高校、医院、科研机构沟通协作较少、产学研融合不深，成果转化效果不明显。未来可通过建设产学研多方信息共享、供需匹配、高效对接的平台，壮大生物产业集群组织，进一步发挥科研资源优势。

表2　2018~2022年战略性新兴产业专利数量

单位：件

战略性新兴产业	2018年	2019年	2020年	2021年	2022年
新一代信息技术产业	↑5438	↑6352	↑7872	↑10093	↑11705
高端装备制造产业	↑1995	↑2108	↑2578	↑3256	↑3812
新材料产业	↑2733	↓2437	↑3047	↑3579	↑5263
生物产业	↑659	↑694	↑949	↑1037	↑1215
新能源汽车产业	↑944	↑1061	↑1413	↑1968	↑2939
新能源产业	↑5405	↓4183	↑5447	↑6055	↑8446
节能环保产业	↑1217	↑1281	↑1758	↑1968	↑2358
数字创意产业	↑1412	↑1643	↑2184	↑2868	↓2617
相关服务业	↑1012	↑1129	↑1604	↑2364	↑3088

数据来源：广州日报数据和数字化研究院（GDI智库）课题组研究测算。

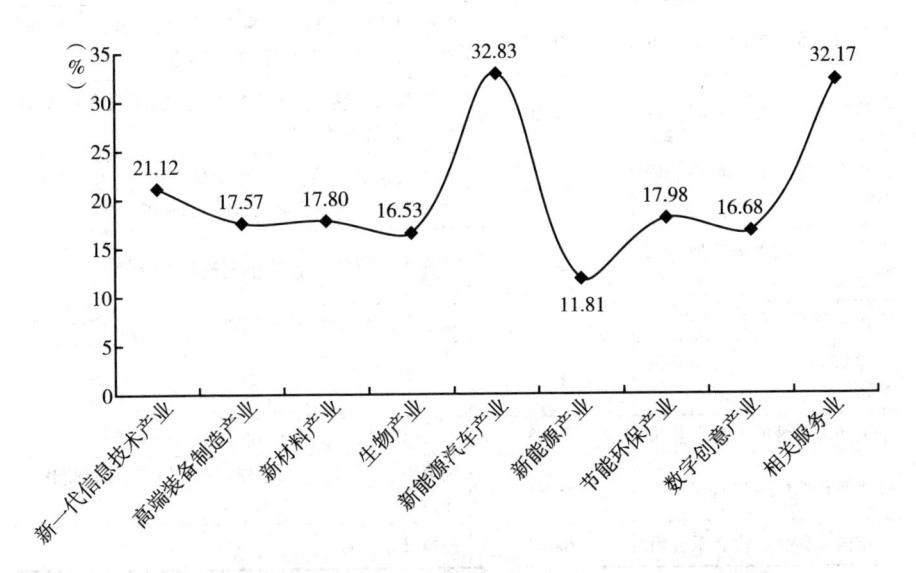

图11　2018~2022年九大战略性新兴产业专利数量年均增长率

数据来源：广州日报数据和数字化研究院（GDI智库）课题组研究测算。

以发明总量前十的企业作为样本，分析企业战略性新兴产业专利，了解企业战略性新兴产业发展现状、技术布局。战略性新兴产业专利比重大于90%企业有京信网络系统股份有限公司和金发科技股份有限公司；广州极飞科技股份有限公司、广州视源电子科技股份有限公司和中国南方电网有限责任公司比重在80%~90%区间；比重在60%~80%区间的企业有广州小鹏汽车科技有限公司和广州汽车工业集团有限公司；中船海洋与防务装备股份有限公司、中国南方航空集团有限公司和中国建筑第四工程局有限公司比重在40%~60%区间（见表3）。

表3 发明总量前十的企业产业布局

单位：%

企业名称	战略性新兴产业比重	主要优势产业
中国南方电网有限责任公司	84.21	智能电网产业，下一代信息网络产业，生物质能及其他新能源产业，互联网与云计算、大数据服务，新技术与创新创业服务，人工智能
中国南方航空集团有限公司	56.70	智能制造装备产业，先进有色金属材料，高效节能产业，新能源汽车装置、配件制造
广州汽车工业集团有限公司	64.20	新能源汽车装置、配件制造，新能源汽车整车制造，智能制造装备产业
广州视源电子科技股份有限公司	84.38	下一代信息网络产业，电子核心产业，人工智能，数字创意技术设备制造，前沿新材料
中船海洋与防务装备股份有限公司	58.66	海洋工程装备产业，智能制造装备产业
广州小鹏汽车科技有限公司	77.01	新能源汽车装置、配件制造，下一代信息网络产业
中国建筑第四工程局有限公司	48.02	
京信网络系统股份有限公司	96.08	下一代信息网络产业，电子核心产业
金发科技股份有限公司	94.42	前沿新材料，先进无机非金属材料，先进石化化工新材料
广州极飞科技股份有限公司	84.63	航空装备产业

注：主要优势产业是发明总量大于500件的产业领域。
数据来源：广州日报数据和数字化研究院（GDI智库）课题组研究测算。

三 广州优势创新企业分析

本报告以2018~2022年创新企业样本数据为依据，在企业候选名单中筛选出334家发明总量不低于50件的企业作为广州优势创新企业，分析其在发明创造、知识产权全球布局、科技成果影响力、科技创新能力可持续发展等方面的表现。

广州战略性新兴产业基础雄厚、发展强劲。2023年前三季度，广州市"3+5"战略性新兴产业实现增加值6663.55亿元，占同期GDP的比重在三成以上。其中，新一代信息技术、智能与新能源汽车、生物医药与健康三大新兴支柱产业发挥引领作用，2022年增加值增长5.4%，潜力逐渐显现。同时，工业和服务业两大生产领域通过提质增效方式，为广州提升产业综合竞争力提供动力。

《广州市战略性新兴产业发展"十四五"规划》（以下简称《规划》）提出，"十四五"时期要构建"3+5+X"战略性新兴产业体系。[①]本部分以《规划》为指导，对2023年入围的广州优势创新企业进行产业划分，展示企业在八大战略性新兴产业（含三大新兴支柱产业和五大新兴优势产业，见图12）的分布情况。

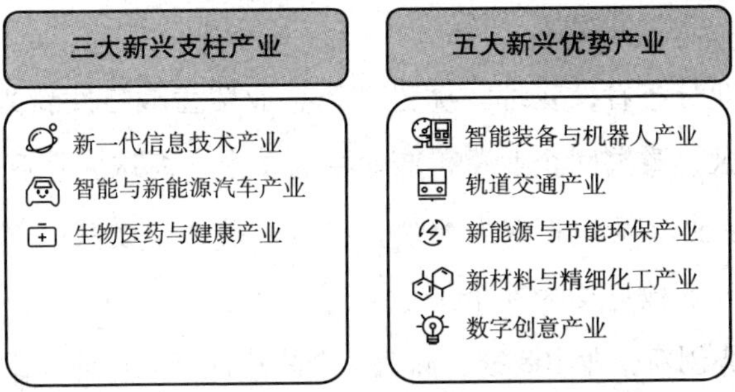

三大新兴支柱产业
- 新一代信息技术产业
- 智能与新能源汽车产业
- 生物医药与健康产业

五大新兴优势产业
- 智能装备与机器人产业
- 轨道交通产业
- 新能源与节能环保产业
- 新材料与精细化工产业
- 数字创意产业

图12 广州"十四五"规划战略性新兴产业体系

（一）企业区域分布

数据显示，334家优势创新企业在11个区均有分布，按照优势创新企

---

① "3+5+X"战略性新兴产业体系："3"为新一代信息技术、智能与新能源汽车、生物医药与健康等三大新兴支柱产业，"5"为智能装备与机器人、轨道交通、新能源与节能环保、新材料与精细化工、数字创意等五大新兴优势产业，"X"为量子科技、区块链、太赫兹、天然气水合物、纳米科技等未来产业。

业数量排列依次为黄埔区、天河区、番禺区、花都区、南沙区、白云区、海珠区、越秀区、增城区、荔湾区、从化区。其中，黄埔、天河、番禺三区的企业数量达202家，占全市60.48%。

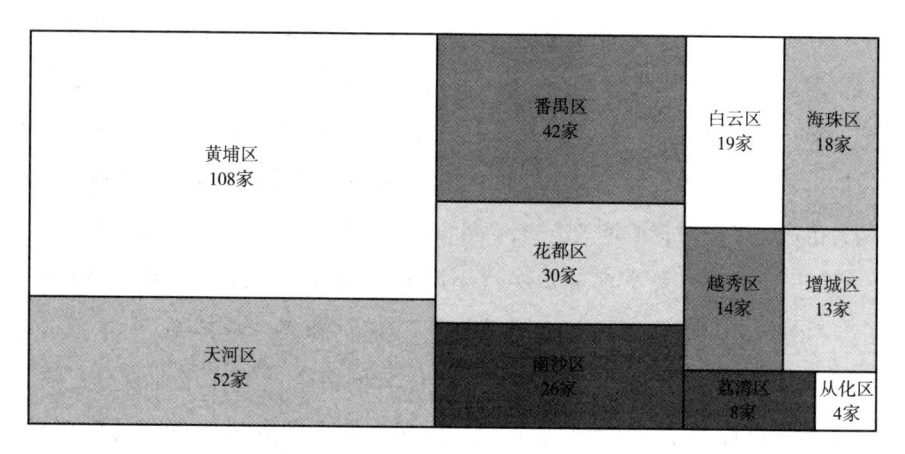

图 13　广州优势创新企业区域分布

数据来源：广州日报数据和数字化研究院（GDI智库）课题组研究测算。

从企业产业分布看，花都区优势创新企业覆盖战略性新兴产业达8个，黄埔区、天河区、番禺区企业覆盖产业数为7个，海珠区企业覆盖产业数为6个，南沙区企业覆盖产业数为5个，白云、越秀、增城、荔湾、从化等5个区企业覆盖产业数量均为4个。

黄埔区优势创新企业108家，涵盖7个战略性新兴产业，平均发明总量为870件，平均同族专利被引频次711次，其中中国南方电网有限责任公司、广州视源电子科技股份有限公司、光宝电子（广州）有限公司等企业科技创新表现较好。"十四五"期间，黄埔区提出要做大做强生命健康、智能装备、新一代信息技术、平板显示、新材料、电子商务等六大创新型产业。黄埔区新一代信息技术产业和生物医药与健康产业优势创新企业数量最多，共50家，占黄埔区优势创新企业数46.30%，反映两个产业的科技创新能力强、创新活力足。

天河区优势创新企业52家，涵盖7个战略性新兴产业，平均发明总量为405件。新一代信息技术产业优势创新企业数量最多，达21家，占比

40.38%，其中广州酷狗计算机科技有限公司、中移互联网有限公司、广东省电信实业集团有限公司科技创新表现较好。优势创新企业的集聚将推动天河区新一代信息技术产业科技创新水平不断提升。

番禺区优势创新企业42家，涵盖7个战略性新兴产业，平均发明总量为252件。"十四五"时期，番禺区重点将新一代信息技术产业等打造成为新兴支柱产业，着力打造高端装备制造等先进制造业产业集群。其中，新一代信息技术产业拥有广州华多网络科技有限公司、广州虎牙科技有限公司、广州市百果园信息技术有限公司等11家优势创新企业。智能装备与机器人产业拥有5家优势创新企业，其中超音速人工智能科技股份有限公司的科技创新能力较强（见图14）。

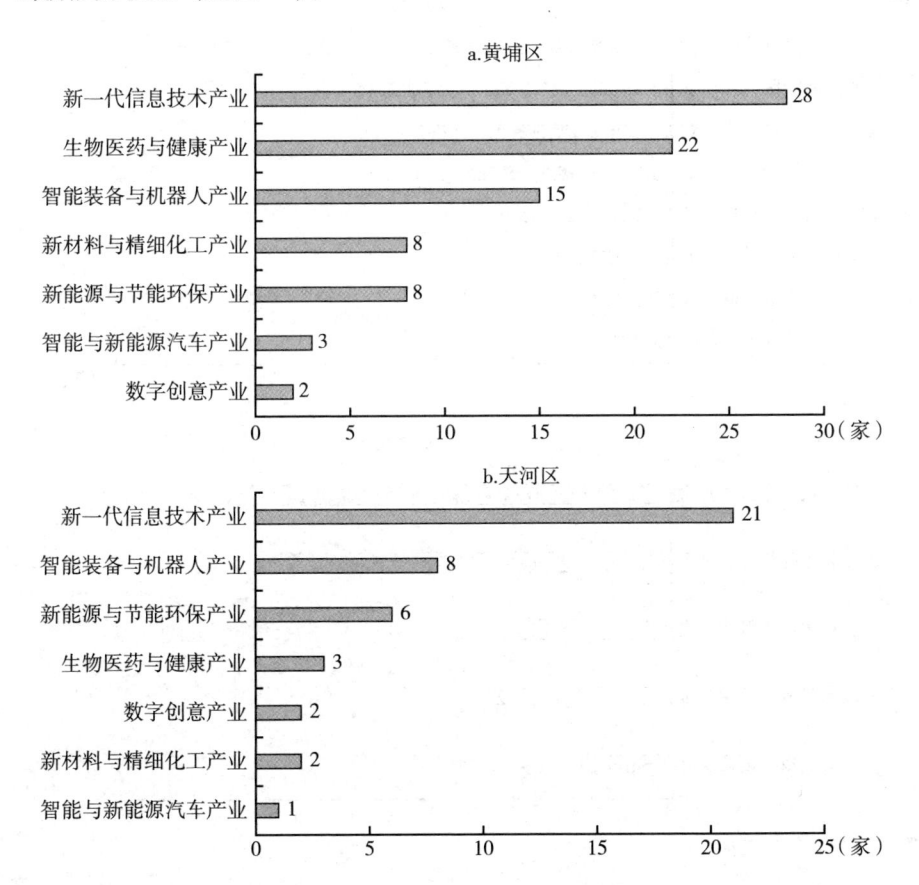

a.黄埔区

产业	家数
新一代信息技术产业	28
生物医药与健康产业	22
智能装备与机器人产业	15
新材料与精细化工产业	8
新能源与节能环保产业	8
智能与新能源汽车产业	3
数字创意产业	2

b.天河区

产业	家数
新一代信息技术产业	21
智能装备与机器人产业	8
新能源与节能环保产业	6
生物医药与健康产业	3
数字创意产业	2
新材料与精细化工产业	2
智能与新能源汽车产业	1

c. 番禺区

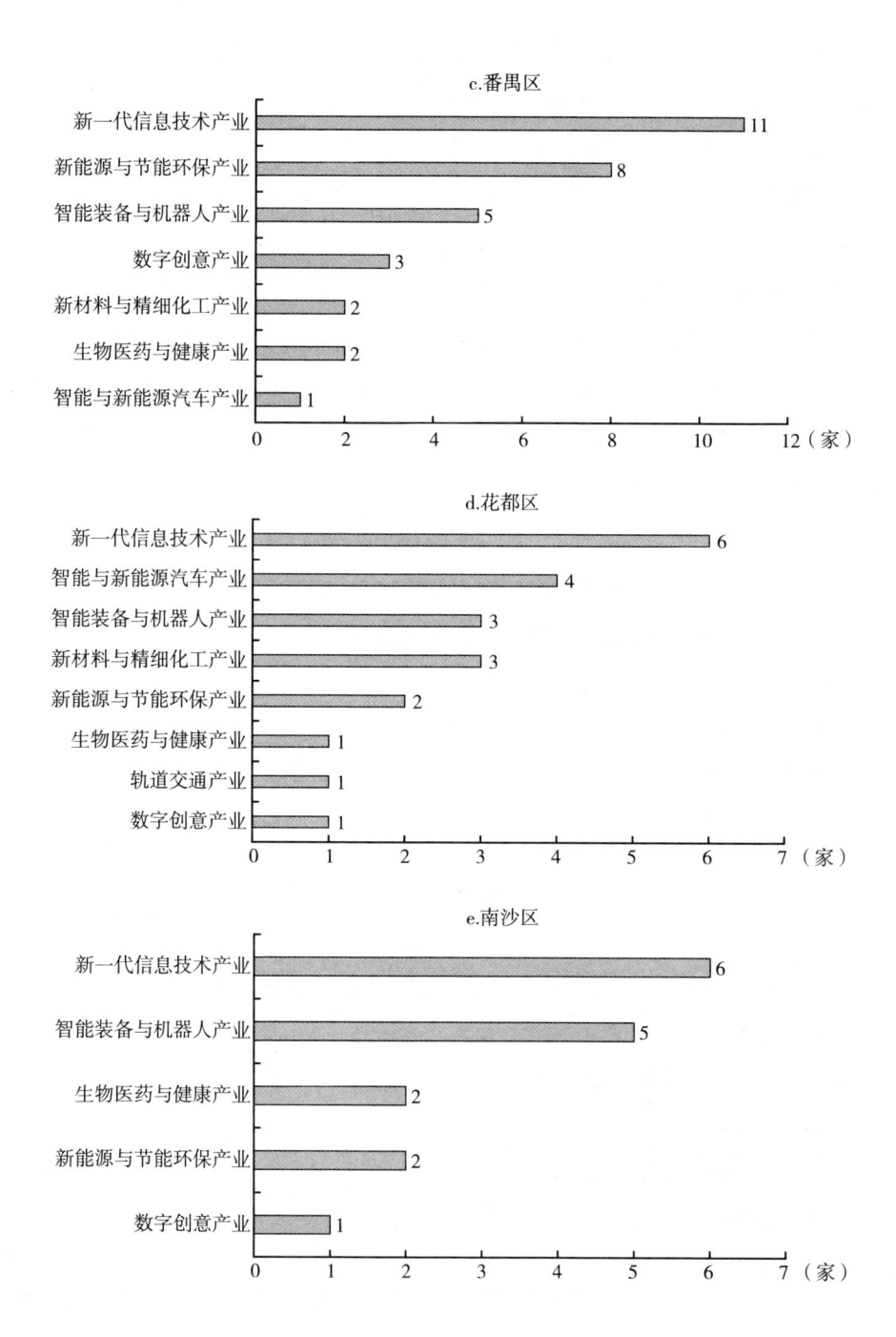

产业	家数
新一代信息技术产业	11
新能源与节能环保产业	8
智能装备与机器人产业	5
数字创意产业	3
新材料与精细化工产业	2
生物医药与健康产业	2
智能与新能源汽车产业	1

d. 花都区

产业	家数
新一代信息技术产业	6
智能与新能源汽车产业	4
智能装备与机器人产业	3
新材料与精细化工产业	3
新能源与节能环保产业	2
生物医药与健康产业	1
轨道交通产业	1
数字创意产业	1

e. 南沙区

产业	家数
新一代信息技术产业	6
智能装备与机器人产业	5
生物医药与健康产业	2
新能源与节能环保产业	2
数字创意产业	1

f.海珠区

产业	数量
智能装备与机器人产业	3
新一代信息技术产业	2
新能源与节能环保产业	2
新材料与精细化工产业	2
生物医药与健康产业	1
轨道交通产业	1

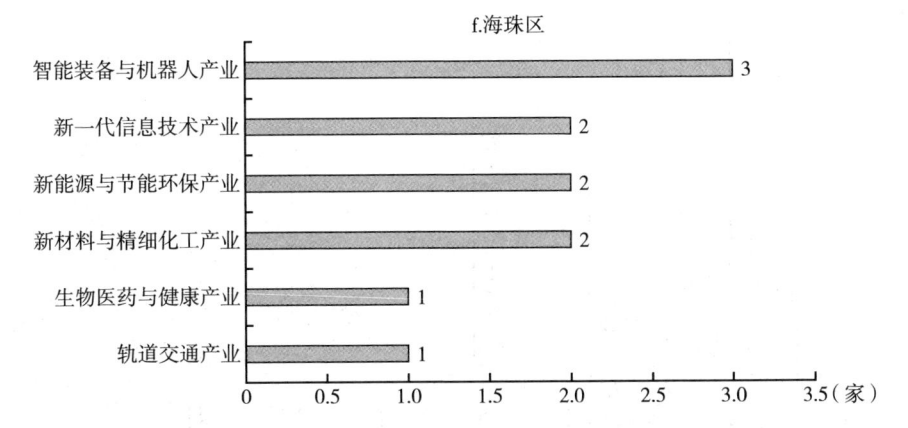

图 14　广州各区优势创新企业产业分布（仅展示企业所属产业数不少于 5 个的区）

注：优势创新企业的产业分类包含战略性新兴产业和先进制造业，图中优势创新企业产业分类仅为战略性新兴产业。图中仅展示企业所属产业数不少于 5 个的区。

数据来源：广州日报数据和数字化研究院（GDI 智库）课题组研究测算。

（二）企业产业分布

334 家优势创新企业中，属新兴产业的企业 270 家，涵盖九大领域。按优势创新企业数量进行排列，依次为新一代信息技术产业、智能装备与机器人产业、新能源与节能环保产业、生物医药与健康产业、先进制造业、新材料与精细化工产业、智能与新能源汽车产业、数字创意产业、轨道交通产业（见图 15）。

三大新兴支柱产业共有优势创新企业 126 家，占新兴产业优势创新企业数 46.67%。属新一代信息技术产业的企业数量最多，达 79 家，占新兴产业优势创新企业数 29.26%，其中黄埔区最多，达 28 家，其次是天河区（21家）和番禺区（11 家）。生物医药与健康产业类企业有 35 家，分布于 10 个区，其中 62.86% 的企业位于黄埔区，区域集聚效应明显。智能与新能源汽车产业类企业有 12 家，其中广州汽车工业集团有限公司、广州小鹏汽车科技有限公司、广州通巴达电气科技有限公司等企业科技创新表现较好。

五大新兴优势产业共有优势创新企业 112 家，占新兴产业优势创新企业

广州蓝皮书·经济预测

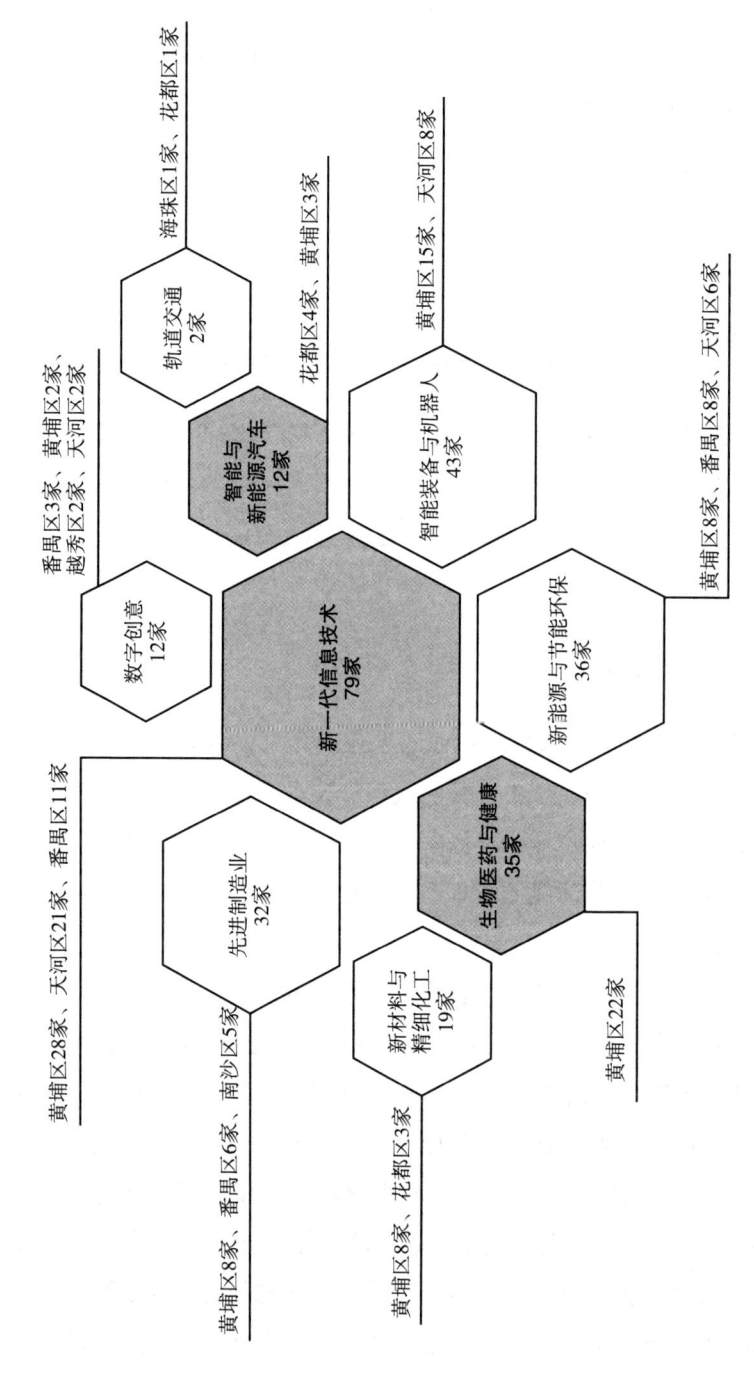

图15 广州优势创新企业新兴产业分布情况

轨道交通 2家（海珠区1家、花都区1家）

智能装备与机器人 43家（花都区4家、黄埔区3家、黄埔区15家、天河区8家）

智能与新能源汽车 12家（番禺区3家、黄埔区2家、越秀区2家、天河区2家）

数字创意 12家

新一代信息技术 79家

新能源与节能环保 36家（黄埔区8家、番禺区8家、天河区6家）

先进制造业 32家（黄埔区28家、天河区21家、番禺区11家）

生物医药与健康 35家（黄埔区22家）

新材料与精细化工 19家（黄埔区8家、番禺区6家、南沙区5家）（黄埔区8家、花都区3家）

数据来源：广州日报数据和数字化研究院（GDI智库）课题组研究测算。

290

数 41.48%。智能装备与机器人产业拥有优势创新企业 43 家，主要分布于黄埔区（15 家）和天河区（8 家），中船海洋与防务装备股份有限公司、广州极飞科技股份有限公司、广船国际有限公司、超音速人工智能科技股份有限公司、汇专科技集团股份有限公司等企业科技创新表现较好。新能源与节能环保产业类企业共 36 家，除越秀外的 10 个区均有企业分布，其中黄埔、天河、番禺三区企业数达 22 家，占比 61.11%。新材料与精细化工产业类企业数量为 19 家，其中金发科技股份有限公司、广东省广新控股集团有限公司、中石化广州工程有限公司等企业科技创新能力较好。数字创意产业拥有优势创新企业 12 家，广州市城市规划勘测设计研究院有限公司、广州市市政工程设计研究总院有限公司、中铁隧道勘察设计研究院有限公司等企业科技创新表现较好。属轨道交通产业的企业共 2 家，分别为广州地铁集团有限公司、广州电力机车有限公司，均进入"广州企业创新 TOP100 榜（2023）"。

先进制造业共有 32 家优势创新企业，占新兴产业优势创新企业数 11.85%，主要分布在黄埔、番禺、南沙等区。该产业的广州广日股份有限公司、广州富港万嘉智能科技有限公司、日立电梯（中国）有限公司、广东好太太科技集团股份有限公司、广州万宝集团有限公司、广州星际悦动股份有限公司均进入"广州企业创新 TOP100 榜（2023）"。

B.21
广州打造海洋创新发展之都的对策建议[*]

广州大学广州发展研究院课题组[**]

摘　要： 加快发展海洋经济、建设海洋创新发展之都是广州重点推动的十二个走在前列、当好示范的领域之一。本文就广州如何加快建设成为全国全球标杆性的海洋创新发展之都、激活广州高质量发展的"蓝色引擎"开展专题调研，分析广州海洋经济发展的现状和存在的问题，进而从巩固海洋科技核心优势、发掘海洋产学研合作潜力、补齐海洋学科教育短板、加强政策供给与制度创新等方面提出未来发展建议。

关键词： 海洋经济　海洋创新发展之都　科技创新　广州

广州是我国重要的南方海洋科技中心城市，《广东省海洋经济发展"十四五"规划》明确提出广州"打造世界海洋创新之都，构建江海联动海洋经济创新发展带，形成海洋科技创新和综合管理与公共服务高地"。在2023年7月召开的广州市委第十二届六次全会上，广州进一步把加快发展海洋经

---

[*] 本文系广州市新型智库广州大学广州发展研究院、广东省决策咨询研究基地广州大学粤港澳大湾区改革创新研究院的研究成果。

[**] 课题组组长：涂成林，博士，广州大学二级教授，博士生导师，广州市粤港澳大湾区（南沙）改革创新研究院执行院长，广东省区域发展蓝皮书研究会会长，研究方向为城市综合发展、文化科技政策、国家文化安全及马克思主义哲学等。课题组成员：谭苑芳，博士，广州大学广州发展研究院院长、教授，广州市粤港澳大湾区（南沙）改革创新研究院理事长；臧传香，博士，广州市粤港澳大湾区（南沙）改革创新研究院特约研究员；曾恒皋，广州大学广州发展研究院软科学所所长，广州市粤港澳大湾区（南沙）改革创新研究院研究总监；于晨阳，博士，广州大学广州发展研究院副教授，广州市粤港澳大湾区（南沙）改革创新研究院研究员；周雨，博士，广州大学广州发展研究院副院长、讲师，广州市粤港澳大湾区（南沙）改革创新研究院副院长；杨丽红，广州大学马克思主义学院硕士研究生。执笔人：涂成林。

济、建设海洋创新发展之都明确为广州重点推动的十二个走在前列、当好示范的领域之一，提出要"围绕成为全国全球标杆，全面提升海洋科技自主创新能力和海洋产业竞争力，擦亮国际海洋文化新名片，强化海洋治理，积极拓展海洋开放空间，打造广州高质量发展的'蓝色引擎'"。聚焦新征程，把握新机遇，广州大学广州发展研究院组成课题组，就广州如何加快建设成为全国全球标杆性的海洋创新发展之都、激活广州高质量发展的"蓝色引擎"开展了专题调研。

一 广州打造海洋创新发展之都的现状与成效

根据《广州市海洋经济发展"十四五"规划》提出的"到2025年，打造海洋创新发展之都，成为海洋科技创新策源地、涉海资源要素配置中心、南海综合开发先行区、海洋产业集群高地和海岸带高质量发展示范区，全球海洋中心城市建设初见成效"的目标任务，近年来广州在海洋科技创新平台建设、海洋产业创新发展等方面取得了明显进展，尤其是一批以大科学装置为代表的"国之重器"落地广州南沙，为广州整体海洋经济综合实力再上新台阶提供了新机遇、新动能。

（一）大科学装置加快布局落地，海洋科技创新实力获得稳步提升

广州作为我国南方海洋科技中心城市，相关学科基础、应用研究积累雄厚。拥有涉海科研机构58家，国家和省属涉海科研院所17家，省部级海洋重点实验室、重点学科25个，国家级海洋科技创新平台3个。近年来，南沙以建设综合性国家科学中心主要承载区、全球影响力原始创新策源地为使命，以全球海洋科学与工程创新中心为主线，布局建设冷泉生态系统、极端海洋科考设施、大洋钻探船等海洋大科学装置。新一轮大科学装置"国之重器"的落地建设，标志着广州正在加快集聚体系化的国家海洋战略科技力量，极速提升的海洋科技研发能力支撑广州进入世界先进行列，更有底气抢占海洋经济创新发展新赛道。

（二）海洋经济基础良好，创新产业展现强劲发展潜力

从海洋经济生产总值来看，目前广东省已连续28年居全国首位，广州则常年保持全省第一。2023年，广州市海洋经济生产总值已超过4000亿元，涉海企业数量超过了2.9万家，其中规上涉海企业1400余家，省级专精特新涉海企业80余家。分类别看，广州的船舶与海洋工程装备制造业、海洋交通运输业、海洋旅游业、海洋批发零售业是广州海洋经济发展的传统支柱产业，占广州海洋经济生产总值比重超过50%。作为国内三大造船基地之一，广州拥有广船国际、黄埔文冲等20余家大型船舶制造企业，年产能达550万载重吨，单船造船能力突破40万吨，船舶与海洋工程装备领域生产能力居全国前列。广州港是全球排名第6位的集装箱港口，2023年广州港集装箱吞吐量达到2394.6万标准箱、货物吞吐量达到55272.1万吨。同时，近年来广州加强在天然气水合物、海洋生物药物、海洋电子信息、海洋新材料新能源、海洋现代服务等海洋新兴产业和潜力产业领域的战略布局，成立了我国首个深海资源领域的天然气水合物勘查开发国家工程研究中心，全速推进天然气水合物研发成果转化应用和在穗产业化进程。2023年8月在广州海洋地质调查局和天然气水合物勘查开发国家工程研究中心等单位的共同努力下，国内首套20千瓦海洋漂浮式温差能发电装置已成功完成海试。

（三）南沙加快建设全球海洋中心城市核心区，广州海洋经济创新发展新格局正在加速形成

南沙是广州建设全球海洋中心城市的核心区，是广州打造海洋创新发展之都、建设我国南方海洋科技创新中心的重要承载区，南方海洋科学与工程广东省实验室（广州）、冷泉生态系统观测与模拟大科学装置、国家级深海科技创新中心、南海生态环境创新工程研究院、新一代潜航器项目、广东智能无人系统研究院龙穴岛总装试验基地等一大批重大海洋创新平台在南沙落地布局。同时，根据国务院《广州南沙深化面向世界的粤港澳全面合

作总体方案》（以下简称《南沙方案》）的任务要求，《广州南沙企业所得税优惠产业目录（2022版）界定指引》已明确将深海勘测、海洋能源开发、海洋资源开发、涉海领域科技成果研发与装备制造等八大领域，包含海洋工程装备研发与制造、高端船舶、海水淡化设备、非常规资源开发及设备制造等27个小项的海洋产业企业纳入减按15%税率征收企业所得税政策优惠产业目录。国家发展和改革委员会、商务部、国家市场监管总局2024年1月发布的《关于支持广州南沙放宽市场准入与加强监管体制改革的意见》，着重在推进海洋科技创新要素加快应用方面推出了一系列重大改革举措，明确支持南沙"畅通海洋科技与装备、海洋资源勘探、海洋科学与环境等海洋资源保护与开发领域关键技术场景应用、制度政策等各环节"，加快打造全国天然气水合物研发和商业开发总部基地、高端海洋装备制造基地、智能船舶中试基地。随着国家海洋大科学装置在南沙加速布局、各种优惠创新政策在南沙叠加，以南沙为中心的广州海洋经济创新发展新格局正在加速形成。

二 广州打造海洋创新发展之都存在的问题与挑战

（一）海洋创新资源存在分散、低效、重复的弊端

"十四五"以来，广州市开始将重大海洋科技基础设施、高等级海洋科研创新平台和基地项目等新建海洋战略科技资源集中布局在南沙区，着重打造以南沙区为核心的海洋科技创新核，但全市涉海创新资源分散、缺乏有效整合的格局依然没有得到根本性改变，研发创新、检验检测、中试服务等产业技术创新载体不完善，涉海企业技术创新活力不足，自主创新能力有待进一步提升。

（二）海洋产业基础良好，但竞争力不强

广州海洋经济在传统产业领域虽然实力较强，但海洋高端装备制造、海

洋药物和生物制品、海洋可再生能源利用、海洋信息等新兴产业总量规模偏小、集聚度不够，海洋经济整体发展层次偏低。海洋产业链、供应链和创新链融合度不高，科技创新成果转化不足，支柱产业缺乏龙头带动，新兴产业至今未形成规模优势。要建成海洋创新发展之都、打造高质量发展的"蓝色引擎"，广州需重点考虑的不是海洋经济大不大，而是强不强的问题。广州应该在海洋产业发展上定位为全省、全国乃至全球的标杆，为全省实现"走在前列"总目标扛起广州担当、做出广州贡献。

（三）海洋学科教育短缺，基础研究不拔尖

推动海洋经济创新发展，人才是不可或缺的基础性、关键性资源。为集聚、培养高水平复合型海洋技术人才，目前深圳已启动深圳海洋大学、国家深海科考中心、深圳海洋博物馆等一体规划建设，积极推动南方科技大学加快建设优势特色海洋学科，支持中国海洋大学、哈尔滨工程大学在深圳设立高水平的海洋研究院，着力打造"全球科学家向往的海洋学术殿堂"。相比之下，广州作为我国南方海洋科技中心城市，海洋学科建设却相对落后，海洋领域基础研究亟待提升。

（四）海洋领域政策供给与制度创新滞后

海洋经济治理涉及资源、产业、科技、生态、执法、金融等多个领域，是一项系统性、综合性工程。由欧洲权威的船级社和咨询公司联合发布的2022年版"全球领先海洋城市"排行榜中，广州在全球50个著名海洋城市中列第22名，在国内仅次于上海、香港、北京。广州在这个评价体系中排名靠前，主要是在港口物流、海洋科技两个方面处于世界先进水平，但在航运服务、海洋金融和法律、吸引力和竞争力三个方面却拖了后腿。目前广州市在海洋资源统筹协调、政策协同匹配、内外联动管理上仍存在不够顺畅、不够高效等问题，亟须提升海洋综合治理管控能力。

三 加快推动广州打造海洋创新发展之都的对策建议

（一）围绕海洋科技核心优势，推动广州海洋科技创新能力走在前列、当好示范

第一，发挥好科技创新的新型举国体制优势，盘活用好广州拥有的海洋科技力量。建议广州以海洋强国建设"排头兵"的境界，按照科技创新发展"面向世界科技前沿、面向经济主战场、面向国家安全和发展重大需求、面向人民生命健康"的指导原则，对散布各区、分属不同部门的各类型、各层次海洋科技力量进行资源整合、优化配置，形成一个高效统一的创新群体。

第二，从国家急迫需要和长远需求出发，整合优化科技资源配置，进一步优化重组海洋领域科技创新体系。围绕海洋战略性新兴产业和未来产业发展需求，加快深远海开发、天然气水合物、特种海洋工程设备等关键领域的理论研究和技术创新，形成全球海洋科技创新策源地。抓住《南沙方案》落地实施机遇进一步推动更多国家战略性海洋科技资源在南沙落地布局、集聚发展，加快推进以广州南沙为核心的海洋科技创新核建设。

第三，强化广州在海洋科技创新方面主要承担战略性、前瞻性、基础性和原创性研究等职能。在事关国家海洋安全、新兴产业培育和环境治理的关键领域布局建设一批国家技术创新中心，构建以涉海国家重点实验室、技术创新中心和综合科考船、深潜器、大科学装置等为支撑，海洋领域国家科研机构、高水平研究型大学、海洋科技领军型企业等密切合作的国家海洋战略科技力量协同创新体系，在海洋科技理论、技术创新、新产品研发等领域尽快取得一批全球引领性、原创性重大突破性成果。

（二）发掘海洋产学研合作潜力，推动广州海洋产业竞争力走在前列、当好示范

第一，鼓励成立海洋产业产学研创新联盟，增设涉海科技成果转化机

构和产业孵化机构。着力支持南方海洋科学与工程广东省实验室（广州）等高水平科研机构设立海洋创新产业创新工场、专业孵化器，将科研成果就地应用转化。重点在船舶制造、港口运输、海洋生物医药、海洋新能源、海洋新材料和资源开发等传统优势领域和前沿领域共建一批新型国家级、省级重点实验室和技术创新中心，有效提升海洋科技领军企业的科技创新实力。

第二，推动现代海洋产业体系建设，加快产业融合发展。服务、金融是广州海洋经济发展的短板，而这些领域又是支撑海洋经济创新发展链条中不可或缺的环节，拥有巨大的发展潜力和市场空间。建议广州通过加快强链补链，畅通海洋科技、产业、金融、服务的内循环，推动海洋创新链产业链资金链人才链深度融合发展。如加快高端航运服务和涉海金融等服务业协同发展；加快海洋产业与数字经济融合发展，强化技术创新与资本市场融合；加快海洋网络化数字化智能化转型，助力海洋强市现代化建设。

第三，进一步提升南沙新区科技兴海产业示范基地层级，向国家级海洋高新技术产业区迈进。建议以南沙海洋科技创新集群为牵引，加快打造海洋高新技术产业新高地，高起点培育海洋战略性新兴产业，以南沙为中心在海洋新能源、海洋生物医药等领域推动建设若干个百亿级海洋产业集聚区。依托龙穴岛海洋高端装备制造区等产业集聚区打造专业化海洋经济创新发展产业园区，积极培育发展高技术船舶、深远海及极地海洋装备、深海养殖装备、海洋勘探装备等高端产业，建设世界级的高技术船舶与现代化海洋工程装备制造业集群。

第四，加快布局未来产业，积极培育海洋观测、海洋通信、长航程高智能水下机器人等海洋电子信息产业。积极培育海洋生物医药产业，着重引进一批有实力的海洋生物新型研发机构及企业，促进海洋生物产业集聚发展。积极推进可燃冰、海上风力发电、海洋温差能发电、海洋生物资源综合开发技术研发和应用，加快海洋能发电装备、先进储能技术等能源技术产业化进程，加快打造全国天然气水合物研发和商业开发总部基地，培育壮大广州的海洋新能源及相关装备产业。

第五，支持海洋科技领军企业参与和牵头实施国家、省市重大科技专项和重点研发计划。推进海洋科技领军企业牵头组建产业创新联合体，加大对海洋科技领军企业深远海关键技术研发的投入力度，打造一批跨领域、大协作和纵深交叉的创新基地。支持海洋科技领军企业牵头实施海洋科技创新发展计划，科技领军企业设立的基础研究、应用开发或资助大学科研院所开展研发的资金投入，应落实享受研发经费加计扣除所得税政策。

（三）补齐海洋学科教育短板，推动广州海洋人才队伍建设走在前列、当好示范

第一，要面向海洋创新发展之都的发展目标，制定更加开放、优质的人才政策，加速聚集海内外海洋高端人才。大力支持广州地区高校、科研机构、领军科技企业建设海洋领域的院士工作站、博士后工作站和博士后创新实践基地，拓展高层次海洋创新人才在广州集聚发展空间。加强政策引导，着力支持广州高校加快发展涉海专业、建设海洋相关优势学科，以学科建设和专业教育发展为牵引，引进和培养一批在国内外具有一定影响力的海洋学科带头人和海洋创新领军人才，加快建设涵盖海洋科技、海洋经济、海洋管理、海洋生态的多层次海洋创新人才队伍。

第二，设立广州市海洋科技特色学科，持续培育海洋科技创新创业后备人才。依托国家级科研机构和高水平研究型大学，在广州重点支持和布局建设一批国家海洋基础学科研究中心。支持中国科学院南海海洋研究所、南方海洋科学与工程广东省实验室（广州）等国家海洋战略科技力量与广州高校（如广州大学）紧密合作，创办海洋科学学院并设立广州市海洋科学特色学科。

第三，实施倾斜的财政政策，加大对海洋领域基础研究的政府投入。加大市科技计划对海洋基础研究与应用基础研究的支持力度，聚焦深海智能技术与装备、海洋可再生能源、海洋环境安全保障、蓝色粮仓等领域，组织实施一批战略性、前瞻性重大科技项目，以海洋科技项目带动广州海洋科技人才的快速集聚、创新发展。

（四）加强政策供给与制度创新，在拓展海洋开放空间、海洋联合治理等方面走在前列、当好示范

第一，建立健全海洋治理的机制体制，联动粤港澳大湾区高水平开展海洋合作治理，实现外联全球与内强治理统筹兼顾，高水平管海护海。加快推进海洋管理智能化、数字化转型，建设海洋数据中心，通过渔业资源调查和数据共享、建立公共治理责任与义务落实等制度，推动广州海洋治理和环境保护走在世界前列。

第二，按照2022年自然资源部发布的《蓝色伙伴关系原则》，与东盟、共建"一带一路"国家和地区积极寻求更高水平的海洋领域开放合作。争取在参与国际海洋技术标准和行业规则制定、参与国际海洋事务合作、高水平打造海洋主题国际合作论坛、策划各类全球性海洋活动等方面走在前列、当好示范，推动广州海洋领域开放合作、联合治理不断迈上新台阶。

参考文献

《广州市海洋经济发展"十四五"规划》，广州市人民政府网站，2022年8月16日，https：//www.gz.gov.cn/zwgk/ghjh/fzgh/ssw/content/post_8529961.html。

《广东省海洋经济发展"十四五"规划》，广东省人民政府网站，2021年9月30日，http：//www.gd.gov.cn/zwgk/wjk/qbwj/yfb/content/post_3718595.html。

《广州发挥海洋科研优势，努力抢占海洋科技创新制高点》，《广州日报》2023年10月16日。

《广州增强海洋产业竞争力、科技创新力 推动现代海洋创新城市建设实现新跃升》，《广州日报》2024年1月12日。

《广州加快布局海洋新兴产业和潜力产业》，《广州日报》2024年2月19日。

康达华：《广州建设国际性综合交通枢纽问题研究》，载涂成林、陈小华、薛小龙主编《广州蓝皮书：2022年中国广州经济形势分析与预测》，社会科学文献出版社，2022。

B.22
2023年广州高新技术企业经营发展调研报告

胡苇杭*

摘　要： 我国高新技术产业近期频繁受部分国家打压。为了解当前广州高新技术产业受海外相关政策影响程度及应对措施、期盼建议等，本文通过对广州38家高新技术企业及相关部门开展专题调研，了解广州高新技术企业发展情况及当前生产经营过程中面临的问题和困难，调研发现相关高新技术企业正积极通过关键技术领域自主创新、优化供应链寻找国产替代等方式进行应对，企业期待有更多政策支持与专项资金落地。

关键词： 高新技术企业　自主创新　供应链安全　国产替代

近年来，部分国家不断泛化国家安全、供应链安全概念，增加对我国高新技术产业的限制。为了解当前广州高新技术企业发展现状，受海外相关限制措施影响程度及应对措施、期盼建议，国家统计局广州调查队于2023年3~4月对广州38家高新技术企业及相关部门开展专题调研。调研发现，相关限制措施对部分广州高新技术企业经营发展产生一定扰动，但影响有限。相关企业正积极采取调整排产、订单转期等方式进行应对，同时大力推进关键技术领域自主创新、优化供应链寻找国产替代等方式寻求突破，企业期待有更多政策支持及专项资金落地。

---

* 胡苇杭，国家统计局广州调查队，研究方向为企业经营调查等。

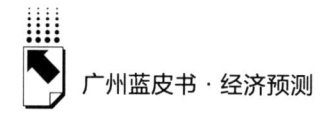

一 经营状况：利润空间收窄，人才引进受困

本次调研采用抽样调查、问卷调查及实地调查相结合的方式开展。受访高新技术企业共38家，分布在广州11个行政区，番禺区企业最多，共10家，占比26.3%；第二是黄埔区，共9家，占比23.7%；天河区和增城区并列，均为4家，占比10.5%。其中，大型企业13家，中型企业19家，小型企业4家，微型企业2家。从行业分布看，电子及通信设备制造业最多，共10家，占比26.3%；汽车及零部件制造业（包括新能源车）次之，共6家，占比15.8%；第三是研发与设计服务，共4家，占比10.5%。受访企业中，制造业占78.9%，非制造业占21.1%。整体而言，2022年受访企业的生产经营情况呈以下特征。

（一）多数企业增收不增利

调研显示，50.0%的受访企业2022年营业收入比上年有所增长，31.6%的受访企业下降，18.4%的受访企业与上年基本持平。与2021年相比，受访企业2022年的盈利情况不尽如人意：仅有18.4%的受访企业实现盈利且盈利空间扩大，55.3%的受访企业虽有盈利但较2021年盈利空间缩小，26.3%的受访企业实现盈亏平衡或亏损。整体来看，增收不增利现象较为普遍，不少受访企业出现销售收入或销售总量提升但销售利润反而减少的情况。如广州某机电公司表示，与2021年相比，2022年经营收入提升较明显，增长10%~30%，但由于公司进口配件较多，受中美贸易摩擦影响，企业生产成本提升，盈利反而有所减少。另一家电路板制造企业表示，由于物流费用及部分零部件价格上涨，加上用工成本抬升，虽然企业订单量比2021年增加，但是利润反而明显下降了。

（二）企业生产情况调整较大

调研发现，2022年在中美贸易摩擦等因素扰动下，受访企业会根据订单情况及下游预期主动调整排产，以适应新的变化。26.3%的受访企业产能维持在正常水平的90%以上，近半数（47.4%）受访企业产能在70%~90%，23.7%的受访企业产能在50%~70%，另有2.6%产能不足50%。同时，企业的用工情况也根据订单等因素发生变化：近七成（68.4%）受访企业用工人数持平或增长，用工人数减少的12家企业中，有7家企业因疫情导致工人流失，4家企业为市场需求不足、经营规模收缩所致，另有1家企业因集团内部公司调整，用工人数减少超过30%。某汽车零部件生产企业表示，虽然企业没有裁减一线生产人员，但是已经降低了排班频次，未来也将根据订单情况实时调整生产安排。某电子科技集团透露，由于相关限制政策涉及企业所在行业，虽然没有直接影响企业，但企业未雨绸缪在内部进行结构性调整，已经提前转移部分产能到东南亚等地区，规避可能带来的风险。

（三）企业引进高层次科研人才遇阻

调研显示，绝大多数企业认为人才是企业高质量发展、应对制裁的重要因素。近年来海外部分国家通过技术封锁，鼓吹"人才脱钩"，限制人才正常流动和学术交流，对企业影响较大。32家受访企业（84.2%）反映企业在引进人才方面遭遇困难，排名前三的选项如下：超过半数（53.1%）的受访企业表示高层次人才、科研人才不足，引进难度大；62.5%的受访企业认为研发人员、高级技工招工用工成本过高；37.5%的受访企业认为符合岗位要求人才少，难以招到对口人才。广州某新能源汽车公司表示，随着公司出口业务增长，企业在汽车芯片研发、汽车设计、海外推广等方面需要较多高层次人才特别是外籍人才，但受限于美国相关制裁政策，人才招聘受到阻碍。某精密仪器制造企业透露，本来已敲定引进某位海外行业专家，但在签合同前其所在国家出台了相关限制措施，导致引进失败，前期工作付诸东流，对企业发展战略规划造成一定影响。还有一些企业表示，上游半导体供应商出现外籍人员被迫离职导致研发项目中断的情况。

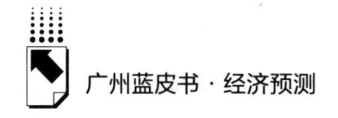

二 面临的问题：贸易摩擦影响企业供应链稳定，导致成本增加

近年来，部分国家滥用出口管制等措施，阻碍芯片、EDA 软件工具等产品的正常国际贸易，通过技术性贸易壁垒限制我国技术密集型产品出口，增加企业生产成本。以上行为对广州企业正常生产经营、进出口贸易产生一定影响。

（一）对特定国家进出口额整体减少

受访的 38 家企业中，17 家企业对出台限制政策相关国家有直接进出口贸易业务。这 17 家企业中，12 家企业（占 70.6%）对出台限制政策相关国家进出口额持平或减少，但选择"有出口业务，但未受到贸易摩擦影响"的企业有 15 家（88.2%），说明海外限制政策并未对部分企业出口产生直接影响；而对出台限制政策相关国家进出口额持平或减少的 12 家企业中，有 7 家企业是政策限制客户订单减少或取消所致；有 5 家企业是因为原材料价格走高、企业生产经营计划调整。不过有部分受访企业表示，虽然对个别国家的直接出口额出现减少，但这是企业主动规避风险调整的结果。某纺织厂透露，随着其在越南的工厂投产及产能逐步爬坡，目前国内公司产能占集团产能份额逐步减少；另有部分企业表示，为规避相关限制，企业在第三方国家建立组装、贴牌等工厂，将产品在第三国加工贴牌后再行出口。以上行为均对受访企业本部对出台限制政策相关国家的直接出口额造成一定影响，但实际影响并没有数据体现这么大。

（二）影响企业供应链稳定

调研发现，中美贸易摩擦没有直接对受访企业出口产生影响，但从不同层面对部分企业供应链稳定构成挑战。有 21.0% 的受访企业表示，企业的核心设备、核心基础零部件及元器件等无法采购或受限，影响生产经营。广州某柴油机公司表示，公司上游精密件供应商被列入美国的制裁名单，导致供应紧张、时断时续，影响公司的正常生产经营。广州某新能源汽车公司表示，公司的芯片供货商遭受制裁，导致成熟芯片断供，被迫重新打造供应链，对品牌产生不利影响。某显示屏生产公司表示，上游企业被制裁影响了产业链供应链稳定，企业配套订单减少，进而导致公司进出口量均出现下降。

（三）增加企业经营成本

调研显示，不少企业供应链运转基本正常，但相关限制政策也导致货运周期延长、成本增加等问题。36.8%的受访企业表示，海外相关限制政策出台后，企业的进口原材料供应风险增加，成本上升、供应紧张、供应周期拉长。广州某机电公司表示，企业的配件进口等待时间明显增长，从之前的25天延长到如今的60天，如果想要尽快拿货，需额外向供货商付货款10%的费用；该公司进口的电机、传感器、输送带主要来自英美，近年来提价明显，最频繁时每2个月提高一次价格，同样对公司有明显影响。18.4%的受访企业表示，制裁导致企业交易合规成本提高，需增加合规、法务部门人员、技术及资金投入。如广州某柴油机公司表示，因欧美制裁俄罗斯影响，公司进口自德国的配件需要进行去向合规审查，俄罗斯客户供货周期拉长，需要采取额外方法规避，增加经营与时间成本。某电子科技公司表示，随着海外强制认证标准日益增多，企业产品认证程序变得更复杂烦琐，在海关的检查时间也有所延长，经常出现货物滞留在港口几个星期的情况，影响了公司正常贸易。

三 应对举措：企业积极布局自主创新，延伸产业链供应链

调研显示，为降低部分国家对华高新技术产业限制或制裁风险，受访企业选择的应对措施排名前四如下："改进产品设计、工艺"的选择率为44.7%，"多元化拓展供应商，延伸产业链供应链"的选择率为42.1%，

"加强人才培养及国内技术合作、引进"的选择率为36.8%，"加大技术投入，强化'卡脖子'技术攻关"的选择率为34.2%。受访企业采取各种措施应对限制及制裁，以确保企业正常经营不受影响。

（一）研发投入稳步增长

调研显示，2022年，47.3%的受访企业研发投入占营业收入的比重为3%~5%，34.2%的受访企业为5%~10%，7.8%的受访企业为10%~15%，5.0%的受访企业为15%以上，另有5.7%的受访企业低于3%。受访企业普遍较为重视研发投入，科研经费逐年稳步增长。广州某新能源汽车公司在2021年的研发投入占比约3%，2022年达到近5%，企业表示未来将逐步加大科研投入，通过关键技术攻关、生产技术迭代等手段避免海外政策限制，进而取得市场竞争优势。某电子科技公司透露，企业正加大技术投入，集中攻关部分"卡脖子"技术，将在近几年内争取关键零部件自产，同时使用国内技术对产线改造升级。某软件开发企业透露，企业科研的研发投入自2018年起就逐年大幅提升，2022年已经将营收的40%以上投入研发。

（二）科技创新提升产品品质

企业不断加大对科技创新投入力度的同时，也暴露不少问题与困难，选择率前五的困难如下："对市场前景把握不准，创新成果难以转化"为39.4%，"科研投入大、周期长、失败风险高"为31.5%，"创新人才队伍建设不完备，科研人员匮乏"为26.3%，"知识产权保护有待加强"为18.4%，"创新成果质量不高""创新经费不足、融资困难""缺乏技术交流平台或渠道"选择率均为15.7%。值得注意的是，虽然科技创新有一定困难，但是大多数受访企业认为，自主创新是擦亮企业品牌、提升产品品质的必由之路。不少企业表示，管理层对科技创新十分重视，态度十分坚定，数年如一日在研发领域投入大量资金，且不计短期回报，可以接受较大的试错成本。某软件开发企业成立研发中心，由企业负责人亲自挂帅，同时高薪引进海外优秀人才，每年实施十大项目攻关任务，连续突破关键核心技术。某新能源汽车企业上属单位专门成立数千人的研究院，与国内其他企业联手攻关新能源电池、电机、底盘等关键技术，并成立专门子品牌，用于技术成果的实践运用，实现正向循环。

（三）积极拓展国产替代

不少受访企业表示正积极推进国产替代，增加产品核心零部件的国产化率。如广州某机电公司进口的电机、传感器、输送带主要来自英美，近年来设立研发部门，由工程师在国内采购部分配件进行改装，实现部分国产替代。广州某柴油机公司研发团队不断改进设计与生产工艺，例如在马达选择上尽量使用低速机，该款机型可使用的国产零配件更多，同时销售团队积极与客户沟通，在保证质量的前提下让客户接受交付产品使用国产零配件。广州某新能源汽车公司在前期设计时就主动考虑适配国产芯片，同时与半导体制造厂商展开合作，共同投资成立公司、共同研发芯片，力争在关键技术上实现突破，目前公司车辆芯片国产化率不到5%，争取2025年国产化率超过20%。某显示屏制造企业透露，公司正多元化拓展国产供应商，延伸产业链供应链，已实现部分产线百分百国产化，大大减小因供应商被制裁而造成的影响。

四 诉求与建议：呼唤更多资金与政策支持落地

调研显示，对于所在行业存在的发展问题，受访企业有较为明确的认知。"产业链、创新研发链条不完善"成为各受访企业首选，选择率为47.3%；"国产芯片、元器件质量水平低，工艺难达要求"排名第二，选择率为28.9%；"部分关键原材料和高端生产测试设备缺口大"排名第三，选择率为13.1%。

同时，受访企业对政府的诉求，主要体现在希望政府提供资金支持、政策支持等，选择率前五如下："提高企业创新项目财政专项奖励或补助"为55.2%，"对技术创新予以税收、融资等方面支持"为44.7%，"扶持产业链上龙头企业、骨干企业，整合产业链上下游，助力协同创新"为42.1%，"在关键设备、关键原材料及软件国产化方面为采购双方提供财税政策扶持"为28.9%，"加大对共性技术研发、标准、检测服务的政策扶持"为26.3%。整体而言，受访企业提出以下建议。

（一）大力支持企业创新

在财政、税收、服务等方面提供政策支持，完善科技评价和激励机制，引导创新。如在芯片领域，加快集成电路公共服务平台建设，持续补贴芯片产品流片，降低企业研发成本。实施重点领域研发计划，持续推动集成电路领域关键核心技术研发，加快突破集成电路关键装备和材料的核心技术，加强集成电路装备、材料与工艺的结合，加快产业化进程，增强产业配套能力，促进形成一批核心技术、重要工艺、关键装备材料和标准体系。在新能源车及机电设备等制造领域，出台专项资金对企业进行科研奖励，优化企业所得税研发费用加计扣除政策，比如扩大可加计扣除的研发活动范围，简化并进一步明确研发费用加计扣除的申请流程等，协助企业对接相关科研院所等。

（二）推进全产业链自主创新

强化项目建设资源要素保障，优化项目审批，加强对共性技术研发、标准、检测服务的政策扶持；助力产业链协同创新，强化产业关键核心技术攻关，重点关注产业链核心企业、龙头企业，实现全产业链协同发展，联合上中下游、大中小企业，建立自主、安全、可控的产业链。贯通基础科学研究和产业，提前布局基础技术，聚焦战略技术方向，不断探索产学研平台机制，打造创新技术策源地。持续完善"基础研究+技术攻关+成果产业化+科技金融+人才支撑"全过程创新生态链，推动产业与科技互促双强。

（三）协调企业应对海外政策限制

一方面，在生产经营上对受限制的重点企业进行服务保障，帮助企业进一步理解限制内容，积极协调企业解决问题。如企业进口关键零部件受到限制时，为企业推荐国内替代方案，牵线相关供应商，或协助联系其他国家及地区购买，尽量帮助企业最大限度降低负面影响，并及时收集企业诉求、回应企业关切，保障企业发展。另一方面，持续惠企纾困，对受到海外相关政策限制影响的科技型企业给予经营上的政策扶持和补贴，如着力降低企业场地使用及相关经营成本，为企业融资提供额度及利息优惠等。

（四）重视人才引进培养

探索高校、研究机构与企业形成有效、完善的合作路径，推动企业资源与教育资源深度融合。创造有利于人才发展的宽松环境，完善高端人才引进政策，鼓励企业多渠道、多途径引进海外领军人才和优秀团队，对企业引进优秀人才给予现金奖励或税收优惠，对优秀人才发放补贴，并为其在落户、安居及亲属就业和子女入学等环节提供优惠政策，助力企业引进人才、用好人才、培育人才。

参考文献

鲍晓晔、奚润禾：《通过问卷调研看上海高新技术企业科技创新环境》，《科技中国》2021年第1期。

蒋丽芹、张慧芹、李思卉：《关系嵌入、外部知识搜寻与企业创新绩效——长三角产业集群高新技术企业的调研》，《软科学》2022年第9期。

B.23
推动广州大学大院大所大企大平台科技成果高效转化的对策建议

信 鸽*

摘 要： 大学大院大所大企大平台是基础研究主力军和重大科技突破策源地，打通其科技成果转化路径有助于释放"沉睡专利"活力，赋能传统产业，形成新质生产力。本文总结了广州目前科技成果转化的优势，针对科技成果转化中存在的可商用科研成果供给量不足、大学大院大所大平台受体制机制束缚、各类要素互动机制不健全等问题，从深化科技成果转化体制机制改革、推动高校建设技术转移机构、积极承接国家技术转移中心建设、打造企业主导的创新利益共同体、加快构建高标准技术要素市场等方面提出了具体的对策建议。

关键词： 高校 科研机构 成果转化 科技创新

科技成果转化已成为推动社会进步和产业升级的关键动力。习近平总书记在中共中央政治局第十一次集体学习时强调，要及时将科技创新成果应用到具体产业和产业链上[1]，这为深刻理解把握以科技创新推动产业创新、加快形成新质生产力提供了根本遵循。科技成果供应端的大学大院大所大平台是科技第一生产力、人才第一资源、创新第一动力的重要结合点，拥有丰富

---

* 信鸽，广州市人民政府研究室工业交通农村处，一级主任科员。
① 《习近平在中共中央政治局第十一次集体学习时强调：加快发展新质生产力 扎实推进高质量发展》，中国政府网，2024年2月1日，https：//www.gov.cn/yaowen/liebiao/202402/content_ 6929446.htm。

推动广州大学大院大所大企大平台科技成果高效转化的对策建议

的科研资源和专利储备，具备独特优势与转化潜力，科技成果产业应用端的大企业是科技成果转化的核心载体。推动大学大院大所大企大平台科技成果转化，是打通科学研究到技术开发、再到市场推广的创新链条的重中之重。

一 广州科技成果转化优势

近年来广州对标国家战略需求，以共建粤港澳大湾区国际科技创新中心、综合性国家科学中心为目标，积极引进大院大所大平台，构建"2+2+N"科技创新平台体系，成为全国唯一聚集国家实验室、综合类国家技术创新中心、国家重大科技基础设施、国际大科学计划等重大平台的城市，科技成果转化基础雄厚。

（一）科研资源丰富

广州区域内聚集了全省超过50%的高校（84所）、97%的国家级重点学科、70%的国家和省重点实验室，有新型研发机构78家、高校学生165万人、技能人才374万人。截至2022年，在穗高校建有科研平台1049家，排名前五的高校分别是中山大学（257家）、华南理工大学（172家）、华南农业大学（122家）、暨南大学（106家）、广东工业大学（105家）。其中，国家重点实验室12个，占全市（22个）的54.5%；省级重点实验室120个，占全市（246个）的48.8%；市重点实验室103个，占全市（246个）的41.9%。[1] 1个国家实验室和1个国家实验室基地均为依托高校建立。市级层面目前共有2大国家级科研力量：广州国家实验室和粤港澳大湾区国家技术创新中心；2个国家重大科技基础设施：冷泉生态系统研究装置和人类细胞谱系大科学研究设施，以及国际大科学计划、省实验室等各类平台27个（动态更新）；此外还拥有2个国家产业创新中心（国家发展和改革委员会），2个国家制造业创新中心（工业和信息化部），14家省级高水平创新研究院，占全省70%。[2]

---

[1] 广州市科技局。
[2] 广州市科技局。

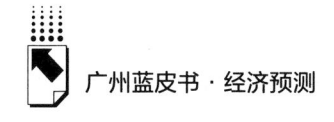

各类重大平台涵盖国家级、部（委）级、省级、市级各个层面，形成了战略力量厚实、攻坚体系完备的创新格局。

（二）应用市场巨大

广州是华南地区工业门类最齐全的城市，拥有41个工业大类中的35个，有千亿级工业行业6个、千亿级服务业行业10个。2023年，广州市国家科技型中小企业入库数量达21334家，同比增长27.74%，增加4633家，增量全国第一，创历史新高。① 2024年独角兽企业24家，位居全球城市第9、全国城市第4。② 产业链供应链体系强大可靠、辐射全球，2023年数字经济核心产业增加值占地区生产总值的13%，战略性新兴产业增加值占地区总产值的30%以上③，工业总体规模、综合实力、质量效益等都比较突出，有强大应用体量。广州也是商贸之都，商品进出口总值和社会消费品零售总额连续三年双双超过1万亿元④，跨境电商进口规模连续9年位居全国城市第一⑤，2023年实有经营主体339.97万户⑥（北京255.64万户⑦，上海341.76万户⑧），510家专业市场⑨、7万家消费工业企业⑩加快转型升级，

---

① 《科技引领 勇立潮头｜聚焦科技金融 做好成果转化"加速器"》，"广州科技创新"微信公众号，2024年2月7日，https://mp.weixin.qq.com/s/kkWrZtU6aPuleq8bUpWEAA。
② 《广州"独角兽"数量全球城市第九》，广州市人民政府网站，2024年4月16日，https://www.gz.gov.cn/ysgz/xwdt/ysdt/content/post_9599366.html。
③ 《2024年广州市政府工作报告》，广州市人民政府网站，2024年1月26日，https://www.gz.gov.cn/zwgk/zjgb/zfgzbg/content/post_9462719.html。
④ 《2024年广州市政府工作报告》，广州市人民政府网站，2024年1月26日，https://www.gz.gov.cn/zwgk/zjgb/zfgzbg/content/post_9462719.html。
⑤ 《广州跨境电商进口规模连续9年保持全国首位》，广州市人民政府网站，2024年3月6日，https://www.gz.gov.cn/ysgz/xwdt/ysdt/content/post_9522071.html。
⑥ 《2023年广州市经营主体发展情况》，广州市市场监督管理局网站，2024年1月30日，http://scjgj.gz.gov.cn/zwgk/sjfb/sczttj/content/post_9468768.html。
⑦ 《2023年北京市经营主体发展情况简报》，北京市市场监督管理局网站，2024年1月24日，https://scjgj.beijing.gov.cn/zwxx/sjfb/sjjd/202401/t20240124_3544453.html。
⑧ 《2023年上海市国民经济和社会发展统计公报》，上海市统计局网站，2024年3月21日，https://tjj.sh.gov.cn/tjgb/20240321/f66c5b25ce604a1f9af755941d5f454a.html。
⑨ 2024年广州市商务工作会议。
⑩ 2023年广州市"二次创业'再出发'"之现代都市消费工业媒体访谈会。

有海量应用场景。2023年广州新增5G基站1.52万座、总数达9.17万座[1]，相当于每200个人拥有1个基站，基础设施支撑稳定。

（三）成果产量稳步提升

近年来，广州核心技术攻关与科技成果转化步伐逐渐加快，科技成果量价齐升。2022年，广州技术合同成交额达2645.5亿元，比2020年增长17.2%。每万人高价值发明专利拥有量由2020年的15.8件增至2022年的25.1件（见表1），入选首批国家知识产权强市建设示范城市、首批国家知识产权保护示范区建设城市。2022年，在穗高校共获发明专利授权8509件，较2021年增长18.3%，有7所高校进入全市发明专利授权量排名前十专利权人榜单。其中，广州大学发明专利授权量同比增长54.5%，暨南大学同比增长44.8%，广东工业大学同比增长32.1%。在穗高校成果转化技术合同共2961宗，同比增长13.1%，金额约30.8亿元，同比增长5.9%。2019年以来，全市27个科技创新平台共牵头承担国家、省项目408项，获支持经费25.08亿元，其中单个项目金额超过500万元的100项；开展企业技术服务（横向经费）435项，金额5.78亿元；R&D投入43.06亿元；累计设立基金11支，基金规模10亿元，已投资企业17家，估值超百亿元；累计孵化培育企业130家。[2]

表1 "十四五"以来广州知识产权数量变化情况

单位：件，亿元

指标	2020年	2021年	2022年
发明专利授权量	15077	24120	27604
有效发明专利量	71342	93132	117738
每万人发明专利拥有量	38.1	49.5	62.8

---

[1] 《2024年广州市政府工作报告》，广州市人民政府网站，2024年1月26日，https：//www.gz.gov.cn/zwgk/zjgb/zfgzbg/content/post_9462719.html。
[2] 广州市科技局。

续表

指标	2020年	2021年	2022年
高价值发明专利量	29632	37321	47039
每万人高价值发明专利拥有量	15.8	19.8	25.1
PCT国际专利申请量	1785	1900	1869
技术合同成交额	2256.5	2413.1	2645.5

数据来源：广州市发展和改革委员会。

（四）科技金融赋能提速

"十三五"期间，广州科技支出增长1.53倍，高于同期地方财政支出增速61.2个百分点[1]，保持较快增长。实施《广州市加快推进企业上市高质量发展"领头羊"助力产业领跑行动计划（2023—2025年）》《关于高企上市倍增行动的工作方案》等，推动广州企业加快上市步伐，按照市、区两级政策叠加计算，广州企业首发上市最高可获1800万元奖励。2023年，广州市私募基金管理人超800家，管理基金规模约5600亿元。合格境内有限合伙人（QDLP）试点审批额度20亿元，合格境外有限合伙人（QFLP）试点审批额度超200亿元。[2] 2023年广州拿出2000亿元用于设立产投和创投母基金，支持创新创业，促进成果转化，力度规模之大在全国首屈一指。截至2023年，广州科技创新母基金累计落地子基金29只，子基金已实缴到位215.03亿元，其中，母基金实缴出资22.41亿元，撬动社会资本192.62亿元，财政资金杠杆放大8.6倍。子基金累计对外投资项目302个、投资金额144.67亿元，其中投资广州项目（含引进）130个，投资金额53.37亿元。[3]

---

[1] 《研发强度首破3%，科技创新谱新篇——"十三五"期间广州科技创新情况分析》，广州市统计局网站，2023年1月16日，http://tjj.gz.gov.cn/zzfwzq/sjjd/content/post_8763106.html。

[2] 《广州金融强化"加速器"作用激活新质生产力》，广州市人民政府网站，2024年1月13日，https://www.gz.gov.cn/zt/gzlfzgzld/gzgzlfz/content/post_9440142.html。

[3] 《科技引领 勇立潮头：聚焦科技金融 做好成果转化"加速器"》，"广州科技创新"微信公众号，2024年2月7日，https://mp.weixin.qq.com/s/kkWrZtU6aPuleq8bUpWEAA。

二 广州大学大院大所大企大平台科技成果转化存在的问题

综合科技成果转化的流程和链条来看，广州市科技成果转化还存在以下四个方面的问题。

（一）具有商业价值的应用型科研成果体量不足

1. 高校、大院大所具有商业价值的科技成果不多

2023年，广州市专利授权量118070件[1]，相比2022年的146854件[2]、2021年的189516件[3]，分别下降19.6%、37.7%。从2022年数据看，广州专利授权量特别是实用新型专利授权量、有效发明专利量、PCT国际专利申请量与国内主要城市差距较大，可供转化的科技成果体量不足（见表2）。加之高校院所科技成果普遍处于实验室早期阶段，属于基础研究、技术成果范畴，离真正的产业化还有很长距离。基数上不占优势、时间上周期较长，使广州的科技成果转化面临严峻态势。

表2 2022年主要城市知识产权数量对比情况

单位：件

指标	广州	北京	深圳	上海
专利授权量	146854	202722	275774	178323
发明专利授权量	27604	88127	52172	36797
实用新型专利授权量	81121	91947	148785	—

---

[1] 《2023年12月各市专利授权情况》，广东省市场监督管理局网站，2024年3月11日，http://amr.gd.gov.cn/gkmlpt/content/4/4388/mpost_4388961.html#3066。

[2] 《广州知识产权发展与保护状况（2022年）》，广州市市场监督管理局网站，2023年4月26日，http://scjgj.gz.gov.cn/zwdt/tzgg/content/post_8949982.html。

[3] 《广东省市场监督管理局关于报送十三届全国人大五次会议第6987号代表建议会办意见的函》，广东省市场监督管理局网站，2022年5月19日，http://amr.gd.gov.cn/gkmlpt/content/3/3933/mpost_3933457.html#2966。

续表

指标	广州	北京	深圳	上海
有效发明专利量	117738	477790	243829	201950
每万人发明专利拥有量	62.8	218.3	137.9	—
高价值发明专利量	47039	—	145958	101800
每万人高价值发明专利拥有量	25.1	112	82.64	40.9
PCT国际专利申请量	1869	11463	15892	5591

数据来源：根据四地统计年鉴及市场监督管理局公布数据整理。

2. 高校科研成果与广州产业需求不匹配

2023年，广州技术合同成交额（2550.82亿元[①]）明显低于北京（8536.9亿元[②]）、上海（4850.2亿元[③]）。2022年深圳吸纳与输出技术合同成交额比例为1.66，是典型的技术输入型城市，与深圳的技术流向相反，广州的输出与吸纳技术合同成交额比例为1.56（见表3），本地高校、大院大所的研究成果持续向外地输出、在外地转化。广州产业结构中传统产业占比较高，且迫切需要创新赋能产业转型升级，而广州20个"双一流"建设学科和18个进入ESI全球前1‰的学科，多集中在基础理论领域，对芯片、工业软件等"卡脖子"技术的突破尚未形成有力支撑。中国科学院反映，其研究成果在本地很难找到应用场景，大多被江浙一带企业买走。广州工业投资控股集团有限公司反映，本地高校很少有在压缩机等方面做研究的优势专业，通常与北方有传统制造业优势学科的高校合作。

[①] 《2023年广州市国民经济和社会发展统计公报》，广州市统计局网站，2024年3月30日，http://tjj.gz.gov.cn/stats_newtjyw/tjsj/tjgb/qstjgb/content/post_9567759.html。

[②] 《2023年1-12月监测月报》，北京市科学技术委员会网站，2024年1月31日，https://kw.beijing.gov.cn/art/2024/1/31/art_9906_673124.html。

[③] 《龚正市长在上海市第十六届人民代表大会第二次会议的政府工作报告（2024年）》，上海市人民政府网站，https://www.shanghai.gov.cn/2024nzfgzbg/。

表3 2022年广州、深圳技术流向情况

单位：项，亿元

城市	输出技术			吸纳技术		
	数量	技术合同成交额	其中:技术交易额	数量	技术合同成交额	其中:技术交易额
广州	22671	2474.80	916.59	21394	1583.86	806.99
深圳	14033	1236.86	1007.98	34054	2053.33	1920.76

数据来源：科技部火炬中心网站。

3. 作为创新主体的企业对研发投入持谨慎态度

2023年，全市发明专利授权量36339件，企业发明专利授权量21959件，占总量的60.43%，企业仍然是贡献应用型科技成果的主力军。但对国企而言，其领导层有任期经营业绩和国有资产保值增值压力，不愿对具有较高风险性的技术开展投资。对民企而言，其有付出成本多少、转化是否成功等不确定性因素考量。国有企业和民营企业对研发投入均十分谨慎，从而影响企业科技成果的产量。

（二）大学大院大所大平台受体制机制束缚而顾虑重重

一方面，政策模糊地带存在审计风险。成果对外转化定价尚无准则，尽职免责的相关规定尚未细化。2022年《广州市促进科技成果转化实施办法》规定交易价格可采取协议定价（买卖双方在各自所能容忍的价格区间谈判并确定最终价格），但在实际操作中必然受到国资评估价的影响，间接影响成交价格的自由度。尽管有"勤勉尽责"条款，但其内涵模糊，审计风险无处化解，容易削弱高校、大院大所推动科技成果转化的动力。另一方面，高校、大院大所在职称评聘、业绩考核、绩效奖励方面没有倾向科技成果转化，"唯专利、唯论文、唯项目"在绩效考核中仍占据主导地位，对技术专家经商办企业的激励作用有限。而在德国，应聘工科教授一般要求在企业工作五年以上的实践经验，工科学生大学毕业后留在学校只可以做科研，如果任教，只能升任副教授而不能升任教授。这套为工科教

授履历设置硬约束条件、工科学校学生设置毕业留校"天花板"、在科技成果转化的利益分配上向成果转化人倾斜、支持教授带薪兼职的体系，无疑大大促进了德国的科技成果产出与转化，而这正是当前广州高校所不具备的。

（三）成果商品化阶段缺乏专业服务体系和政策支撑

从专业服务体系看，畅通科技成果转化的链条中很重要的一环是能够精准对接市场的专业服务队伍。科研技术专家缺乏经营管理经验，跑外行市场事务并非强项。当前，广州仍然缺乏既具备企业经营思路和洞察力，又具备科学知识背景的职业经理人队伍和中介服务机构。

从政策支撑看，国家在科技成果转化上鼓励地方政府开展政策试点，为各地出台成果转化激励政策提供了空间。北京、陕西已推出科技成果转化"先使用后付费"，安徽、浙江职务科技成果不再纳入国有资产管理体系，上海、重庆实行"先投后股"以低成本融资赋能初创企业，四川、内蒙古横向结余经费可出资科技成果转化。但近几年广州在这方面偏于保守，2015年以来，出台关于促进科技成果转化的政策措施共8份（见表4）。在经济激励方面，科研人员收益分配比例由2015年的全部留归单位自主分配转变为2022年的明确70%归科技成果完成人。在产权激励方面，《广州市促进科技成果转化实施办法》明确"选择合适的职务科技成果将所有权或10年以上长期使用权赋予成果完成人（团队）"。在国家法律框架下，广州已先后在收益分配、税收激励、产权配置等方面对支持高校、科研机构科技成果转化进行了制度改革，但还不能消除区域内高校和科研机构职务成果转化赋权、风险承担顾虑，也没有鼓励将一定比例的成果转化收益归成果转化机构所有的倾向，缺乏产权保护、专业化转化服务人才队伍建设、创业扶持等精准政策。随着经济激励和产权激励的边际效应递减，现有政策工具箱里的政策激励效果将更加捉襟见肘，必须适时研究出台新的激励政策，解决多元主体在科技成果转化不同阶段的痛点、堵点。

表4　2015~2022年广州出台的科技成果转化政策措施文件

文件名称	发文时间	发文单位
高校、科研院所科技成果使用、处置和收益权改革实施办法	2015年12月30日（有效期5年）	广州市科技创新委员会等
广州市促进科技成果转移转化行动方案（2018—2020年）	2018年2月14日	广州市科技创新委员会
广州市科技成果产业化引导基金管理办法	2020年6月19日（2021年7月失效）	广州市科学技术局
广州市科技创新条例	2021年7月1日	广州市人民代表大会常务委员会
广州科技创新母基金管理办法	2021年7月23日	广州市科学技术局
广州市财政局关于进一步加大授权力度促进科技成果转化的通知	2021年12月9日	广州市财政局
广州市科技成果登记实施办法	2022年2月17日	广州市科学技术局
广州市促进科技成果转化实施办法	2022年3月31日	广州市科学技术局

数据来源：根据广州市科技局网站公开资料整理。

美国的《拜杜法案》规定，凡是知识产权发明，1/3收益归投资者，1/3收益归原创发明人，还有1/3属于把发明成果转化成生产力的人。硅谷孵化器里的孵化企业，很多没有知识产权发明，而是通过到大学里帮助发明人转化科技成果，在市场上获得收益后分成来营利，最后收益发明人、投资人、转化人各三成。以被誉为高校和科研机构科技成果转化典范的斯坦福大学为例，其在20世纪70年代就设立了技术许可办公室（OTL），负责推动大学研究工作与技术转移之间的良性循环。OTL聘请了专利技术经纪人，负责一项专利技术从披露到转化的全过程，专利申请则由律师事务所来处理，科研成果转化收益的15%可分配给OTL，剩余85%作为专利许可净收入，由发明人（团队）、所在院系各自分得。

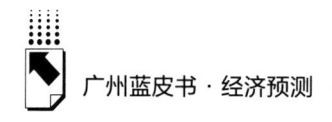

（四）各类要素互动机制不健全

目前产学研沟通对接的平台还没有建立起来，企业的研发需求无法快速精准找到能够提供解决方案的高校、科研机构。资本市场的输血功能还不够强，风投创投等私募基金管理规模仅为深圳的25%。对概念验证中心、中试熟化平台的支持力度不足，北京、上海、深圳已出台支持概念验证平台的资助政策，北京、深圳、杭州、合肥等地已授牌首批概念验证中心。

三 推动广州大学大院大所大企大平台科技成果高效转化的建议

广州"十四五"规划提出要打造具有全球影响力的科技创新高地。《广州市科技创新"十四五"规划》就科学发现、技术发明、产业发展、人才支撑、生态优化等目标和指标做出具体部署。2024年是实现"十四五"规划目标任务的关键一年。目前，广州市科技成果转化的"四梁八柱"已经基本形成，下一步应考虑按照目标指标分类施策，改革创新体制机制，持续释放技术市场潜力活力，推动以企业为主导的产学研深度融合，加快科技成果高质量转化，以科技创新推动产业创新，发展新质生产力，打造具有核心竞争力的现代化产业体系。

（一）深化科技成果转化体制机制改革

聚焦科技成果转化的使用权、处置权、收益权等核心问题，加快出台进一步促进科技成果转移的政策文件，建立健全科研成果的分类评价和多元评价体系，给予科技成果赋权、评价、改革实质性支持，重点推动高校研发评价机制改革，建立科技成果转化容错纠错机制。建立平衡各方利益关系的高校院所科技成果转化收入分配模式，不再过于强调收益绝大部分归发明人，从而调动高校院所科技成果转化的积极性和主动性。明确规定广州高校院所依托财政资金支持形成的科技成果，如果在一定期限内没有成功转化，就必须向企业特别是中小微企业免费开放。

（二）推动高校建设技术转移机构

推动重点高校自建或与市场力量共建专业化、市场化运作的技术转移机构。加强广州（国际）科技成果转化天河基地、华南技术转移中心、环大学城科技成果转化基地建设，加快建设环中大、环南沙的科技成果转化基地，将成果转化服务全面辐射至所在区域。重点围绕香港科技大学（广州）、广州实验室、广州颠覆性技术创新中心等高质量成果输出单位，建设成果产业化示范园区。以点带面，串联支撑全市成果转化平台体系。探索政府与高校共建新型科研机构。擦亮南沙科学城和中国科学院科技创新金字招牌，利用与复旦大学、香港科技大学、中山大学等高校合作资源，积极探索机制灵活的创新研究模式，考虑政府与高校合作共建新型科研机构。

（三）积极承接国家技术转移中心建设

利用地缘优势，承接好国防工业科技成果区域转化中心建设工作，扩大科技成果转化的来源和渠道。借鉴成都和苏州中心经验，以双向互促、有机融合为目标，发动和支持与国防科技工业产业密切关联的国企，探索与中心实体运行公司组建以股权为纽带的混合所有制公司。结合广州现有产业基础，发挥军工产业（目前广州市只有2家军工总装厂，没有军工科研院所）的溢出效应，做好资源有效对接、项目有效导入，适时联合国家国防科技工业局在广州举办国防工业科技成果专场供需对接推广活动，加强有关政策的宣贯和先进技术"军转民""民参军"业务推广，引进1~2家国防军工企业，完善国防基础设施布局。

（四）打造企业主导的创新利益共同体

发挥科技型领军企业在科技创新资源整合配置中的关键作用，特别是在场景驱动科技创新中的重要作用，联合大学大院大所大平台，打造企业主导的创新利益共同体，制定完善企业和高校院所开展联合攻关的利益分配、产权归属、知识产权保护等方面指导意见，可赋予龙头企业资金分配权、路线决定权、团队组织权，推进研发、转化活动一体化进行。鼓励大学大院大所大平台开放实验平台和实验室给企业使用，企业与大学大院大所大平台合作转化成功的，收益一部分反哺高校和科研机构用于科研，形成创新利益共同体良性循环。

（五）加快构建高标准技术要素市场

持续建设互联互通、竞争有序的技术交易市场，搭建全国性或区域性的科技成果供需对接平台。持续深化与金融机构等合作，形成银行信贷、专题债券、股票市场协同支持企业创新的金融手段。强化技术转移服务体系建设，推动高校、科研院所联合企业共建一批协同创新中心、概念验证中心、中试小试基地等平台，联通技术交易市场和资本市场。有效整合全市优质科技服务机构和技术转移人才，加强技术经理人队伍建设，健全技术转移转化人才晋升路径和机制，成体系、规模化培育引进一批支撑科技成果转化的科学家和企业家。

参考文献

黄奇帆：《结构性改革：中国经济的问题与对策》，中信出版集团，2020。
钟永恒等：《中国基础研究竞争力报告2022》，科学出版社，2023。
邱丹逸：《国内典型科研机构科技成果转化实践经验特征及借鉴》，《科技和产业》2023年第20期。
刘玉勉：《前沿科技成果转化的影响因素与推进路径》，《沈阳干部学刊》2023年第5期。
米磊等：《中国科技成果转化体系存在的问题及对策——从科技创新的底层逻辑出发》，《科技导报》2023年第19期。

乡村经济专题篇

B.24 广州乡村特色产业发展的现状分析与案例研究[*]

易卫华 李思阳[**]

摘　要： 发展乡村特色产业，是推动乡村振兴和百县千镇万村高质量发展工程的重要抓手。广州农业多年来将都市型乡村特色产业作为发展的重点，从生产、生态、生活等方面切入，发掘特色资源，打造了乡村美丽经济样板。但是，广州发展乡村特色产业也存在一些制约因素，包括产业融合拓展不够、产业经营主体偏弱、要素保障存在制约、特色产业带动能力有待增强等问题。本文建议围绕打造特色产业链、构建现代产业体系、促进共同富裕等目标，聚合乡村产业链条，构建村企农利益联结机制，建强产业发展的要素保障机制，打造一批特色鲜明、市场定位明晰、品牌影响力突出的产业主体。

---

[*] 本文系2024年度广州市社科规划一般课题（项目编号：2024GZYB87）阶段性成果。
[**] 易卫华，广州市社会科学院农村研究所，研究员，研究方向为农村建设与发展、智慧农业等；李思阳，中国银行广州开发区分行工作人员。

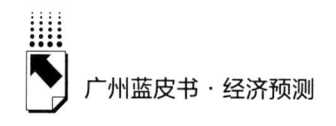

关键词： 乡村特色产业 美丽经济 产业品牌 广州市

近年来，广州全面贯彻落实党的二十大和中央一号文件精神，全面落实省委"1310"具体部署和市委"1312"思路举措，乡村特色产业发展取得了较大进展。乡村特色产业是指以农林牧渔和生态旅游等产业为基础，结合本地资源禀赋与文化特色，具有鲜明地域特色与文化内涵的产业，包括特色种植、特色养殖、传统手工艺、休闲旅游等产业。广州乡村特色产业发展亮点突出，但也存在产业融合、品牌建设、要素保障等方面的问题。随着乡村振兴战略、"百千万工程"的深入实施及市场需求的不断增长，广州乡村特色产业发展前景将十分广阔。

一 广州乡村特色产业发展亮点

（一）依托特色产业发展，保障粮食生产更可持续

广州将保障粮食供给作为头等大事，保障粮食安全与丝苗米特色产业发展同步发力、有机结合，形成了规模化、生态化、集约化粮食生产体系。一是加强刚性保护。严格压实耕地保护责任，细化耕地保护措施，依法依规认真做好耕地占补平衡，遏制耕地"非农化"、防止"非粮化"。二是坚持规模化生产。努力破解耕地"细碎化"难题，发展农民专业合作社，鼓励农户将撂荒、闲置的土地流转，实现"小田变大田"，推动规模化、机械化种植。三是坚持集约化经营。积极推广优质高产粮食新品种，落实重大病虫害监测防控等一揽子举措，提升水稻的产量和品质，精心打造"种植有大脑、生长有智慧、销售可追溯"的丝苗米等品牌。四是走文旅化路线。解决种粮利薄价低、农民生产积极性不高难题，实施"耕地综合改良"与"水稻农业公园"项目，实现农业产业与休闲旅游业融合发展，助力农民增收。2023年，广州粮食播种面积达45.13万亩，粮食产量达15.19万吨，完成

高标准农田建设1.68万亩,项目范围内实施高效节水灌溉面积0.73万亩,超额完成广东省下达的任务。①

(二)依托本土资源禀赋,发掘本地特色产业资源

广州依托乡村资源禀赋,注重发掘农业与乡村新功能新价值,培育新产业新业态,镇、村特色产业综合体不断涌现。按照涉农区农业农村发展水平与资源禀赋,从规划制定、产业项目实施等各方面因地制宜地开发特色产业资源。一是发掘生态资源。注重发掘从化区、白云区等北部山区丰富的生态资源并加以改造提升,发展民宿、花卉、锦鲤、乌榄等生态型产业,促进美丽生态向美丽经济转化;充分利用番禺、南沙等区丰富的海洋与渔业资源,通过科技赋能,大力发展渔业、"文旅+观光"等产业。二是发掘特色农产品资源。大力开发"名、优、特、新"农产品,重点培育资源优势突出、经济优势和生产优势明显的项目,形成支柱产业。三是发掘文化资源。依托丰富的物质文化遗产与非物质文化遗产,开发传统民俗文化、农耕文明、民间技艺等,将文化资源转化为旅游资源,打造文化体验新模式,发展旅游产业,带动农民持续受益。

(三)推进产业融合创新,激活乡村振兴发展动能

一是推动三产融合。发掘农业农村生态、文化、教育、旅游、康养等多种功能与价值,通过农产品加工带动,促进农业"接二连三"、不断延伸,加快构建引擎带动、三产融合的乡村产业带。二是推动产业链融合。大力发展现代都市农业,通过产销一体化建设,构建乡村前后相应、三产融通、上下衔接的特色产业集群。实行"链长制",打造主产鲜明、龙头引领、品牌知名、联农带农、核心竞争、效益优良的"1+6"都市现代农业全产业链。三是推动多种生产要素融合。通过大力支持各类返乡下乡本乡人员创新创

---

① 《只增不减!让广州饭碗多装"广州粮"》,"羊城派"百家号,2024年3月11日,https://baijiahao.baidu.com/s?id=1793238180412113856&wfr=spider&for=pc。

业，深入破解土地零散、资金闲散、市场分散等问题，推动管理、资金、企业、人才等多种要素协同发力，促进农村新产业、新业态、新模式发展。四是科技赋能。支持农业企业与广东省农业科学院、华南农业大学等高等院校及科研机构开展项目合作，组建农技服务"轻骑兵"队伍，推动农业科技研究及成果转化应用，开展优质种子研发创新，发展高附加值农产品。2023年，广州5家种质资源库（圃）入选国家级名单，新增国家植物新品种权259个，水稻耕种收综合机械化率达86%。[1]

（四）打造特色产业品牌，擦亮特色乡村精品名片

广州以品牌示范基地和特色农业示范平台为支撑，叫响一批特色农业品牌，影响力大幅提升，内涵发展行稳致远。一是集聚优势资源。花都"花漾年华"新乡村示范带根据产业发展实际，加强资源整合，依托马岭观花植物园、绿沃川、中国热带农业科学院广州实验站等景观节点，集聚花卉、蔬菜、水果、民宿等特色产业。二是强化现代营销。通过电商赋能，激活产业，"线上+线下"举办博览会，引进、扶持一批示范直播电商，做强做大农产品直播电商产业，推广"互联网+鲜花"等模式，加大对本地特色品牌推广力度。三是加强文化塑造。比如，增城区发掘保护荔枝农业文化遗产，讲好荔枝故事，传承荔枝文化，建设荔枝文化公园，精心打造荔枝文化品牌。截至2023年，广州共有增城迟菜心、增城番石榴、增城乌榄、从化玫瑰柑、从化荔枝蜜等22个产品入选全国名特优新农产品名录，居全省前列。增城荔枝列入农业农村部农业品牌精品培育名单。截至2023年，广州拥有346个"粤字号"农业品牌，全省排名第一，种类涵盖了种植业类、畜牧业类、渔业类、园林花卉类、农产品加工品、农产品投入品等领域。[2] 通过品牌强农，带动资本、技术、信息、人才等要素

---

[1] 《凝心聚力、创先争优 2022 年广州推动农业农村高质量发展》，广州市农业农村局网站，http：//nyncj.gz.gov.cn/zw/rdzt/2022gzzj/。
[2] 参见《关于公布 2022 年"粤字号"农业品牌目录的通知》，广东省农业农村厅网站，2023年 2 月 21 日，https：//dara.gd.gov.cn/gkmlpt/content/4/4097/mpost_ 4097765.html#1603。

向农业农村流动，促进特色产业提质增效，培育农业农村发展新动能，引领乡村高质量发展。

（五）拓宽就业创业渠道，推动联农带农增产增收

广州发展富民产业，通过劳务雇佣、产品购销、"订单收购+分红"及探索"保底收益+按股分红""土地租金+务工工资+返利分红"等方式，带动了农民经营增收、就业增收及财产性收入的增加。2022年，广州农村居民人均可支配收入36292元，同比增长5.1%，连续15年高于城镇居民收入增速。① 一是经营收入增效提升。通过培养农业经营主体带头人、促进融合发展、推动农民合作社办公司等方式，提升新型农业经营主体，带动小农户合作经营，共同增收。支持农村电商的发展，通过电商平台减少产品流通环节，增加了农民的利润。二是稳步增加工资性收入。工资性收入是农民收入的主要来源，广州通过落实财政、用地、金融、人才等扶持政策，发展乡村特色产业，促进农民就近就业增收，形成创新带动创业、创业带动就业、就业促进增收的格局。三是财产性收入挖潜。充分挖掘财产性收入的潜力所在，不断激活乡村闲置土地、房屋等"沉睡"资源，实行资产市场化、公司化运营，让集体和村民共同受益。不断深化农村土地制度改革，大大增加农民财产性收入，让农民更多分享改革红利。例如，花都区赤坭镇瑞岭村从事盆景产业的村民占全村总人口的80%以上，盆景种植数量和面积分别超过18万棵、1万亩，年产值超过3亿元，凭借着突出的盆景产业优势，瑞岭村连获全国"一村一品示范村""全国乡村治理示范村""全国乡村特色产业亿元村"三个"国字号"荣誉，村民人均收入超5万元。②

（六）拓展特色产业功能，建设宜居宜业和美乡村

依托乡村特色资源，广州开发具有鲜明地域特点、文化特色、乡土特征

---

① 《凝心聚力、创先争优 2022 年广州推动农业农村高质量发展》，广州市农业农村局网站，http：//nyncj.gz.gov.cn/zw/rdzt/2022gzzj/。
② 《花都这个村，连续两年上榜全国"超亿元村"》，"南方 plus"百家号，2023 年 3 月 17 日，https：//baijiahao.baidu.com/s?id=1760597390458974081&wfr=spider&for=pc。

的产品产业，打造乡村产业兴旺、乡风文明、生态宜居的新兴产业基础与平台，助推宜居宜业和美乡村建设。一是通过产业发展带动乡村基础设施建设。吸引一批龙头企业和乡村旅游综合体进驻，提升交通、通信、供水、供电等基础设施水平，实现交通、生态景观等基础设施共建共享。二是促进美丽乡村建设。通过发展特色农业，促进水源涵养、气体调节、废物处理、土壤保育、生物多样性保护，使自然资源系统得到修复和强化。通过发展康养、乡村休闲旅游、民宿业等，对村、湖、田、林、水、山、路进行综合整治，高效配置生态景观资源，提升乡村的景观化水平，促进美丽生态田园形成。三是推动乡村文化传承与创新。通过发展乡村特色产业，配置农业文化遗产等特色文化资源，促进农业文化传承，并以"文化+""+文化"等多种形式推动乡村文化产业发展。

二 广州乡村特色产业发展存在的问题

（一）产业融合拓展不够深入

1. 产业链偏短、融合度不够

当前，广州特色产业各环节之间的关联性仍旧不够强，协调发展能力不足，难以实现一二三产业真正融合。农产品流通设施建设投入不足，布局不够合理，道路、冷链等基础设施陈旧。休闲观光农业营销能力不足，文化意蕴欠缺，基础配套设施滞后。2023年，广州创建广东省级休闲农业与乡村旅游示范点仅3个，数量不及省内的珠海、河源等市。[1]

2. 产业发展竞争力有待进一步提升

从表1可以看出，多年来，广州都市农业绿色产品数量及产值整体上显著下降，绿色产品数量从2010年的312个下降到2022年的89个；绿色产品产值从2010年的50052万元下降到2019年的12841万元，2020～2022年虽保持增长，但仍低于2010年水平。此外，广州部分村镇"一村一品"

---

[1] 广东省农业农村厅网站，http://dara.gd.gov.cn/。

"一镇一业"的特色不够鲜明,产业规模偏小,产品附加值低、品牌不够响亮,难以起到对村镇发展的示范带动作用。2023年,全国名优特新农产品中,广州仅入选6个,省内不及韶关、佛山和湛江。截至2023年3月,广州国家级"一村一品"示范村镇仅8个,而同为副省级城市的杭州有14个、成都有12个。国家级"一村一品"示范村镇中,广州仅有1个亿元村,而杭州和成都分别有4个和5个,成都还有2个十亿元镇。①

表1 2010~2022年广州都市农业绿色产品数量及产值

单位:个,万元

指标	2010年	2015年	2016年	2017年	2018年	2019年	2020年	2021年	2022年
数量	312	162	155	47	43	34	57	71	89
产值	50052	38001	34006	28981	24611	12841	15951	39000	47900

数据来源:《广州统计年鉴(2023)》。

(二)产业经营主体偏少偏弱

1. 龙头企业发展影响力与带动力不足

目前,广州农业生产经营依然以小规模经营为主,上规模、会经营、带动能力强的龙头企业较少,农业产业化企业(组织)辐射能力不够强,缺乏生产者之间的联合,产后加工也比较有限,难以发挥特色农产品的市场优势。各个产业上下游主体的参与感不足,主体之间的利益联结机制尚未真正形成,无法充分发挥各参与主体之间的协同作用。农业产业化生产单位从2010年的1574个下降到2022年的1039个,规模以上农业生产单位从2010年的1403个下降到2022年的827个;2022年,农业产业化规模比重为39.0%、比2020年下降9.4个百分点,农业产业化企业(组织)辐射能力只有36.0%。②

---

① 农业农村部网站,http://www.moa.gov.cn/。
② 数据来自各城市统计年鉴。

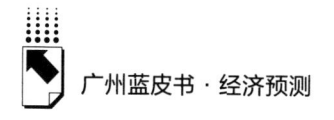

表2　2010～2022年广州都市农业产业化指标

单位：%，个

	2010年	2015年	2016年	2017年	2018年	2019年	2020年	2021年	2022年
农业产业化规模比重	21.0	22.3	13.7	16.6	17.3	17.1	48.4	39.3	39.0
农业产业化企业（组织）辐射能力	41.0	34.7	31.1	36.2	34.2	39.3	35.3	38.1	36.0
农业产业化生产单位	1574	1677	1072	1101	2064	2013	899	1051	1039
规模以上农业生产单位	1403	1114	888	926	675	693	715	927	827

数据来源：相关年份《广州统计年鉴》。

2. 农业合作社和家庭农场数量较少

农业合作社的组织带动功能相对单一，合作社成员间的凝聚力还不够。家庭农场经营者生产水平不高，经营效益偏低。2022年，广州有实际经营活动的农民专业合作社有976家，远低于上海、北京、重庆等城市。[1]

3. 农业从业人员结构有待优化

农业科技高层次人才数量不多，尤其是实用型、技能型、专业型、推广型技术人才较为缺乏，新型职业农业从业人员力量不足、农村劳动力老龄化趋势明显，阻碍了现代新理念、新技术、新模式的推广运用。现有农业从业人员多是50岁以上的劳动力。第三次全国农业普查数据显示，广州农业生产经营人员中初中文化程度占比为50.6%，比2006年提高0.8个百分点；高中或中专文化程度占比为15.4%，比2006年提高8.2个百分点；大专及以上文化程度占比为2.8%，占比远低于其他城市。[2]

（三）要素保障能力有待增强

1. 土地要素保障存在约束

由于城市发展需要，广州耕地面积连年减少，产业发展规模受到限制。

---

[1] 根据各城市统计年鉴整理。
[2] 张跃国主编《广州蓝皮书：广州城乡融合发展报告（2022）》，社会科学文献出版社，2022，第23页。

广州常用耕地面积由 2012 年的 99319 公顷减少到 2022 年的 83195 公顷，减少了 16124 公顷。① 广州不仅耕地面积较小，而且土地集中连片流转困难，资源难以集聚利用，农民生产积极性不高。农业建设用地指标匮乏，管理弹性不够，每年安排不少于 10% 的建设用地指标统筹保障农业产业园、农业产业项目建设，但在实际工作中很难落实（有指标但落地难）。广州虽出台了设施农用地正负面清单，但操作实施、备案审批过于烦琐，管理弹性不够，制约农业产业发展。受制于全市用地指标总量控制，都市现代农业产出效益偏低。

2. 资金要素保障存在约束

从公共财政涉农支出情况来看，2022 年广州公共财政支出投向农林水事务方面的支出为 83.8 亿元，占财政支出比例为 1.64%，低于同期国家财政农林水支出占比，也低于北京、上海、杭州、成都、重庆等城市，甚至比 2015 年广州公共财政支出农林水占比（2.87%）低 1.23 个百分点。② 金融机构、担保机构信贷门槛较高，农业保险的覆盖面不足。个别新增险种宣传推广力度不够、区级财政配套不足，影响部分险种的覆盖。

（四）产业富民建设尚需提升

1. 弱产业弱富民仍然存在

发展不平衡问题较为严重。广州部分乡村特色产业发展规模偏小、产业链条偏短、实力较弱，难以较好地发挥富民效应。部分区域受生态保护红线、区域建设规划等限制，产业发展不充分，难以带动农民创富，村集体经济收入水平和村民收入水平较低，与广州都市发展水平和城市发展地位不相称。

2. 带农富农机制尚需健全

农企利益联结机制不健全。部分村镇的农企利益分配偏重于维护龙头企业的利益，处于弱势地位的农民收益容易被忽视，因而无法真正实现农村发

---

① 《广州统计年鉴（2023）》，广州市统计局网站，http://tjj.gz.gov.cn/datav/admin/home/www_nj/。
② 根据各城市统计年鉴整理。

展的多赢。部分农户的契约意识有待提升，违约成本偏低，导致龙头企业不敢大规模投资。联农带农的方式过于单一。龙头企业带农意识不强，农业龙头企业与村民之间利益联结机制不紧，农民难以充分分享资产收益及产业发展红利。

三 典型乡村特色产业发展模式与案例

（一）稻田公园观光模式

在粮食生产比较收益低、农村人口老龄化加剧、工商业发展挤占农业用地、相关激励政策尚不健全的背景下，耕地"非粮化""非农化"与国家"藏粮于地"战略目标的偏离，导致粮食生产、经济发展和农民增收三者之间难以实现平衡，特别是大城市难以兼顾区域粮食生产和都市建设发展，亟须提升粮食生产综合效益。

将普通农田建设成为稻田公园，是农业转型的革命性举措。广州增城、从化等区坚持规模化、专业化、集约化、农旅化等发展理念，大力推动土地流转，既保留农田的粮食生产功能，又植入公园因子，对周边的基础设施进行改造，创新生产经营模式，将"研学""科技""创意"等植入粮食生产，打造稻田公园文化地标与网红打卡点，在稳住粮食生产基本盘的同时，也实现了农文旅融合发展。特别是增城"时光穗稻"新乡村建设示范带，建设增城丝苗米省级现代农业产业园，依托朱村万亩连片农田景观，强化科普、生态、教育、文旅等功能集成，打造三大产业高度融合发展的国家级丝苗米稻田公园综合体，打造"百千万工程"的"增城样本"。

1. 发展规模化集约化种植，实现产业化生产

以高度使命感扛起粮食安全政治责任，确保粮食有效供给。率先实施土地预流转模式，连片整合示范带内果林、蕉田、菜地，实现"小田并大田"，规模流转耕地近2.7万亩，配套建设路网、水网、电网、信息网。通过引进科旺实业、友粮公司、启缘丝苗米、广东种业等优质企业，扩种优质丝苗米超5000亩，带动周边种植3万多亩，实现保障粮食安全和打造都市现代农业公园空间载体相统一。推广水稻无人机直播等智能机耕机收技术，建立5G水稻产业病虫害智能化监测预警体系、防控系统和长势监控体系。建成业界首个5G智慧稻场3500亩和水稻千亩直播示范区1800亩，节省人工成本超70%，实现丝苗米精准、科学、绿色种植，2023年丝苗米产业园主导产业总产值预计达18.66亿元，同比增长2.4%，连续五年实现丝苗米稳产增产。[1]

2. 创新主体经营机制，构建利益联结机制

推动构建农投集团引领、社会企业参与、农民入股经营的产业创新综合体。丝苗米产业园以"农投集团+村集体+社会企业"经营模式，充分发挥国家资本作用，成立增城区农业投资集团作为农业投资运营主体，整合村集体资产与资金项目公司，负责项目的开发与运营，引导农业龙头企业以品牌、技术、资产等要素入股，鼓励农民以土地、资金、资产等要素资源入股，以"保底租金+股份分红"方式，将经营收益按股分红返还给农民，带动周边5300多户农户参与丝苗米产业发展及产业园运营。[2] 创新推出定制稻田项目，搭建生产者与消费者之间收益共享桥梁。

3. 擦亮丝苗米价值品牌，拓展增收渠道

打造增城丝苗米产业"芯片"，实施丝苗种业提升工程，建设粤港澳大湾区生物育种产业创新中心。园区通过绿色种植推动品质提升，构建增城丝苗米绿色生产模式。充分发挥增城丝苗米作为全省少有的"双地标"（国家地理标志保护产品和地理标志商标）农产品优势，深入挖掘增城丝苗米发展底蕴，加快品牌形象IP提炼和全方位包装创意设计，打造丝苗米第一高端品牌，全面提升丝苗米品牌价值，带动各类种植主体尤其是农民大幅获利

---

[1] 《稳增长 促发展 谋未来｜点米成金 增城有"米"农民"有米"》，https://news.dayoo.com/guangzhou/202311/22/139995_54606750.htmhttps://news.dayoo.com/guangzhou/202311/22/139995_54606750.htm。

[2] 《这片土地"真香"！"丝苗米之乡"开启5G种田｜高质量发展看中国》，"环球网"百家号，2023年2月20日，https://baijiahao.baidu.com/s?id=1758352502782872641&wfr=spider&for=pc。

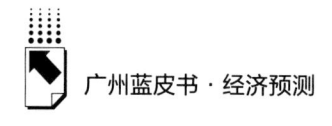

获益。

4. 培育三产融合新业态，带动产业融合发展

园区依托生态优良的万亩稻田和增城独特的丝苗米发源地文化，将美丽资源转化为美丽经济，大力发展"生产+加工+旅游+销售"全产业链开发模式，植入"科技""研学""创意"等新理念，推动发展"农业+文旅"新业态，建设稻田公园、丝苗米展馆、虫情监测台、城市会客厅等重点公共文化地标，开展相关节庆活动，建设多元化文旅场景，举办"大地艺术季"、稻田音乐会、"稻田之夜"、农民丰收节等节庆活动，提升都市消费人群的乡村体验，实现从卖产品向卖风景、卖体验转变。

（二）农工旅一体化模式

农工旅一体化模式侧重于农业内部生产、加工、销售环节的纵向一体化，朝着文旅、科普方向延伸，以及农业和产品功能的横向扩展。农工旅一体化模式以农业优势资源生产为基础，将农产品种植、生态养殖、农产品深加工、旅游休闲等进行有机串联，充分利用各种资源，最大限度地发挥农业生产、生活、生态价值。

花泰农博园总部处于"花漾年华"新乡村示范带内，是花都区"互联网+农业"三大省级农业产业园的核心区，遵循生态、绿色、文化科普和循环发展的理念，以亲子休闲、科普教育与农耕文化为特色，集产加销、农文科旅于一体，建设有蔬菜种植区、水果采摘区、农业科普长廊、农耕文化馆、农业科技推广区、水产养殖区、动物养殖区、农产品加工区等。花泰农博园是广州市中小学社会实践教育基地、科普教育基地、研学旅行示范基地，具有较强的示范带动作用。

1. "公司+基地+农户"辐射带动周边农户

花泰农博园总体架构包括"一个公司+三个基地"。公司位于广州花都区，三个基地包括花都园区、佛山园区和清远园区。花都园区位于广州花都区赤坭镇，整合流转闲置土地，种植水果、蔬菜，发展水产养殖。佛山园区位于佛山市三水区大塘镇，园区面积达168亩，种植了100亩红心火龙果。清远园区位于清远市石角镇美林湖。花泰农博园以广州花都公司和园区经营为主，辐射带动清远和佛山农户流转土地，推动了农村闲置土地和资产的利用，增加了农民财产性收入。销售旺季时，公司收购附近农户的农产品，聘用当地农民在公司工作，增加了农民的经营性收入和工资性收入。

2. 因地制宜地开展生态产品的种植和养殖

基于花泰农博园得天独厚的地理位置、土地资源、自然条件等，对接广州大都市人群对高端生态产品的需求，因地制宜地开展生态种养，生产有机蔬菜、草莓、香瓜、百香果、青枣、火龙果等有机瓜果，养殖花泰鸡、贵族香猪等清远名优农产品。花泰农博园构建科学的种养循环系统，充分利用池塘、果树林下立体空间，在果树林下养鸡、鸭，套种的牧草喂养生猪、家禽，固碳增肥果园土壤。资源化利用种养系统的废弃物，包括农作物秸秆、尾菜等。

3. 通过优质农产品精深加工提升产品价值

在乡村产业发展过程中，不少乡村的产业集中在第一产业，产业链条短、溢价能力低，产品以原始产品为主，农产品精深加工不够，副产物综合利用程度低。花泰农博园致力于打造美好生活，面向都市人群对健康营养产品的需求，开发花青素茶、火龙果醋、火龙果酒、火龙果干花、火龙果干等多种深受消费者认可与喜爱的特色农产品，这些产品最大限度地利用了火龙果，连皮带肉地作为产品原料，具有很好的保健养生价值。花泰农博园通过农产品精深加工，延长农产品产业链，提升产品价值链，打造农产品供应链，生产高保健价值、高附加值农产品，使消费者吃出品质、吃出健康。

4. 通过农业公园建设拓展产业增值空间

花泰农博园产业发展并非停留在第一和第二产业，而是向农文旅、休闲体验农业延伸。花泰农博园通过农业公园、科普农园、研学示范基地建设，开展草莓、香瓜、百香果、青枣等瓜果采摘活动，推出科研教学、农学科普、农业生产观赏体验、田园旅游等农文旅项目，大力发展"农业+旅游"

"农业+教育""农业+文化""农业+科普"等产业,充分挖掘园区景观的生态性、观赏性、生产性、生活性、文化性与体验性,大力拓宽产品销售渠道、拓展产业范围,扩大了产业增收的空间。

(三)高科技导向型模式

大规模农业科技向现代农业不断渗透,改变了传统的农业生产场景,形成各种类型的多层次、多功能、多途径的高效农业生产系统。农业正在进入绿色、洁净的高科技时代,并朝着立体化、设施化、智能化、生物化的垂直农业方向发展。

广州绿沃川高新农业科技有限公司租用赤坭镇蓝田村300多亩农业用地,从事生态农业生产经营。其采用自动化作业、智能化控制与立体化种植等技术建成30亩空中草莓园,并开展农业游、科普游,满足游客体验农业、回归自然及了解农业科技、增长农业知识等需求,打造高科技农业产业园。

1. 形成智能化、数字化技术

绿沃川通过高科技智能设备完成蔬菜的播种、育苗、栽植、移栽和收割。智能控制系统全程监控作物的温度、湿度、光照、大气压力、营养液等作物生长数据,通过智能数字化营养液控制系统、水肥监测传感器,实时采集栽培数据,计算机系统精准施肥,赋予蔬菜生长所需的各种元素。收割的蔬菜以其独特的保鲜存放方式,活体带根销售,延长保鲜期,不产生亚硝酸盐等有害物质。

2. 大力发展"垂直农业+旅游"

绿沃川依托欧洲国家、韩国等的垂直农业栽培技术,通过建设科普教育基地和研学基地,发展农业体验、科普农园、研学示范等业态,服务成长阶段的城市青少年,使他们获得接触农事活动的机会,参与体验式农作劳动,寓教于乐、锻炼身心,增长了现代农业生产知识,培养了热爱农业、热爱劳动的思想,也使农业景观的生态性、观赏性、生产性、生活性、文化性与体验性得到充分挖掘,形成强大吸引力。

四　广州乡村特色产业发展建议

（一）聚合乡村特色产业链条

一是融合特色品牌。充分发掘乡村特色产业的潜力，培育一批适合乡村地域特色、产业基础，并具有较强带动力的优质项目，不断深化广州"一村一品""一镇一业""一区一园"建设，挖掘品种资源，拓宽农村产业招商路径，通过科学调查和评估，培育优势主导产业，打造强势品牌，提升农业附加值。二是突出科技创新。通过技术革新与改造，积极利用生物科技和人工智能等技术，加强"穗"字种业技术攻关，提升农技研发与推广能力，攻克农村产业面临的"卡脖子"技术难题，促进农业科技成果转移转化，培育农业科技产业化主体。三是推动产业链延伸。实施特色农产品加工设施提升行动，大力发展"农业+文化""农业+教育""农业+康养"等产业。推动农业产业场景重塑，如直播电商、云农场、互联网养鸡、沉浸式乡村旅游等。

（二）构建村企农利益联结机制

建立稳固的利益联结机制，在乡村特色产业项目引进、建设和管理中，将解决村民就业、推动村集体与农民增收作为评估指标，在评先推优与项目资金安排方面优先考虑。采取多种类型的特色农业龙头企业、村集体与农户合作模式，引导小农户与大企业、大市场联结，形成更为紧密的利益共同体。采取"社员入股+土地流转+基地工资""搭建平台+入股分红""土地租金+基地工资+奖励提成"等多种类型的利益分红模式，不断拓宽农业增收渠道。[①]

（三）健全产业要素保障机制

一是深入排查现有土地。吸引村集体或村民通过入股或租赁等形式，推

[①] 易卫华：《写好"六"字文章，谱写广州新画卷》，《南方日报》2023年7月7日。

进闲置土地的活化利用,增加村民和村集体收入。探索推广"点状供地"等模式,提升乡村土地精准化、精细化、集约化程度。二是加强人力资源建设。目前,广州乡村特色产业发展面临人口老龄化、空心化、招才引智难、发展空间小等问题,广州需在引才、育才、留才、用才等方面下功夫,创新选拔机制,完善人才供需信息对接机制,培育农村致富带头人。

(四)打造乡村休闲旅游业精品

对接城市居民休闲娱乐需求,打造特色化、差异化、多样化的旅游休闲产品与服务。一是开发特色化产品。充分发挥自身的特色资源和发展优势,打造具有鲜明地方特色的文化旅游、美食旅游、农业体验旅游等产品,推广传统文化表演、手工艺品制作、民俗活动等。二是提供差异化体验。在住宿、观光、餐饮、活动等方面为旅客提供与众不同的体验,特别是举办采摘、文化节庆等活动。三是提供多样化产品。为吸引不同类型的游客,乡村休闲旅游业需要提供适合家庭、情侣、朋友、团体等的多样化产品线路和体验,特别是推出亲子游、蜜月游、户外探险等各种各样的旅游产品,促进生态农业、休闲农业、康养农业、节庆农业、会展农业等多种模式快速发展。四是推动文化传承。通过举办手工艺品展示、传统民俗文化表演等,打造"飘色文化""和美大山""孝文化"等特色乡村文化品牌,吸引游客了解与体验龙舟赛、飘色巡游、乞巧节、康公出会等传统文化活动。五是加强市场推广。加强旅游产品线上和线下推广,建立合作伙伴关系,提高景区的知名度,有效激发乡村休闲旅游消费潜力,吸引更多游客。

(五)发展特色产业经营主体

提升"资本—市场—政府"带动力,引导与支持人才、土地、科技等生产要素向特色农业企业、农村合作社、强村公司等新型农业经营主体集聚,培优扶强特色经营主体。持续推进广州特色农业产业化龙头企业"三级联创",大力培育乡村特色产业"链主"企业,推进农民专业合作社示范社培育,试点建设强村公司。提升产业主体社会化服务能力,如农业培训、科技推广、技术咨询等。推动经营主体加强合作交流，组建产业联合体，推动协同发展。引导新型农业经营主体通过"互联网+""科技+"等方式，加强数字化和智能化建设，鼓励农资企业、科技公司、互联网平台、自媒体等各类主体向农业服务业延伸，满足新型农业经营主体的发展需求，推动主体动能充分释放。

参考文献

孙雷：《上海金融服务乡村振兴要上新水平》，《上海农村经济》2019年第7期。

解梅娟、杨蕊、刘权：《把握数字时代机遇　积极推进互联网与先进制造业深度融合》，《长春市委党校学报》2019年第2期。

欧阳卫国：《深圳高效生态农业发展的实践探索》，《特区实践与理论》2019年第1期。

陈扬杰：《锻造党建引领基层治理的"强健肌体"》，《四川党的建设》2020年第18期。

易卫华：《垂直农业发展动因、制约因素及对策》，《四川农业科技》2023年第8期。

易卫华、佟宇竞、陈翠兰：《国内先进城市乡村建设与发展经验及其对广州推进"百千万工程"的启示》，《南方农村》2023年第4期。

B.25 基于农村固定观察点的广州农村居民增收调查报告

广州市农业农村科学院课题组*

摘　要： 增加农民收入是"三农"工作的中心任务，事关农民安居乐业、农村和谐稳定和经济社会发展全局。本报告基于农村固定观察点调查样本的分析发现，当前广州农村居民的农业经营收益普遍不高，工资性收入是农村居民收入的主要来源。但农村居民收入存在明显的内部差距，城中村、近郊农村、偏远农村的居民收入水平存在明显分化。针对广州农村居民收入增长放缓的特点，本报告提出需要在促"流转"扩增量构建农村居民增收新模式、盘活集体资产增加农村居民财产净收入、培育三产融合新业态延伸增收产业链等方面培育农村居民增收新动能。

关键词： 农民增收　收入结构　农村居民　乡村振兴

党的二十大报告指出，全面推进乡村振兴，要发展乡村特色产业，拓宽农民增收致富渠道。近年来，广州在经济、科技、文化等方面取得了颇为显著的成就，但农村居民收入增长缓慢问题日渐凸显。为深入了解广州农村居民增收现状及存在问题，2023年7~9月，广州市农业农村科学院（信息与数字化专班）与仲恺农业工程学院组成课题组，赴白云、黄埔、番禺、花

---

* 课题组组长：毛海峰，广州市农业农村科学院（信息与数字化专班-主任）。课题组副组长：方凯，仲恺农业工程学院经贸学院院长。课题组成员：张银银，仲恺农业工程学院讲师；黄灏然，仲恺农业工程学院教授；江宏耿，广州市农业农村科学院（信息与数字化专班）。执笔人：张银银、江宏耿。

都、南沙、从化、增城七个涉农区开展促进农村居民增收调研，通过实地走访、与干部群众座谈、发放问卷等方式，重点对农村固定观察点15个设户村的345户农户进行了深度调研。

一 广州农村居民增收现状

（一）基本情况

2023年，广州农林牧渔业总产值582.79亿元，同比增长4.2%。从农村居民收入增速看，2023年全市农村居民人均可支配收入38607元，同比增长6.4%，增速位居珠三角城市第一。从城乡居民收入比看，广州城乡居民人均可支配收入比逐年下降，相对差距逐渐缩小，从2018年的2.31逐年下降到2023年的2.09，城乡居民收入差距在主要城市中优于北京、重庆、南京，与上海持平。从收入结构看，工资性收入是广州农村居民收入的最大来源，2022年全市农村居民工资性收入、经营净收入、财产净收入、转移净收入占比分别为73.4%、11.4%、9.8%、5.4%。广州市农村居民对工资性收入的依赖度高于城镇居民（工资性收入占比为65.7%）。

从图1的收入构成来看，2015~2023年，广州市农村居民人均可支配收入中的转移净收入增长率在2016年急剧下降后稳定在10%左右的水平；经营净收入则实现了反弹，从2015年的负增长到2017年实现了较快增长，但2020年小幅下降至5.71%，2021年快速上升至17.38%后2022年又下降至5.1%，呈现出较大的波动；财产净收入增长率2016~2019年稳定在15%左右的水平，2021年下降至6.36%后，2023年又小幅上升至9.2%；工资性收入增长率2015~2021年稳定维持在10%左右，随后两年小幅下降稳定在5%左右的水平。从图2城乡居民收入绝对差距来看，无论是广东省还是广州市都呈现出上升趋势。

从图3广州市城乡居民收入比可知，广东省和广州市城乡居民收入相对

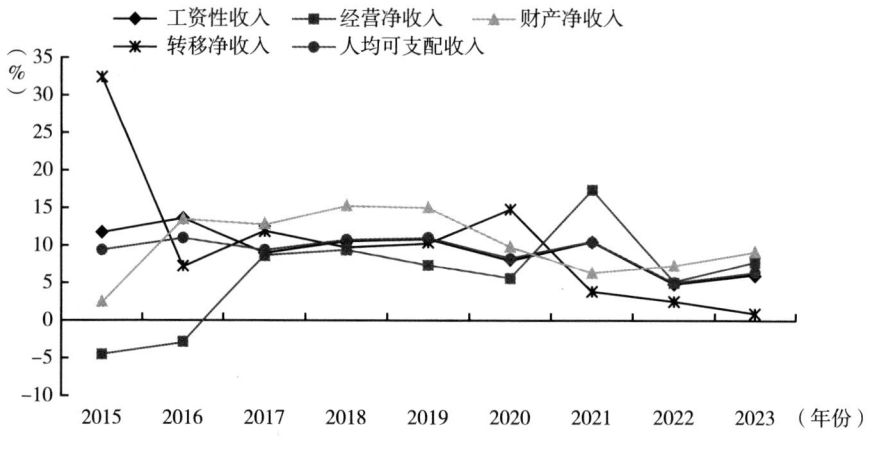

图 1 2015~2023 年广州市农村居民各项收入同比增长

数据来源：《广州统计年鉴》。

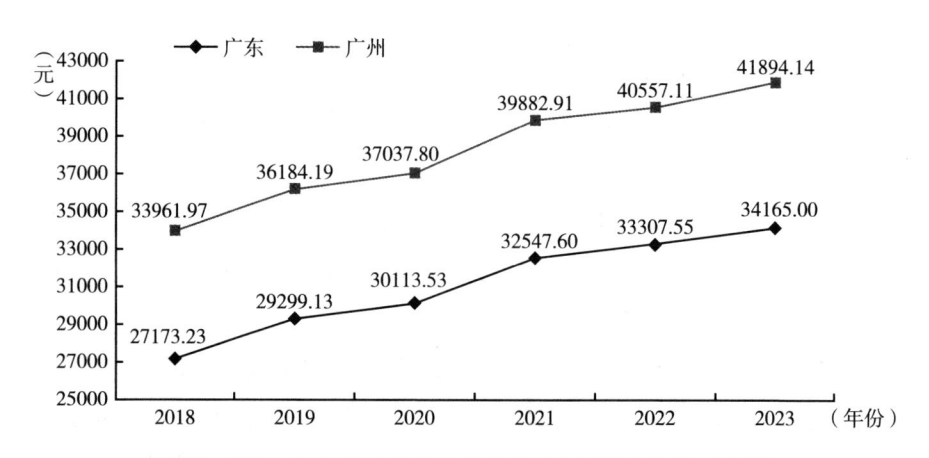

图 2 2018~2023 年广东省和广州市城乡居民收入绝对差距

数据来源：《广东统计年鉴》《广州统计年鉴》。

差距均呈现出缩小的趋势，广东省城乡居民收入比由 2018 年的 2.58 降至 2023 年的 2.36，减少了 0.22；广州市城乡居民收入比由 2018 年的 2.31 降至 2023 年的 2.09，减少了 0.22。说明广东省和广州市农村居民增收的速度均快于城镇居民，且广州市农村居民增收的速度要快于全省平均水平，广州需要继续保持住这种良好势头。

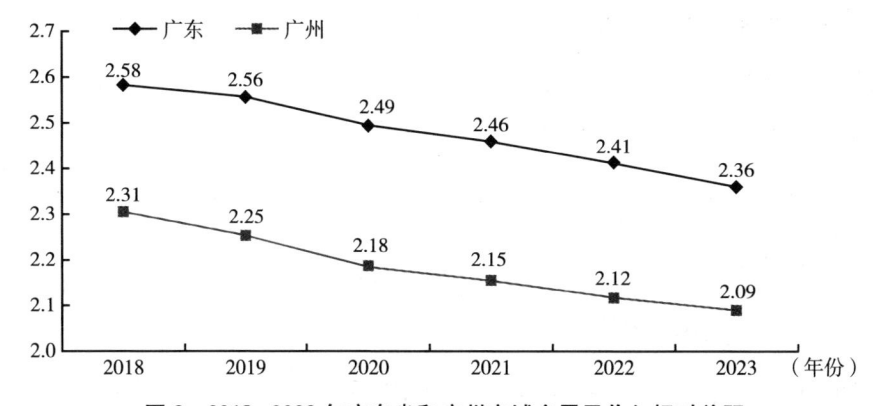

图3 2018~2023年广东省和广州市城乡居民收入相对差距

数据来源：《广东统计年鉴》《广州统计年鉴》。

（二）与各大城市农村居民增收总体情况对比

根据图4各大城市农村居民人均可支配收入增速，2018年广州农村居民人均可支配收入增速在各大城市中处于前列，但随着时间推移，其他城市开始超过广州，2023年广州农村居民人均可支配收入增速已处于中等水平。值得注意的是，各大城市普遍出现增速减缓的现象，若要更好促进广州农村居民收入的增长，挖掘新潜力、新动能显得尤为关键。

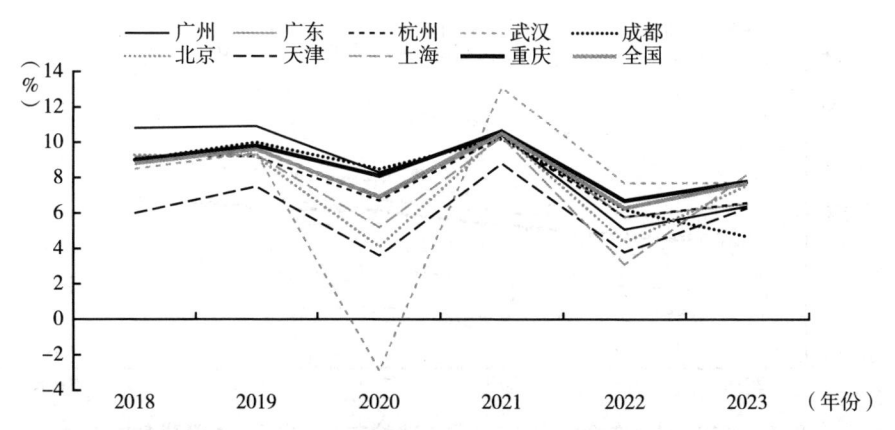

图4 2018~2023年全国、广东省及各大城市农村居民人均可支配收入增速

数据来源：国家统计局及各大城市统计局。

根据图5各大城市农村居民人均工资性收入可知，广州农村居民人均工资性收入水平在各大城市中处于前列，且维持了较好的增长势头，因此有必要继续挖掘工资性收入增长的源泉，维持工资性收入增长的良好势头。

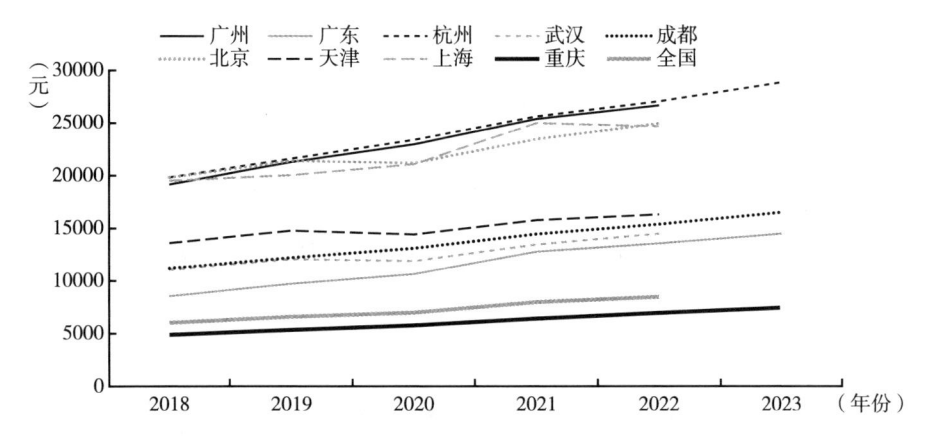

图5　2018~2023年全国、广东省及各大城市农村居民人均工资性收入

注：部分数据尚未公布。
数据来源：国家统计局及各大城市统计局。

根据图6各大城市农村居民人均经营净收入可知，广州农村居民人均经营净收入水平在各大城市中处于中下游，虽然每年有增长但位次没有发生变化，

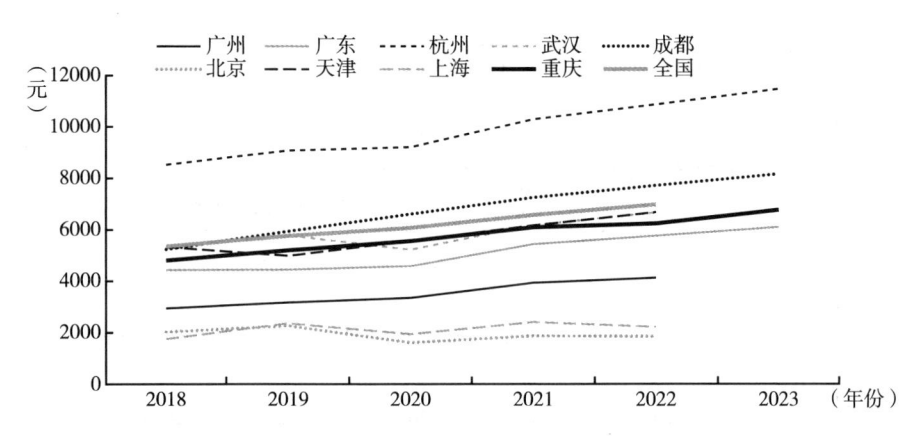

图6　2018~2023年全国、广东省及各大城市农村居民人均经营净收入

注：部分数据尚未公布。
数据来源：国家统计局及各大城市统计局。

且与前列城市的差距维持在一定范围，说明广州在增加农村居民经营净收入方面还有较大的潜力可以挖掘。

根据图7各大城市农村居民人均财产净收入可知，广州农村居民人均财产净收入排名处于前列，但近年来已经被北京超越，广州可以学习借鉴北京增加农村居民财产净收入的措施，探索增加农民财产净收入增长的新途径，保持领先优势。

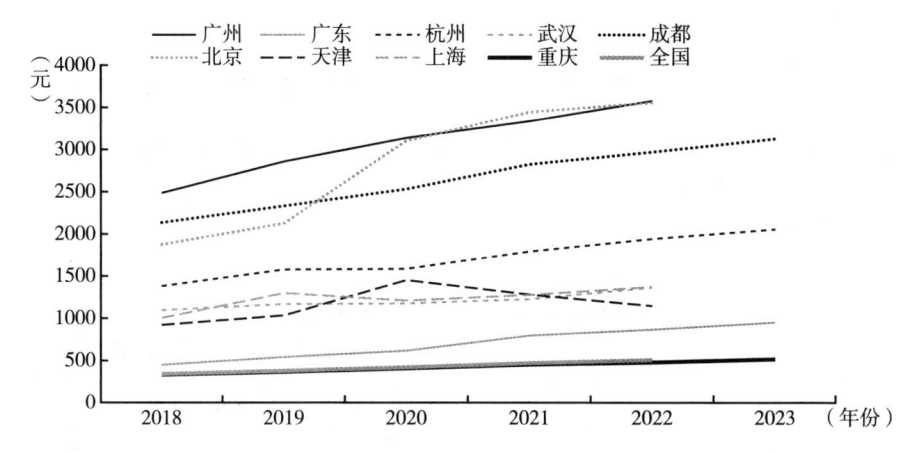

图7 2018~2023年全国、广东省及各大城市农村居民人均财产净收入

注：部分数据尚未公布。
数据来源：国家统计局及各大城市统计局。

根据图8各大城市农村居民人均转移净收入可知，在众多大城市中，广州农村居民人均转移净收入排名较低，近年来与其他城市的差距没有缩小。

（三）农户收入结构比较

1. 收入水平差异比较

调研显示，2022年广州市农户家庭总收入在6万元以上的占62.0%，而收入在1万元以下的仅占2.0%。番禺区超过6万元的占比为52.3%，白云区为56.6%，南沙区为65.8%，花都区为63.4%，增城区为54.5%，从化区为73.0%，黄埔区为75.0%。在这7个区中，家庭总收入6万元以上农户占比最高的是黄埔区，占比最低的是番禺区。

345

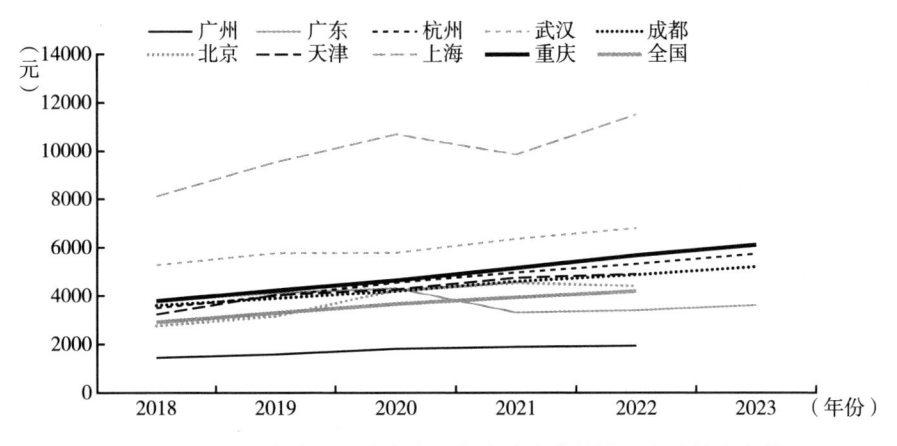

图8　2018~2023年全国、广东省及各大城市农村居民人均转移净收入

注：部分数据尚未公布。
数据来源：国家统计局及各大城市统计局。

表1　2022年各区调研点农户家庭总收入分布

单位：户，%

		1万元以内	1万~4万元	4万~6万元	6万元以上	总计
番禺区	户数	2	12	7	23	44
	占比	4.5	27.3	15.9	52.3	100.0
白云区	户数	1	8	14	30	53
	占比	1.9	15.1	26.4	56.6	100.0
南沙区	户数	0	7	19	50	76
	占比	0.0	9.2	25.0	65.8	100.0
花都区	户数	1	21	4	45	71
	占比	1.4	29.6	5.6	63.4	100.0
增城区	户数	2	9	9	24	44
	占比	4.5	20.5	20.5	54.5	100.0
从化区	户数	1	3	6	27	37
	占比	2.7	8.1	16.2	73.0	100.0
黄埔区	户数	0	2	3	15	20
	占比	0.0	10.0	15.0	75.0	100.0
总计	户数	7	62	62	214	345
	占比	2.0	18.0	18.0	62.0	100.0

数据来源：调研数据。

2. 收入结构差异比较

本次调研把农户收入划分为生产经营性收入、工资性收入、财产净收入及转移净收入4个部分。

(1) 生产经营性收入

主要是指农户从农田种植、养殖的农产品销售等农业活动中获取的收入。种植粮食作物：7个区种植粮食作物纯收入为0的农户占比较高，为89.9%，在1万元以内的占比为8.1%。其中，花都区种植粮食作物纯收入为0的占比最高，为98.6%，黄埔区、番禺区种植粮食作物纯收入为0的农户所占比例也较高。种植经济作物：在7个区中64.6%的农户没有从种植经济作物中获得任何收入，有0.6%的农户年收入在10万元以上，20.0%的农户年收入在1万元以内。其中，番禺区种植经济作物年收入为0的农户占比最高，从化区和南沙区有种植经济作物收入的农户占比相对较多。养殖：各个区农户依靠养殖获取经济收入的比例较低，94.2%的农户没有通过养殖获得经济收入，仅有3.5%的农户通过养殖获得1万元以内的收入，2.4%的农户通过养殖获得1万元以上的收入。

表2 2022年各区调研点农户种植粮食作物、经济作物及养殖纯收入情况

单位：户，%

			1万元以内	1万~4万元	4万~6万元	6万元以上	无此项收入	总计
番禺区	种植粮食作物	户数	2	0	0	0	42	44
		占比	4.5	0	0	0	95.5	100.0
	种植经济作物	户数	2	1	1	0	40	44
		占比	4.5	2.3	2.3	0	90.9	100.0
	养殖	户数	3	0	2	0	39	44
		占比	6.8	0	4.5	0	88.6	100.0
白云区	种植粮食作物	户数	11	0	0	0	42	53
		占比	20.8	0	0	0	79.0	100.0
	种植经济作物	户数	11	1	0	0	41	53
		占比	20.8	1.9	0	0	77.4	100.0
	养殖	户数	0	0	0	0	53	53
		占比	0	0	0	0	100.0	100.0

续表

			1万元以内	1万~4万元	4万~6万元	6万元以上	无此项收入	总计
南沙区	种植粮食作物	户数	7	3	2	0	64	76
		占比	9.2	3.9	2.6	0	84.2	100.0
	种植经济作物	户数	19	22	10	1	24	76
		占比	25.0	28.9	13.2	1.3	31.6	100.0
	养殖	户数	4	0	0	1	71	76
		占比	5.3	0	0	1.3	93.4	100.0
花都区	种植粮食作物	户数	1	0	0	0	70	71
		占比	1.4	0	0	0	98.6	100.0
	种植经济作物	户数	9	1	0	0	61	71
		占比	12.7	1.4	0	0	85.9	100.0
	养殖	户数	0	1	1	0	69	71
		占比	0	1.4	1.4	0	97.2	100.0
增城区	种植粮食作物	户数	3	1	0	0	40	44
		占比	6.8	2.3	0	0	90.9	100.0
	种植经济作物	户数	13	3	0	0	28	44
		占比	29.5	6.8	0	0	63.6	100.0
	养殖	户数	2	2	0	0	40	44
		占比	4.5	4.5	0	0	90.9	100.0
从化区	种植粮食作物	户数	3	0	0	1	33	37
		占比	8.1	0	0	2.7	89.2	100.0
	种植经济作物	户数	14	10	1	1	11	37
		占比	37.8	27.0	2.7	2.7	29.7	100.0
	养殖	户数	3	0	1	0	33	37
		占比	8.1	0	2.7	0	89.2	100.0
黄埔区	种植粮食作物	户数	1	0	0	0	19	20
		占比	5.0	0	0	0	95.0	100.0
	种植经济作物	户数	1	1	0	0	18	20
		占比	5.0	5.0	0	0	90.0	100.0
	养殖	户数	0	0	0	0	20	20
		占比	0	0	0	0	100.0	100.0

续表

			1万元以内	1万~4万元	4万~6万元	6万元以上	无此项收入	总计
总计	种植粮食作物	户数	28	4	2	1	310	345
		占比	8.1	1.2	0.6	0.3	89.9	100.0
	种植经济作物	户数	69	39	12	2	223	345
		占比	20.0	11.3	3.5	0.6	64.6	100.0
	养殖	户数	12	3	4	1	325	345
		占比	3.5	0.9	1.2	0.3	94.2	100.0

数据来源：调研数据。

广州农户生产经营性收入主要通过种植水果（龙眼、甘蔗、香蕉、荔枝、番石榴等）、蔬菜（韭菜花、迟菜心、瓜等）、花卉绿植（年橘、绿萝等）获得。养殖业已经基本转出，只有小部分农户从事少量家禽养殖。根据调研数据，每户家庭一年获得生产经营性收入为1万~2万元。

（2）工资性收入

主要是指农村居民在非本地企业或本地企业工作获得的收入。这笔收入对本次调研的农户来说是主要的经济来源，工资性收入的多少取决于其所从事的工作性质、工作时长和时薪水平等。根据表3，靠外出打工为生的农户中，有相当一部分年净收入为1万~5万元（占比35.1%）和6万~10万元（占比27.8%）。在调研的7个区中，各个区农户工资性收入为1万~5万元的占比相差不大，基本在20%~40%区间。增城区和花都区农户工资性收入不超过1万元的比例相对较高；在白云区和从化区，年收入超过10万元的外出打工农户占比高于其他地区。

表3 2022年各区调研点农户工资性收入

单位：户，%

	1万元以内	1万~5万元	6万~10万元	10万元以上	无	总计
番禺区	4	17	12	7	4	44
	9.1	38.6	27.3	15.9	9.1	100.0
白云区	6	19	12	14	2	53
	11.3	35.8	22.6	26.4	3.8	100.0

续表

	1万元以内	1万~5万元	6万~10万元	10万元以上	无	总计
南沙区	6	31	26	9	4	76
	7.9	40.8	34.2	11.8	5.3	100.0
花都区	13	22	18	10	8	71
	18.3	31.0	25.4	14.1	11.3	100.0
增城区	10	14	8	6	6	44
	22.7	31.8	18.2	13.6	13.6	100.0
从化区	6	8	12	8	3	37
	16.2	21.6	32.4	21.6	8.1	100.0
黄埔区	2	10	8	0	0	20
	10.0	50.0	40.0	0	0	100.0
总计	47	121	96	54	27	345
	13.6	35.1	27.8	15.7	7.8	100.0

数据来源：调研数据。

广州农户工资性收入主要来自制造业、物流业、第三产业服务业等，小部分为镇政府公职人员及村委工作人员。数据统计显示，平均每户年工资性总收入为6万元以上，年净收入约为3万元（除去各项成本的收入）。

（3）财产净收入

主要是农村居民通过个人或企业所拥有的财产、资产或投资所获得的收入，如房屋出租的租金、变卖房产的收入、征地拆迁款、集体经济补贴等。7个区中财产净收入为0和1万元以内的农户占比最高，分别为40.0%和40.3%，而10万元以上的占比较低，只有1.2%。增城区、黄埔区和花都区有财产净收入的农户占比相对较高，增城区农户财产净收入在1万元以内的情况比较普遍（见表4）。

表4 2022年各区调研点农户财产净收入

单位：户，%

	1万元以内	1万~5万元	6万~10万元	10万元以上	无	总计
番禺区	8	8	0	1	27	44
	18.2	18.2	0	2.3	61.4	100.0
白云区	23	6	3	0	21	53
	43.4	11.3	5.7	0	39.6	100.0

续表

	1万元以内	1万~5万元	6万~10万元	10万元以上	无	总计
南沙区	32	10	4	1	29	76
	42.1	13.2	5.3	1.3	38.2	100.0
花都区	30	13	3	0	25	71
	42.3	18.3	4.2	0	35.2	100.0
增城区	31	5	0	0	8	44
	70.5	11.4	0	0	18.2	100.0
从化区	13	2	0	0	22	37
	35.1	5.4	0	0	59.5	100.0
黄埔区	2	5	5	2	6	20
	10.0	25.0	25.0	10.0	30.0	100.0
总计	139	49	15	4	138	345
	40.3	14.2	4.3	1.2	40.0	100.0

数据来源：调研数据。

2022年广州农村居民财产净收入为人均1万元左右，集体分红为200~1800元，但也存在无分红的生产队。一些村的财产净收入较高，如花都区花东镇象山村、黄埔区新龙镇新田村及南沙区万顷沙镇沙尾二村，这些村2022年人均财产净收入为3万元，小部分为8万元。

（4）转移净收入

主要是农村居民个人或家庭在不进行相应劳动或提供商品和服务的情况下，由政府或其他机构向其提供的收入，如种植养殖补贴、农机具补贴、地力补贴、人情收入、理财收入、退休收入等。7个区中，农户转移净收入为0、1万元以内和1万~5万元的占比较高，分别为40.0%、35.4%、22.6%；10万元以上的农户占比极低，为0.3%。各区调研点中获得1万元以内转移净收入农户占比较高的是从化区、增城区和白云区，主要原因可能是这三个区的老人居多，退休金和财政补贴较多（见表5）。

表5 2022年各区调研点农户转移净收入

单位：户，%

	1万元以内	1万~5万元	6万~10万元	10万元以上	无	总计
番禺区	9	8	0	0	27	44
	20.5	18.2	0	0	61.4	100.0
白云区	21	16	2	1	13	53
	39.6	30.2	3.8	1.9	24.5	100.0
南沙区	25	18	3	0	30	76
	32.9	23.7	3.9	0	39.5	100.0
花都区	21	15	1	0	34	71
	29.6	21.1	1.4	0	47.9	100.0
增城区	20	10	0	0	14	44
	45.5	22.7	0	0	31.8	100.0
从化区	21	9	0	0	7	37
	56.8	24.3	0	0	18.9	100.0
黄埔区	5	2	0	0	13	20
	25.0	10.0	0	0	65.0	100.0
总计	122	78	6	1	138	345
	35.4	22.6	1.7	0.3	40.0	100.0

数据来源：调研数据。

2022年广州农户转移净收入平均为1万元。调研发现，黄埔区新田村、南沙区沙尾二村及白云区长沙埔村的养老保障水平较高，人均退休金达到600~700元/月，而增城区新山吓村、从化区磻溪村的退休金则较低，人均约200元/月。

（四）农户收入及结构差异的特征归纳

1. 农户的农业经营收益普遍不高

粮食作物种植在7个涉农区中都处于相对较弱的地位，只有10.1%的农户从事粮食作物生产，且这些农户的该项收入普遍在1万元以下。经济作物种植在7个区中比较普遍，但主要是自给自足，商品化生产较少。根据调研情况来看，只有从化区和南沙区20%~30%的农户将经济作物种植作为主要收入来源之一。养殖业中，只有从化区和南沙区农民的养殖活动比较普遍。

总体而言，农户养殖的规模很小，大多数农户的养殖活动只是为了满足家庭肉类需求。

2. 工资性收入是农户收入的主要来源

得益于便利的交通条件，广州农村居民拥有更广泛的外出务工选择，进入工厂务工（占比17.65%）和从事临时性零工（占比23.53%）是其主要收入来源。务工收入已成为多数农户的主要收入来源，其中35.1%的家庭工资性收入在1万~5万元区间，另有27.8%的家庭工资性收入处于6万~10万元区间。总体来看，广州农村居民的受教育水平普遍较低，缺乏专业技能，这一因素制约了他们的收入增长。

3. 财产净收入是农户收入的重要补充

调研中约有60%的农户获得财产净收入，在所有受访农户中，40.3%的农户财产净收入在1万元以下，14.2%的农户财产净收入在1万~5万元区间，4.3%的农户财产净收入在5万~10万元区间，1.2%的农户财产净收入在10万元以上。其中增城区、黄埔区和花都区获得财产净收入的农户占比较高。由于各村土地资源禀赋差异大、个人房产量的差异、征地拆迁具有偶然性等多种因素，农户获得财产净收入差异较大。

4. 转移净收入是广州农户收入的稳定来源

调研发现，35.4%的农户可以获得1万元以下的转移净收入、22.6%的农户可获得1万~5万元的转移净收入。近年来，随着农业保护制度和社会保障制度的不断完善，农民获得各类较为稳定的补贴，如农业补贴和社会保障补贴，其中农业补贴主要包括地力补贴、生态林补贴、基本农田补贴、农机具补贴等，社会保障补贴主要为养老金。在养老金方面，各区补贴的标准有所不同，基本为200~800元/月。

二 广州农村居民增收面临的主要问题

（一）农村居民对农产品缺乏议价空间，销售渠道较为单一

由于农村居民对市场需求和价格信息了解有限，缺乏对农产品的实际市

场价值的认知，易被占据信息优势的商贩压价。更重要的是农村居民缺乏便利的物流和存储设施，无法长时间保持农产品的新鲜度和质量，容易受到商贩的压价。调研发现，南沙区大坳村、雁沙村、沙尾二村有种植甘蔗、香蕉、番石榴的村民表示，香蕉收购价平均为 0.5~0.8 元/斤，番石榴收购价平均为 2.5~3.0 元/斤；从化区良口镇礵溪村有种植青梅的村民表示青梅收购价平均为 0.7~1.5 元/斤，从化区温泉镇新田村的荔枝收购价平均为 5~6 元/斤，均遇到不同程度的压价行为。

同时，由于包括劳动力要素在内的农业全要素生产率长期偏低，广州农业产品产量提高缓慢，而受制于近几年农产品市场价格低迷，农业生产资料价格随着原材料价格、技术水平和质量的提高等因素不断上涨，导致农业利润空间被压缩。农村居民的销售渠道相对较为有限，主要局限于当地的农村市场或者农产品批发市场，缺乏直接面向终端消费者的机会。在农产品销售过程中存在多个中间环节，如采购商、批发商、零售商等，每个环节都会增加成本，最终导致农民的收益较低。

（二）农村居民专业技能较低，种植养殖缺乏专家和技术支持

农村居民专业技能较低是一个普遍存在的问题，这会降低他们在农业生产中的效率和收益。因此，加强农村居民的专业技能培训至关重要，如种植养殖技能、化肥施药、创业就业、农机具培训等。调研中发现，超过 50% 的农村居民没有参加过任何培训。有部分村民反映，村里原本组织了培训报名，但各种因素（如村里交通不便、专家无法如期到达）导致最终无法举行培训。村民迫切希望能够有专家指导，从化区礵溪村村民主要种植青梅，青梅从播种到成熟需要 3~4 年，当地村民表示希望相关农业专家指导当地青梅种植，减少青梅病虫害影响，从而更好地推广"一村一品"青梅走出去。花都区赤坭镇莲塘村有水产品养殖户表示，由于培训在外地需要离开鱼塘，而鱼塘无人看管会不利于鱼的养殖，希望专家能够到当地鱼塘根据实际情况进行技术指导。此外，还有水产养殖户反映希望能够开发便民的小程序平台，专家可以通过该平台针对种植养殖中出现的疑难问题进行线上指导。

（三）农业产业链不完整，农民未能分享农产品附加值

发展农产品加工业是提高农产品附加值的关键。从化区良口镇磻溪村村民表示，青梅的收购价为0.7~1.5元/斤，是因为当地欠缺正规的青梅酒酿造厂，只能低价售出。如果不能提升青梅附加值，就无法带动种植户增收致富。同样，从化区温泉镇新田村的荔枝种植户表示，2022年荔枝供大于求，收购商存在压低价格进行收购的现象，希望可以举办荔枝展览会、农产品品牌推广活动，以促进当地荔枝走向市场。

（四）农业从业者老龄化问题严重

在农村，土地被赋予社会保障的价值，年纪大的农民不肯转让其土地经营权，年轻农民难以扩大其种植规模而导致种田效益不高。调研发现，随着城镇化、现代化进程的推进，农村劳动力也随之减少，农村青壮年劳动力更多地选择进城务工，留在村里从事农业的大多是老人，有小部分家庭已经出现主要劳动力为0的现象，农村劳动力老龄化现象不断加剧。

（五）非农就业增收压力大

农村居民在非农就业方面的收入相对较低，体力劳动在初始分配中的报酬占比过低。调研中发现，广州农村居民家庭收入越来越多依靠第二、三产业就业。然而，当前第二、三产业就业的竞争日趋激烈，由于缺乏专业技能，农村居民在面临非农就业时压力较大，工资增速缓慢。

（六）医疗和养老保障水平较低，农民负担重

受访对象中有90%以上购买了医疗保险，较之前大幅提高，但也存在少数重病压垮一个家庭的现象。调研中，有村民反映，自从患病后无法打工，家里孩子还在读书，唯一收入来源是其妻子入厂务工的工资，政府能提供重病补贴最高3000元/年，治病费用来源大部分为借债。有小部分村民没有医疗补贴，重病家庭医疗负担较重。村卫生室、镇卫生院、二甲及三甲医

院的医保报销比例各有不同，虽然广州农村医疗保障水平逐步提高，但与城镇仍然有较大差距。养老保障每个村均有发放，但各个村无统一标准，养老金200~800元/月均有出现，其中黄埔区新田村、南沙区沙尾二村及白云区长沙埔村的养老保障水平较高，退休金人均600~700元/月，但与城镇养老保障水平相比仍然有较大的差距。

（七）农村基础教育设施不完善，村民文化水平偏低

部分村教育基础设施不完善，师资力量不强。比如增城区石滩镇新山吓村，该村没有幼儿园，也没有初中、高中，最近的小学在距离该村3公里的隔壁村，无校车接送，导致该村适龄儿童就读困难。南沙区、从化区、增城区比较偏远的农村学校，存在留不住好老师的现象。调研还发现，村民的文化水平普遍不高，人均受教育程度偏低。本次调研对象的学历普遍为初中或高中，家庭成员中最高学历有30%是高中或中专，50%为大专、本科，研究生及以上的基本没有。同时，大部分村民缺乏创新意识、墨守成规，不愿主动接受新品种、新技术和新知识，科技带动农民增收的作用未得到充分发挥。

（八）支农惠农补贴力度不够，农产品种植成本高

种植养殖农户基本无农机具补贴、畜牧改建扩建补贴，每亩土地的地力补贴和良种补贴根据土地所处的位置、土壤质量及种植产品而定，每年85~180元/亩。随着城市化进程加快，农村劳动力减少，劳动力成本不断上升。调研中，有农户表示种植果树、蔬菜、水稻所需的化肥、农药成本较高，一包化肥约350元的高价，药效却大不如从前，导致种植的农产品更容易受到虫害，最终没有好收成。

三 培育广州农村居民增收新动能

课题组对当前农村居民收入的满意度进行调研，结果显示，3.19%的农

村居民对当前收入非常满意,51.88%的农村居民对当前收入基本满意,仍有38.26%的农村居民对当前收入不满意,6.67%的农村居民对当前收入非常不满意。针对广州农村居民收入增长放缓的特点,迫切需要培育新动能,实现广州农村经济高质量发展。

(一)促流转扩增量,构建农村居民增收新模式

通过整合土地资源,有序推动农户承包土地经营权的成片流转,从而提高土地资源的综合利用率,增加农村居民的经营性收入。具体而言,要大力推动农村土地规模化流转,加大农村土地流转补贴力度,鼓励承包农户、经济社委托经联社统一经营土地,形成连片经营的规模效应,促进企业的可持续发展,实现村企利益共享和农村居民持续增收的目标。

(二)盘活集体资产,增加农村居民财产净收入

一是全面推行农村集体资产线上交易,建立集体资产交易平台,使农村居民可以更方便地参与资产交易。这不仅可以提高交易的透明度和效率,还能扩大交易的范围和规模,为农村居民创造更多的收入机会。同时,线上交易还可以减少中间环节,降低交易成本,使农村居民获得更大的收益。二是全面梳理历史经济合同旧账,保障村集体利益。仔细审查和整理历史经济合同,确保村集体的权益得到充分保障。对于违约行为,要依法追究责任,维护村民和集体的合法权益。三是完善评估机制,推动交易项目管理提质增效。建立科学合理的资产评估体系,更准确地确定集体资产的价值,为交易提供可靠的参考依据。同时,加强对交易项目的管理,提高项目的质量和效益,确保农村居民能够从中获得合理收益。

(三)创新农业组织形式,发展现代特色产业

通过引入具有代表性的现代农业特色企业,采用现代农业技术进行标准化种植和管理,科技赋能生产储存,创新销售渠道,通过"公司+基地+合作社"模式有效发展惠民致富产业。培育"家庭农场"和"种植大户"生

产模式，使农村居民成为致富的主要参与者。如花都区梯面镇全力打造"乡遇梯面山水西洋菜"品牌，拓宽农产品销售渠道，做活做优特色农业，让村民实现在家门口务工赚钱、增收致富。从化区良口镇全面推进乡村振兴战略深入实施，充分利用阿婆六村良好生态环境，因地制宜地发展茶花花卉产业。

（四）创新联农带农模式，促进村民增收致富

健全帮扶项目联农带农机制，不断提升产业带动力，促进农户共享资产收益，持续增加收入。以订单生产、托养托管、产品代销、保护价收购等多种方式建立利益联结机制，促进经营主体与农户在产业链上分工合作，增加农户经营性收入。

（五）培育三产融合新业态，延伸增收产业链

依托区域内生态资源开展生态农业与乡村旅游、休闲农业、文化体验、科普教育、康养等相结合的农文旅融合项目，通过科技农业的发展，以休闲旅游为切入点，为乡村经济注入新的活力，提升农业产值和农民收入，促进农文旅融合发展。加强规划引导，保留村庄特色原始生态环境，将生产、观光与休闲旅游融为一体，完善"吃、住、行、学、游、娱、购"业态，吸引游客进入乡村，实现多重经济效益。深挖农业产业园的田园生态资源，融入户外市集、自然科普、研学活动，打造亲子农耕体验，为城乡居民提供周末游、周边游新去处，促进现代都市和美丽乡村融合发展。

参考文献

万俊毅：《发展乡村特色产业，拓宽农民增收致富渠道》，《农业经济与管理》2022年第6期。

杨少雄等：《农民收入质量：逻辑建构、测度评价与动态演进》，《中国农村经济》2023年第8期。

周静、曾福生、张明霞:《农业补贴类型、农业生产及农户行为的理论分析》,《农业技术经济》2019年第5期。

邱玲玲、曾维忠:《精准扶贫视角下县域农村收入差距问题研究——基于四川省88个贫困县的分析》,《中国农业资源与区划》2017年第8期。

吴比、尹燕飞、徐雪高:《农民收入增长区域结构与空间效应——基于农村固定观察点数据》,《农村经济》2017年第1期。

附录一
2023年广州市主要经济指标

指标	绝对数	比上年增减(%)
年末户籍总人口(万人)	1056.61	2.1
年末常住人口(万人)	1882.70	0.5
地区生产总值(亿元)	30355.73	4.6
第一产业(亿元)	317.78	3.5
第二产业(亿元)	7775.71	2.6
工业增加值(亿元)	6728.88	1.6
第三产业(亿元)	22262.24	5.3
规模以上工业总产值(亿元)	23849.10	3.0
固定资产投资额(亿元)	8623.66	3.6
社会消费品零售总额(亿元)	11012.62	6.7
实际使用外资金额(亿元)	483.22	-15.8
商品出口总值(亿元)	6502.64	5.8
商品进口总值(亿元)	4411.64	-7.2
地方一般公共预算收入(亿元)	1944.15	4.8
地方一般公共预算支出(亿元)	2971.66	-1.4
货运量(万吨)	92861.92	2.6
客运量(万人次)	30471.19	76.3
港口货物吞吐量(万吨)	67498.45	2.9
邮电业务收入(亿元)	1415.47	7.4
金融机构本外币存款余额(亿元)	86638.33	7.6
金融机构本外币贷款余额(亿元)	76674.23	10.5
城市居民消费价格总指数(CPI)(%)	101.0	1.0
城市居民人均可支配收入(元)	80501	4.8
农村居民人均可支配收入(元)	38607	6.4

注：地区生产总值、规模以上工业总产值增长速度按可比价格计算。
数据来源：《2023年广州市国民经济和社会发展统计公报》。

附录二

2023年国内十大城市主要经济指标对比

指标	广州 总量	广州 增速(%)	上海 总量	上海 增速(%)	北京 总量	北京 增速(%)	深圳 总量	深圳 增速(%)	重庆 总量	重庆 增速(%)
规模以上工业增加值(亿元)	5145.89	1.4	—	1.5	—	0.4	11128.18	6.2	—	6.6
固定资产投资额(亿元)	8623.66	3.6	—	13.8	—	4.9	—	11.0	—	4.3
社会消费品零售总额(亿元)	11012.62	6.7	18515.50	12.6	14462.66	4.8	10486.00	7.8	15130.25	8.6
商品出口总值(亿元)	6502.64	5.8	17377.94	1.6	6000.05	2.0	24552.10	12.5	4782.19	-6.1
商品进口总值(亿元)	4411.64	-7.2	24743.67	0.1	30466.26	0.0	14158.60	-4.0	2355.20	-18.8
实际使用外资金额(亿元)	483.22	-15.8	240.87	0.5	—	—	626.21	-12.3	—	—
金融机构本外币各项存款余额(亿元)	86638	7.6	204429	6.3	246430	12.7	133351	8.1	53563	—
金融机构本外币各项贷款余额(亿元)	76674	10.5	111767	7.3	110836	13.0	92141	8.3	56730	9.8
城市居民消费价格总指数(CPI)(%)	101.0	1.0	100.3	0.3	100.4	0.4	100.8	0.8	99.7	-0.3

指标	苏州 总量	苏州 增速(%)	成都 总量	成都 增速(%)	武汉 总量	武汉 增速(%)	杭州 总量	杭州 增速(%)	天津 总量	天津 增速(%)
规模以上工业增加值(亿元)	—	3.6	—	4.1	—	4.6	4355.00	2.4	—	3.7
固定资产投资额(亿元)	6031.24	5.0	—	2.0	—	0.3	—	2.8	—	-16.4
社会消费品零售总额(亿元)	9582.92	6.4	10001.60	10.0	7531.90	8.6	7671.00	5.2	3820.67	7.0

361

续表

指标	苏州 总量	苏州 增速(%)	成都 总量	成都 增速(%)	武汉 总量	武汉 增速(%)	杭州 总量	杭州 增速(%)	天津 总量	天津 增速(%)
商品出口总值(亿元)	15081.60	-2.5	4538.64	-8.3	2167.30	1.9	5339.00	3.7	3631.70	-2.6
商品进口总值(亿元)	9432.50	-7.9	2951.16	-11.7	1438.90	4.3	2691.00	11.3	4373.04	-4.1
实际使用外资金额(亿元)	69.05	-6.9	—	—	—	—	88.30	13.0	57.75	-2.9
金融机构本外币各项存款余额(亿元)	53638	13.1	44521	9.9	38484	7.6	77589	11.5	44521	9.9
金融机构本外币各项贷款余额(亿元)	52590	12.1	44765	5.1	47517	7.1	68642	9.5	44765	5.1
城市居民消费价格总指数(CPI)(%)	100.2	0.2	100.2	0.2	100.4	0.4	100.2	0.2	100.4	0.4

注：1. 部分城市未发布固定资产投资额总量数据；2. 实际使用外商投资额中，上海、北京、深圳、苏州、杭州和天津的计量单位为美元；3. 一般公共预算收入增速按自然口径计算。

数据来源：各城市统计月报。

附录三

2023年珠江三角洲主要城市主要经济指标对比

指标	广州 总量	广州 增速(%)	深圳 总量	深圳 增速(%)	珠海 总量	珠海 增速(%)	佛山 总量	佛山 增速(%)	惠州 总量	惠州 增速(%)
规模以上工业增加值(亿元)	5145.89	1.4	11128.18	6.2	1565.56	5.8	6301.41	6.6	2513.58	5.2
全社会固定资产投资额(亿元)	8623.66	3.6	—	11.0	—	-13.1	—	-9.9	—	5.3
社会消费品零售总额(亿元)	11012.62	6.7	10486.19	7.8	1078.97	3.1	3734.48	3.7	2144.90	4.9
商品进口总值(亿元)	4411.6	-7.2	14158.6	-4.0	940.0	-16.3	1090.2	1.4	1374.0	31.2
商品出口总值(亿元)	6502.6	5.8	24552.1	12.5	2022.4	2.7	4875.6	-12.8	2035.4	-0.4
实际使用外资金额(亿元)	483.22	-15.8	626.21	-12.3	80.60	-8.1	62.64	-14.4	88.92	-14.5
金融机构本外币存款余额(亿元)	86638.33	7.6	133350.52	8.1	12182.88	3.3	27524.35	15.7	9648.97	14.9
金融机构本外币贷款余额(亿元)	76674.23	10.5	92140.89	8.3	11090.38	7.5	19981.36	9.6	10783.89	13.8
城市居民消费价格指数(%)	101.0	1.0	100.8	0.8	100.5	0.5	100.1	0.1	100.2	0.2

指标	东莞 总量	东莞 增速(%)	中山 总量	中山 增速(%)	江门 总量	江门 增速(%)	肇庆 总量	肇庆 增速(%)
规模以上工业增加值(亿元)	5171.00	-1.9	1506.30	6.1	1455.19	6.8	861.73	4.3
全社会固定资产投资额(亿元)	—	2.7	—	1.8	—	0.1	—	-4.6
社会消费品零售总额(亿元)	4408.12	3.4	1643.91	3.0	1347.90	2.8	1180.60	5.5

363

续表

指标	东莞 总量	东莞 增速(%)	中山 总量	中山 增速(%)	江门 总量	江门 增速(%)	肇庆 总量	肇庆 增速(%)
商品进口总值(亿元)	4362.7	-6.8	364.8	-22.5	323.7	-1.2	96.1	-14.3
商品出口总值(亿元)	8460.9	-8.9	2211.9	-2.5	1408.3	-2.4	275.9	0.9
实际使用外资金额(亿元)	72.21	-8.4	35.21	-15.4	30.56	-13.2	14.88	34.6
金融机构本外币存款余额(亿元)	26125.61	11.1	9044.94	9.4	7261.47	10.5	3693.68	7.7
金融机构本外币贷款余额(亿元)	18401.74	9.7	7812.37	10.7	6041.75	9.9	3229.54	9.9
城市居民消费价格指数(%)	99.9	-0.1	100.4	0.4	100.2	0.2	100.5	0.5

数据来源：《广东宏观经济月报》(2023年12月期)。

Abstract

In 2023, in the face of the complex and changing challenges of the internal and external environment and the pressure of structural adjustment of new and old kinetic energies, Guangzhou has always maintained a consistent strategic determination, with high-quality development as the core, and has made every effort to stabilize the macro-economy, activate the new-quality productive forces, and enhance the city's energy level. Under the continuous accumulation of positive factors such as the release of flow dynamics, structural optimization, and the accumulation of emerging kinetic energy, Guangzhou's economic operation has been steadily recovering from the pressure, and its annual GDP exceeded 3 trillion CNY, with simultaneous enhancement of economic aggregate and development quality.

In 2024, the foundation of Guangzhou's economic stability will continue to be strengthened, and the power of progress will continue to accumulate, and the annual GDP growth rate is expected to be no less than 5%. However, in the face of the complex environment where strategic opportunities and risks and challenges coexist, as well as the difficulties and challenges such as weak industrial growth, weak effective demand, and insufficient succession of large industrial projects, it is suggested that Guangzhou should continue to optimize the regional economic structure, focus on promoting the manufacturing industry to strengthen, supplement and extend the chain, and increase the investment of project reserves and urban renewal. Guangzhou should strive to transform the favorable conditions of urban planning leadership, hub capacity support, and market space empowerment into growth momentum; and Guangzhou needs form a synergy of policies and measures, give full play to the gravitational force of scientific and technological innovation, tap the potential for expanding domestic demand, set up a benchmark demonstration to accelerate the "integration of the two industries," and adopt a comprehensive strategy to deal with the challenges of the recovery of the real estate industry, so that it will continue to build the foundation of the economy's high-quality development, and consolidate and enhance the foundation of the economy's rebound to the upside in the course of overcoming difficulties.

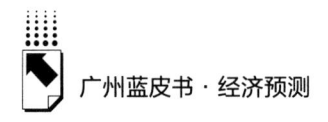

Keywords: High-quality Development; New Quality Productivity; Integration of Two Industries; Guangzhou

Contents

I General Report

B.1 Analysis of Guangzhou's Economic Situation in 2023
and Prospects for 2024

*Joint Research Group of Guangzhou Development Research Institute of
Guangzhou University and Guangzhou Statistics Bureaui* / 001

Abstract: In 2023, Guangzhou's economic operation steadily recovered amidst pressure, with the annual GDP exceeding 3 trillion CNY, and the total economic volume and development quality improving simultaneously. While the foundation of stability is being strengthened and the power of progress is accumulating, Guangzhou is still facing difficulties and challenges such as weak industrial growth, weak effective demand, and insufficient succession of large-scale industrial projects, etc. In 2024, Guangzhou will continue to optimize the regional economic structure, focus on promoting the manufacturing industry to strengthen, supplement and extend the chain, and increase the investment of project reserves and urban renewal; and strive to transform the favorable conditions of urban planning leadership, hub capacity support, and market space enabling into momentum of growth. Guangzhou should form a synergy of policies and measures, give full play to the gravitational force of scientific and technological innovation, tap the potential for expanding domestic demand, so that it will continue to build the foundation of the economy's high-quality development, and consolidate and enhance the foundation of the economy's rebound to the upside in the course of overcoming difficulties.

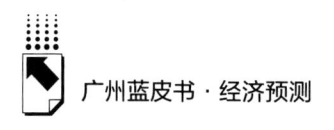

Keywords: Economic Situation; New Quality Productivity; Two Industry Integration; Guangzhou

Ⅱ Industry Development

B.2 Analysis Report on the Operation of Guangzhou Service Industry Above Scale in 2023

Research Group of Service Industry Division of Guangzhou Municipal Bureau of Statistics / 033

Abstract: In 2023, Guangzhou focused on the primary task of high-quality development, continued to enhance industrial capacity, boost market confidence, expand effective demand, the resilience of the service industry above designated size recovered steadily, the operating efficiency of enterprises improved, the number of people absorbing employment remained stable, and the remuneration of industry workers increased in general, which played an important supportive role for the economy of Guangzhou. However, there are still needs to pay attention to the lack of growth momentum of the Internet software industry, scientific research and technical services industry heavily influenced by leading companies, and to the continued low growth of freight-related industries. There is an urgent need to stimulate the kinetic energy of science and technology for economic development, vigorously develop the digital economy and continuously optimize the business environment.

Keywords: Above-scale Service Industry; Digital Industry Integration; Digital Economy; Guangzhou

Contents

B.3 Analysis Report on the Operation of Foreign Trade of
Guangzhou in 2023
Research Group of the Trade and Foreign Economics Division of
Guangzhou Statistics Bureau / 047

Abstract: In 2023, Guangzhou made every effort to implement the work deployment of stabilizing foreign trade and optimizing structure, actively planned and acted on its own initiative, and the total value of the city's merchandise imports and exports exceeded one trillion CNY for the third consecutive year, and the quality of the development of foreign trade was steadily improved. However, the growth rate of import and export is lower than the average level of the whole country and the province, processing trade imports are running low, and foreign-funded enterprises have weak support for foreign trade, etc. It is suggested to optimize the services for enterprises, expand market diversification, cultivate new dynamics in foreign trade, and enhance the capacity of carriers, etc., to further promote the steady development of foreign trade.

Keywords: Foreign Trade Operation; Imports and Exports; New Kinetic Energy; Guangzhou

B.4 Analysis Report on Energy Supply and Demand Operation
of Guangzhou Industry Above Scale in 2023
Research Group of Energy Department of Guangzhou Municipal
Bureau of Statistics / 061

Abstract: Industry is the lifeblood and cornerstone of economic development, while energy security is the basic condition of economic cycle. This paper analyzes the energy supply and demand situation of industrial enterprises above scale in Guangzhou in 2023, points out that the power self-sufficiency rate in Guangzhou is limited under the current situation of a substantial increase in the installed capacity of power generation, as well as the energy consumption of high-energy-consuming industries above scale industry growth rate rebound, the unit value-added energy consumption does not fall but rises and other issues of concern. In the context of peak carbon dioxide emission and carbon neutrality, it puts forward policy recommendations such as strengthening the safety and security of electricity consumption, digging deeper into the potential of energy saving and carbon reduction, and accelerating the green and low-carbon transformation of industry.

Keywords: Above-scale Industry; Energy Production; Energy Consumption; Guangzhou

B.5 Analysis Report on the Development Trends of Guangzhou's Real Estate Market in 2023

Guangzhou Development Research Institute of Guangzhou University / 072

Abstract: In 2023, Guangzhou implemented differentiated housing policies for talent in the real estate market, including adjusting loan policies, relaxing purchase restrictions, and optimizing housing unit identification standards. These measures aimed to stimulate housing demand and also addressed land price restrictions from the supply side. As a result of these collective efforts, the supply and demand for existing residential properties in Guangzhou's real estate market showed clear signs of recovery driven by policy incentives in 2023. However, the land market remained sluggish, and the overall supply and demand for commercial housing remained low. Challenges such as inadequate market confidence, difficulties in the recovery of the new housing market, and persistent supply-demand imbalances still need to be addressed.

Keywords: Real Estate Market; Market Trends; Existing Residential Properties; Guangzhou

Contents

B.6 Research Report on the Development of Productive

Service Industry in Guangzhou　　　　　　　　Pan Xu / 084

Abstract: Productive service industry is an industry that provides services for the production activities of all kinds of market entities, and its role in supporting the high-quality development of the economy is becoming more and more significant. Through the research on relevant departments and 73 productive service industries, this paper finds that the high-quality development trend of productive service industry in Guangzhou has gradually appeared, but productive service industry enterprises in the process of production and operation are also commonly found in the market demand is insufficient, the operating cost rises quickly and other problems and difficulties need to pay great attention to, and it is recommended that the government from the establishment of an effective communication platform, optimization of the industrial · development of the ecological aspects of the productive service industry enterprises to actively respond to policy expectations and aspirations of the policy.

Keywords: Productive Service Industry; Modern Service Industry; Market Demand; High-quality Development

B.7 Research on Strategies for Enhancing the Service Capability

of Industry Associations and Chambers of Commerce

in Guangzhou　　　　　　　　　　Yang Shuqin, Li Jiwei / 094

Abstract: Efforts to solve the deep-rooted contradictions and problems in the field of development of Guangzhou's Industry Associations and Chambers of Commerce and to effectively play the advantageous role of a bridge are especially urgent for serving the high-quality development of the Guangzhou's private economy. The main pain points and difficulties restricting the development of industry associations and chambers of commerce in Guangzhou at present are mainly manifested in insufficient self production, outdated enterprise services, insufficient empowerment for quality improvement and efficiency enhancement, weak influence on benchmark brands, and weak role of Party building guidance. It is suggested that Guangzhou learn from the experience and practices of supporting the sustainable development of industry associations and chambers of commerce in Shenzhen, Wenzhou, and other places. This can be achieved through integrating competitive and orderly development to find a sense of security internally; supporting the provision of innovative services to focus on enhancing the sense of gain; guiding the utilization of connection advantages to deepen internalized sense of belonging; cultivating benchmark industry brands to extend externally and enhance the sense of honor; and strengthening Party building political leadership to generate a sense of organization by aligning with the Party.

Keywords: Industry Associations and Chambers of Commerce; Service Capacity; Private Economy; Guangzhou

Ⅲ Modern Industry

B.8 Study on the Path for Guangzhou to Create a Highland for the Development of Global Biomedical Industry

Research Group of the Party School of the Guangzhou
Municipal Committee of the Communist Party of China / 107

Abstract: As one of Guangzhou's "three emerging pillar industries", the biomedical industry is a definite opportunity for Guangzhou's high-quality development in its "second venture". Compared with advanced cities, Guangzhou's biomedical industry still has obvious shortcomings in terms of development capacity, innovation transformation, factor support and service system. One of the key factors for the lack of core innovation capacity of Guangzhou's biomedical industry is the lack of a highly efficient angel investment ecosystem in the biomedical field that specializes in supporting "early investment, small investment, and investment in science and technology". It is recommended to accelerate the improvement of the angel investment ecosystem in six aspects, which are strengthening the supply of angel funds, constructing incentive and fault-tolerance mechanism, improving smooth exit mechanism, and setting up innovative "risk-sharing" mechanism, so as to win the initiative for Guangzhou to build a highland of biomedical industry with international competitiveness.

Keywords: Biomedical Industry; Angel Investment; Guangzhou

B.9 Proposal on Accelerating the Development of Green Petrochemical and New Material Industries in Guangzhou

Yan Shuai, He Yanlin and Zhang Xiaohe / 120

Abstract: Green petrochemical and new materials industry are strategic and basic industries, which is the upstream industry chain link supporting the development of automobile, electronic information, biomedicine, new energy and other important industries in Guangzhou. The green petrochemical and new materials industry in Guangzhou have good industrial foundation, complete industrial chain and better innovation system. However, the green petrochemical and new materials industry in Guangzhou has bottlenecks such as the industrial structure needs to be optimized, projects are difficult to land and industrial development space is limited. It is recommended to accelerate the high-quality development of Guangzhou's green petrochemical and new materials industries and cultivate a new growth pole for Guangzhou's advanced manufacturing cluster by strengthening planning leadership, steadily promoting the transformation and development of the petrochemical industry, promoting innovation breakthroughs in the new materials industry, strengthening the transformation and application of innovative achievements, and creating a space for the development of specialized chemical and new materials industries.

Keywords: Green Petrochemicals; New Materials; Chemical Industry Park; Guangzhou

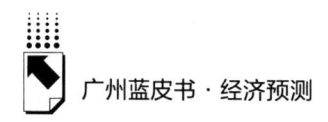

B.10 Research on the Development Strategy of Guangzhou
　　　　Automobile Industry Based on Tax Revenue Data Analysis

Research group of the Third Taxation Division of

Guangzhou Taxation Bureau / 134

Abstract: This paper, focusing on data analysis, obtains tax revenue data of the automobile industry from across the country and some provinces and cities, customs export data, and relevant enterprise invoice data. By reviewing official data from the Statistics Bureau, automobile industry associations, and other sources, the paper objectively reflects the status of the automobile industry in Guangzhou. It analyzes the positive factors and challenges facing the Guangzhou automobile industry and proposes strategies and specific recommendations for the development of the Guangzhou automobile industry in the new stage from five aspects: coordinating the "consolidation" and "expansion" of two fronts, balancing "old" and "new" to optimize the industrial ecology, studying the expansion of consumption policies by "short-term" and "long-term", scientifically adjusting tax revenue expectations by "reduction" and "increment", and actively expanding overseas markets while balancing "internal" and "external" factors.

Keywords: Tax Revenue Data; Automobile Industry; High-quality Development

B.11 Analysis Report on the Development of Guangzhou's
　　　　Cross-border E-commerce Industry in 2023

Guangzhou Development Research Institute of Guangzhou University / 147

Abstract: Guangzhou has been leading the way in the field of cross-border e-commerce for nine years. In 2023, it continued to make efforts in policies, platforms, and innovation, relying on the radiating effect of the global cross-border e-commerce "Global cross-border e-commerce seller service center, global cross-border e-commerce super supply chain center, global cross-border e-commerce eco-innovation service center" (Three center) to cultivate and develop leading enterprises with remarkable achievements. However, the low level of industry interconnection, insufficient number of leading enterprises, and lack of synergy among companies, industries, and regions hindered the qualitative improvement of Guangzhou's cross-border e-commerce development. Therefore, for the next stage of development, Guangzhou's cross-border e-commerce needs to actively prevent risks, consolidate its foundation, continue to leverage policy dividends, and promote the coordinated development of multiple enterprises, industries, and regions in the cross-border e-commerce sector.

Keywords: Cross-border E-commerce; Service Trade; Opening-up; Industrial Cooperation

Ⅳ High-quality Development

B.12 Operational Characterization of Guangzhou's Economic High-quality Development in the Stage of Succession of Old and New Dynamics

Research Group of Comprehensive Department of
Guangzhou Municipal Bureau of Statistics / 157

Abstract: Currently, the economic operation in Guangzhou is still in a critical period of transforming momentum and adjusting structure. Analyzing the characteristics of economic operation is of great significance for promoting high-quality economic development. This paper starts from three aspects: the "fundamental," "strength," and "long-term" of the economy, and deeply analyzes the resource endowment, industrial development characteristics, scientific and technological innovation effectiveness, and future competitive advantages of Guangzhou's economic operation. Based on the interdependence, mutual promotion, and transformation of the three aspects, collectively support the prosperous development of Guangzhou's economy.

Keywords: High-quality Development; Fundamental; Strength; Long-Term

B.13 Strategic Study on Nansha as a Frontier for Macao-Portuguese Speaking Countries Economic Cooperation

Guangzhou Nansha District Federation of Industry and Commerce, Research Group of Guangzhou Nansha Guangdong-Macao Development Promotion Association / 173

Abstract: In order to realize the goal of opening up to the outside world at a high level as proposed in the Nansha Plan, and to build an international economic cooperation platform for the construction of the Guangdong-Hong Kong-Macao Greater Bay Area and "the belt and road", there is a need to actively explore how Nansha can capitalize on its close ties with Macao and Portuguese-speaking countries, and strengthen cooperation with Portuguese-speaking countries through cooperation with Macao. This paper carries out a strategic research on Nansha's strategy to build a Macao-Portuguese-speaking countries economic cooperation frontier in terms of the background and significance of the cooperation, the basic advantages of the cooperation, the theoretical basis of the cooperation and the experience to be drawn from. Among the key initiatives include formulating a planning scheme, building a platform for a food supply chain center, promoting the construction of an industrial park, building a service base, exploring a business environment management model and constructing a joint mechanism. These initiatives will promote cooperation and exchanges between Nansha and Portuguese-speaking countries in the fields of economy, trade, science and technology, culture, etc., providing strong support for the economic development of both sides and boosting regional economic prosperity.

Keywords: Portuguese-speaking Countries; Macao; Nansha; Frontiers of International Economic Cooperation

B.14 Suggestions on Promoting Guangzhou Small and Medium Enterprise to Accelerate the Development of "Specialized, Fine, Characteristics and New" Industries

Guangzhou Federation of Industry and Commerce Research Group / 191

Abstract: As the "mid-section force" of the industrial chain, Specialized, Fine, Characteristics and New enterprises play a powerful role in stabilizing, complementing and strengthening the industrial chain. In recent years, Guangzhou has made great efforts and fast progress in cultivating Specialized, Fine, Characteristics and New small and medium enterprises (SMEs), but it still lags behind Beijing, Shanghai, Shenzhen, Suzhou, Ningbo and other cities, with relatively fewer numbers, disproportionate scale to the overall economic strength, inadequate alignment with key industries, and relatively low rates of listing and registration. It is suggested that in the next stage, Guangzhou should optimize mechanisms by focusing on "selecting enterprises, nurturing ecosystems, and aggregating clusters" to promote the development of Specialized, Fine, Characteristics and New SMEs. It should address the issue of "difficult identification" by optimizing the selection mechanism to target and discover more high-quality enterprises with explosive potential. At the same time, efforts should be concentrated on addressing the "weak service" issue to solidify the policy system supporting specialized and innovative enterprises, and addressing the "limited aggregation" issue to collectively promote the development ecosystem of specialized and innovative enterprises.

Keywords: Small and Medium-Sized Enterprises; Specialized, Fine, Characteristics and New; Gradient Cultivation; Guangzhou

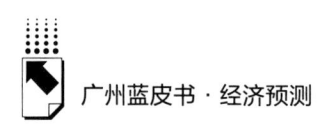

B.15 Inheriting and Developing the Millennium Commercial History of Guangzhou and Creating a New High-Level Open-Up Place in Guangzhou

Research Group of Guangzhou Development Research Institute,

Guangzhou University / 202

Abstract: Inheriting and developing the open character and innovative and pragmatic spirit of the millennium commercial history is of great significance for Guangzhou to build a new high-level open development highland and open up a new situation of high-quality development in Guangzhou. It is suggested that Guangzhou liberates and consolidates thoughts, inheriting and promoting the open, compatible, and innovative spirit of its millennium commercial history. Guangzhou should follow a path that evolves from actively aligning with international rules and standards to leading their development. Starting with key areas in commerce and consumption, and systematically undertake more open and higher-standard international rule alignments and standard connections, pushing the city to continue being a leader in the nation's drive towards high-level openness and high-quality development.

Keywords: Millennium Commercial History; Open Character; High-Level Opening Up; Guangzhou

V Digital Economy

B.16 Research on the Development of Digital Intelligence Matrix Based on Digital Health Development of "New Cantonese Regimen"

Chen Kewei, Huang Yingwei and Ke Qianting / 212

Abstract: Digital health industry is an important part of the digital economy, the national health consensus after the Covid-19 epidemic drove significant incremental user demand for digital health platforms and content products, the digital health and wellness track emerges new kinetic energy, the rise of the "new Chinese Regimen economy". In 2023, the development and promotion of digital intelligence of Cantonese regimen culture have taken a significant step forward, showing the trend of "expanding circle" to the field of digital health, but it has not yet formed a systematized and structured "cloud" content matrix and digital health industry chain of Cantonese regimen. Next, we need to explore the development paths of "Chinese medicine + culture and tourism" digital wisdom museum development, personalized Cantonese style health management end-product applications, medical platforms and the construction of intelligent health scenarios in the retirement community, and to explore the overall layout of the digital wisdom matrix development of the "new Cantonese style Regimen".

Keywords: Digital Health; Intelligent Recreation; New Cantonese style Regimen; Digital Intelligence Matrix

B.17 Research Report on Digital Agriculture Development in Guangzhou

Research Group of Guangzhou Academy of Agricultural and Rural Sciences / 227

Abstract: Guangzhou, as the pioneer of urban agriculture in Guangdong-Hong Kong-Macao Greater Bay Area, provides a better foundation and conditions for the development of digital agriculture. The research found that the current level of agricultural digital development in Guangzhou has been at the forefront of the country, but the difficulties and problems such as insufficient digital infrastructure and application scenarios, difficulty in balancing the effectiveness of capital input and output, and weak support for agricultural digital talents should not be ignored, and it is recommended to focus on strengthening the application of digital agricultural technology in the areas of agricultural factor allocation, agricultural industry integration, agricultural production management, and agricultural business decision-making. It is also suggested to focus on strengthening policy support in improving the digital agricultural infrastructure, promoting the digitalization of agricultural production and supply chain agglomeration, and fostering the new forms of digital rural economy.

Keywords: Digital Economy; Digital Technology; Agricultural Digitization; Guangzhou

B.18 Study on Countermeasures to Promote the Accelerated Development of Intelligent Networked Vehicles in Guangzhou *Deng Simin* / 240

Abstract: In the wave of rapid development of artificial intelligence and digital economy, intelligent networked vehicles have jumped into the core strategic direction of transformation and upgrading of the global automobile industry. This paper combs through the development situation of intelligent networked vehicles domestic and overseas, describes the advantages of Guangzhou's intelligent networked vehicle development in industry, manufacturing, technology and application scenarios, and systematically analyzes the shortcomings of Guangzhou in the stability of the industrial supply chain, the mastery of key core technologies, and the configuration of infrastructure, and finally proposes a series of measures to promote the development of intelligent networked vehicles in Guangzhou in the following aspects: industrial supplementation and strengthening of the chain, research and development of core technologies, infrastructure construction, establishment of demonstration zones, and improvement of the policy system.

Keywords: Intelligent Networked; Vehicle Industry; High Quality Development; Guangzhou

B.19 Exploring the Prospects of the Application of AIGC Technology in the Field of Tax Promotion in Guangzhou
State Administration of Taxation, Research Group of Guangzhou Panyu District Taxation Bureau / 254

Abstract: Combining the current situation of tax publicity work and the results of questionnaire survey on tax publicity of Guangzhou Taxation, this paper summarizes the characteristics, problems and development trends of the current tax publicity work. Drawing on the actual application of AIGC technology based on "generative artificial intelligence" in the commercial field, especially in the media field, which is similar to the characteristics of tax propaganda work. It puts forward how to apply AIGC technology to continuously empower the "service experience, content production and product dissemination" of tax propaganda, as well as how to reorganize tax propaganda mode at five levels, including "platform foundation, data management, product output, dissemination media and organizational structure".

Keywords: AIGC Technology; Big Data; Tax Publicity

Ⅵ Technological Innovation

B.20 Evaluation Report of the Top 100 Innovative Enterprises in Guangdong in 2023
Research Group of Guangzhou Daily Data and Digitalization Research Institute (GDI Think Tank) / 266

Abstract: "Guangzhou Enterprise Innovation TOP100 List (2023)" digs deeply into the patent development trend of strategic emerging industries of the listed enterprises, and presents different characteristics of the industries in terms of their innovation capability of Guangdong enterprises from five dimensions: total number of inventions, patent authorization rate, patent globalization, patent influence, and patent growth, in order to serve the balanced and coordinated development of regional innovation. According to the data, the enterprises on the list are concentrated in Huangpu district, Tianhe district and Panyu district, accounting for more than 60% of the total number of enterprises; half of the enterprises on the list have been in existence for more than 20 years, which has helped "revitalize the old city"; 77 enterprises belong to the national strategic emerging industries, covering 9 sectors, including new-generation information technology, high-end equipment, new materials, biotechnology, new energy automobile, new energy, energy-saving environmental protection, etc., and the total amount of patents of each emerging industry has shown a rapid growth trend.

Keywords: Enterprise Innovation; Patent Growth; Guangzhou

B.21 Countermeasures and Suggestions for Guangzhou to Create a Capital of Marine Creative Development

Research Group of Guangzhou Development Research Institute,

Guangzhou University / 292

Abstract: Accelerating the development of marine economy and building a capital of marine innovation and development is one of the twelve areas in which Guangzhou focuses on being in the forefront and being a good model. This study is about how to accelerate the construction of Guangzhou as a national and global benchmark of marine innovation and development capital, activate the "blue engine" of Guangzhou's high-quality development to carry out thematic research, which summarizes the strength of Guangzhou's relevant marine basic scientific research, analyzes the current situation of Guangzhou's marine economic innovation and development and the problems. Then, it puts forward suggestions for future development in terms of consolidating the core advantages of marine science and technology, exploring the potential of marine industry-university-research cooperation, making up for the shortages of marine discipline education, and strengthening policy supply and institutional innovation.

Contents

Keywords: Marine Economy; Capital of Marine Innovation and Development; Science and Technology Innovation; Guangzhou

B.22 Research Report on the Development of High-tech Enterprises   *Hu Weihang / 301*

Abstract: China's high-tech industry has been frequently suppressed by some overseas countries recently. In order to understand the current status of the development of Guangzhou's high-tech industry, the degree of impact by the relevant restrictions of some overseas countries, countermeasures, expectations and suggestions, this paper carried out a special survey on 38 high-tech enterprises and relevant departments in Guangzhou. To understand the development situation of high-tech enterprises in Guangzhou and the problems and difficulties faced in the current production and operation process, it reflects that high-tech enterprises are actively coping with sanctions through independent innovation in key technology fields, optimizing supply chain and finding domestic alternatives, and enterprises are looking forward to more support measures.

Keywords: High-tech Enterprises; Independent Innovation; Supply Chain Security; Domestic Substitution

B.23 Countermeasures and Suggestions for Promoting the Efficient Transformation of Scientific and Technological Achievements of Universities, Science Academies, Research Institutes, Enterprises, and Large Platforms in Guangzhou

Xin Ge / 310

Abstract: Universities, science academies, research institutes, enterprises, and large platforms are the main force of basic research and the source of major scientific and technological breakthroughs, and the transformation of their scientific and technological achievements will greatly release the vitality of "sleeping patents", empower traditional industries, and form new productivity. This paper summarizes the advantages of the transformation of scientific and technological achievements in Guangzhou, and focuses on the problems of insufficient supply of commercially available scientific research results in the transformation of scientific and technological achievements, the constraints of the system and mechanism of Universities, science academies, research institutes, enterprises, and large platforms, and the incomplete interaction mechanism of various elements, etc. The article puts forward specific countermeasures and suggestions in terms of deepening the reform of the system and mechanism for the transformation of scientific and technological achievements, promoting the construction of technology transfer institutions in colleges and universities, actively undertaking the construction of national technology transfer centers, creating a community of interests for enterprise-led innovation, and accelerating the construction of a high-standard market for technological factors.

Keywords: Universities; Scientific Research Institutions; Achievements Transformation; Scientific and Technological Innovation

Ⅶ Rural Economy Special Topics

B.24 Current Situation Analysis and Case Study on the Development of Rural Characteristic Industries in Guangzhou

Yi Weihua, Li Siyang / 323

Abstract: Developing distinctive industries in rural areas is an important means to promote rural revitalization and the "Hundreds of Counties, Thousands of Towns, and Myriad Villages" project. Over the years, Guangzhou's agriculture has consistently prioritized and emphasized the development of urban-rural distinctive industries as a key focus. It has approached this development from various aspects such as production, ecology, and lifestyle, tapping into distinctive resources and creating exemplary models of a beautiful rural economy. However, there are also some constraints in the development of rural distinctive industries in Guangzhou, including insufficient integration and expansion of industries, weak main bodies of industry operation, limitations in ensuring essential elements, and the need to enhance the driving capacity of distinctive industries. It is recommended to focus on building the industrial chain around distinctive industries, constructing a modern industrial system, promoting shared prosperity, and aggregating rural industrial chains. This can be achieved by establishing mechanisms that connect the interests of villages, enterprises, and farmers, strengthening the guarantee mechanisms for industrial development factors, and creating a group of distinctive, market-oriented, and influential industrial entities.

Keywords: Rural Distinctive Industries; Beautiful Economy; Industrial Branding; Guangzhou

B.25 Survey on Farmers' Income Increase in Guangzhou Based on Fixed Observation Points in Rural Areas

Research Group of Guangzhou Academy of Agricultural and Rural Sciences / 340

Abstract: Increasing farmers' income is a central task in the "agriculture, rural areas, and farmers" work, which is crucial for farmers' well-being, rural harmony, stability, and overall economic and social development. Based on the analysis of samples from fixed observation points in rural areas, it was found that the agricultural operating income of farmers in Guangzhou is generally low, with wage income becoming the main source of their income. However, there are significant internal differences in farmers' income, with noticeable disparities in income levels between urban villages, suburban rural areas, and remote rural areas. In response to the slowdown in income growth among Guangzhou farmers, it is urgent to cultivate new models for increasing villagers' income by promoting "land transfer" and expanding the scale, activating collective assets to enhance farmers' property income, and fostering the extension of the industry chain through the integration of agriculture, industry and service sector. These efforts are aimed at cultivating new drivers for increasing farmers' income.

Keywords: Farmers' Income Increase; Income Structure; Rural Residents; Rural Revitalization

社会科学文献出版社

皮 书
智库成果出版与传播平台

❖ 皮书定义 ❖

皮书是对中国与世界发展状况和热点问题进行年度监测,以专业的角度、专家的视野和实证研究方法,针对某一领域或区域现状与发展态势展开分析和预测,具备前沿性、原创性、实证性、连续性、时效性等特点的公开出版物,由一系列权威研究报告组成。

❖ 皮书作者 ❖

皮书系列报告作者以国内外一流研究机构、知名高校等重点智库的研究人员为主,多为相关领域一流专家学者,他们的观点代表了当下学界对中国与世界的现实和未来最高水平的解读与分析。

❖ 皮书荣誉 ❖

皮书作为中国社会科学院基础理论研究与应用对策研究融合发展的代表性成果,不仅是哲学社会科学工作者服务中国特色社会主义现代化建设的重要成果,更是助力中国特色新型智库建设、构建中国特色哲学社会科学"三大体系"的重要平台。皮书系列先后被列入"十二五""十三五""十四五"时期国家重点出版物出版专项规划项目;自2013年起,重点皮书被列入中国社会科学院国家哲学社会科学创新工程项目。

权威报告·连续出版·独家资源

皮书数据库
ANNUAL REPORT(YEARBOOK) DATABASE

分析解读当下中国发展变迁的高端智库平台

所获荣誉

- 2022年，入选技术赋能"新闻+"推荐案例
- 2020年，入选全国新闻出版深度融合发展创新案例
- 2019年，入选国家新闻出版署数字出版精品遴选推荐计划
- 2016年，入选"十三五"国家重点电子出版物出版规划骨干工程
- 2013年，荣获"中国出版政府奖·网络出版物奖"提名奖

皮书数据库　"社科数托邦"微信公众号

成为用户

登录网址www.pishu.com.cn访问皮书数据库网站或下载皮书数据库APP，通过手机号码验证或邮箱验证即可成为皮书数据库用户。

用户福利

- 已注册用户购书后可免费获赠100元皮书数据库充值卡。刮开充值卡涂层获取充值密码，登录并进入"会员中心"—"在线充值"—"充值卡充值"，充值成功即可购买和查看数据库内容。
- 用户福利最终解释权归社会科学文献出版社所有。

卡号：458726566983
密码：

数据库服务热线：010-59367265
数据库服务QQ：2475522410
数据库服务邮箱：database@ssap.cn
图书销售热线：010-59367070/7028
图书服务QQ：1265056568
图书服务邮箱：duzhe@ssap.cn

法律声明

"皮书系列"（含蓝皮书、绿皮书、黄皮书）之品牌由社会科学文献出版社最早使用并持续至今，现已被中国图书行业所熟知。"皮书系列"的相关商标已在国家商标管理部门商标局注册，包括但不限于LOGO（ ）、皮书、Pishu、经济蓝皮书、社会蓝皮书等。"皮书系列"图书的注册商标专用权及封面设计、版式设计的著作权均为社会科学文献出版社所有。未经社会科学文献出版社书面授权许可，任何使用与"皮书系列"图书注册商标、封面设计、版式设计相同或者近似的文字、图形或其组合的行为均系侵权行为。

经作者授权，本书的专有出版权及信息网络传播权等为社会科学文献出版社享有。未经社会科学文献出版社书面授权许可，任何就本书内容的复制、发行或以数字形式进行网络传播的行为均系侵权行为。

社会科学文献出版社将通过法律途径追究上述侵权行为的法律责任，维护自身合法权益。

欢迎社会各界人士对侵犯社会科学文献出版社上述权利的侵权行为进行举报。电话：010-59367121，电子邮箱：fawubu@ssap.cn。

社会科学文献出版社